Enciclopédia,
ou Dicionário razoado das ciências,
das artes e dos ofícios

DENIS DIDEROT E JEAN LE ROND D'ALEMBERT

Enciclopédia, ou Dicionário razoado das ciências, das artes e dos ofícios

Volume 2

O sistema dos conhecimentos

Organização

Pedro Paulo Pimenta e Maria das Graças de Souza

Tradução

Pedro Paulo Pimenta, Maria das Graças de Souza e Luís Fernandes do Nascimento

editora unesp

Título original: *Encyclopédie, ou Dictionnaire raisonné des sciences, des arts et des métiers*

Cet ouvrage, publié dans le cadre du Programme d'Aide à la Publication Universitaire – PAP Universitaire (Consulat général de France à São Paulo), bénéficie du soutien du Ministère français des Affaires étrangères et du Développement international.

Este livro, publicado no âmbito do Programa de participação à publicação universitária – PAP universitário (Consulado geral da França em São Paulo), contou com o apoio do Ministério francês das relações exteriores e do desenvolvimento internacional.

Médiathèque MaisondeFrance

Liberté • Égalité • Fraternité
République Française
Consulat Général de France à São Paulo

Direitos de publicação reservados à:
Fundação Editora da Unesp (FEU)
Praça da Sé, 108
01001-900 – São Paulo – SP
Tel.: (0xx11) 3242-7171
Fax: (0xx11) 3242-7172
www.editoraunesp.com.br
www.livrariaunesp.com.br
feu@editora.unesp.br

CIP – Brasil. Catalogação na publicação
Sindicato Nacional dos Editores de Livros, RJ

D552e

Diderot, Denis, 1713-1784

Enciclopédia, ou Dicionário razoado das ciências, das artes e dos ofícios. Volume 2: O sistema dos conhecimentos / Denis Diderot, Jean le Rond d'Alembert; organização Pedro Paulo Pimenta, Maria das Graças de Souza; tradução Pedro Paulo Pimenta, Maria das Graças de Souza, Luís Fernandes do Nascimento. – 1.ed. – São Paulo: Editora Unesp, 2015.

Tradução de: *Encyclopédie, ou Dictionnaire raisonné des sciences, des arts et des métiers*
ISBN 978-85-393-0560-5

1. Diderot, Denis, 1713-1784. 2. Filosofia francesa – Século XVIII. 3. Filosofia moderna – Século XVIII. 4. Arte – Filosofia. 5. Ciência política – Filosofia. d'Alembert, Jean le Rond, 1717-1783. II. Título.

15-19339 CDD: 194
CDU: 1(44)

Editora afiliada:

EDUAC
Asociación de Editoriales Universitarias de América Latina y el Caribe

ABEU
Associação Brasileira de Editoras Universitárias

Sumário

Uma nova concepção de filosofia

Pedro Paulo Pimenta

Até por uma questão de necessidade, quando não por deferência, os grandes livros de Filosofia costumam posicionar-se em relação ao passado propondo um acerto de contas com seus predecessores mais ilustres, e em geral não se eximem de marcar posição frente ao presente, delimitando o que os separa de obras rivais mais recentes. É o caso, por exemplo, do *Tratado da natureza humana*, de Hume. Mais raros são os que pensam as condições de sua inserção junto ao público leitor e às instituições que, direta ou indiretamente, ditam a possibilidade da leitura e as condições em que ela se dará. É notadamente o caso da *Crítica da razão pura*, de Kant. Pouquíssimos chegam a refletir sobre a sua própria viabilidade como livro de Filosofia, diante de objetos refratários a uma sistematização definitiva, tal como os que a Filosofia quase sempre tem em seu horizonte. A *Enciclopédia* de Diderot e d'Alembert conta entre esses livros preciosos que souberam conjugar tais imperativos, tão importantes para a Filosofia, tomada como ciência e como gênero da arte de escrever.

O posicionamento da *Enciclopédia* em relação à tradição filosófica é um ponto importante para os editores. Tanto é assim que há nela uma classe especial de verbetes dedicados à história da Filosofia. Compilados a partir de obras já existentes, a maioria deles é de autoria de Diderot, e são temperados com observações originais, que mostram o papel estratégico dessa reconstituição do passado, seja longínquo (as escolas de filosofia na Grécia e em Roma), seja mais recente (os grandes sistemas dos modernos). A mesma postura é adotada em relação à história das Ciências, a cargo de d'Alembert, ora em verbetes à parte, ora inserida em verbetes temáticos. Mas há uma diferença entre esses dois registros. Os enciclopedistas estão perfeitamente cientes de que na Filosofia, ao contrário do que ocorre nas Ciências, não acontecem grandes descobertas; trata-se de um saber que evolui por ajustes de perspectiva, muitas vezes devidos a contribuições ou esclarecimentos vindos das próprias Ciências. Em comum, ambas as histórias têm uma dependência estrita da política e dos costumes, que ajudam a explicar as predisposições que levaram a que se adotasse esta ou aquela doutrina em Filosofia ou teoria em Ciência, num lugar e numa época determinados.

Há, no entanto, um grupo de homens, um pouco filósofos, um pouco cientistas, que Diderot e d'Alembert tendem a considerar à parte, como os responsáveis pela renovação do saber e pela consequente mudança de perspectiva do homem sobre o mundo em que ele se encontra. Já no *Discurso preliminar*, a *Enciclopédia* apresenta-se como continuadora de um impulso de reflexão que remonta diretamente a Bacon e Descartes. O primeiro, inventor do método experimental de investigação da natureza; o segundo, proponente de uma ferramenta essencial ao aprimoramento desse método, a análise, posteriormente aprimorada, por Leibniz e Newton, como cálculo. Com este último e seu sistema da gravitação universal, essa tendência afirma-se triunfante na Europa. Por fim, com Locke surge a epistemologia do novo saber, em que não somente os dados do conhecimento, como também as próprias faculdades de conhecer, são derivadas das sensações. A versão dessa epistemologia, tal como adotada pela *Enciclopédia*, é de autoria de Condillac, mais ousada e mais radical do que a de Locke, e encontra-se formulada principalmente em duas obras: O *Ensaio sobre as origens do conhecimento humano* (1746) e o *Tratado sobre os sistemas* (1752).

O quadro institucional em que a *Enciclopédia* se insere é peculiar. A vida intelectual francesa da metade do século XVIII é dominada pelas academias, a de Ciências, dividida entre cartesianos e newtonianos, e a de Letras, bastião do classicismo do "Grande Século de Luís XIV" (na expressão de Voltaire). Subvencionadas pela Coroa, são instituições relativamente recentes, que exercem um papel ao mesmo tempo conservador (manutenção de certas tradições e códigos) e progressista (há espaço para o debate científico, o estudo do vernáculo é privilegiado em detrimento do latim). Das universidades, Sorbonne à frente, não se pode dizer o mesmo. Bem mais antigas do que as academias, com forte presença da Teologia, ensina-se nelas o currículo escolástico; os setores mais avançados adotaram a Física de Descartes, pouquíssimos se permitem falar de Newton; a Retórica clássica e o ensino do latim são a regra. Paralelamente, existe um mercado editorial ativo; a censura é proporcionalmente vigilante, embora formada por homens às vezes abertos, e ligados aos enciclopedistas, como Malesherbes e Condillac, que favorecem a publicação de obras consideradas subversivas (o que não impede, para citar apenas um caso, a prisão de Diderot, em 1749, pela autoria da *Carta sobre os cegos para uso dos que veem*).

Ao lado das instituições oficiais e em íntima relação com elas estão dois dos principais pilares da estabilidade da vida social do Antigo Regime, a corte e os salões. A primeira, alojada em Versalhes, é formada por ministros e oficiais da Coroa, e pelos nobres, que Luís XIV reduzira à posição de *rentiers*, sustentados pelo rei, porém desprovidos de poder político e de papel na administração.[1] No século XVIII, essa corte não é mais o que fora na época de Luís XIV: seu sucessor não tem o mesmo apreço pelas artes e ciências, e poucos homens distintos nessas áreas a frequentam. Mas ela mantém o poder de decretar a sorte ou a desgraça de um aspirante a escritor, por um gesto de favorecimento ou condenação de um ministro ou de um cortesão mais influente junto ao rei. Muitas vezes, esse gesto é ditado por recomendação direta de alguma das damas que mantêm em Paris os célebres salões de conversação, espaços abertos em seus *hôtels*, para a frequentação de escritores, poetas, cientistas, filósofos, belos espíritos e damas da sociedade interessadas em se instruir junto a essa companhia, num ambiente mais arejado, em que o saber circula livremente, na maioria das vezes sem outra censura além das mesuras e formalidades que regem as relações entre as classes e os sexos e, por extensão, essas joviais seções. Esse espaço socialmente demarcado, permeado por relações políticas, é receptivo ao novo saber enciclopédico, uma visão de mundo que, sem contestar

1 Ver a respeito o livro indispensável de Elias, *A sociedade de corte*.

diretamente a ordem social, propõe uma reforma de monta nas crenças e hábitos intelectuais consolidados ao longo dos séculos mais recentes.

D'Alembert é figura constante em alguns desses salões; já Diderot prefere ir ao único em Paris patrocinado por um homem, o jovem barão d'Holbach, mais relaxado, menos refinado, em que a irreverência, a impiedade e o materialismo dão o tom. D'Alembert é membro da Academia de Ciências; Diderot aspira a uma cadeira, em vão. Diderot vem de uma família pequeno-burguesa da província; d'Alembert é o filho de uma dama da nobreza, renegado no nascimento. Ambos dependem de seus próprios esforços para ter uma vida confortável e digna (Diderot tem família, d'Alembert é solteiro), e ambos representam uma nova categoria social – a do homem de ciência que é também escritor profissional, cujo sustento depende quase exclusivamente do seu próprio intelecto e de sua própria pluma.[2]

Com notáveis exceções – Montesquieu, Voltaire, o barão d'Holbach, o cavaleiro de Jaucourt –, a maioria dos principais colaboradores da *Enciclopédia*, como Rousseau, Beauzée, Daubenton, Dumarsais, Marmontel, Venel e outros, é oriunda da média ou alta burguesia, de famílias de pequenos comerciantes ou de membros da administração pública. Apesar dessas origens distintas, esses grupos de "intelectuais" (com o perdão do anacronismo) compartilham de valores comuns. Se têm, como dissemos, um interesse marcado pela nova ciência de Newton, pelo método experimental de Bacon, pela teoria do conhecimento de Locke, entendem que seu solo natal lhes fornece um elemento sem o qual a reflexão crítica e a sistematização do saber seriam simplesmente impossíveis. Trata-se, evidentemente, da própria língua francesa, objeto de invenção recente, artefato forjado pela Academia Real de Letras, que com suas gramáticas e dicionários determinou as regras do uso da língua e demarcou os limites dentro dos quais ela pode se movimentar. Essa bem-sucedida operação de padronização da língua francesa foi concomitante ao fomento, pela corte de Luís XIV, do classicismo, que com Corneille, Racine, Boileau, La Bruyère, La Fontaine e um punhado de outros autores estabeleceu o padrão do francês a ser adotado pelos escritores que aspiram ao reconhecimento da nação e à fama literária. Se para alguém

2 Ver Badinter, *Les passions intellectuelles*.

como Montesquieu ou como Voltaire essa aspiração deve ter surgido naturalmente, por sua posição social e pela educação que receberam, também os de origem menos privilegiada não ignoram o imperativo de que pensar bem se resume a utilizar bem uma língua, e que todo grande pensador deve assim ser também, no mínimo, bom escritor.[3]

Coube à *Enciclopédia* introduzir um reparo nessa tradição. Se os seus colaboradores não desdenham a arte de escrever, e boa parte deles, a começar por Montesquieu,Voltaire, Rousseau e Diderot, são escritores de primeira grandeza, não menos certo é que essa arte deve ser suficientemente flexível para acomodar a descrição de saberes que tradicionalmente não são considerados pela literatura. Um estudioso da Antiguidade clássica observou certa vez que os autores latinos ditos canônicos, quando têm que se referir a um objeto, a uma ocupação ou profissão incompatível com as ordens mais altas da sociedade (que constituem os protagonistas quase que exclusivos dos historiadores e dos poetas épicos), recorrem à perífrase e outros recursos de referência indireta para não ter que mencioná-los e assim não chocar a sensibilidade (nobre) do leitor. Pode-se afirmar que algo similar ocorre com os autores franceses do Grande Século, ocupados quase que por inteiro de paixões elevadas, sentimentos nobres, ações virtuosas, sem tempo para as coisas mais vis ou menos dignas de um caráter superior. Ora, quando um livro tem que se haver com a catalogação, a descrição e a explicação do conjunto das coisas, humanas e naturais, é necessário que a sua língua acomode um número de palavras muito maior do que as normalmente utilizadas numa tragédia, por exemplo, pois ela precisa dar conta de técnicas, máquinas, mecanismos, animais, plantas, órgãos etc., e é necessário que ela adote um registro menos elevado, sem, no entanto, tornar-se grosseira. Por exemplo: Rousseau não poderia, em seus verbetes de Música, adotar a cadência da oratória ciceroniana, tal como faz à perfeição no *Discurso sobre a desigualdade entre os homens*. A eloquência cabe a uma peça de exortação moral, mas não tem lugar num artigo técnico, que pertence a uma ciência e a uma arte em particular. Na contracorrente dos imperativos do Classicismo, a *Enciclopédia* realiza uma distensão da língua francesa e canoniza todo um

3 Ver Fumaroli, *Trois institutions littéraires*.

vocabulário até então restrito aos praticantes de técnicas ou artes em particular, ignorado pelos homens de letras.

Por essa razão, esse *Dicionário razoado das ciências, das artes e dos ofícios* não poderia prescindir de uma reflexão, extensa e profunda, acerca da natureza da linguagem em geral e do uso da língua francesa em particular. A primeira parte dessa tarefa cabe aos verbetes classificados sob a rubrica Gramática, a cargo do grande Dumarsais, que falece em 1756 justamente após ter redigido o verbete "Gramático", e é substituído por Beauzée, que, se não tem a mesma envergadura intelectual que seu antecessor, compensa essa falta com um rigor e uma precisão ainda maiores que os dele. A segunda parte da tarefa é assumida por Diderot, que, no verbete "Enciclopédia" – que constitui, ao lado do verbete "Dicionário", o centro do volume que o leitor tem em mãos – tece considerações acerca do bom uso do francês como língua de uso filosófico, a partir de uma teoria geral dos signos.

As considerações de Diderot, longe de serem meramente teóricas, têm um interesse central para a própria constituição da obra como tal. A *Enciclopédia*, como observamos, é um dicionário razoado. Isso significa que ela lista alfabeticamente as coisas que lhe interessam (quase todas as coisas!) a fim de que sejam definidas, descritas, explicadas. A ordenação alfabética, reconhecem d'Alembert e Diderot, é insatisfatória diante da complexidade e da variedade da experiência, domínio do conhecimento que se expande cada vez mais, à medida que o homem povoa a face do globo, descobre objetos desconhecidos, inventa outros tantos antes inexistentes, multiplicando assim o número das coisas e as relações entre elas. Uma listagem indiscriminada de coisas, sem dividi-las em grupos ou classes, chega mesmo a ser uma espécie de violência contra esta, na medida em que o critério alfabético é um produto exclusivo da imaginação humana e não é sugerido por nada que se encontre fora dela. Mas, talvez por isso mesmo, essa ordenação permita apreender algo da experiência como ordem. Em virtude de ser artificial, esse recurso faculta a introdução de dois sistemas de referência complementares. O primeiro é a classificação do nome sob um gênero, aquele a que o objeto pertence, de acordo com a árvore dos conhecimentos exposta no *Discurso preliminar* (ver o volume 1 desta coleção), obtida pela remissão das ciências às faculdades do espírito humano de que elas dependem. O segundo é a referência cruzada: um verbete remete a outro – "Elefante" a "Animal", por exemplo – e com isso as coisas a que eles se referem são relacionadas entre si segundo um critério de pertinência. É impossível dar conta da experiência em cada um de seus particulares e depois referi-los entre si. Mas é possível, e talvez seja melhor, referi-los uns aos outros apenas na medida em que isso permita apreender algo a seu respeito, que de outra maneira permaneceria oculto. Portanto, é um critério lógico-gramatical – a pertinência – que orienta a sistematização do mundo sobre o qual a *Enciclopédia* se debruça e que ela efetivamente arranja, dispõe, e organiza.

Esse complexo sistema de ordenação é resultado de um trabalho bem concreto, o da edição final da obra, tarefa laboriosa, mas que requer gênio (e pela qual Diderot, mais do que d'Alembert, merece o crédito da posteridade). Antes disso, porém, existe o processo de composição da obra. Se Diderot e d'Alembert podem contar com suas próprias plumas para suprir um bom número de verbetes (cerca de 5000 da parte de Diderot, 1500 da de d'Alembert), a obra não é autoral, e depende da colaboração substancial de mais de uma centena de outros autores, especializados nas mais diferentes áreas do conhecimento ou então generalistas competentes. Nem todos eles, como é de esperar, são bons escritores. A leitura de um volume qualquer da *Enciclopédia* no original é uma experiência que pode ser desconcertante ou mesmo vertiginosa: estilos e registros alternam-se, alguns verbetes são muito longos, outros são muito curtos, obras-primas são acompanhadas por peças medíocres. Uma dificuldade adicional de composição, atinente aos volumes de ilustrações, é a necessidade de fazer-se presente em laboratórios, ateliês, padarias, oficinas, corporações de ofício etc., lugares a que o próprio Diderot vai, acompanhado de seus desenhistas. Nisso, ele é um inovador dos mais originais. É impossível imaginar Voltaire ou Montesquieu frequentando lugares como esses para se ilustrar a respeito de ofícios praticados por homens ignorantes ou iletrados.

Como o leitor desta coleção poderá ver, as pranchas dedicadas a tais ofícios, cujos verbetes correspondentes não traduzimos, são verdadeiros complementos à leitura dos textos reunidos, pois permitem compreender que as técnicas envolvidas nesses processos nada mais são do que desdobramentos daquela mesma predisposição que leva os homens, em sua imaginação, a inventar os signos que lhes permitirão pensar e raciocinar, e assim sistematizar os conhecimentos. Abrir um corpo e estudar as suas partes para descrevê-las não é muito diferente de tomar as partes de uma representação e ordená-las num discurso. Por muito tempo, o caráter manual desses ofícios privou-os da dignidade conferida às técnicas do pensamento – filosofia, poesia, retórica etc. A *Enciclopédia*, sem nivelar atividades humanas que de fato têm suas respectivas peculiaridades, chama a atenção para sua origem comum nos poderes intelectuais próprios da espécie humana.

Como observou Jacques Proust num estudo que se tornou clássico,[4] uma das forças da *Enciclopédia*, que lhe dá o caráter de uma obra verdadeiramente atenta a seu próprio tempo, é a atenção dedicada a um ramo até então menos estudado das Artes e Ciências: o das técnicas produtivas. Muita coisa foi dita e haveria a dizer acerca da inserção dessa nova preocupação no quadro do desenvolvimento das manufaturas e do comércio, que prenuncia e prepara o fenômeno posteriormente descrito pelos historiadores como "primeira revolução industrial". Poder-se-ia inclusive afirmar que, pelo espaço dedicado às artes manuais, a *Enciclopédia* estava ciente de que uma revolução de fato se encontrava em curso. Desde o verbete "Arte", Diderot corrige o preconceito de que o universo do saber humano seria constituído por elementos exclusivamente intelectuais. Repetidas vezes, o leitor será informado, a partir de diversos ângulos, de que o valor do conhecimento intelectual é diretamente proporcional à sua utilidade prática, e que a confecção de um sistema põe problemas similares ao filósofo, que se ocupa de relações abstratas, e ao engenheiro, preocupado com relações concretas. Opera-se assim um deslocamento hierárquico no mundo do conhecimento, que é também uma forma de contestação indireta da ordem social do Antigo Regime, onde os homens de ciência e de letras, valorizados por seus talentos, jamais poderiam ser igualados por meros artesãos. O saber espontâneo destes, adquirido pelo hábito da profissão, projeta-se nas páginas da *Enciclopédia* como um conjunto de técnicas das quais cabe ao filósofo dar a metafísica, isto é, os princípios gerais. Mas, a não ser que as estude junto aos que as praticam com destreza, tal metafísica há de ser, evidentemente, uma quimera.

---

4 Ver Proust, *Diderot et l'*Encyclopédie.

A revisão da hierarquia dos saberes atinge diretamente as pretensões da Filosofia. É inevitável, com a mudança de perspectiva efetuada pela *Enciclopédia*, que se subtraia da Metafísica o domínio que ela exercia ou quis exercer sobre as ciências. Libertadas dessa preceptora oscilante e caprichosa, doravante substituída por uma lógica da sensação, as ciências e artes poderão exercer-se sem maiores incumbências, sem ter que prestar contas no tribunal da Filosofia – que, por seu turno, poderá pensar o que os enciclopedistas e seus contemporâneos chamam de *boa Metafísica*, por oposição à antiga (ou *má*). Se o leitor consultar, neste volume, o verbete "Metafísica", verá que a estranha circunstância de um tema tão grandioso ter merecido de Diderot uma entrada tão enxuta se explica pelo fato de as coordenadas do problema terem mudado. A definição da Metafísica ali exposta é virtualmente incompreensível, caso não se tenha em mente o que é dito pelo mesmo Diderot no verbete "Arte" – a prática das coisas antecede o seu conhecimento sistemático, que deve ser calcado nela – e por Dumarsais no verbete "Abstração" – as observações sobre o uso e os princípios de uma ciência antecedem a ciência mesma e respondem pelo seu corpo. Essas afirmações, verdadeiramente revolucionárias, ecoam em muitos lugares da obra, em verbetes tão díspares como "Botânica" (Daubenton, Volume 3 desta edição) ou "Eloquência" (Voltaire, Volume 5 desta edição), bem como em outros filósofos de proa do século, como Condillac (*Lógica*, 1780) e Kant (*Cursos de Lógica*, a partir de 1770), sem mencionar, é claro, a obra de Rousseau. Concorde-se ou não com o intento dos enciclopedistas de redefinir a Metafísica, ou com os termos em que propõem essa redefinição, o fato é que eles descobrem assim uma relação essencial, que tem o direito de ser chamada de metafísica, mas que poderia também ser chamada de artística, entre os esboços, a prática de uma ciência ou arte, a descoberta dos seus princípios e sua forma final, ou definitiva.

O instrumento para a realização desse propósito, a linguagem, também é objeto de um processo similar, que leva do ato espontâneo de expressão imediata de sentimentos à articulação da fala, e desta até a gramática, etapa última da sistematização dos signos e do pensamento que se forma concomitantemente ao uso destes. Nesse processo, os signos organizam as representações, o homem sai de si mesmo e se relaciona, como diz Diderot no verbete "Homem" – peça brevíssima, mas verdadeiro tronco do qual se destacam ramos de diversas ciências –, com tudo o que encontra à sua volta, interferindo, com a voz, com as mãos, com a força de seu braço, em todos os domínios da natureza, alterando-os, transformando-os, desfigurando--os. Essa espécie de projeção técnica define o lugar do homem na natureza, como aquele que a transforma segundo fins que impõe a ela, nas condições que ela lhe faculta. Pensando a língua, propondo a reforma de seu vocabulário, flexibilizando seus recursos estilísticos, utilizando-a como meio da representação dos saberes, a *Enciclopédia* aponta para o caráter transitório do saber e de sua sistematização. Uma das principais utilidades da obra, advertem o *Discurso preliminar* e o verbete "Enciclopédia", é registrar para a posteridade o estado dos conhecimentos humanos, práticos ou teóricos, no momento em que são coligidos – meados do século XVIII, ou, mais precisamente, entre 1751 e 1765. A sistematização desses conhecimentos, desprovidos de fixidez, é por definição problemática, e o sistema dos saberes que a *Enciclopédia* delineia é, na expressão de Jean Starobinski, um verdadeiro "repertório aberto".[5] A origem das práticas e conhecimentos humanos nas sensações, e não em princípios distintos destas (transcendentes ou transcendentais), sugere que não tal gênese não poderia ser diferente, e a *Enciclopédia*, como catálogo ponderado dessas práticas e conhecimentos, não tem uma pretensão similar à dos grandes sistemas filosóficos tão criticados em suas páginas: a da unidade perfeita e acabada.

Diderot e d'Alembert não se inquietam com isso. Cada um deles posiciona-se de maneira peculiar frente ao problema e encontra respostas que, embora bem diferentes, não deixam de ser complementares, colaborando para a arquitetônica da obra como um todo. De acordo com Michel Delon, "d'Alembert vai do geral ao particular, Diderot, do plural e do esparso à unidade e ao singular. Esse duplo movimento impede que a *Enciclopédia* se feche numa totalidade. Uma mesma palavra ocorre na pluma dos dois diretores, *labirinto*, menos prisão mitológica do que realidade do desordenado. Um ponto de vista geral eleva o filósofo acima do labirinto, permite-lhe entrever o mapa-múndi do saber, sem dispensá-lo da necessidade de se perder na superfície do globo".[6]

---

5 Starobinski, L'arbre des connaissances. In: _____, *Diderot, un diable de ramage*.

6 Delon, *Diderot. Le cul par dessus tête*.

O que ninguém discute, nas fileiras enciclopedistas, é que o lugar e o papel do filósofo mudaram. O verbete "Filósofo", incluído neste volume, foi compilado por Voltaire e revisado por Diderot, a partir de um texto anteriormente publicado por Dumarsais. Ali, essa questão é abordada com clareza exemplar, oferecendo-se uma nova imagem desse homem de ciências e de letras que não coaduna com a velha ideia do sábio dogmático, com a cabeça repleta de doutrinas e teses. Agora, o que define a inteligência filosófica, qualquer que seja o seu pendor, é o que poderíamos chamar de *espírito crítico*, saudável desconfiança em relação a tudo o que se apresente com ares de verdade e se furte ao exame aberto dos não especialistas, ou do que alguém poderia chamar de massa dos ignorantes, entretanto dotados de luzes. Concomitante a essa espécie de ceticismo moderado é a consciência que esse indivíduo tem de seu papel na sociedade, como exemplo de virtude social e moderação. No horizonte dessa reflexão, desponta a ideia de que a contraparte moral da recusa do dogmatismo é a rejeição peremptória da superstição e das paixões que a acompanham. O combate ao fanatismo – tarefa que, como podemos ver ainda em nossos dias, está longe de ser bem-sucedido – não é concebido pelos *Enciclopedistas* como uma guerra; bem diferente disso, ele é uma consequência necessária, quase que discreta, da adoção das virtudes de desconfiança e moderação, que cabem aos filósofos e aos homens de ciência tanto quanto aos leitores, que, nas páginas da *Enciclopédia*, ilustram-se a partir de seus feitos e realizações.

Referências bibliográficas

BADINTER, É. *Les passions intellectuelles*. 3v. Paris: Fayard, 1999-2002.

DELON, M. *Diderot*. Le cul par dessus tête. Paris: Albin Michel, 2013.

ELIAS, N. *A sociedade de corte*. Trad. Pedro Süssekind. Rio de Janeiro: Zahar, 2003.

FUMAROLI, M. *Trois institutions littéraires*. Paris: Gallimard, 1986.

PROUST, J. *Diderot et l'*Encyclopédie. 2.ed. Paris: Slatkine, 1962.

STAROBINSKI, J. L'arbre des connaissances. In: ______. *Diderot, un diable de ramage*. Paris: Gallimard, 2012.

O sistema dos conhecimentos

Abstração, Dumarsais [1, 45]

A palavra *abstração* vem do latim *abstrahere*, extrair, tirar de, destacar.

Abstração é uma operação do espírito através da qual, por ocasião das impressões sensíveis dos objetos exteriores ou de alguma afecção interior, formamos para nós mesmos, por reflexão, um conceito singular, que destacamos de tudo o que nos tenha levado a formá-lo. Consideramo-lo à parte, como se um objeto real correspondesse a esse conceito independentemente de nossa maneira de pensar. Por ser a fala o único meio de que dispomos para que outros homens conheçam o nosso pensamento, essa necessidade, aliada à utilidade de dar nomes aos objetos reais, levou-nos a dá-los também aos conceitos metafísicos, o que nos ajuda consideravelmente a distinguir esses conceitos. Por exemplo.

O sentimento uniforme que todos os objetos brancos excitam em nós faz com que se dê o mesmo nome qualificativo a cada um desses objetos. Dizemos de cada um deles em particular que é *branco*. Em seguida, para assinalar o ponto de semelhança entre esses objetos, inventamos a palavra *brancura*. Existem de fato objetos que chamamos de *brancos*, mas não existe fora de nós um ente como a própria *brancura*.

Assim, *brancura* é um mero termo abstrato, produto de nossa reflexão por ocasião da uniformidade de impressões particulares realizadas em nós por diversos objetos brancos, ponto ao qual referimos todas as impressões, diferentes quanto à causa particular, uniformes quanto à espécie.

Há objetos cujo aspecto nos afeta de maneira tal que os chamamos de *belos*. Em seguida, considerando à parte essa maneira de afecção, separada de qualquer objeto, de qualquer outra maneira, temos *a beleza*.

Há corpos particulares. Eles são extensos, figurados, divisíveis, e têm ainda muitas outras propriedades. Acontece de o nosso espírito considerá-los exclusivamente como extensos, como figurados ou ainda como divisíveis, detendo-se, a cada vez, em apenas uma dessas considerações. Nisso consiste abstrair todas as outras propriedades. Em seguida, observamos que os corpos têm em comum o fato de serem extensos, ou então figurados, ou ainda divisíveis. Para assinalar esses diversos pontos em comum ou uma convergência entre eles, formamos um conceito de extensão, figura ou divisibilidade. Mas não há ser físico que seja a extensão, a figura ou a divisibilidade, e nada mais.

Podeis manipular à vontade um corpo particular qualquer que esteja a vosso alcance. Mas seríeis por isso senhor da extensão, da figura ou da divisibilidade? O *animal em geral* vem de algum país, pode ser transportado de um lugar para outro?

Cada abstração particular exclui a consideração de toda outra propriedade. Se considerais o corpo como figurado, é evidente que não o considerais como luminoso ou como vivente, mas tampouco suprimis dele o que seja. Assim, seria ridículo concluir, da sua abstração, que esse corpo, considerado por vosso espírito como figurado, não poderia ser, ao mesmo tempo, em si mesmo, extenso, luminoso, vivo etc.

Conceitos abstratos são, portanto, como que o ponto ao qual referimos as diferentes impressões ou reflexões particulares de uma mesma espécie e do qual excluímos tudo o que não seja precisamente dessa espécie.

Tal é o homem, ser vivente, capaz de sentir, pensar, julgar, raciocinar, querer, de distinguir cada ato singular de cada uma de suas faculdades e, assim, de realizar abstrações.

Tudo o que se encontra no mundo são seres reais, e seria impossível que cada um tivesse nome próprio. Dá-se um nome comum aos indivíduos que se assemelham entre si. Esse nome comum é chamado de *nome de espécie*, pois convém a cada indivíduo de uma espécie. Pedro é um homem, Paulo é um homem, Alexandre e César eram homens. Nesse sentido, o nome de espécie é um nome adjetivo, como belo, bom, verdadeiro, que por isso não tem artigo. Considerado sem nenhuma aplicação particular, homem é tomado em sentido abstrato e se torna um indivíduo específico. Por essa razão, recebe o artigo, e dizemos o belo, o bom, o verdadeiro.

Isso não se restringe aos nomes simples abstratos específicos. A partir de homem se obtém a humanidade, de belo a beleza, e assim por diante.

Os filósofos escolásticos, por terem encontrado nomes abstratos e nomes específicos já estabelecidos, denominaram *concretos* o que chamamos de *indivíduos específicos*, como o homem, o belo, o bom, o verdadeiro. A palavra *concreto* vem do latim *concretus* e significa o que cresce com, é composto de, é formado por. Os concretos seriam formados, segundo esses filósofos, a partir dos chamados *abstratos*: a humanidade, a beleza, a bondade, a verdade. Acreditam eles que, assim como a luz vem do sol e a água é aquecida pelo fogo, do mesmo modo o homem seria o que é pela humanidade, o belo pela beleza, o bom pela bondade, e não haveria verdadeiro se não fosse pela verdade. Da humanidade viria o homem, da beleza, o belo. Não é assim, porém, que a natureza nos instrui. Ela não nos mostra de início senão o físico. Começamos por ver homens, antes de compreendermos e formarmos para nós o termo abstrato *humanidade*. Somos tocados pelo belo e pelo bom antes de compreendermos e compormos as palavras *beleza* e *bondade*, e os homens foram penetrados pela realidade das coisas e sentiram uma persuasão interior antes de terem introduzido a palavra *verdade*. Compreenderam, conceberam, antes de compor a palavra *entendimento*. Desejaram antes de dizer que tinham uma vontade, rememoraram antes de formar a palavra *memória*.

Começou-se por observações sobre o uso, o serviço ou o emprego das palavras; a palavra *gramática* foi inventada depois.

A Gramática é como o centro, ou ponto de reunião ao qual se referem diferentes observações sobre o emprego das palavras. Mas [46] *Gramática* é um mero termo abstrato, um nome metafísico e de imitação. Não existe fora de nós um ser real que seja *a Gramática*, só existem gramáticos, que realizam observações. O mesmo se passa com todos os nomes de ciências e artes, bem como com os nomes das diferentes partes das ciências e das artes. Ver *Arte*.

Do mesmo modo, chama-se *Lógica* o ponto ao qual referimos as observações tocantes ao bom e ao mau uso que podemos fazer das faculdades de nosso entendimento.

Observamos diversos animais que deixam de viver; detemo-nos nessa consideração interessante; notamos que, quando não vivem mais, encontram-se em estado uniforme de inatividade; consideramos esse estado independentemente de toda aplicação particular, e, como se fosse em si mesmo uma coisa real, denominamo-lo *morte*. A morte, porém, não é um ser. A privação ou a ausência dos objetos cuja presença causava sobre nós impressões agradáveis ou desagradáveis excita em nós um sentimento refletido dessas privações e dessa ausência, e nos leva a forjar, gradualmente, um conceito abstrato do próprio nada. Pois é certo que nos entendemos perfeitamente bem quando defendemos que o nada não tem propriedades, que não pode ser a causa do que seja, e que só conhecemos o nada e as privações pela ausência das realidades que lhe são opostas.

Se refletirmos sobre essa ausência, reconheceremos forçosamente que nada sentimos, ou que sentimos, por assim dizer, que nada sentimos.

Temos, portanto, um conceito do nada, e esse conceito é uma abstração que exprimimos, à maneira de outros conceitos, por um nome metafísico. Assim como dizemos *tirar um homem da prisão, tirar uma moeda do bolso*, dizemos por imitação que *Deus tirou o mundo do nada*.

Nossa prática cotidiana de dar nomes aos objetos das ideias que representam seres reais nos leva a dá-los, também por imitação, aos objetos metafísicos das ideias abstratas de que temos conhecimento; e, assim, falamos tal como forjamos objetos reais.

A ilusão, o fingimento, a trapaça, têm uma linguagem em comum com a verdade. As expressões de que nos servimos para que outros homens possam conhecer ideias a que correspondem objetos reais fora de nós ou que são simples abstrações de nosso espírito têm entre si uma perfeita analogia.

Dizemos a morte, a doença, a imaginação, a ideia etc. como dizemos o Sol, a Lua etc., embora as primeiras não sejam seres existentes. E falamos da fênix, da quimera, da esfinge e da pedra filosofal como falamos do leão, da pantera, do rinoceronte ou do Peru.

A prosa mesma, embora com menos recursos que a poesia, dá realidade a esses seres imaginários, personifica-os e seduz a imaginação. Malherbe disse que *a morte é severa*, que ela *se espalha como um rumor*, que *nos faz chorar* etc.; nossos prosadores dizem que *a morte não respeita ninguém*, que alguém *espera pela morte*, que *os mártires desafiaram a morte* ou *se adiantaram à morte*, que é preciso *encarar a morte a frio*, que alguém *ofendeu a morte*, que *a morte não pega o sábio de surpresa* etc.; o populacho diz que *a morte não sente fome*, que *a morte não falha*.

Os pagãos deram realidade ao amor, à discórdia, ao medo, ao silêncio, à saúde etc., transformando-os em divindades. Nada mais comum para nós do que dar realidade a um emprego, a um cargo, a um título; personificamos a razão, o gosto, o gênio, o natural, as paixões, o humor, o caráter, as virtudes, os vícios, o espírito, o coração, a fortuna, o infortúnio, a reputação, a natureza.

Os seres reais que se encontram ao nosso redor estão em movimento e são governados de uma maneira que somente Deus conhece e segundo leis que Lhe aprouve estabelecer quando criou o universo. Portanto, *Deus* é um termo real; *natureza* é um termo metafísico.

Um instrumento musical cujas cordas são tocadas não recebe em si mais do que uma simples modificação quando emite o som do ré ou do sol, mas falamos desses sons como se fossem seres reais. Assim também falamos de nossos sonhos, de nossas fantasias, de nossas ideias, de nossos prazeres etc. Habitamos, a bem da verdade, um país real e físico, mas falamos, se ouso dizer, a língua do país das abstrações, e dizemos: tenho fome, tenho medo, tenho a intenção etc., como se disséssemos, tenho um relógio.

Somos comovidos, somos afetados, somos agitados. Sentimos e, mais, percebemos que sentimos, por isso damos nomes às diferentes espécies de sensações particulares, e em seguida às sensações gerais de prazer e de dor. Mas não existe um ser real que seja *o* prazer e outro que seja a dor.

Se, por um lado, os homens, como punição pelo pecado, foram deixados na ignorância, por outro eles querem saber e conhecer, e se orgulham de terem atingido esse fim mesmo que não tenham feito mais do que imaginar nomes, que na verdade freiam a sua curiosidade sem, no fundo, em nada esclarecê-los. Manter-se no caminho não é melhor que se extraviar? O erro é pior que a ignorância. Esta nos deixa como somos, e, se não nos dá nada, ao menos não nos priva de nada, enquanto aquele seduz o espírito, extingue as luzes naturais e influencia a conduta.

Os poetas entretêm a imaginação quando dão realidade a termos abstratos. O povo pagão equivocou-se. Mas e quanto a Platão, que baniu os poetas de sua república; não teria se deixado seduzir por ideias que eram meras abstrações de seu espírito? Os filósofos, os metafísicos e, se ouso dizer, mesmo os geômetras, foram seduzidos por abstrações, uns pelas formas substanciais, outros por virtudes ocultas, outros ainda por privações, por atrações. O ponto dos metafísicos, por exemplo, é a mais pura abstração; o mesmo vale para a distância. Posso considerar a distância entre uma cidade e outra, e ocupar-me apenas dela; posso considerar ainda o ponto de que parti e aquele a que cheguei; posso, por imitação e comparação, considerar uma linha reta como o caminho mais curto entre dois pontos. Esses pontos, porém, não são mais do que as extremidades da própria linha; por uma abstração de meu espírito, considero essas extremidades exclusivamente como términos, e separo delas tudo o que seja diferente. Uma delas é a extremidade em que a linha começa, a outra, a extremidade em que ela termina. Essas extremidades eu denomino *pontos*, e ligo a esse conceito a ideia precisa da extremidade, excluindo qualquer outra. Não há solidez, largura ou profundidade: tudo o que há é a ideia abstrata de extremidade.

Os nomes dos objetos reais são os primeiros; eles são, por assim dizer, os primogênitos dentre os nomes. Os outros, que enunciam apenas conceitos de nosso espírito, são nomes por imitação, por adoção, como os nomes de nossos conceitos metafísicos. Assim, os nomes dos objetos reais, como Sol, Lua, Terra etc. podem ser chamados de nomes físicos, e os outros, de nomes metafísicos.

Nomes físicos servem, portanto, para que se compreenda [47] que falamos de objetos reais, enquanto o nome metafísico assinala que falamos de um conceito particular de nosso espírito. Ora, quando dizemos o Sol, a Terra, o mar, este homem, este cavalo, esta pedra etc., nossa própria experiência, aliada a motivos perfeitamente legítimos, persuade-nos de que existe fora de nós um objeto real que é o Sol, outro que é a Terra etc. Se esses objetos não fossem reais, nossos pais jamais teriam inventado esses nomes, e não os teríamos adotado. Por mais que se diga a natureza, a fortuna, a vida, a saúde, a doença, a morte etc., e que o vulgo creia, por imitação, que tais coisas existam independentemente de seu pensamento, eu não saberia dizer o que são a natureza, a fortuna, a bondade, a vida, a morte etc. Não passa pela cabeça dos homens que eles possam dizer a natureza, a fortuna, a vida, a morte etc. sem que exista fora de seu espírito uma espécie de ser real que seja *a natureza* etc., como se não pudéssemos ter conceitos ou fantasias sem objetos reais como seus exemplares.

Na verdade, não podemos ter conceitos a menos que uma coisa real nos dê oportunidade de formá-los. Mas a palavra que exprime o conceito não tem fora de nós um exemplar próprio. Vemos o ouro, observamos montanhas; se essas duas representações propiciam que formemos a ideia de uma montanha de ouro, dessa imagem não se segue que exista semelhante montanha. Uma embarcação é detida em alto-mar por um banco de areia que os marinheiros não conhecem; imaginam que um peixe os detém. Essa fantasia não dá realidade alguma ao pretenso peixe; e não impede que tudo o que os antigos imaginaram a respeito da Rêmora não passe de mera fábula, assim como o que imaginaram sobre a fênix, a esfinge, a quimera ou o cavalo Pégaso. Pessoas sensatas têm dificuldade para crer que haveria homens tão desarrazoados que dariam realidade às próprias abstrações. Entre outros exemplos de que isso acontece, basta lembrar a história de Valentim, herege do século II da era cristã, filósofo platônico que abandonou a simplicidade da fé e passou a imaginar seres abstratos aos quais deu realidade: o silêncio, a verdade, a inteligência etc. Ensinou seus erros no Egito e partiu para Roma, onde adquiriu discípulos, ditos *valentinianos*. Tertuliano escreveu contra esses heréticos. Ver *Histoire de l'Église*. Desde os tempos primitivos, as abstrações ocasionaram disputas que não são menos vivas por serem frívolas.

De resto, para evitar os termos abstratos seria preciso recorrer a circunlocuções e perífrases que enervariam o discurso. Ademais, esses termos fixam o espírito; servem-nos para introduzir ordem e precisão em nossos pensamentos; dão mais graça e força ao discurso; tornam-no mais vivo, mais cerrado e mais enérgico – desde que se conheça o seu justo valor. Abstrações estão para o discurso como certos signos para a Aritmética, a Álgebra e a Astronomia. Se não houver preocupação em avaliá-los e não forem tomados pelo que valem, eles afastam o espírito da realidade das coisas e se tornam fonte de muitos erros.

Por isso, seria desejável que no estilo didático, utilizado na arte de ensinar, os termos abstratos e as expressões figuradas fossem empregados com bastante parcimônia. Por exemplo, não deveria ser dito, na Lógica, que *a ideia contém*, que *se julgam* ou *se comparam ideias*, que *se reúnem* ou *se separam ideias*, pois ideia é apenas um termo abstrato. Diz-se ainda que *o sujeito atrai para si o seu atributo*. Tudo isso são apenas metáforas, que entretêm a imaginação. Tampouco me agrada que se diga, na Gramática, que *o verbo governa*, *quer*, *pede*, *rege* etc.

(Tradução: Pedro Paulo Pimenta)[1]

1 Doravante PPP.

Abstrair, Dumarsais [1, 47]

Abstrair é realizar uma abstração, considerar apenas um atributo ou propriedade de um ser qualquer, sem dar atenção aos demais atributos ou qualidades, como quando, por exemplo, considera-se no corpo apenas a extensão ou quando se dá atenção apenas à quantidade ou ao número.

(PPP)

Abstrato, Abstrata, Dumarsais [1, 47]

Adjetivo particípio, diz-se de pessoas e de coisas. Um espírito *abstrato* é um espírito desatento, que se ocupa unicamente de seus próprios pensamentos, que não pensa em nada do que lhe é dito. Um autor, um geômetra, são com frequência abstratos. Uma nova paixão torna alguém abstrato. Também, nossas ideias nos tornam abstratos. Já *distraído* se diz daquele que, por ocasião de um novo objeto exterior que se apresente, desvia sua atenção da pessoa a que antes prestava atenção ou a quem deveria prestar atenção. Costuma-se utilizar essas palavras indiferentemente em muitas ocasiões. Abstrato assinala mais desatenção que distraído. Abstrato parece assinalar uma desatenção habitual, e distraído, uma desatenção passageira.

Diz-se de um pensamento que ele é abstrato quando é excessivamente complicado e exige muita atenção para ser compreendido. Diz-se de raciocínios que eles são abstratos quando são demasiadamente sutis. Ciências abstratas são as que têm por objeto seres abstratos, tais como a metafísica e as matemáticas.

(PPP)

Academia (*História literária*), d'Alembert [1, 52]

Os modernos geralmente tomam a palavra *academia* por uma sociedade ou companhia de letrados, estabelecida para o cultivo e o avanço das artes ou ciências.

Alguns autores confundem academia com universidade. Embora signifiquem a mesma coisa em latim, são palavras bem diferentes em francês. Uma universidade é, propriamente dizendo, um corpo composto por pessoas graduadas em diversas faculdades, professores que ensinam nas escolas públicas, preceptores ou tutores particulares, estudantes que tomam lições e aspiram a esses mesmos postos. Uma academia não se destina, em absoluto, a ensinar ou professar uma arte, qualquer que seja, mas sim a buscar a perfeição. Não é composta por estudiosos mais hábeis do que os por eles instruídos, mas por pessoas de capacidade diferenciada, que comunicam umas às outras suas luzes e compartilham suas respectivas descobertas, para vantagem mútua.

A primeira academia de cuja instituição temos notícia é a criada por Carlos Magno, a conselho de Alcuíno, composta pelos mais proeminentes espíritos da corte; o próprio imperador era membro. Nas conferências acadêmicas, cada um expunha os autores que havia lido e adotava o nome do autor antigo que mais lhe agradava ou de um personagem célebre da Antiguidade. Pelas cartas existentes, sabemos que Alcuíno adotou o nome de Flaco, sobrenome de Horácio, que um jovem fidalgo chamado Angilberto adotou o de Homero, que Adelardo, bispo de Corbie, era Agostinho, que Riculfo, arcebispo de Mainz, era Dametas, e que o rei era Davi.

Esse fato pode servir para reforçar o menosprezo de alguns escritores modernos, que dizem que se Alcuíno escolheu o nome de Flaco Albino foi para se conformar ao gosto predominante entre os doutos de seu século, grandes admiradores dos romanos.

A maioria das nações atuais têm academias, inclusive a Rússia. A Itália é a vencedora, ao menos em número. Há poucas na Inglaterra; a principal, que merece mais atenção, é conhecida pelo nome de *Sociedade Real*. Há ainda nesse país uma academia real de música e uma de pintura, estabelecidas por cartas de patente e administradas por diretores especiais.

Na França, temos academias prósperas de todo gênero, a maioria delas sediadas em Paris, umas poucas em capitais de províncias. Eis algumas das principais.

Academia Francesa. Instituída em 1635 pelo cardeal de Richelieu para o aperfeiçoamento da língua, tem como objeto todas as matérias de Gramática, de poesia e de eloquência. Sua forma é bastante simples e nunca se alterou. Possui quarenta membros, todos em igualdade de condição; os grandes fidalgos e pessoas com títulos são admitidos, mas somente como *homens de letras*; o cardeal de Richelieu, que conhecia o preço dos talentos, quis que o espírito marchasse lado a lado com a classe e com a nobreza. Essa academia tem um diretor e um chanceler, sorteados a cada três meses, e um secretário vitalício. Contou e ainda conta entre seus membros com muitas pessoas ilustres, por seu espírito ou por suas obras. Reúne-se três vezes por semana, no velho Louvre, durante o ano inteiro, às terças e quintas-feiras, e aos sábados. As únicas assembleias públicas são as de admissão de novos acadêmicos, além de uma assembleia que se reúne uma vez por ano no Dia de São Luís, quando a academia distribui os prêmios de eloquência e de poesia; em ambos os casos, uma medalha de ouro. Publicou um *Dicionário da língua francesa*, que está na terceira edição, e trabalha incessantemente para aprimorá-la. Essa academia tem por divisa: *à imortalidade*.

Academia Real de Inscrições e Belas-Letras. Apesar do apogeu da glória da França sob os reinados de Henrique IV e Luís XIII, e em particular após a paz dos Pirineus e o casamento de Luís XIV, ela ainda não tomara providências para legar à posteridade uma ideia justa de sua grandeza. As ações mais brilhantes, os eventos mais memoráveis estavam esquecidos ou corriam o risco de sê-lo, pois não se tomara o cuidado de gravar sua lembrança sobre o mármore ou o bronze. Os poucos monumentos públicos que existiam estavam abandonados à ignorância ou à falta de discernimento de uns poucos indivíduos.

Assim, o rei considerou que seria benéfico para a nação o estabelecimento de uma academia dedicada a inscrições, divisas e medalhas, que marcasse esses monumentos com o bom gosto e a nobre simplicidade que dão seu verdadeiro valor. Formou então essa companhia, com um pequeno grupo de homens escolhidos entre os membros da Academia Francesa. Passaram a se reunir na biblioteca do Sr. Colbert, por quem recebiam ordens de Sua Majestade.[1]

Academia Real de Ciências. [54] Criada em 1666 por iniciativa do Sr. Colbert. Após a paz dos Pirineus, Luís XIV quis promover o florescimento das ciências, das letras e das artes em seu reino, e para tanto encarregou o Sr. Colbert de formar uma sociedade de homens seletos, de doutos em diferen-

1 Suprimiu-se a história dessa academia. (N. T.)

tes gêneros de literatura e de ciência, que se reuniriam sob o patrocínio da Coroa e comunicariam uns aos outros suas luzes e seus progressos. O Sr. Colbert, após ter conversado a respeito com os doutos mais ilustres e mais esclarecidos, decidiu formar uma sociedade de pessoas versadas em Física e nas Matemáticas, às quais se uniriam doutos em História e em matéria de erudição, e outros, ocupados nas chamadas *belas-letras*, vale dizer, a Gramática, a eloquência e a poesia. Determinou-se que os geômetras e os físicos dessa sociedade se reuniriam em grupos às quartas-feiras, em conjunto aos sábados, numa sala da biblioteca do rei, onde estavam os livros de Física e de Matemática; que os doutos em História se reuniriam às terças e quintas-feiras na sala de livros de História dessa mesma biblioteca; que a classe de belas-letras se reuniria às segundas e sextas-feiras; e que na primeira quinta-feira de cada mês as diferentes classes se reuniriam em conjunto, e um secretário apresentaria, em nome de sua respectiva sociedade, um relato do que haviam feito no mês precedente.

Essa Academia não durou muito, ao menos não com esse feitio. E isso pelas seguintes razões. 1º As matérias de História com frequência estavam ligadas à História Eclesiástica, e por meio desta à Teologia e à disciplina da Igreja, e receava-se que os acadêmicos não se arriscassem a examinar questões delicadas que pudessem causar problemas. 2º Quase todos os que formavam a classe de belas-letras eram membros da Academia Francesa, cujo objeto era o mesmo dessa classe, permaneciam ligados à antiga instituição. Rogaram ao Sr. Colbert que considerasse se não seria um desperdício dobrar as pensões dos acadêmicos membros de ambas as instituições; parecia inútil haver duas academias diferentes dedicadas ao mesmo objeto e formadas praticamente pelas mesmas pessoas. O Sr. Colbert aprovou suas razões, e pouco tempo depois, com a morte do chanceler Séguier, o rei tomou sob sua proteção a Academia Francesa, à qual reuniu a classe de belas-letras e a pequena Academia de História, de sorte que não restou senão a classe de físicos e matemáticos. A dos matemáticos era composta pelos srs. Carcavy, Huyghens, Roberval, Frenicle, Auzout, Picard e Buot. Os físicos eram os srs. de La Chambre, médico do rei, Perrault, douto em Física e em História Natural, Duclos e Bourdelin, químicos, Pequet e Gayen, anatomistas, Marchand, botânico, e Duhamel, secretário.

Esses doutos, e os que os substituíram após sua morte, publicaram muitas obras excelentes que contribuíram para o avanço das ciências. Em 1692 e 1693, a Academia publicou mensalmente peças dispersas, lidas nas assembleias ocorridas nesses anos e que, por serem muito curtas para ser publicadas separadamente, apareceram como suplementos avulsos às obras a que os membros se dedicavam no momento. Muitos acadêmicos recebiam do rei pensões generosas, e havia entre eles uma igualdade tão perfeita quanto entre os membros da Academia Francesa.

Em 1699, o abade Bignon, que por longo tempo presidira a Academia de Ciências, imaginou que poderia torná-la mais útil se a reformasse. Conversou com o Sr. chanceler de Pontchartain, seu tio, e no começo desse ano a Academia recebeu um novo regulamento, que mudou totalmente a sua forma. Eis seus principais artigos.

1º) A Academia de Ciências permanece sob a proteção do rei e recebe suas instruções por meio dos secretários de Estado aos quais Sua Majestade houve por bem transmiti-las.

2º) É composta por dez membros honorários, um dos quais é o presidente; vinte pensionistas, sendo três geômetras, três astrônomos, três mecânicos, três anatomistas, três botânicos, três químicos, um tesoureiro e um secretário, estes últimos vitalícios; vinte associados, doze deles reinícolas, sendo dois geômetras, dois astrônomos etc., além de oito estrangeiros e vinte estudantes, cada um ligado a um acadêmico pensionista.

3º) Somente os acadêmicos honorários e pensionistas têm voz deliberativa, em eleições e decisões concernentes à Academia. Em matéria de ciência, os associados se reúnem a eles; os estudantes só se pronunciam quando o presidente os convidar a tanto.

4º) Membros honorários devem ser reinícolas, recomendados por sua habilidade em Matemática e Física. Regulares ou religiosos só serão admitidos nessa classe.

5º) Não poderá ser pensionista quem não for reconhecido por uma obra considerável, por uma descoberta importante ou por uma carreira brilhante.

6º) Cada acadêmico pensionista é obrigado a declarar, no início do ano, a pesquisa que pretende realizar. Além desse trabalho, os acadêmicos pensionistas e associados são obrigados a apresentar regularmente observações [55] ou memórias. As assembleias reúnem-se às quartas e aos sábados, e, em caso de feriado, ocorrem no dia precedente.

7º) Há duas assembleias públicas por ano, após o Dia de São Martinho e após a quinzena da Páscoa.

8º) Os recessos da Academia são na quinzena da Páscoa, na semana de Pentecostes, entre o Natal e Reis, e entre a Natividade e o Dia de São Martinho.

Em 1716, o duque de Orléans, regente real, propôs mudanças no regulamento, com a chancela do rei. A classe dos estudantes foi suprimida. Tinha o inconveniente de introduzir desigualdade entre os acadêmicos e ocasionar, como de fato ocasionou, ressentimento e desrespeito entre eles. A própria denominação afastava pessoas de mérito e mantinha fechadas as portas da Academia. "E no entanto", diz o Sr. Fontenelle, *Éloge do Sr. Amontons*, "a designação de pesquisador nunca implicou, não para nós, uma diferença de mérito, apenas de anterioridade". De resto, alguns acadêmicos faleciam aos setenta anos com o título de pesquisador, o que soava mal. Suprimiu-se assim essa classe, e em seu lugar criou-se a dos adjuntos, que receberam, como os associados, plena voz em matéria de ciência. Fixou-se em doze o número de honorários. Criou-se ainda uma classe de associados livres, com seis membros. Esses associados não estavam ligados a nenhum gênero de ciência, nem eram obrigados a apresentar trabalhos. Decidiu-se que, doravante, regulares só seriam admitidos nessa classe.

A Academia teria anualmente um presidente e um vice-presidente, um diretor e um subdiretor, nomeados pelo rei. Os dois primeiros seriam escolhidos sempre entre os honorários, os últimos, entre os pensionistas. Somente os pensionistas teriam direito a senhas de admissão nas assembleias. Nenhum acadêmico poderia se apresentar como tal no frontispício de um livro se a obra que publicava não tivesse recebido a chancela da Academia.

Após a renovação de 1699, a Academia passou a publicar um anuário, contendo os trabalhos de seus membros ou as memórias compostas e lidas na Academia ao longo do ano. No início do volume, a história da Academia ou o extrato das memórias, e tudo o que foi lido e dito na Academia; no final, os elogios de acadêmicos falecidos durante o ano.

O posto de secretário foi ocupado pelo Sr. de Fontenelle entre 1699 e 1740; sucedeu-o o Sr. Mairan, em 1741, 1742 e 1743; atualmente, o posto é ocupado pelo Sr. Fouchy.

O falecido Sr. Rouillé de Meslay, conselheiro do Parlamento de Paris, instituiu dois prêmios, de 2.500 e 2.000 libras, que a Academia distribui alternadamente todos os anos. Os objetos do primeiro devem estar relacionados com a Astronomia Física, os do segundo, com a navegação e o comércio.

A Academia tem por divisa *Invenit et perficit*, "Descobre e aperfeiçoa".

As assembleias, que outrora ocorriam na biblioteca do rei, acontecem desde 1699 em uma belíssima sala do velho Louvre.

Em 1713, o rei confirmou com patentes o estabelecimento das duas academias, a de Ciências e a de Belas-Letras.

Além das academias da capital, há outras nas províncias. Em Toulouse, a Academia dos Jogos Florais, composta por quarenta membros, a mais antiga do reino, e uma Academia de Ciências e Belas-Letras; em Montpellier, a Sociedade Real de Ciências, que a partir de 1706 encontra-se fundida com a Academia de Ciências de Paris; em Bordeaux, em Soissons, em Marselha, em Lyon, em Pau, em Montauban, em Angers, em Amiens, em Ville-franche etc. O número de academias aumenta a cada dia. Sem examinarmos a utilidade da multiplicação de tais estabelecimentos, não há como negar que contribuem para disseminar e conservar o gosto pelas letras e pelo estudo. Mesmo onde não há academias, formam-se sociedades literárias que desempenham quase a mesma função.

Passemos agora às principais academias estrangeiras. Além da Sociedade Real de Londres, uma das academias mais célebres de nossos dias é a de Berlim, chamada Academia Real de Ciências e Belas-Letras da Prússia. Frederico I, rei da Prússia, a estabeleceu em 1700, e nomeou presidente o Sr. Leibniz. Grandes nomes ilustram sua lista desde o começo. Ofereceu em 1710 um primeiro volume, sob o título *Miscellanea berolinensia*, e por mais que o sucessor de Frederico I proteja pouco as letras, não deixou de publicar volumes em 1723, 1727, 1734, 1737 e 1740. Por fim, Frederico II, hoje rei da Prússia, ascendeu ao trono. Esse príncipe, admirado por toda a Europa por suas qualidades guerreiras bem como pelas pacíficas, por seu gosto pelas ciências, por seu espírito e por seus talentos, julgou que conviria revigorar essa academia. Convidou estrangeiros muito distintos, encorajou seus melhores súditos com recompensas, e em 1743 apareceu um novo volume das *Miscellanea berolinensia*, no qual se percebeu que a Academia renovara suas forças. O príncipe não se contentou com isso. Pensou que a Academia Real de Ciências da Prússia, que fora até então presidida por um ministro ou por um importante fidalgo, só teria a ganhar se esse posto fosse ocupado por um homem de letras. Deu à Academia de Ciências de Paris a honra de escolher, dentre um dos seus, aquele que seria o presidente da sua. O Sr. Maupertuis, conhecido em toda a Europa, foi por graça do rei convidado a instalar-se em Berlim. O rei instituiu ao mesmo tempo um novo regimento, e houve por bem se conceder a si mesmo o título de *Protetor*. A Academia publicou, a partir de 1743, três volumes em francês, à maneira da *Histoire de l'Académie des Sciences de Paris*, com a diferença que, a partir do segundo volume, os extratos de memórias foram suprimidos. Esses volumes foram sucedidos por outros, também anuais. Essa academia tem duas assembleias públicas, uma reúne-se em janeiro, na data de nascimento do monarca que ocupa o trono, outra em fins de maio, no dia de sua ascensão ao trono. Nesta última distribui-se um prêmio, que consiste em uma medalha de ouro, no valor de cinquenta ducados, pouco mais de quinhentas libras. Os objetos desse prêmio são, por ordem de sucessão, a Física, a Matemática, a Metafísica, a erudição. Pois essa academia tem a peculiaridade de abarcar a Metafísica, a Lógica e a Moral, que não são objeto de nenhuma outra academia. Há uma classe especialmente destinada a essas matérias, denominada *Filosofia Especulativa*.

(PPP)

Alfabeto (*Entendimento, Ciência do Homem, Lógica, Arte de comunicar, Gramática*), Dumarsais [1, 295]

Por meio dos órgãos naturais da fala, os homens são capazes de pronunciar muitos sons bastante simples, com os quais formam em seguida outros sons, compostos. Tirou-se proveito dessa vantagem natural. Destinou-se esses sons a serem *signos* de ideias, pensamentos e juízos.

Quando a destinação de cada um desses sons particulares, dos simples e dos compostos, foi fixada pelo uso, e cada um deles passou a ser signo desta ideia e não daquela, receberam o nome de *palavras*.

Essas palavras, consideradas relativamente à sociedade em que são utilizadas, e vistas como formando um conjunto, são o que se chama a *língua* dessa sociedade.

O concurso de um grande número de circunstâncias diferentes formou essas diversas línguas: o clima, o ar, o solo, os alimentos, os vizinhos, as relações, as artes, o comércio, a constituição política de um Estado. Cada uma dessas circunstâncias teve sua parte na formação das línguas e responde pela variedade delas.

Não é pouco que os homens tenham encontrado, pelo uso natural dos órgãos da fala, um meio fácil para comunicar entre si seus pensamentos, quando na presença de outrem. Mas isso não é o suficiente. Buscou-se, e encontrou-se, um meio para falar aos ausentes e lembrar para si mesmo e para os outros o que se pensou, o que se disse, do que se foi convencido. De início, símbolos ou figuras hieroglíficas apresentaram-se ao espírito. Mas esses signos não eram nem suficientemente claros, nem suficientemente precisos, nem suficientemente unívocos para realizar a finalidade de fixar a fala e erguer um monumento mais imponente do que o bronze ou o mármore.

O desejo e a necessidade de realizar esse desígnio levaram por fim a que se imaginassem os signos particulares chamados de *letras*, e que cada um desses signos fosse destinado a assinalar cada um dos sons simples que formam as palavras.

Quando a arte de escrever atingiu determinado ponto, representaram-se em cada língua, numa tábua separada, os sons particulares que entram na formação das palavras dessa língua, e essa tábua ou lista é o que se chama *alfabeto* de uma língua.

Esse nome é formado pelas duas primeiras letras gregas, *alfa* e *beta*, extraídas das duas primeiras letras do alfabeto hebreu ou do fenício, *Aleph*, *Beth*. "Em que Alpha difere de Alph ou Betha de Beth?", *Quid enim aleph ab alpha magnopere differt?*, diz Eusébio, livro X. *Quid autem vel betha à beth*, &c.

Entende-se assim por alfabeto de uma língua a tábua ou lista de caracteres que são os signos dos sons particulares que entram na composição das palavras dessa língua.

Todas as nações que escrevem a sua língua têm um alfabeto que lhes é próprio ou que adotaram de uma língua qualquer mais antiga.

Seria desejável que cada um desses alfabetos tivesse sido elaborado por pessoas hábeis após um exame razoável. Haveria muito menos contradições chocantes entre a maneira de escrever e a maneira de pronunciar, e aprender-se-ia mais facilmente a ler as línguas estrangeiras. Mas, nos tempos de nascimento dos alfabetos, após não sei quais revoluções, muito antes da invenção da imprensa, os copistas e os leitores eram muito menos comuns do que se tornariam depois. Os homens dedicavam-se exclusivamente a suas necessidades, a sua segurança e bem-estar, e jamais pensariam em algo como a perfeição e a justeza da arte de escrever. Pode-se afirmar que essa arte deve sua existência e seus progressos a essa espécie de gênio ou de gosto epidêmico que às vezes produz tantos efeitos surpreendentes entre os homens.

Não me deterei aqui no exame dos alfabetos das principais línguas. Observarei somente:

1. Que o alfabeto grego me parece o menos defectivo. É composto por 24 caracteres, que conservam sempre o mesmo valor, exceto talvez pelo γ, que se pronuncia sempre como ν antes de certas letras. Por exemplo, antes de outro γ, γγελος, que se pronuncia νγελος, de onde vem *angelus*, anjo.

O κ, que corresponde ao nosso *c*, tem sempre a pronunciação dura de *ca*, nunca a do ς ou do ζτα; e assim para as demais letras.

Os gregos também perceberam que tinham um *e* breve e um *e* longo, e distinguiam-nos na escritura precisamente porque essas letras eram distinguidas na pronunciação. Observaram a mesma diferença entre o *o* breve e o *o* longo. Um é chamado *mícron*, o outro, que se escreve ω, é chamado *mega*, e tem a forma e o valor de um *o* duplo.

Inventaram ainda caracteres particulares para distinguir o *c*, o *p* e o *t* comuns do *c*, do *p* e do *t* com aspiração. Estas três letras, χ, φ, θ, são as três aspiradas, ou seja, o *c*, o *p* e o *t* acompanhados de uma aspiração, e têm lugar no alfabeto grego.

Pode-se censurar esse alfabeto por ter uma ordem defectiva. Os gregos teriam feito bem em separar as consoantes das vogais; após as vogais, deveriam ter posto os ditongos, depois as consoantes, fazendo seguir a fraca pela forte correspondente, b/p, z/s etc. Esse defeito de ordem é tão patente que o *o* breve é a décima quinta letra do alfabeto, o *o* longo é a vigésima quarta e última, o *e* breve é a quinta, o *e* longo é a sétima etc.

Quanto a nós, não temos um alfabeto que nos seja próprio. O mesmo vale para os italianos, os espanhóis e nossos demais vizinhos. Adotamos, como eles, o alfabeto dos romanos.

Ora, esse alfabeto tem apenas 19 letras: a, b, c, d, e, f, g, h, i, l, m, n, o, p, r, s, t, u, z; pois o *x* não passa de uma abreviação do *gz*, do *es* e do *ss*, como em *exemple*, *sexe* e *Auxerre*; o *k* é uma letra grega correspondente ao nosso *c* duro em *ca*, *co*, *cu*; o *q* também é o *c* duro. Assim, estas três letras, *c*, *k*, *q*, devem ser contadas como uma só e a mesma, e temos o mesmo som representado por três caracteres diferentes.

É um defeito que o mesmo som seja representado por diversos caracteres diferentes. Não é porém o único defeito que se encontra em nosso alfabeto.

É frequente que uma mesma letra tenha diversos sons diferentes. O *s* entre duas vogais é tomado por *z* [**296**], mas em grego o *z* é sempre *z*, *sigma* é sempre *sigma*.

Nosso *e* tem pelo menos quatro sons diferentes: o som comum, como em *père, mère, frère*; o som fechado, como em *bonté, vérité, aimé*; o som aberto, como *bête, tempête, fête*; o som mudo, como *j'aime*; por fim, muitas vezes escrevemos *e*, e pronunciamos *a*, como *empereur, enfant, femme*, e cometemos assim uma dupla falta, como disse outrora um autor antigo. "Primeiro, escrevemos diferentemente do que pronunciamos; segundo, ao ler pronunciamos diferentemente de como a palavra é escrita." *Bis peccatis, quod aliud scribitis, & aliud legitis quam scriptum est, & scribenda sunt ut legenda, & legenda ut scripta sunt.* Marius Victorinus, *De Orthographia*, apud. Vossium, *De arte Grammattica*, tomo I, p.179. "Em minha opinião", diz Quintiliano, "a menos que um uso consagrado não ordene o contrário, cada palavra deveria ser escrita tal como é pronunciada, pois a destinação das letras consiste em conservar a pronunciação das palavras, de sorte que devem ser o signo do que se deve pronunciar quando se lê." *Ego nisi quod consuetudo obtinuerit, sic scribendum quidque judico quomodo sonat: hic enim usus est litterarum, ut custodiant voces & velut depositum reddant legentibus; itaque id exprimere debent, quod dicturi sunt.* Quintiliano, *Instituições oratórias*, livro I, cap.VII.

Tal é o sentimento dos antigos em geral. Ele permite mostrar:

1º) Que nossos pais escreviam em conformidade com a pronunciação, segundo a destinação primeira das letras. Quero dizer com isso que nunca davam a uma letra o som que já tivessem dado a outra. Escreviam *empereur* e pronunciavam com um *é*, como ainda se faz hoje, em diversas províncias. Sua única falta foi não terem inventado um alfabeto francês composto de tantos caracteres particulares quantos são os diferentes sons de nossa língua.

2º) Que quando mudou a pronunciação, a antiga pronunciação estava fixada em livros com os quais as crianças aprendiam a ler e os olhos haviam se acostumado a uma maneira de escrever diferente da maneira de pronunciar; desde então, a maneira de escrever acompanha apenas de longe a maneira de pronunciar. O uso que hoje é conforme à antiga ortografia é muito diferente do outrora mais seguido.

3º) É preciso distinguir devidamente a pronunciação da ortografia. A pronunciação é efeito de certo concurso natural de circunstâncias. Uma vez esse concurso tenha produzido efeito, e o uso da pronunciação esteja estabelecido, nenhum indivíduo particular tem o direito de se opor a ele, tampouco de propor reparos ao uso.

A ortografia, porém, é puro efeito da arte. Toda arte tem seu fim e seus princípios, e estamos autorizados a alertar os outros de que os princípios da arte não estão sendo seguidos, de que o seu fim não está sendo realizado, e de que os meios apropriados para chegar a esse fim não estão sendo adotados.

É evidente que nosso alfabeto é defectivo e não dispõe de tantos caracteres quantos são os sons de nossa pronunciação. Assim, o que nossos pais outrora fizeram para estabelecer a arte da escritura, nós temos o direito de fazer para aperfeiçoar essa mesma arte, e podemos muito bem inventar um alfabeto que retifique tudo o que o atual tem de defeituoso. Por que não poderia ser feito na arte da escrita o mesmo que em todas as outras artes? A guerra por acaso é travada, não direi como no tempo de Alexandre, mas como no tempo de Henrique IV? As denominações das letras já foram alteradas nas escolas de crianças. Diz-se *be, fe, me, ne*. Introduziu-se, a duras penas, a distinção pela qual o *u* consoante, chamado *v*, deixou de ser escrito como *u* vogal. O mesmo para o *j*, que é bem diferente do *i*. Essas distinções são inteiramente modernas, não têm sequer um século, mas foram adotadas pelos impressores em geral. Alguns escritores mais velhos não tiveram força para se desfazer do antigo uso. Mas a distinção de que falamos, por ser razoável, prevaleceu.

O mesmo aconteceria a um alfabeto bem-feito, se fosse proposto às pessoas mais indicadas e se a autoridade que preside as escolas de crianças ordenasse que os professores ensinassem os seus alunos a ler de acordo com ele.

Peço aos que possam se sentir revoltados com tais proposições que considerem o seguinte:

1. Que temos atualmente mais de quatro alfabetos diferentes, e nossos jovens aprendem a ler indistintamente livros escritos num ou noutro desses alfabetos. Os alfabetos a que me refiro são o romano, o itálico, o alfabeto da escritura francesa, o alfabeto da escritura irregular e o da escritura cursiva. Sem mencionar o alfabeto gótico.

2. A leitura do que está escrito num desses alfabetos não impede que se leia o que esteja escrito num outro. Sendo assim, se tivéssemos um novo alfabeto e o ensinássemos às crianças, elas poderiam muito bem ler livros escritos em outros alfabetos.

3. O novo alfabeto de que falo não destruiria nada. Não seria preciso queimar nenhum livro por sua causa. O caractere romano acaso exigiu que se queimassem os livros escritos em itálico? Livros escritos há oitenta ou cem anos acaso deixaram de ser lidos, por que a ortografia não é mais como a daqueles tempos? Se formos mais longe, encontraremos diferenças ainda maiores, que não nos impedem de ler livros impressos com a ortografia então em uso.

Por fim, o novo alfabeto tornaria a ortografia mais fácil, a pronunciação mais cômoda, e eliminaria as queixas dos que encontram tantas contrariedades entre nossa pronunciação e nossa ortografia, que com frequência apresenta aos olhos signos diferentes dos que deveria, de acordo com a destinação desses signos.

Alega-se que os reformadores de línguas nunca foram seguidos. Mas uma reforma como essa não é obra de um indivíduo particular; a maioria dos que a defendem mostram que nossa ortografia precisa ser reformada; e ela já vem sendo reformada há alguns anos. Tudo o que eu sugiro é a criação de um novo alfabeto, que se ensine a lê-lo, e que livros sejam **[297]** escritos com ele. Isso não impediria que fossem lidos outros livros em alfabetos diferentes, assim como o caractere itálico não impede que se leia o romano.

(PPP)

Analogia (*Lógica e Gramática*), Dumarsais, Yvon [I, 399]

Termo abstrato. Esta palavra é inteiramente grega, ἀναλογία. Cícero diz que para se servir dela em latim irá traduzi-la por *comparação, relação de semelhança entre uma coisa e outra*: ἀναλογία, "nós latinos – porque não arriscar palavras novas para coisas novas? – podemos chamá-la comparação e proporção", *latinè – audendum est enim, quoniam haec primum à nobis novantur – comparatio, proportione dici potest. Timeu*, IV, fim.

Analogia significa a relação, a conexão ou a proporção que coisas diversas têm entre si, embora sejam diferentes quanto a outras qualidades, próprias de cada uma delas. Assim, o pé de uma montanha tem algo de análogo com o pé de um animal, embora sejam coisas muito diferentes.

Há analogia entre seres que têm entre si certas relações de semelhança, por exemplo, entre os animais e as plantas. Mas a analogia é muito maior entre diferentes espécies de animais. Há também analogia entre os metais e os vegetais.

Os escolásticos definiram analogia como uma similaridade conjugada a uma diversidade. Distinguiam de ordinário três sortes de analogia. Desigualdade, em que a razão da denominação comum é a mesma natureza, mas não em grau ou em ordem: nesse sentido, animal serve analogamente tanto ao homem quanto ao bruto; atribuição, em que a razão do nome é a mesma, mas há uma diferença de hábito ou relação: nesse sentido, *salutar* serve analogamente tanto ao homem quanto ao exercício do corpo; por fim, proporção, em que as razões do nome comum diferem realmente, mas têm, mesmo assim, alguma proporção entre si: nesse sentido, as guelras dos peixes são ditas análogas aos pulmões dos animais terrestres, o entendimento e o olho são ditos análogos entre si, têm relação um com o outro.

Em matéria de linguagem, dizemos que as palavras novas são formadas por analogia, ou que nomes novos são dados a coisas novas em conformidade com nomes já estabelecidos para outras coisas de mesma natureza e mesma espécie. As obscuridades que se encontram na linguagem devem ser esclarecidas principalmente pelo recurso à analogia.

A analogia é também um dos motivos de nossos raciocínios. Com isso quero dizer que ela frequentemente nos oferece a oportunidade de realizar certos raciocínios que nada provariam se não estivessem fundados em analogia. Por exemplo, há no céu uma constelação chamada Leão; a analogia entre esse nome e o nome do animal levou astrólogos a crer que as crianças nascidas sob esse signo teriam disposição marcial. É um erro.

Realizam-se em Física raciocínios bastante sólidos por analogia. Fundam-se na uniformidade conhecida, observada nas operações da natureza. Mediante essa analogia, são destruídos os erros populares sobre a fênix, a rêmora, a pedra filosofal e outros.

Os preconceitos de que somos imbuídos desde a infância ocasionam raciocínios analógicos muito ruins.

Raciocínios por analogia podem servir para explicar e esclarecer certas coisas, mas não para demonstrá-las. Mas boa parte de nossa Filosofia não tem outro fundamento além da analogia. Sua utilidade consiste em nos poupar de mil considerações redundantes, que seríamos obrigados a recapitular a propósito de cada corpo em particular. É suficiente que saibamos que tudo é governado por leis gerais e constantes, para que estejamos autorizados a crer que corpos que nos parecem semelhantes têm as mesmas propriedades, que frutos de uma mesma árvore têm o mesmo gosto etc.

Uma analogia extraída da semelhança externa entre objetos, a partir da qual se conclui sua semelhança interna, não é uma regra infalível e tampouco universalmente válida; é o mero *quase sempre*, ou *na maioria dos casos*, o *ut plurimùm* de que se extrai menos uma certeza plena do que uma grande probabilidade. Vê-se bem que foi sábio da parte de Deus ter distinguido, [400] por meio de caracteres externos, coisas interiormente diferentes. Tais aparências destinam-se a nos servir como uma etiqueta para suprir a fraqueza de nossos sentidos, que não penetram no interior dos objetos. Às vezes, porém, nos enganamos a seu respeito. Há plantas venenosas similares a plantas salutares. Surpreende-nos amiúde o efeito inesperado de uma causa da qual esperávamos que nasceria um efeito inteiramente oposto. É que outras causas, imperceptíveis, se reuniram à primeira, à nossa revelia, alterando assim a sua determinação. Acontece também de o fundo dos objetos não ser tão diverso quanto a aparência exterior. A regra da analogia não é, portanto, uma regra de certeza, pois tem suas exceções. É suficiente para o desígnio do Criador que se forme uma grande probabilidade, que as exceções sejam raras e de influência limitada. Como não conseguimos, por meio de nossos sentidos, chegar ao interior dos objetos, a analogia é para nós como o testemunho dos outros, quando nos falam de objetos que não vimos e não compreendemos. São dois meios que o Criador colocou ao nosso dispor para estendermos nossos conhecimentos. Se destruires a força do testemunho, quantas coisas que a bondade de Deus nos concedeu nos parecerão completamente inúteis! Os sentidos, por si mesmos, são insuficientes. Haveria no mundo um homem capaz de examinar, apenas por si, tudo o que é necessário à vida? Por conseguinte, num infinito número de ocasiões, sentimos a necessidade de nos instruirmos com os outros e de relatarmos a eles as nossas observações. Isso prova, ademais, que, em certas condições, o testemunho é no mais das vezes uma marca da verdade, assim como a analogia extraída da semelhança externa entre objetos para concluir sua semelhança externa é, no mais das vezes, uma regra certa.

Em matéria de fé não se deve raciocinar por analogia, mas aceitar exatamente o que foi revelado, e considerar todo o resto como efeito natural do mecanismo universal cuja trama desconhecemos. Por exemplo, não é porque há possuídos pelo demônio que devo imaginar que uma pessoa furiosa esteja possuída pelo demônio, assim como não devo crer que o que me é dito de Leda, de Sêmele, de Rea-Sílvia, tenha acontecido por outra via que a da natureza. Em suma, Deus, como autor da natureza, age de maneira uniforme. O que acontece em certas circunstâncias acontecerá sempre da mesma maneira se as circunstâncias forem as mesmas. E se não vejo para além do efeito, sem conseguir descobrir a causa, devo reconhecer que sou ignorante ou que estou enganado, e sem me projetar para fora da ordem natural. Somente a autoridade especial da divina revelação poderia autorizar o recurso a causas sobrenaturais. No capítulo primeiro do evangelho de Mateus, versículos 19 e 20, José parece adotar a conduta de que falamos.

Em Gramática, analogia é uma relação de semelhança ou proximidade entre uma letra e outra, entre uma palavra e outra, ou entre uma expressão, uma locução, uma frase, e outra parecida. Por exemplo, há em francês uma analogia entre o B e o P. A única diferença é que os lábios se aproximam menos na pronunciação do B que na do P. Do mesmo modo, há uma analogia entre o B e o V. Não há analogia alguma entre o nosso *on dit* e o *dictur* dos latinos ou o *si dice* dos italianos, são modos de falar próprios, particulares de cada uma dessas línguas. Mas há uma analogia entre o nosso *on dit* e o *man sagt* dos alemães, pois o nosso *on* vem de *homo*, e *man sagt* significa *o homem diz*, *man kann*, *o homem pode*. A analogia é muito útil na Gramática, permite realizar induções referentes a declinação, gênero e outros acidentes de palavras.

(PPP)

Analogia (Matemáticas), *d'Alembert* [1, 400]

Analogia, em Matemática, é o mesmo que proporção, ou igualdade de relação.

(PPP)

Analogia (Medicina), *Vandenesse* [1, 400]

Palavra utilizada na Medicina para significar o conhecimento do uso das partes, da sua estrutura e ligação, em relação às suas funções. É especialmente reveladora no estudo das doenças, pois explica as causas e sua atuação, além de determinar os remédios necessários. Deve-se à analogia o uso da sangria no tratamento de diferentes doenças inflamatórias e de erupções cutâneas;

por analogia se reconheceram os efeitos dos diferentes preparados químicos, compostos pelo mercúrio, pelo antimônio ou pelo ferro.

(PPP)

Arte (*Ordem enciclopédica, Entendimento, Memória, História da Natureza, História aplicada da Natureza, Arte*), Diderot [1, 713]

Termo abstrato e metafísico. Começou-se por observações sobre a natureza, o préstimo, o emprego, as qualidades dos seres e de seus símbolos; posteriormente, deu-se o nome de ciência ou *arte*, ou disciplina em geral, ao centro ou ponto de reunião a que foram referidas as observações realizadas, para formar assim um sistema de regras ou instrumentos tais que tendem a um mesmo fim. Consiste nisso, em geral, o que se chama de *disciplina*. Por exemplo. Refletiu-se sobre o uso e o emprego das palavras, e inventou--se em seguida a palavra *gramática*. Gramática é o nome de um sistema de instrumentos e regras relativas [714] a um objeto determinado, o som articulado, os signos da fala, a expressão do pensamento e tudo o mais que se refira a ele. O mesmo vale para as outras ciências ou *artes*. Ver *Abstração*.

Origem das ciências e das artes. A indústria do homem aplicada às produções da natureza, por necessidade, por divertimento, por curiosidade etc. deu à luz as ciências e as *artes*. Esses pontos de reunião de nossas diferentes reflexões receberam as denominações de *ciência* ou de *arte* segundo a natureza de seus objetos *formais*, para falarmos com os lógicos. Se o objeto é executável, a coleção e a disposição técnica das regras segundo as quais é executado chama-se *arte*. Se pode apenas ser contemplado sob diferentes aspectos, a coleção e a disposição técnica das observações relativas a esse objeto chama-se *ciência*. Assim, a Metafísica é uma ciência, a Moral é uma *arte*. O mesmo vale para a Teologia e a Pirotecnia.

Especulação e prática de uma arte. É evidente, pelo que foi dito, que toda arte tem sua especulação e sua prática. Sua especulação é o conhecimento inoperante das regras da arte; sua prática é o uso habitual e irrefletido dessas mesmas regras. É difícil, para não dizer impossível, avançar na prática sem a especulação e, inversamente, apoderar-se da especulação sem a prática. Em toda arte há um grande número de circunstâncias relativas à matéria, aos instrumentos e ao manejo, que somente o uso pode ensinar. Cabe à prática apresentar fenômenos e propor dificuldades; cabe à especulação explicar os primeiros e superar as últimas. Por isso, mal se encontra um artista que saiba raciocinar sobre a sua arte e, ao mesmo tempo, falar corretamente a respeito dela.

Distribuição das artes em liberais e mecânicas. Examinando-se as produções das artes, percebe-se que umas são mais obra do espírito do que das mãos, e outras, ao contrário, mais das mãos do que do espírito. Tal é, *em parte*, a origem da preeminência concedida a certas artes sobre outras e da distribuição das *artes* em *liberais* e *mecânicas*. Essa distinção, embora tenha fundamento, produziu um efeito nocivo, ao degradar pessoas valorosas e prestimosas e reforçar certa preguiça natural, que incute em nós a crença de que uma aplicação constante e contínua a experiências e a objetos particulares, sensíveis e materiais, seria derrogatória da dignidade do espírito humano, e que praticar ou mesmo estudar as artes mecânicas seria se rebaixar a coisas cuja investigação é laboriosa, a meditação, ignóbil, a exposição, difícil, o comércio, vergonhoso, o número, inesgotável, e o valor, mínimo. "Não seria rebaixar o espírito humano, querer que ele se prendesse por tanto tempo a experimentos e a detalhes minuciosos?", *Minui majestatem mentis humanae, si in experimentis & rebus particularibus* &c. Bacon, *Novum organon*, I, 83. Esse preconceito apinhou as cidades com raciocinadores vãos e especuladores inúteis, e os campos com tiranetes ignorantes, ociosos e desleixados. Pensavam de outro modo Bacon, um dos principais gênios da Inglaterra; Colbert, um dos maiores ministros da França; enfim, os bons espíritos e homens sábios de todos os tempos. Bacon considerava a história das artes mecânicas como o ramo mais importante da verdadeira Filosofia; longe dele, portanto, menosprezar a sua prática. Colbert considerava a indústria dos povos e o estabelecimento das manufaturas como a riqueza mais certa de um reino. No juízo dos que em nossos dias têm ideias sadias do valor das coisas, aquele que multiplique na França os gravuristas, pintores, escultores e artistas de todo gênero, ou supra com a máquina de tear os ingleses, com veludo os genoveses, com vidro os venezianos, não fará menos pelo Estado do que os que derrotam inimigos e destroem suas fortificações; e, aos olhos do filósofo, há talvez mais mérito verdadeiro em ter propiciado o nascimento de um Le Brun, de um Le Sueurs, de um Audran, que pintem ou gravem as batalhas de Alexandre, e registrem em tapeçarias as vitórias de nossos generais, do que em tê-las conquistado. Colocai num dos pratos da balança as vantagens palpáveis das ciências mais sublimes e das artes mais honradas, no outro as das artes mecânicas, e vereis que a estima que temos por umas e pelas outras não é proporcional a suas respectivas vantagens; celebraram-se muito mais os homens ocupados em nos fazer crer que somos felizes do que os que se ocupam efetivamente de nossa felicidade. Que bizarrice, a de nosso juízo! Exigimos que os homens se ocupem de algo útil, e desprezamos os homens úteis!

Finalidade das artes em geral. O homem nada mais é do que um ministro ou intérprete da natureza: só entende e age na medida em que tem conhecimento, experimental ou refletido, dos seres que o rodeiam. Sua mão nua, por robusta, infatigável e flexível que seja, só pode produzir um pequeno número de efeitos, só realiza grandes coisas com o auxílio de instrumentos e regras. O mesmo vale para o entendimento. Os instrumentos e as regras são como músculos acrescentados aos braços, como recursos acessórios aos do espírito. A finalidade de toda arte em geral, ou de todo sistema de instrumentos e regras que conspiram para um mesmo fim, é imprimir certas formas determinadas numa base dada pela natureza; e essa base pode ser ou matéria ou espírito, uma função qualquer da alma ou uma produção qualquer da natureza. Nas artes mecânicas, às quais principalmente me aterei, e das quais os autores menos falaram, "o poder do homem se reduz a aproximar ou distanciar entre si os corpos naturais. O homem pode tudo ou nada, dependendo da possibilidade ou impossibilidade dessa aproximação ou distanciamento". Ver *Novum organon.*

Projeto de um tratado geral das artes mecânicas. É frequente que se ignore a origem de uma arte mecânica e permaneçam vagos os conhecimentos sobre os seus progressos. É a consequência natural do menosprezo, em todos os tempos e em todas as nações, doutas ou belicosas, pelos que se dedicaram a essas artes. Em situações como essa, é preciso recorrer a suposições filosóficas, partir de alguma hipótese verossímil, de um evento primeiro e fortuito, e avançar até o ponto a que a arte foi conduzida. Explico-me com um exemplo que tomarei deliberadamente das artes mecânicas, menos conhecidas que as artes liberais, que são exibidas sob mil trajes diferentes. Se a origem e o progresso do fabrico do vidro ou do papel são ignorados, como deveria proceder um filósofo que se propusesse escrever a história dessas artes? Ele suporia que um pedaço de tecido caiu por acaso num recipiente cheio d'água; que ali permaneceu por tempo suficiente para se dissolver; que, uma vez esvaziado o recipiente, o que se encontrou em seu fundo não foi uma peça de tecido, mas uma espécie de sedimento, cuja natureza dificilmente seria reconhecível, a não ser por uns filamentos ali depositados a indicar que a matéria-prima desse sedimento é um pedaço de tecido. Quanto ao fabrico do vidro, ele suporia que as primeiras habitações sólidas construídas pelos homens teriam sido feitas de terra cozida, ou tijolos: ora, é impossível cozer tijolos sem que algumas [715] porções de terra se vitrifiquem; o vidro se apresentou pela primeira vez sob essa forma. Mas que distância imensa entre essa escama suja e esverdeada e o material transparente e puro dos vidros? De uma experiência fortuita ou de algo similar deve partir o filósofo, se quiser chegar ao ponto ao qual a arte do fabrico de vidros foi conduzida.

Vantagens desse método. Tomados assim, os progressos de uma arte seriam expostos de maneira mais instrutiva e mais clara do que em sua história verdadeira, se esta pudesse ser conhecida. Os obstáculos que haveria a ultrapassar para aperfeiçoar a arte se apresentariam em ordem inteiramente natural, e a explicação sintética dos trâmites sucessivos desta facilitariam sua inteligência aos espíritos mais ordinários e colocariam os artistas na via que deveriam seguir para se aproximar cada vez mais da perfeição.

Ordem a ser seguida em semelhante tratado. Quanto à ordem a ser seguida num tratado do gênero, creio que seria mais vantajoso remeter as artes às produções da natureza. Uma enumeração exata destas daria à luz muitas artes desconhecidas. Um grande número de outras nasceria do exame circunstanciado das diferentes faces sob as quais uma mesma produção pode ser considerada. A primeira dessas condições exige um conhecimento bastante extenso da história natural; a segunda, uma dialética bastante profunda. Um tratado das artes, tal como o concebo, não é, portanto, obra de um homem qualquer. Que não se imagine que eu proponho aqui ideias vãs e prometa aos homens descobertas quiméricas. Após ter observado, com um filósofo que não me canso de exaltar, pois não me canso de lê-lo, que a história natural é incompleta sem a história das artes, e após ter conclamado os naturalistas a coroar seus trabalhos sobre os reinos vegetal, mineral, animal etc. com experimentos nas artes mecânicas, cujo conhecimento importa muito mais à verdadeira Filosofia, eu ousaria acrescentar: "o objeto de que trato não é uma simples hipótese, mas algo de essencial, e lança as bases não de uma seita ou opinião, mas de algo útil e de imensa importância", *rem quam agit, non opinionem, sed opus esse; eamque non sectae alicujus aut placiti, sed utilitatis et amplitudinis immensae fundamenta jacere*. Bacon, *Cogitata et visa*. Não se trata aqui, em absoluto, de um sistema; não se trata das fantasias de um homem, mas sim de decisões da experiência e da razão, dos fundamentos de um edifício imenso; e quem pensa diferente só pode estar querendo contrair a esfera de nossos conhecimentos e desencorajar os espíritos. Devemos ao acaso um bom número dos nossos conhecimentos; apresentou-nos muitos pelos quais não buscávamos; como presumir que não obteríamos nenhum se acrescentássemos nossos esforços ao seu capricho e introduzíssemos ordem e método em nossas pesquisas? Se hoje possuímos segredos outrora desconhecidos e nos é permitido extrair conjecturas do passado, por que o futuro não nos reservaria riquezas com as quais não contamos? Se disséssemos, há alguns séculos, a essas pessoas que medem a possibilidade das coisas pelo alcance de seu próprio gênio e nada imaginam para além do que conhecem, que há um pó que demole rochedos, que derruba as mais espessas muralhas a distâncias impressionantes, que muitos metros abaixo do solo é capaz de fazê-lo tremer, de irromper através das enormes massas que a cobrem, e de abrir um buraco tão grande que engoliria uma cidade inteira, tais homens não deixariam de comparar esses efeitos à atuação de roldanas, polias, alavancas, contrapesos e outras máquinas então conhecidas; declarariam que um pó como esse é uma quimera, que somente um raio ou um tremor de terra poderiam produzir tais efeitos prodigiosos, e que o seu mecanismo é inimitável. Assim se dirigiu o grande filósofo ao seu século, e a todos os séculos vindouros. Acrescentaremos a esse exemplo o da máquina de purificar a água por intermédio do fogo, realizado pela primeira vez em Londres; quantos raciocínios equivocados não teria ocasionado, sobretudo se o seu autor tivesse a modéstia de se apresentar como um homem pouco versado em mecânica? Se só houvesse no mundo juízes como esses, não seriam criadas coisas grandes nem coisas pequenas. Saibam, portanto, os que precipitadamente se pronunciam sobre obras que não implicam nenhuma contradição, que muitas vezes são meras adições, bastante simples, a máquinas conhecidas, e não requerem mais do que um artesão habilidoso; e que eles mesmos não têm competência para julgar da possibilidade de tais obras, tampouco tem instrução para realizar os acréscimos desejáveis. Como diz lorde Bacon, "quem restringe sua esperança de realizar novas invenções só porque baseia suas conjecturas em coisas que estão ao alcance das mãos e acredita que por isso as outras seriam impossíveis ou menos verossímeis, saiba que não tem sabedoria suficiente nem mesmo para escolher o que é conveniente e pertinente", *si cujus spem de novis inventis cohibeat, quod sumpta qui neglectâ ex his quoe proesto sunt conjecturâ, ea aut impossibilia, aut minus verisimilia, putet; eum scire debere se non satis doctum, ne ad optandum quidem commode & apposite esse.* Bacon, *Cogitata et visa.*

Motivo adicional para pesquisas. O que deve acima de tudo encorajar nossas pesquisas e nos determinar a considerar com atenção o que se encontra ao nosso redor são os séculos escoados sem que os homens percebessem coisas importantes, que estavam, por assim dizer, diante de seus olhos, como a arte de imprimir ou a de gravar. Como é bizarro o espírito humano! Se se trata de descobrir, ele desconfia de sua própria força, enreda-se em dificuldades que impôs a si mesmo, parece-lhe impossível descobrir o que quer que seja. Descobriu algo? Não entende como pôde ter buscado por tanto tempo e sente pena de si mesmo.

Diferença singular entre as máquinas. Após ter exposto minhas ideias sobre um tratado filosófico das artes em geral, passarei a algumas observações úteis sobre a maneira de abordar certas artes mecânicas em particular. Emprega-se às vezes uma máquina muito complexa para produzir um efeito aparentemente muito simples; outras vezes, uma máquina bastante simples é suficiente para produzir uma ação muito complexa. No primeiro caso, como o efeito a ser produzido é facilmente concebível, como o espírito não tem dificuldade para conhecê-lo e ele não sobrecarrega a memória, começa-se por anunciá-lo, passando-se em seguida à descrição da máquina. No segundo caso, ao contrário, é mais conveniente descer da descrição da máquina ao conhecimento do efeito. O efeito de um relógio é dividir o tempo em partes iguais, com a ajuda de um ponteiro que se move uniforme e muito lentamente sobre um plano pontuado. Se eu mostrar um relógio a alguém que desconheça essa máquina, primeiro devo instruí-lo acerca de seu efeito, depois do mecanismo. Terei o cuidado de não seguir a mesma via com alguém que me pergunte o que é uma malha de seda, de veludo ou de cetim, o que é um drapejo ou um droguete. Começarei então pelos detalhes do ofício que produz essas peças. O desenvolvimento da máquina, se for claro, faz com que o seu efeito seja sentido de uma vez; o que talvez fosse impossível sem essa explicação preliminar. Para se convencer da verdade dessas observações, tenta-se definir exatamente o que é um véu, sem que se tenha uma noção da máquina de tear.

Da geometria das artes. Todos concordarão comigo sem dificuldade [**716**] que para poucos artistas os elementos das Matemáticas não são necessários. Um paradoxo cuja verdade não se discerne à primeira vista é que em muitas ocasiões esses elementos são nocivos, se uma multidão de conhecimentos físicos não corrigir os seus preceitos na prática: conhecimento de lugares, de posições, de figuras irregulares, de materiais, das qualidades destes, da elasticidade, da dureza, das fricções, da consistência, da duração, dos efeitos do ar, da água, do frio, do calor, da secura etc. É evidente que os elementos da Geometria da academia são apenas os mais simples e menos compostos dos que perfazem a Geometria das oficinas. Não há na natureza uma alavanca tal como a que Varignon supõe em suas proposições; não há na natureza uma alavanca cujas componentes possam ser esgotadas pelo Cálculo. Dentre essas condições há muitas, de uso sumamente indispensável, que não se deixam submeter à parte do Cálculo que se aplica às diferenças mais insensíveis de quantidade, quando são apreciáveis; do que se segue que alguém que não tenha senão Geometria intelectual é de ordinário um homem muito canhestro, assim como um artista que não tenha senão Geometria experimental é um artesão muito limitado. A experiência parece mostrar, porém, que é mais fácil para um artista passar à Geometria intelectual do que para um homem qualquer passar à Geometria experimental. A despeito do Cálculo, fricções permanecem sendo uma questão de Matemática experimental e manual. Quantas outras coisas não excedem o conhecimento do Cálculo? Quantas máquinas ruins não nos são propostas todos os dias, por pessoas que imaginam que alavancas, roldanas, polias, cabos, atuariam numa máquina como sobre uma folha de papel, e que, por não terem posto mãos a obra, não sabem a diferença entre os efeitos de uma máquina mesma e as de seu modelo? Uma segunda observação a que somos conduzidos por nosso objeto é que há máquinas que funcionam em pequena escala, mas não em grande, enquanto outras, inversamente, funcionam em grande escala, mas não em pequena. Parece-me que, entre as últimas, estão todas aquelas cujo efeito depende principalmente de um peso considerável das partes que as compõem ou da violência da reação de um fluido ou de qualquer volume considerável de matéria elástica à qual a máquina deva ser aplicada: em pequena escala, o peso das partes se reduz a nada, a reação do fluido praticamente não acontece, as potências com que contávamos desaparecem, e a máquina não produz efeito. Mas assim como existe, relativamente às dimensões da máquina, um ponto, se me for permitido falar assim, ou um limite, a partir do qual ela não produz mais efeito, há um ponto ou termo para além ou aquém do qual ela não produz o efeito máximo que o seu mecanismo é capaz. Toda máquina tem, para falarmos com os geômetras, um *maximum* de dimensões. Assim como, na construção, cada parte, considerada em relação ao mais perfeito mecanismo dessa parte, tem sua dimensão determinada pelas demais, o todo, em relação ao mais perfeito mecanismo possível, tem sua dimensão determinada pelos materiais de que é composto, pelo uso que dele se espera e por muitas outras causas. Qual é, no entanto, poder-se-ia perguntar, o limite das dimensões de uma máquina, para além ou para aquém do qual ela se torna demasiado grande ou demasiado pequena? Qual a dimensão verdadeira e absoluta de um relógio excelente, de um moinho perfeito, de uma embarcação eximiamente fabricada? Cabe à Geometria experimental e manual, desenvolvida ao longo de muitos séculos, auxiliada pela mais delicada Geometria intelectual, encontrar uma solução aproximada para esses problemas. Estou convencido de que, se é impossível obter algo de satisfatório dessas geometrias separadas, é muito difícil que se obtenha delas reunidas.

Da língua das artes. Considero a língua das artes deveras imperfeita, e isso por duas causas: a escassez de palavras próprias e a abundância de sinônimos. Certos instrumentos têm muitos nomes diferentes; outros, ao contrário, têm apenas o nome genérico de engenho ou máquina, sem qualquer especificação;

às vezes, uma diferença mínima é suficiente para que os artistas abandonem o nome genérico e inventem nomes particulares; outras, um instrumento singular pela forma e uso não tem nome ou traz o nome de outro, com o qual nada tem em comum. Seria desejável que se levasse em conta a analogia das formas e dos usos. Os geômetras não dispõem de nomes suficientes para todas as figuras; mas, na língua das artes, um martelo, uma tenaz, uma tina, uma pá etc. têm quase tantas denominações quantas são as artes existentes. A língua muda muito de uma manufatura para outra. Mas estou convencido de que as operações mais singulares e as máquinas mais complexas poderiam ser explicadas por um número relativamente reduzido de termos familiares e bem conhecidos, desde que termos da arte só fossem empregados quando oferecessem ideias particulares. Essa proposta parece exequível, quando se considera que máquinas complexas não são mais do que combinações de máquinas simples, que máquinas simples são pouco numerosas, e que, na exposição de uma operação qualquer, todos os movimentos podem ser reduzidos, sem qualquer erro considerável, ao movimento retilíneo e ao movimento circular. Seria desejável que um bom lógico, familiarizado com as artes, se dedicasse a elementos da gramática das artes. O primeiro passo seria fixar o valor dos correlativos, como *grande*, *largo*, *médio*, *fino*, *espesso*, *fraco*, *pequeno*, *leve*, *pesado* etc. Para isso, ele teria que buscar por uma medida constante na natureza ou avaliar a grandeza, a largura e a força média do homem, e relacioná-la com expressões indeterminadas de quantidade, ou ao menos elaborar tábuas, às quais ele convidaria os artistas a conformar suas respectivas línguas. O segundo passo seria determinar a diferença e a semelhança das formas e usos de um instrumento em relação a outro, de uma operação em relação a outra, para saber se se deve deixá-los com o mesmo nome ou se devem receber nomes diferentes. Não tenho dúvida de que aquele que se dedicasse a essa empreitada teria tantos novos termos a introduzir quanto sinônimos a banir, e sentiria mais dificuldade para definir bem as coisas comuns, como *graça* na pintura ou *nó* na passamanaria, termos vazios em tantas artes, do que para explicar as máquinas mais complexas. Por falta de definições exatas, e por causa da multidão, não da diversidade dos movimentos nas operações, as coisas das artes são difíceis de dizer com clareza. Não há outro remédio para este inconveniente além de se familiarizar com os objetos. Vale a pena conhecê-los, seja pelas vantagens que propiciam, seja pela honra que representam para o espírito humano. Em que sistema da Física ou da Matemática se observa mais inteligência, mais sagacidade, mais consequências do que em máquinas de fiar ouro ou de tecer meias, no ofício de passamaneiro ou de tecelão, no trabalho da seda? Haveria demonstração matemática mais complexa do que o mecanismo de certos relógios ou do que a operação por que [717] fazemos passar a casca do cânhamo ou o casulo do bicho-da-seda a fim de obter fios a serem tecidos? Haveria algo, em qualquer gênero, tão sutil quanto o tingimento do veludo? Mesmo que eu quisesse, não poderia percorrer as maravilhas das diferentes manufaturas aptas a deslumbrar os que têm olhos despidos de preconceito e livres de estupidez.

Restringir-me-ei a mencionar, com o filósofo inglês, três invenções, inteiramente desconhecidas dos antigos, inventadas por homens que, para vergonha da história e da poesia modernas, tiveram seus nomes esquecidos: refiro-me à arte de imprimir, à descoberta da pólvora de canhão e à propriedade da agulha imantada. Que revolução essas descobertas não ocasionaram na república das letras, na arte militar e na arte da navegação? A agulha imantada conduziu nossas embarcações a regiões antes ignoradas; os caracteres tipográficos estabeleceram uma correspondência de luzes entre sábios de todos os lugares e de todos os tempos, inclusive por vir; a pólvora de canhão deu à luz as obras-primas de arquitetura que guardam as nossas fronteiras e as de nossos inimigos. Essas três artes alteraram quase por completo a face da Terra.

Façamos às artes a devida justiça. As artes liberais já se declamaram tanto a si mesmas que não lhes custaria empregar o que lhes resta de voz para celebrar as artes mecânicas. Cabe às artes liberais livrar as artes mecânicas do aviltamento e do preconceito que as oprime há tanto tempo. À proteção dos reis cabe garantir indulgência onde elas ainda enlanguescem. Os artesãos se consideram desprezíveis porque foram desprezados; ensinemos-lhes a se valorizarem, é o único meio de obterem produções mais perfeitas. Que venha do seio das academias um homem disposto a frequentar os ateliês, a colher neles os fenômenos das artes e a expô-los numa obra que incite os artistas a ler, os filósofos a pensar coisas úteis, e os poderosos a fazer, não sem tempo, um uso proveitoso de sua autoridade e de seus privilégios.

Um conselho que ousaremos oferecer aos doutos é que pratiquem o que eles mesmos nos ensinam: não julguem as coisas com precipitação nem proscrevam como inútil uma invenção só porque ela não mostra desde o início todas as vantagens que seriam de esperar. Montaigne, que costumava ser tão filosófico, ficaria ruborizado se vivesse entre nós, por ter escrito que as armas de fogo não têm outro efeito além do som estrondoso, tão desconfortável que certamente fará com que sejam banidas. Foi mais sábio ao recomendar aos arcabuzeiros que trocassem a broca e a roda por um mecanismo disparado pela pólvora, e mais sagaz ao prever que uma máquina como essa seria inventada um dia. Colocai Bacon no lugar de Montaigne e o vereis, como filósofo, considerar a natureza do agente e profetizar, se me é permitido dizer, as granadas, as minas, os canhões, as bombas e todo o aparato da pirotecnia militar. Montaigne não foi, porém, o único filósofo a emitir um juízo precipitado sobre a possibilidade ou impossibilidade das máquinas. Descartes, esse gênio extraordinário que veio ao mundo para desencaminhar e para conduzir, e outros, que tinham em conta o autor dos *Ensaios*, não declararam que o espelho de Arquimedes era uma fábula? Não obstante, esse espelho se encontra à vista de todos no Jardim Real, e os efeitos que produz nas mãos do Sr. Buffon, que o recuperou, não nos permitem duvidar dos que deve ter produzido, entre as muralhas de Siracusa, nas mãos de Arquimedes. Exemplos como esses são suficientes para recomendar que sejamos circunspectos.

Convidaremos os artistas a que aceitem, de sua parte, o conselho dos doutos, para que não pereçam consigo as descobertas que realizaram. Saibam que é um verdadeiro furto, em relação à sociedade, guardar em segredo uma descoberta útil; e que não menos vil é preferir, numa ocasião como essa, o interesse de um ao interesse de todos, que em cem outras ocasiões eles não hesitariam em defender. Caso optem pela comunicação, se livrarão de numerosos preconceitos, sobretudo deste, compartilhado por muitos, de que a sua arte teria atingido o grau último da perfeição. Sua falta de luzes os expõe amiúde a culpar a natureza das coisas por um defeito que só se deve a eles mesmos. Os obstáculos parecerão invencíveis enquanto ignorarem os meios de superá-los. Realizem experiências; que nessas experiências cada um mostre afinco; que o artista trabalhe para a obra, o acadêmico para as luzes e os conselhos, o homem opulento para a obtenção dos materiais, dos meios e do tempo, e nossas artes e manufaturas não demorarão a ter, em relação às dos estrangeiros, toda a superioridade que desejamos.

Da superioridade de uma manufatura sobre outra. O que torna uma manufatura superior a outra é principalmente a qualidade dos materiais utilizados, unida à celeridade do trabalho e à perfeição da execução. Quanto à qualidade dos materiais, é uma questão de inspeção. A celeridade do trabalho e a perfeição da execução dependem inteiramente da multidão dos artistas reunidos. Se uma manufatura é trabalhosa, cada operação ocupa um homem diferente. Esse artesão não faz e não fará na vida outra coisa além do que faz; outro fará uma coisa diferente, e o resultado é que cada um fará bem e prontamente a sua parte. A obra mais bem-feita tem demanda maior. De resto, o gosto e o modo de realização necessariamente se aperfeiçoam, em meio a um grande número de artesãos, pois com frequência se encontram alguns que sejam capazes de refletir, de combinar e de, por fim, encontrar o único meio que pode elevá-los acima de seus semelhantes, economizando matéria, tirando proveito do tempo ou multiplicando a industriosidade com uma máquina nova ou mais fácil de operar. Se as manufaturas estrangeiras não se comparam às de Lyon, não é porque outros países ignorem como se deve trabalhar; por toda parte se encontram os mesmos ofícios, a mesma seda, e quase as mesmas práticas, mas somente em Lyon se encontram reunidos 3 mil artesãos trabalhando um mesmo material.

Poderíamos alongar este verbete. Mas o que dissemos, aliado ao que se encontra em nosso *Discurso preliminar*, será suficiente para os que sabem pensar. Encontra-se neste verbete, aqui e acolá, uma metafísica talvez um pouco carregada; mas não poderia ser diferente. Tínhamos que falar do que concerne à arte em geral; nossas proposições só poderiam, portanto, ser gerais. O bom senso diz que uma proposição é tão mais abstrata quanto mais geral ela for, pois abstrair é desenvolver uma verdade descartando de sua enunciação os termos que a tornam particular. Se pudéssemos poupar o leitor desses espinhos, teríamos também nos poupado de um trabalho considerável.

(PPP)

Caractere (*Ordem enciclopédica, Entendimento, Razão, Filosofia ou Ciência, Ciência do Homem, Lógica, Arte de comunicar o pensamento, Gramática, Ciência do instrumento do discurso, Signos, Caractere*), d'Alembert, Dumarsais [2, 645]

Tomada em sentido geral, a palavra *caractere* significa uma marca ou figura traçada sobre papel, metal, pedra ou outra superfície, com pena, buril, cinzel ou outro instrumento, a fim de dar ao conhecimento ou designar alguma coisa.

A palavra vem do grego χαρακτρ, formado pelo verbo χαράσσειν, insculpir, gravar, imprimir etc.

Reunidos em sociedade, os homens sentiram que era necessário inventar uma língua para comunicar uns aos outros os seus pensamentos. De início, essa língua não teria consistido, sem dúvida, em mais do que designar, por meio de certos sons e certos signos, seres sensíveis concretos, passíveis de serem exibidos; por conseguinte, só poderia ter sido bastante imperfeita. Os mesmos homens, porém, não tardariam a perceber que era necessário, por assim dizer, apresentar esses seres não somente ao ouvido, por meio de sons, mas também de alguma maneira para os olhos, por meio de marcas de convenção que os designassem. As relações sociais se tornariam mais amplas, pela facilidade de designar seres presentes bem como ausentes, pela possibilidade de comunicar ideias a distância bem como entre homens em proximidade. Tudo sugere que as figuras mesmas desses seres, grosseiramente gravadas na superfície de objetos, teriam sido os primeiros caracteres pelos quais eles foram designados, e que a primeira espécie de escritura deve ter nascido quase ao mesmo tempo que as línguas. Não tardaria, porém, para que se sentisse a insuficiência desses caracteres, e esse sentimento pode ter contribuído para que se percebesse a imperfeição das primeiras línguas. Ver *Língua*. Homens que falassem entre si designando seres concretos por meio de sons poderiam suprir com outros signos, como gestos, o que eventualmente faltasse a essa língua. Um surdo-mudo, por exemplo, torna inteligível o seu pensamento exibindo os objetos de que fala e suprindo com gestos as coisas que não pode mostrar. Mas esse sistema não funciona a distância, entre homens que não se veem reciprocamente. Portanto, os homens não tardariam a compreender que era preciso: 1º) Inventar sons para designar seres não concretos, termos abstratos e gerais, noções intelectuais ou termos que servem à ligação de ideias, e, aos poucos, tais sons seriam inventados; 2º) Encontrar uma maneira de pintar esses sons, e a isso os homens poderiam chegar com certas marcas arbitrárias, de convenção, para designá-los. Gradativamente, ter-se-ia percebido que, na multidão aparentemente infinita de sons que formam a voz, há certo número de sons simples, a que os demais podem ser reduzidos, por não serem mais do que combinações deles. Procurar-se-ia então representar esses sons simples por meio de caracteres, e os sons combinados por meio da combinação de caracteres, formando-se o alfabeto. Ver *Alfabeto*.

As diferentes necessidades dos homens os levariam a inventar diferentes ciências, que precisariam formar palavras particulares, adotar regras, inventar caracteres ou ao menos utilizar em novo sentido caracteres já inventados, para assim designar, de maneira abreviada, certos objetos particulares. A Aritmética, ou ciência dos números, deve ter sido uma das primeiras ciências, pois é lícito supor que o cálculo tenha sido uma das primeiras necessidades de homens reunidos em sociedade. As outras ciências, seguindo-lhe o exemplo, não tardariam a forjar certo número de caracteres e fórmulas de abreviação, formando assim uma espécie de língua para uso dos iniciados em cada uma delas.

Pode-se assim reduzir as diferentes espécies de caracteres a três principais: literais, numerais e de abreviação.

Por caractere literal entende-se uma letra do alfabeto apropriada para indicar um som articulado. Os chineses têm 8 mil caracteres. Ver *Alfabeto*.

Em relação a sua natureza e uso, caracteres literais podem ser divididos em nominais e emblemáticos.

Caracteres nominais são letras e servem para escrever os nomes das coisas.

Caracteres emblemáticos ou simbólicos exprimem as coisas mesmas e como que as personificam, representando a sua forma. Um bom exemplo são os hieróglifos dos antigos egípcios. (d'Alembert)

Segundo Heródoto, os egípcios tinham caracteres de duas espécies, sagrados e populares. Sagrados eram os hieróglifos ou símbolos utilizados na moral, na política e em tudo o que estivesse relacionado com o seu fanatismo e superstição. Os monumentos em que se viam mais hieróglifos eram os obeliscos. Diodoro Sícolo (*Biblioteca de História*, III, 144) diz que dessas duas espécies de caracteres, popular e sagrado, esta última só era compreendida pelos sacerdotes. (**Dumarsais**)

Homens que formassem uma mesma sociedade e tivessem, por conseguinte, uma mesma língua e um mesmo alfabeto, seriam forçados, à medida que se multiplicassem, a dividir-se em pequenas sociedades ou famílias, que, separadas por oceanos, por continentes ou por interesses diferentes, quase nada teriam em comum. Circunstâncias como essas ocasionariam as diferentes línguas e alfabetos hoje tão numerosos.

A diversidade de caracteres de que as diferentes nações se servem para exprimir uma mesma ideia é considerada pelos doutos um dos maiores obstáculos ao progresso das ciências. Na intenção de libertar o gênero humano do fardo dessa servidão, alguns autores propuseram planos de caracteres universais, que cada nação poderia ler em sua própria língua. Para tanto, essa espécie de caractere teria que ser real e não nominal, **[646]** vale dizer, teria que exprimir as coisas, e não, como caracteres comuns, as letras ou sons. Desse modo, cada nação manteria sua própria língua e poderia, ao mesmo tempo, compreender as de outras, sem ter de aprendê-las. Pois esses caracteres reais ou universais, por serem visíveis, teriam a mesma significação para todos os povos, não importa os sons utilizados por cada nação para exprimi-los em sua língua particular. Por exemplo, ao ver o caractere destinado a significar *beber*, um inglês leria *drink*, um francês, *boire*, um latino, *bibere*, um grego, πίνειν, um alemão, *trincken*, e assim por diante; ao ver um cavalo, cada nação exprimiria a ideia à sua maneira, e todas compreenderiam que se trata do mesmo animal.

Que não se imagine que caracteres reais seriam uma quimera. Os chineses e os japoneses têm algo similar a isso, caracteres comuns que cada um compreende da mesma maneira em suas respectivas línguas, embora os pronunciem com sons ou palavras totalmente diferentes e não compreendam uma sílaba sequer do que o outro diz, quando tentam conversar entre si.

As primeiras e mais consideráveis tentativas de instituir na Europa uma língua universal ou filosófica foram do bispo Wilkins e de Dalgarme; mas elas não surtiram efeito.

O Sr. Leibniz também refletiu sobre essa mesma questão. Em sua opinião, Wilkins e Dalgarme não teriam encontrado o método verdadeiro. Reconhece que nações diferentes poderiam se compreender mutuamente com os caracteres inventados por esses autores, que, no entanto, não teriam atinado com os verdadeiros caracteres reais, que esse grande filósofo considerava como o instrumento mais fino de que o espírito humano poderia se servir, e que deveria, segundo ele, facilitar ao extremo o raciocínio, a memória e a invenção. Em sua opinião, tais caracteres teriam que ser similares aos utilizados na Álgebra, bastante simples, embora muito expressivos, e que, por não terem nada de supérfluo ou equívoco, permitem raciocinar sobre toda e qualquer verdade.

Outros doutos aceitaram melhor a característica do bispo Wilkins. O Sr. Hook a recomendou após tê-la estudado e realizado experimentos. Refere-se a essa invenção como um dos mais excelentes planos que se poderia formar nessa matéria; e, para convencer outros a estudá-la, teve a amabilidade de publicar nessa língua suas descobertas.

O Sr. Leibniz afirmava ter em vista um alfabeto dos pensamentos humanos, e dizia estar trabalhando para chegar a uma língua filosófica. A morte, porém, impediu que esse grande filósofo realizasse o seu projeto.

O Sr. Lodwic oferece nas *Transactions philosophiques* um plano de alfabeto ou característica universal de espécie algo diferente. Conteria a enumeração de todos os sons ou letras simples utilizados numa língua qualquer. O domínio destes permitiria que se pronunciasse, com prontidão e exatidão, todas as espécies de língua, e que se descrevesse a pronunciação de uma nova língua articulada com eles de tal maneira que outros que viessem a estudá-la poderiam pronunciá-la com exatidão, por mais que não conhecessem a sua pronúncia pela boca de outros. Essa característica poderia assim servir como padrão ou modelo de perpetuação dos sons de toda ou qualquer língua.

O *Journal Littéraire* de 1720 traz um outro projeto de característica universal. O autor, após responder de antemão a objeções que lhe poderiam ser feitas quanto à possibilidade de tais planos em geral, propõe o seu em particular. Elege como caracteres os algarismos arábicos, que são as figuras numéricas mais comuns. As combinações entre esses nove caracteres seriam suficientes para expressar distintamente uma incrível quantidade de números, muito mais termos do que os de que precisamos para significar nossas ações, o bem e o mal, nossos deveres, paixões etc., poupando-nos do duplo incômodo de ter que formar e aprender novos caracteres.

De fato, as figuras árabes, ou os números da aritmética mais comum, possuem toda a universalidade que poderíamos exigir de uma língua.

A dificuldade, porém, consiste menos em inventar caracteres mais simples, fáceis e cômodos, do que em convencer as nações a utilizá-los. O único acordo entre elas, diz o Sr. Fontenelle, é não estarem de acordo em relação a seus interesses comuns. (d'Alembert)

(PPP)

Colégio,[1] d'Alembert [3, 634]

Não entraremos aqui em detalhes históricos referentes ao estabelecimento dos diferentes colégios de Paris, o que não caberia em nossa obra e teria pouco interesse para o público. Ocupar-nos-emos de um objeto muito mais importante, a educação neles oferecida à juventude.

Quintiliano, um dos homens mais sensatos e mais refinados da Antiguidade, examina em suas *Instituições oratórias* se a educação pública é preferível à educação privada, e conclui que sim. Quase todos os modernos que abordaram o assunto concordam com a opinião desse grande homem. Não examinarei se a maior parte deles defendeu essa opinião em razão de sua própria condição ou se foi levado a segui-la por uma admiração cega pelo pensamento dos antigos. Trata-se de uma questão de razão, e não de autoridade, que merece ser examinada por si mesma.

Observo primeiro que pouco sabemos acerca da educação dos antigos, pública ou privada, e como não podemos comparar o seu método com o nosso, a opinião de Quintiliano, por fundamentada que seja, tem um peso relativo. É necessário, portanto, ver em **[635]** que consiste a educação de nossos colégios e compará-la à educação doméstica. A partir desses fatos é que nos pronunciaremos.

---

1 Tradução parcial. (N. T.)

Antes, porém, de tratar de um assunto tão importante, devo prevenir o leitor de que este verbete poderá parecer desrespeitoso em relação a algumas pessoas, embora não seja essa a minha intenção. Não as detesto nem as receio, muitas eu estimo, algumas eu adoro e respeito. Minha guerra não é contra homens, é contra abusos que chocam e afligem não só a mim como à maioria dos que contribuem para perpetuá-los, por receio de se opor à corrente. A matéria interessa ao governo e à religião, e merece ser tratada com liberdade, sem que isso ofenda a ninguém. Feita esta advertência, passo à exposição.

Pode-se reduzir a educação pública a cinco capítulos: as humanidades, a Retórica, a Filosofia, os costumes e a religião.

Humanidades. Chama-se assim o período dedicado à instrução nos preceitos da língua latina. Dura cerca de seis anos. Acrescentam-se no final alguns conhecimentos bastante superficiais do grego, explicam-se, bem ou mal, os autores antigos mais fáceis de compreender, aprende-se, bem ou mal, a escrever em latim, e, ao que eu saiba, é tudo. Deve-se reconhecer, no entanto, que na Universidade de Paris, em que cada professor é responsável por uma classe particular, as humanidades são mais fortes do que em outros colégios, em que os professores têm várias classes, misturam-se a seus discípulos, e aprendem com eles o que deveriam lhes ensinar. E isso não é culpa dos professores, senão, mais uma vez, do uso.

Retórica. Uma vez adquiridos conhecimentos suficientes de latim, reais ou presumidos, passa-se à Retórica. É então que se começa a produzir algo, pois até aqui não se fez mais do que traduzir do latim para o francês e deste para o latim. Em Retórica aprende-se a *desenvolver* um pensamento, a *circunscrever* e *distender* os períodos, e pouco a pouco chega-se aos discursos formais, sempre ou quase sempre em latim. Dá-se a esses discursos o nome de *amplificação*, nome na verdade bastante adequado, pois de ordinário consistem em estender, por duas folhas repletas de verbosidade, o que deveria ser dito em duas linhas. Não menciono as figuras de retórica, tão caras a alguns pedantes modernos, e cujos nomes se tornaram tão ridículos que os professores mais sensatos os baniram de suas lições. Mesmo assim, há quem faça caso delas, e é comum que os que aspiram a dominar a arte se interroguem sobre essa importante matéria.

Filosofia. Após sete ou oito anos aprendendo palavras, ou a falar sem nada dizer, começa enfim, ou supostamente, o estudo das coisas – verdadeira definição da Filosofia. Falta muito, porém, para que a Filosofia dos colégios mereça esse nome. Ela procede em geral com base num *compendium*, que é, por assim dizer, o encontro marcado com uma infinidade de questões inúteis sobre o surgimento da Filosofia, a filosofia de Adão etc. Em seguida vem a Lógica, ensinada na maioria dos colégios à maneira do tutor de um jovem burguês. Ensina-se a conceber corretamente por meio de universais, a julgar corretamente por meio de categorias, a construir corretamente um silogismo por meio de figuras etc. Coloca-se a questão de saber se a Lógica é uma arte ou uma ciência, se a conclusão é a essência do silogismo etc. etc. etc. Questões como essas estão ausentes da *Arte de pensar* [*Logique de Port-Royal*], obra excelente, embora às vezes censurada, não sem razão, por trazer as regras da Lógica num volume demasiadamente espesso. A Metafísica é tratada quase da mesma maneira, misturam-se às verdades mais importantes as questões mais fúteis. Demonstrada a existência de Deus, são abordadas com o mesmo cuidado importantíssimas questões como a distinção entre formal e virtual, a universalidade *da parte da coisa*, e uma infinidade de outras. Não deixa de ser um ultraje e uma blasfêmia dispôr lado a lado as mais importantes verdades e vizinhos tão miseráveis. Nessa mesma toada, ergueu-se em Física um sistema do mundo em que tudo ou quase tudo se explica, em que se segue e refuta-se a torto e a direito Aristóteles, Descartes e Newton. Esse curso de dois anos é encerrado com algumas páginas sobre a moral, relegada para o fim como parte menos importante.

Costumes e religião. Em matéria de costumes, façamos a devida justiça aos cuidados da maioria dos mestres, apelando ao mesmo tempo ao seu testemunho, para lamentar com eles a injustificável corrupção da juventude nos colégios, que não lhes pode ser imputada. Com relação à religião, há dois excessos igualmente lamentáveis. O primeiro e mais comum é reduzir tudo a formalidades aparentes e dar a elas uma virtude que certamente não têm; o segundo, ao contrário, é querer obrigar as crianças a se ocuparem unicamente desse objeto, fazendo com que negligenciem estudos que poderiam um dia torná-las úteis à pátria. Sob pretexto de que Jesus disse que é preciso rezar sempre, alguns professores, sobretudo os que adotam princípios de rigorismo, querem que o tempo destinado aos estudos seja inteiramente ocupado por meditações e catecismos, como se o trabalho e a correção no cumprimento dos deveres não fossem para Deus a mais agradável das orações. Os discípulos que por temperamento, por preguiça ou docilidade se conformam nesse ponto a seus mestres geralmente mostram, ao deixar o colégio, um grau adicional de imbecilidade e ignorância.

O resultado dessas circunstâncias é que um jovem que passou dez anos de sua vida no colégio, anos que estão entre os mais preciosos, deixa essa instituição com conhecimentos muito imperfeitos de uma língua morta, com preceitos de Retórica e de Filosofia que seria melhor esquecer, muitas vezes com os costumes tão corrompidos que a degradação de sua saúde é o menor dos males, porventura com princípios de uma devoção equivocada, e no mais das vezes com conhecimentos de religião tão superficiais que sucumbem à primeira conversação ímpia ou à primeira leitura perigosa.

Estou ciente de que os mestres mais sensatos deploram esses abusos com ainda mais veemência do que fazemos aqui, e quase todos desejariam sinceramente que fosse dada à educação dos colégios uma outra direção. Não fazemos senão expor o que eles pensam, mas não ousariam escrever. A rotina, uma vez estabelecida, adquire um poder de que não é fácil se libertar, e, em se tratando do uso, **[636]** as pessoas de espírito recebem as leis dos tolos, não o contrário. Se não hesito, nestas reflexões sobre a educação pública, em satirizar os que se dedicam ao ensino, é porque esse sentimento está muito distante do reconhecimento que tenho por meus professores. Concordo que a autoridade superior do governo é a única capaz de deter um mal tão grande, e felicito-me por ver que muitos professores da Universidade de Paris se opõem a ele, na medida do possível, e ousam se desviar, um mínimo que seja, da rotina diária, mesmo sob risco de serem censurados pela grande maioria. Se ousassem ainda mais, e seu exemplo fosse seguido, talvez pudéssemos ver enfim uma mudança na face dos estudos; esse benefício, porém, só se deve esperar do tempo, se é que o tempo irá trazê-lo. A verdadeira Filosofia se dissemina pela França dia após dia. É bem mais difícil penetrar nas corporações do que nos indivíduos. Aqui não há senão uma cabeça a dobrar, ali há mil. A Universidade de Paris, composta por indivíduos que não formam um corpo regular ou eclesiástico, teria menos dificuldade para sacudir o jugo, do que outras escolas em que os preconceitos são mais arraigados.

Dentre as muitas inutilidades ensinadas às crianças nos colégios, não mencionei as tragédias, pois parece que a Universidade de Paris começa a prescrevê-las quase por completo. Devemos esse favor a Rollin, um dos homens cuja dedicação tem sido das mais benéficas à educação da juventude. As declamações de versos foram substituídas por exercícios mais úteis, na medida do possível. Há consenso de que essas tragédias são uma perda de tempo para os estudantes e seus professores; pior ainda quando são multiplicadas a ponto de representarem-se diversas por ano, com o acréscimo de apêndices ainda mais ridículos, como explicações de enigmas, balés, comédias triste ou ridiculamente tolas. Temos diante dos olhos uma obra desta última espécie, intitulada *La Défaite du Solécisme par Despautere*, representada diversas vezes num colégio de Paris. O cavalheiro Prétérit, o cavalheiro Supin, o marquês des Conjugaisons, e outros personagens que tais são os lugares-tenentes gerais de Despautere, aos quais dois poderosos príncipes, Solécisme e Barbarisme, declaram guerra mortal. Oferecemos ao leitor esses detalhes, e não duvidamos que os que hoje presidem esse colégio não permitiriam, se fossem então os diretores, puerilidades tão pedantes e de tão mau gosto: são demasiado esclarecidos para não perceber que o precioso tempo da juventude não pode ser desperdiçado com inépcias que tais. Não menciono os balés, eventualmente nocivos à religião; sei que esse inconveniente é raro, graças à vigilância dos superiores, mas sei também que, malgrado essa vigilância, o inconveniente por vezes se faz sentir. Ver no *Journal de Trévoux, nouvelles littéraires*, setembro de 1750, a crítica a um desses balés, muito edificante sob todos os aspectos. Concluirei afirmando que não se deve esperar nada de bom dessa espécie de exercício, mas, ao contrário, recear deles muitas coisas ruins.

Parece-me possível dar outra forma à educação dos colégios; por que passar seis anos aprendendo, bem ou mal, uma língua morta? Longe de mim reprovar o estudo de uma língua em que um Horácio ou um Tácito escreveram, ele é absolutamente necessário para conhecer suas obras admiráveis, mas creio que bastaria lê-los, e que o tempo dedicado a escrever em latim é um desperdício. Seria mais bem empregado na compreensão dos princípios de nossa própria língua, ignorados pelos que deixam o colégio a ponto de ela ser falada mal. Uma boa Gramática francesa seria ao mesmo tempo uma boa Lógica e uma excelente Metafísica, e valeria mais do que as rapsódias que a substituem. Sem mencionar o latim de certos colégios! Deixo aos conhecedores que o julguem.

Um retor moderno, o padre Porée, digno de respeito por suas qualidades pessoais, foi o primeiro que ousou elaborar um jargão inteiramente diferente da língua outrora falada por um Hersan, por um Marin, por um Grenan, por um Commire, por um Cossart, por um Jouvenci, e que ainda é falada por professores célebres da universidade. Os sucessores do retor de que falo fariam bem em não se desviarem de suas prescrições. Ver *Eloquência*.

Por ser o latim uma língua morta, cujas finezas nos escapam quase por inteiro, os que hoje passam pelos melhores escritores nessa língua muitas vezes escrevem muito mal; ao menos seus vícios de dicção nos escapam. Só poderia ser ridícula uma latinidade que nos faz rir! Mesmo um estrangeiro pouco versado na língua francesa perceberia facilmente que a dicção de Montaigne ou do século XVI em geral está mais próxima da dos bons escritores do século de Luís XIV do que da de Geoffroy de Villehardouin, que escreveu no século XIII.

Apesar de toda a minha estima por alguns humanistas modernos, lamento que tenham que se esforçar tanto para falar uma língua diferente da sua. Enganam-se, se imaginam que haveria nisso o mérito da dificuldade vencida. É mais difícil escrever e falar bem sua própria língua do que falar e escrever bem uma língua morta. A prova disso é irrefutável. Constato que os gregos e os romanos, na época em que sua língua era viva, não tinham mais escritores do que temos na nossa; constato que só tiveram, assim como nós, um número bem pequeno de poetas excelentes, e que o mesmo ocorreu em todas as outras nações. Constato, ao contrário, que a renovação das letras produziu uma prodigiosa quantidade de poetas em latim, que temos a bondade de admirar. Como se explica essa diferença? Se Virgílio ou Horácio voltassem ao mundo para julgar esses heróis modernos do parnasso latino, não teríamos que recear por estes? E por que razão, observa um autor moderno, essa companhia, de resto muito estimável, não produziu sequer um poeta francês legível? Por que as coletâneas de versos franceses, infelizmente desconhecidas em nossos colégios, têm tão pouco êxito, em contraste com a alta estima de muitos letrados pelos versos latinos ali produzidos? É preciso reconhecer que a Universidade de Paris é bastante circunspecta e reservada na versificação em francês, e não há como culpá-la; voltaremos mais longamente a esse ponto no verbete *Latinidade*.

Podemos concluir dessas reflexões que as composições latinas estão sujeitas a grandes inconvenientes, e que melhor seria substituí-las por composições francesas, como começa a ser feito na Universidade de Paris, onde, apesar da preferência pelo latim, o francês voltou a ser ensinado. [637]

Ouço a queixa de que não há mais teses defendidas em grego. Muito mais lamentável me parece não serem defendidas em francês, pois haveria a obrigação de falar amparado pela razão ou se calar. As línguas estrangeiras em que temos um grande número de bons autores, como o inglês, o italiano, e mesmo talvez o alemão e o espanhol, também deveriam entrar na educação dos colégios; a maioria seria muito mais útil do que as línguas mortas, cujo uso só interessa aos doutos.

Digo o mesmo a respeito da História e de todas as ciências a ela relacionadas, como a Cronologia e a Geografia. Malgrado o menosprezo da maioria dos colégios pelo estudo da História, a infância é provavelmente a época mais apropriada para aprendê-la. A História, assaz inútil para o comum dos homens, é bastante útil para as crianças, pelos exemplos que oferece e pelas vivas lições de virtude que pode propiciar, numa época em que ainda não adquiriram princípios fixos, sejam eles bons ou maus. Não é aos trinta anos que se deve começar a aprendê-la, a não ser por pura curiosidade, pois nessa idade o espírito e o coração já são o que permanecerão pelo resto da vida. Um homem de espírito que conheço sugere que a História seja ensinada retroativamente, ou seja, começando-se pelo nosso tempo e recuando até os séculos passados. Essa ideia parece-me muito justa e bem filosófica: de que serviria entediar uma criança com a história de Faramond, de Clóvis, de Carlos Magno, de César, de Alexandre, mantendo-a ignorante em relação ao seu tempo, como costuma acontecer, pelo desgosto que inspiram os começos da história?

Com respeito à Retórica, seria desejável que ela consistisse mais de exemplos do que de preceitos, que não se limitasse à leitura dos autores antigos, amiúde admirados pelas razões erradas, que se tivesse a coragem de criticá-los, comparando-os aos modernos, e de mostrar as nossas vantagens ou desvantagens em relação aos gregos e aos romanos. Poderia ser recomendável que a Retórica fosse precedida pela Filosofia, pois, afinal, é preciso aprender a pensar antes de aprender a escrever.

Na Filosofia, a Lógica seria restrita a umas poucas linhas; a Metafísica, a um resumo de Locke; a moral puramente filosófica, às obras de Sêneca e de Epiteto; a moral cristã, ao sermão de Jesus sobre a montanha; a Física, aos experimentos e à Geometria, que é, de todas as lógicas e de todas as físicas, a melhor.

Seria desejável, por fim, que se unisse a todos esses estudos aquele das belas-artes, e sobretudo o da música, tão apropriado para formar o gosto e suavizar os costumes, do qual se pode dizer, com Cícero: "Estes estudos alimentam o jovem e entretêm o velho, aumentam a prosperidade e oferecem refúgio e consolo em meio à adversidade". *Haec studia adolescentiam alunt, senectutem oblectant, jucundas res ornant, adversis perfugium & solatium praebent. Pro Archia Poeta*, XVI.

Esse plano de estudos poderia, em minha opinião, multiplicar os professores e o período da educação. Parece-me, em primeiro lugar, que os jovens deixam o colégio muito tarde, e de todo modo sairiam ganhando se o deixassem mais instruídos. Em segundo lugar, as crianças são mais capazes de aplicação e inteligência do que comumente se suspeita; é o que mostra a experiência. E se a Geometria lhes fosse ensinada no momento certo, não duvido que os prodígios e os talentos precoces desse gênero se tornariam muito mais frequentes, pois não há ciência em que não se possa instruir o mais limitado dos espíritos, com ordem e método; mas é aqui que com mais frequência se peca. Em terceiro lugar, não seria necessário fazer com que todas as crianças se dedicassem ao mesmo tempo a todos os objetos; poder-se-ia mostrá-los a elas sucessivamente, algumas poderiam se restringir a certo gênero, e, em meio à quantidade prodigiosa deles, dificilmente uma criança não se interessaria por algum. De resto, cabe ao governo, como eu disse, a alteração da rotina e dos usos; que ele se pronuncie, e encontrará bons cidadãos em número suficiente para propor um excelente plano de estudos. Enquanto aguardamos por essa reforma, quem sabe para nossos filhos, não hesito em declarar que a educação dos colégios, no estado em que se encontra, tem inconvenientes muito maiores do que a educação particular, em que é muito mais fácil obter os diversos conhecimentos aqui mencionados.

Costumam-se propalar duas grandes vantagens da educação em colégios: a sociedade e a emulação. Mas parece-me que não é impossível obtê-las na educação particular, reunindo-se crianças da mesma idade e dotadas de capacidade semelhante. De resto, a nos fiarmos pelo testemunho dos professores, a emulação nos colégios é muito rara. Quanto à sociedade, ela tem também os seus inconvenientes, e não são pequenos. Mencionei os que se referem aos costumes. Caberia ainda mencionar outro, bastante comum, sobretudo em lugares onde os filhos da nobreza são ensinados. Exalta-se incessantemente a sua família e a grandeza desta, inspirando assim em seu peito, inadvertidamente, sentimentos de desprezo em relação aos demais membros da sociedade. É imperativo que os responsáveis pela instrução da juventude revejam cuidadosamente esse ponto, que é de suma importância.

Outro inconveniente da educação nos colégios é a obrigação do mestre de adequar o ritmo ao maior número de discípulos, quer dizer, aos de gênio medíocre, o que representa uma considerável perda tempo para os de gênios mais privilegiado.

Eu não poderia deixar de mencionar nesta ocasião os inconvenientes da instrução gratuita, e estou certo de ter ao meu lado os professores mais esclarecidos e mais célebres. Se esse tipo de estabelecimento tem algum benefício para os discípulos, muito maior é o malefício para os mestres.

De resto, se a educação da juventude é negligenciada, não devemos esse fato senão a nós mesmos. A desconsideração pelos que são encarregados dela é fruto do espírito de futilidade que reina em nossa nação e absorve, por assim dizer, tudo o mais. Na França, costuma-se fazer pouco dos que se dedicam a cumprir seu dever público; prefere-se que sejam frívolos.

Eis as considerações sobre educação, pública e particular, que me foram inspiradas pelo amor do bem público. Para concluir, a educação pública deve ser o recurso das crianças cujos pais infelizmente não tenham condições de arcar com as despesas de uma educação doméstica. Só posso lamentar o tempo desperdiçado de minha infância. Ao uso estabelecido, não aos meus mestres, imputo essa perda irreparável. Quem me dera minha experiência pudesse ser útil à minha pátria! "Quem me dera se pudésseis nascer de meus ossos, vingador!", *exoriare aliquis nostris ex ossibus ultor.* Virgílio, *Eneida*, IV, fim.

(**PPP**)

Crítica (*Belas-Letras*), Marmontel [4, 490]

Pode-se considerar a *crítica* por dois pontos de vista gerais: primeiro, como esse gênero de estudo ao qual devemos a restituição da literatura antiga. Para julgar a importância desse trabalho, basta imaginar o caos no qual os primeiros comentadores encontraram as obras mais preciosas da Antiguidade. No que dizia respeito aos copistas: os caracteres, as palavras, as passagens alteradas, desfiguradas, omitidas ou transpostas em diversos manuscritos. No que respeitava aos autores: a alusão, a elipse, a alegoria, em uma palavra, todas essas finezas de língua e de estilo que supõem um leitor minimamente instruído. Que grande confusão a ser solucionada em um tempo em que a revolução dos séculos e a alteração dos costumes pareciam ter cortado toda a comunicação de ideias!

Os restituidores da literatura antiga não tinham senão um caminho, ainda bastante incerto: era o de tornar os autores inteligíveis um pelo outro e com o auxílio dos monumentos. Mas para nos transmitir esse ouro antigo, era preciso perecer nas minas. Reconheçamos: tratamos essa espécie de crítico com bastante desprezo e com bastante ingratidão os que exerceram a crítica de modo tão laborioso para eles e tão útil para nós. Enriquecidos com sua vigília, nos vangloriamos de possuir o que gostaríamos que eles tivessem adquirido sem glória. É verdade que, estando o mérito de uma profissão em razão de sua utilidade e de sua dificuldade combinadas, a do erudito devia perder sua consideração à medida que se torna mais fácil e menos importante. Mas haveria injustiça em julgar o que ela foi pelo que ela é. Os primeiros lavradores foram colocados na posição de deuses com maior razão do que os de hoje são postos abaixo dos outros homens. Ver *Erudição*.

Essa parte da crítica compreenderia ainda a verificação de cálculos cronológicos, se tais cálculos pudessem ser verificados. Mas o escasso fruto que os ilustres sábios que exerceram esse trabalho dele colheram prova que doravante seria tão inútil quanto penoso retornar às suas buscas. É preciso saber ignorar o que não se pode conhecer. Ora, é verossímil que o que não é conhecido na história dos tempos jamais o será, e pouco perderá o espírito humano com isso.

O segundo ponto de vista considera a crítica como um exame esclarecido e como um julgamento equitativo das produções humanas. Todas as produções humanas podem ser compreendidas em três capítulos principais: as ciências, as artes liberais e as artes mecânicas, tema imenso que não teremos a imprudência de querer aprofundar, sobretudo dados os limites de um verbete. Contentar-nos-emos em estabelecer alguns princípios gerais que todo homem capaz de sentimento e reflexão está em condição de conceber. E se algum desses princípios carecer de justeza e clareza, por mais severo que seja o exame ao qual podemos submetê-lo, o leitor encontrará nos verbetes relacionados, aos quais teremos o cuidado de remetê-lo, elementos para retificar ou desenvolver nossas ideias.

Crítica nas ciências. As ciências se reduzem a três pontos: demonstração das verdades antigas, sua ordem de exposição e descoberta de novas verdades.

As verdades antigas são ou de fato ou de especulação. Os fatos são ou morais ou físicos. Os fatos morais compõem a história dos homens, na qual frequentemente se mistura algo físico mas sempre relativamente à moral.

Como a história santa é revelada, seria ímpio submetê-la ao exame da razão, mas há uma maneira de discuti-la para o triunfo da própria fé. Comparar os textos e conciliá-los entre si, aproximar os eventos das profecias que os anunciam, fazer prevalecer a evidência moral frente à impossibilidade física, vencer a repugnância da razão pela ascendência de testemunhos, tomar a tradição em sua fonte para apresentá-la em toda sua força, enfim, excluir da quantidade de provas da verdade todo argumento vago, fraco ou não concludente, espécie de arma comum a todas as religiões, que o falso zelo emprega e que a piedade não leva a sério: tal seria o emprego da crítica nesta parte. Muitos a empreenderam com tanto sucesso quanto com zelo, entre os quais Pascal deve ocupar o primeiro lugar, para entregá-la àquele que nada fez a não ser meditar.

Na história profana, seria preciso conferir maior ou menor autoridade aos fatos de acordo com seu grau de possibilidade, verossimilhança e notoriedade, e, de acordo com o peso dos testemunhos que os confirmam, examinar o caráter e a situação dos historiadores, se eram livres para dizer a verdade, se estavam em condições de conhecê-la, em situação de aprofundá-la, sem interesse em disfarçá-la. **[491]** E, com eles, penetrar na fonte dos acontecimentos, apreciar suas conjecturas, compará-los entre si, julgar um pelo outro. Que funções para um crítico e, se se quer cumpri-las, quantos conhecimentos a adquirir! Os costumes, a natureza dos povos, seus respectivos interesses, suas riquezas e forças domésticas, seus recursos estrangeiros, sua educação, suas leis, seus preconceitos e princípios; sua política interna, sua disciplina externa; seu modo de se exercitar, de se alimentar, de se armar e de combater; os talentos, as paixões, os vícios, as virtudes daqueles que presidiram os assuntos públicos; as fontes dos projetos, dos distúrbios, das revoluções, dos êxitos e dos reveses; o conhecimento dos homens, dos lugares e dos tempos; enfim, tudo isso que em Moral e em Física pode colaborar para formar, conservar, mudar, destruir e restabelecer a ordem das coisas humanas deve entrar no plano segundo o qual um douto discute a história. Quanta reflexão e luzes um único evento dessa história não exigiria para ser esclarecido? Quem ousará decidir se Aníbal errou ao parar em Cápua ou se Pompeu combateu em Farsala pelo império ou pela liberdade? Ver *História*.

Os fatos puramente físicos compõem a história natural e nela a verdade é demonstrada de duas maneiras: ou refazendo-se as observações e as experiências, ou pesando-se os testemunhos, quando não se está em condições de verificá-los. Foi por falta de experiência que se considerou como fábulas uma infinidade de fatos relatados por Plínio e que dia após dia são confirmados pelas observações de nossos naturalistas.

Os antigos tinham suspeitado da gravidade do ar, Torricelli e Pascal a demonstraram. Newton havia anunciado o achatamento da Terra, os filósofos passaram de um hemisfério ao outro para medi-la. O espelho de Arquimedes confundiu nossa razão e um físico, em vez de negar esse fenômeno, buscou reproduzi-lo e o provou ao refazê-lo. Eis como se devem *criticar* os fatos. Mas, ao seguir esse método, as ciências terão poucos críticos. Ver *Experiência*. É mais simples e mais fácil negar o que não se compreende. Mas será que cabe a nós fixar os limites do possível, nós que a cada dia vemos imitar-se o raio e que talvez nos aproximemos do segredo de dirigi-lo?

Esses exemplos devem tornar um crítico bastante circunspecto em suas decisões. A credulidade é o elemento comum aos ignorantes; a incredulidade decidida, o dos semidoutos; a dúvida metódica, o dos doutos. Nos conhecimentos humanos, um filósofo demonstra o que pode, acredita no que lhe é demonstrado, rejeita o que lhe repugna e suspende seu juízo a respeito de todo o resto.

Existem verdades cuja distância de tempo e espaço as torna inacessíveis à experiência e que, por não estarem para nós na ordem dos possíveis, não podem ser observadas senão pelos olhos do espírito. Ou essas verdades são os princípios dos fatos que as provam, e o crítico deve a elas remontar pelo encadeamento desses fatos, ou são consequências deles e, pelos mesmos graus, deve descer até elas.

Com frequência, a verdade possui apenas um caminho pelo qual o inventor a ela chega, e do qual não permanece qualquer vestígio. Por isso, há talvez mais mérito em reencontrar o caminho do que em descobri-lo. Por vezes, o inventor é tão somente um aventureiro que a tempestade lançou em um porto. O crítico é um piloto hábil aí conduzido unicamente por sua arte, se nos for permitido chamar de *arte* uma sequência de tentativas incertas e encontros fortuitos nos quais se caminha apenas de maneira vacilante. Para reduzir a investigação das verdades físicas a regras, o crítico deveria assegurar-se, ao mesmo tempo, do entremeio e das extremidades da cadeia. Um elo que lhe escapa é um degrau que lhe falta para ascender à demonstração. Por muito tempo, esse método será impraticável. O véu da natureza é para nós como o véu da noite, no qual brilham em uma imensa obscuridade alguns pontos de luz. E já está mais do que provado que esses pontos luminosos não poderiam se multiplicar a ponto de esclarecer seus intervalos. Que deve, então, fazer o crítico? Observar os fatos conhecidos. Se lhe for possível, determinar suas relações e distâncias, retificar os cálculos falsos e observações defeituosas. Em uma palavra, convencer o espírito humano de sua fraqueza para fazer com que ele empregue de modo útil a pouca força que gasta em vão e ousar dizer àquele que deseja dobrar a experiência às suas ideias: *Teu ofício é o de interrogar a natureza e não o de colocar palavras em sua boca* (ver os *Pensamentos sobre a interpretação da natureza*, do Sr. Diderot, obra que aqui reivindicamos como pertencente ao dicionário dos conhecimentos humanos para suprir o que, aos nossos pensamentos, falta de profundidade e amplitude).

O desejo de conhecer é frequentemente esterilizado pelo excesso de atividade. A verdade quer que a busquemos, mas também que a aguardemos: que se vá ao encontro dela, jamais para além dela. Cabe ao crítico, como guia sábio, obrigar o viajante a parar onde termina seu dia, temendo que ele se perca nas trevas. O eclipse da natureza é contínuo, mas não total, e de século em século esta nos deixa perceber alguns novos pontos de seu imenso disco, para alimentar em nós, com a esperança de conhecê-la, a perseverança em estudá-la.

Lucrécio, santo Agostinho, são Bonifácio e o papa Zacarias estavam em pé sobre o nosso hemisfério e não concebiam que seus semelhantes pudessem estar na mesma situação sobre um hemisfério oposto, "como as imagens de coisas que vemos através da água", *ut per aquas quoe nunc rerum simulacra videmus*, diz Lucrécio (*De Rerum Natura*, I, 1060), referindo-se ao fato de "que eles estariam de ponta-cabeça". Reconheceu-se nas chamadas *coisas graves* uma tendência a um centro comum, e a opinião dos antípodas não revoltou mais ninguém. Os antigos viam uma pedra cair e a maré subir, mas estavam bem longe de atribuir a esses dois fenômenos a mesma causa. O mistério da gravitação nos foi revelado: esse elo ligou os dois outros, e a pedra que cai e a maré que sobe nos pareceram submetidas às mesmas leis. O ponto essencial no estudo da natureza é, portanto, descobrir os entremeios das verdades comuns e dispô-los na ordem de seu encadeamento.

Assim, fatos que parecem isolados teriam seu enlace perceptível se fossem postos em seus lugares. Encontrávamos jazidas de mármore no seio das mais altas montanhas, nós o víamos se formar sobre as orlas do oceano pelo cimento do sal marinho, conhecíamos o paralelismo das camadas da Terra. Dispersos na Física, esses fatos não lançavam aí qualquer luz. Eles foram reunidos e reconhecemos os monumentos da total ou sucessiva imersão desse globo. É a essa ordem luminosa que o crítico deveria, acima de tudo, contribuir.

Há um tempo de maturidade para as descobertas, antes do qual as buscas parecem infrutíferas. Para eclodir, uma verdade espera a reunião de seus elementos. Esses germes apenas se encontram e se arranjam por uma longa sequência de combinações. Desse modo, o que um século apenas incuba, se assim nos é permitido dizer, é produzido pelo século que lhe sucede. Sendo assim, o problema dos três corpos proposto por Newton só foi resolvido em nossos dias e o foi por três homens ao mesmo tempo. É essa espécie de fermentação do espírito humano, essa digestão de nossos [492] conhecimentos, que o crítico deve observar com cuidado: seguir passo a passo a ciência em seus progressos, determinar os obstáculos que a retardaram, como esses obstáculos foram superados e por qual encadeamento de dificuldades e de soluções ela passou da dúvida à probabilidade, da probabilidade à evidência. Dessa maneira, imporia silêncio àqueles que somente fazem aumentar o volume da ciência sem aumentar sua riqueza; marcaria o avanço que ela teria feito em uma obra; ou remeteria a obra ao nada, se o autor a deixasse onde a tivesse encontrado. Tais são, sob esse aspecto, o objeto e o fruto da crítica. O quanto essa reforma não nos restituiria de espaço em nossas bibliotecas! O que não aconteceria com essa pavorosa multidão de fazedores de elementos de todo gênero, esses prolixos demonstradores de verdades de quem ninguém duvida, esses físicos romancistas que tomam sua imaginação pelo livro da natureza, erigindo suas visões em descobertas e seus sonhos em sistemas contínuos! O que não aconteceria com esses amplificadores engenhosos que diluem um fato em vinte páginas de superfluidades pueris e que atormentam, à força do espírito, uma verdade clara e simples até o ponto em que a tenham tornado obscura e complicada! Todos esses autores que tagarelam sobre a ciência no lugar de raciocinar sobre ela seriam suprimidos da lista de livros úteis: teríamos muito menos a ler e muito mais a reter.

Essa redução seria ainda mais considerável nas ciências abstratas do que na ciência dos fatos. As primeiras são como o ar que ocupa um espaço imenso quando está livre para se expandir e que adquire consistência à medida que é comprimido.

A função do crítico neste caso seria então a de reconduzir as ideias às coisas, a Metafísica e a Geometria à Moral e à Física, de impedir que elas se propaguem na vacuidade das abstrações e, se assim podemos dizer, subtrair algo de sua superfície para acentuar sua solidez. Um metafísico ou um geômetra que aplique a força de seu gênio a especulações vãs assemelha-se ao lutador que Virgílio nos pinta: "alta a cabeça, alternos os braços tesos/ esgrime, e açoita os ares com punhadas", *alternaque jacta Brachia protendens, & verberat ictibus auras. Eneida*, livro V, 396-7.

O Sr. Fontenelle, que levou tão longe o espírito de ordem, de precisão e de clareza, teria sido um crítico superior, seja nas ciências abstratas, seja naquela da natureza. E para que Bayle (que aqui consideramos apenas como literato) excelesse nesse quesito, tinha somente necessidade de mais independência, tranquilidade e lazer. Com essas três condições essenciais a um crítico, ele teria dito o que pensava e o teria dito em menor quantidade de volumes.

Crítica nas artes liberais ou belas-artes. Todo homem que produz uma obra em um gênero para o qual não estamos preparados facilmente suscita nossa admiração. Só nos tornamos admiradores difíceis quando, acontecendo que obras do mesmo gênero comecem a se multiplicar, podemos estabelecer pontos de comparação e deles extrair regras mais ou menos severas, de acordo com as novas produções que nos são oferecidas. Dentre essas produções, servem de modelo aquelas em que constantemente se reconhece um mérito superior. Tais modelos estão longe de ser perfeitos. Cada um em particular tem apenas uma dentre as várias qualidades excelentes que os distinguem. Fazendo então o que nos é dito de Apeles, o espírito forma para si, de uma multidão de belezas esparsas, um todo ideal que as reúne. É a esse modelo intelectual acima de todas as produções existentes que ele relacionará as obras das quais constituirá o juiz. O crítico superior deve ter em sua imaginação tantos modelos distintos quanto há de gêneros. O crítico subalterno é aquele que, não tendo de que formar esses modelos transcendentes, relaciona tudo em seus juízos às produções existentes. O crítico ignorante é aquele que não conhece ou conhece mal esses objetos de comparação. É a maior ou menor quantidade de justeza, de força, de extensão de espírito, de sensibilidade de alma, de calor na imaginação, que marca os graus de perfeição entre os modelos e a posição entre os críticos. Nem todas as artes exigem essas qualidades reunidas em igual proporção. Em umas, o órgão decide; a imaginação, em outras; o sentimento, na maioria; e o espírito, que influi em todas, não preside nenhuma.

Na arquitetura e na harmonia, o tipo intelectual que o crítico é obrigado a formar exige um estudo tanto mais profundo dos possíveis e, para determinar sua escolha, um conhecimento tanto mais preciso da relação dos objetos com nossos órgãos, na medida em que as belezas físicas dessas duas artes não têm por árbitro senão o gosto, isto é: esse tato da alma, essa faculdade inata ou adquirida de apreender e preferir o belo, espécie de instinto que julga as regras e que não tem nenhuma. Não há qualquer regra na harmonia: a ressonância do corpo sonoro indica as proporções, mas cabe ao ouvido nos guiar na mistura de acordes. Não há qualquer regra na arquitetura: enquanto estava limitada às nossas necessidades, ela podia se modelar pelas produções naturais. Mas, desde que se quis unir a decoração à solidez, a imaginação criou formas e o olho determinou sua escolha. A primeira cabana, que foi ela mesma apenas um ensaio da indústria esclarecida pela necessidade, tinha por apoio, se assim podemos dizer, algumas estacas cravadas na terra. Essas estacas sustentavam travessas e essas últimas suportavam caibros que seguravam um telhado. Mas, de boa-fé, podemos extrair desse modelo bruto as proporções das colunas, do entablamento e do frontão?

Portanto, o sentimento do belo físico, seja em arquitetura, seja em harmonia, depende essencialmente da relação dos objetos com os nossos órgãos e, para o crítico, o ponto essencial é certificar-se do testemunho de seus sentidos. O crítico ignorante jamais duvida deles. O crítico subalterno consulta aqueles que o cercam e acredita ver bem e entender bem quando vê e entende tal como eles. O crítico superior consulta o gosto de diferentes povos. Ele os encontra divididos sobre os ornamentos do capricho, quer reuni-los sobre as belezas essenciais que jamais envelhecem e cujos fragmentos têm o encanto da novidade. Ele se concentra em si mesmo e, pela impressão mais ou menos viva que essas belezas causam nele, certifica-se ou desconfia da relação de seus órgãos. A partir daí, ele pode formar seu modelo intelectual do que mais o afeta nos modelos existentes, suprir o defeito de um pelas belezas do outro e, assim, se dispor a julgar não apenas os fatos pelos fatos, mas também pelos possíveis. Na arquitetura, ele despojará o gótico de seus ornamentos pueris, mas adotará a cesura ousada, majestosa e leve de suas abóbadas, que revestirá com as belezas simples e viris do grego. No grego, unirá o friso jônico à coluna dórica, a base dórica ao capitel coríntio, a esse capitel tão elegante, tão nobre e tão contrário à verossimilhança. Ele recorrerá ao compasso e ao cálculo para tornar as alturas proporcionais às bases, e os suportes aos pesos. Mas, quanto aos detalhes dos ornamentos, ele julgará em um só golpe de vista as relações do conjunto, sem exigir que se faça do tríglifo um quadrado longo, da métopa um quadrado perfeito etc., **[493]** costume bizarro, tirania do hábito que a esterilidade e a preguiça erigiram em lei inviolável.

Em harmonia, ele usará da mesma liberdade na composição de seu modelo. Extrairá do fenômeno dado pela natureza a origem dos acordes. Ele os seguirá em sua geração, observará seus progressos, desenvolverá sua mistura, aplicará a teoria à prática e, submetendo um e outro ao juízo do ouvido, sacrificará os detalhes pelo conjunto e as regras pelo sentimento. Assim reduzida à beleza física dos acordes e limitada à simples emoção do órgão, a harmonia exige apenas, como a arquitetura, um sentido exercitado pelo estudo, provado pelo uso, dócil à experiência e rebelde à opinião.

Mas, assim que a melodia vem conferir alma e caráter à harmonia, ao juízo do ouvido junta-se aquele da imaginação, do sentimento, do próprio espírito. A música se torna uma linguagem expressiva, uma imitação viva e tocante: desde então, é com a poesia que ela tem princípios comuns e a arte de julgá-las é a mesma. Sons articulados em uma, sons modulados na outra. Nas duas, o número e o movimento concorrem para pintar a natureza. E caso se pergunte qual é a música e a poesia por excelência, é a poesia ou a música que melhor pinta e que se exprime melhor. Ver *Harmonia*, *Música*, *Melodia* etc.

Na escultura e na pintura, não basta estudar a natureza em si mesma, modelo sempre imperfeito. Não basta estudar as produções da arte, modelos sempre mais frios que a natureza. É preciso tomar de um o que falta ao outro e tentar formar um conjunto de diferentes partes que se ultrapassam mutuamente, sem falar nas fontes onde o artista e o *connaisseur* devem colher a ideia do belo, relativa à escolha dos temas, ao caráter das paixões, à composição e ao ordenamento. Nessas duas artes, quantas tentativas e observações não supõem apenas o estudo do físico? Quantos estudos no que diz respeito ao desenho! Que se pergunte aos nossos supostos *connaisseurs* onde observaram, por exemplo, o mecanismo do corpo humano, a combinação e o jogo dos nervos, a inchação, a tensão, a contração dos músculos, a direção das forças, os pontos de apoio etc. Eles ficarão tão embaraçados com suas respostas quanto pouco se embaraçam com suas decisões. Que se pergunte a eles onde observaram todos os reflexos, gradações, contrastes de cor, tons e lampejos possíveis, estudo sem o qual não se está em condições de falar sobre o colorido. Pintor tão conhecido pelos sacrifícios que fez pela perfeição de sua arte quanto pela força e verdade que caracterizam suas obras, o Sr. De la Tour queria exprimir em um de seus quadros a aplicação de um homem absorvido pelo estudo. Ele imaginou pintá-lo iluminado por duas velas, uma das quais derrete e se apaga sem que ele se aperceba disso. Como o próprio artista admite, quantas vezes não precisou ver velas derretendo para apreender esse acidente? Ora, se um homem acostumado a espreitar e a surpreender a natureza tem tanta dificuldade em imitá-la, qual é o *connaisseur* que pode se gabar de tê-la visto suficientemente bem a ponto de criticar a imitação dela? É coisa estranha a ousadia pela qual se passa por juiz da bela natureza em qualquer situação em que o pintor ou escultor pudesse imaginá-la ou apreendê-la. Tal artista, depois de consagrar a metade de sua vida ao estudo de sua arte, não ousa se fiar nos modelos que sua memória colheu e sua imaginação lhe retraça. Recorre cem vezes à natureza para se corrigir de acordo com ela. Aí vem um crítico cheio de confiança e que o julga em uma olhada. Esse crítico estudou a arte ou a natureza? Tão mal uma quanto outra, mas ele tem estátuas e quadros e com eles pretende ter adquirido o talento de conhecer o assunto. Vemos esse tipo de *connaisseur* se desfalecer diante de um quadro antigo do qual admira o claro-escuro. O acaso faz com que se retire a moldura. Mais bem conservado, o verdadeiro colorido se desvenda em um canto e esse tom de cor tão admirado se torna uma camada de fuligem.

Sabemos que existem amadores versados no estudo dos grandes mestres que deles apreenderam a maneira, conhecem a pincelada, distinguem o colorido. Isso é bastante para quem apenas quer desfrutar, mas é muito pouco para quem ousa julgar. Não se julga um quadro a partir de quadros. Por mais que se conheça Rafael, se é novato diante de Le Guide. Mais ainda, as *Forças* de Le Guide, malgrado a analogia do gênero, não serão de modo algum uma regra segura para criticar o *Mílon* de Puget, ou o Gladiador morrendo. A natureza varia sem cessar: cada posição, cada ação diferente a modifica diversamente. É, então, preciso ter a natureza estudada sob tal e tal face para dela julgar a imitação. Mas a própria natureza é imperfeita. É preciso, então, ter também estudado as obras-primas da arte para se estar em condições de criticar, ao mesmo tempo, a imitação e o modelo.

No entanto, as dificuldades que a crítica apresenta nas artes das quais acabamos de falar nem chegam perto daquelas que reúne a crítica literária.

Na história, às luzes profundas que exigimos do crítico no que diz respeito à erudição se junta, no que concerne ao que é puramente literário, o estudo menos extenso, mas não menos refletido, da majestosa simplicidade do estilo, da clareza, da decência, da rapidez da narrativa; da pertinência e da escolha das reflexões e dos retratos, ornamentos pueris quando exagerados e prodigalizados; enfim, o estudo dessa eloquência viril, precisa e natural, que não pinta os grandes homens e as grandes coisas senão com suas próprias cores, qualidades que põem Tácito e Salústio tão acima de Tito Lívio e de Quinto Cúrcio. É apenas dessa reunião de conhecimentos e de gosto que se forma um crítico superior no gênero histórico. O que ocorreria se o mesmo homem pretendesse abarcar, ao mesmo tempo, o que pertence à eloquência e o que pertence à moral?

Esses dois gêneros, estejam eles fechados neles mesmos, nutrindo-se de suas próprias substâncias, estejam se penetrando um no outro e se animando mutuamente, estejam eles espalhados por outros gêneros de literatura como um fogo elementar, aí trazendo a vida e a fecundidade, em todos os casos têm por propósito tornar a verdade sensível e a virtude, amável.

É um talento dado a poucas pessoas, que poucas pessoas estão em condições de criticar. Desse talento, o espírito apenas em parte é juiz. Ele conhece a arte de convencer, não a de persuadir. Conhece a de seduzir, não a de comover. O espírito pode criticar um orador sutil, mas apenas o coração pode julgar um filósofo eloquente. O crítico em eloquência e em moral deve, pois, ter em si esse princípio de sensibilidade e retidão, capaz de conceber e produzir com força as verdades das quais se compenetra, esse princípio de nobreza e de elevação que em nós excita o entusiasmo pela virtude e que é o único a abarcar todas as possibilidades na arte de se interessar por ela. Se a virtude pudesse se tornar visível aos homens, disse um filósofo, pareceria tão tocante e tão bela que a ela ninguém poderia resistir. É assim, ao mesmo tempo, que deve concebê-la aquele que a pinta e quem dela *critica* a pintura. A falsa eloquência é tão fácil de professar [494] quanto de praticar. Figuras apinhadas, grandes palavras que nada dizem de grande, movimentos artificiais que jamais partem do coração e que a ele jamais chegam não supõem nem no autor nem no *connaisseur* qualquer elevação no espírito, qualquer sensibilidade na alma. Mas, sendo a verdadeira eloquência a emancipação de uma alma ao mesmo tempo simples, forte, grande e sensível, é preciso que se reúnam todas essas qualidades para aí exceler e saber como aí se excele. Segue-se que um grande crítico em eloquência deve ser ele mesmo eloquente. Ousemos dizer em benefício das almas sensíveis que aquele que se compenetra vivamente do belo, do tocante e do sublime não está longe de exprimi-los, e a alma que deles recebe o sentimento com certo calor pode, por sua vez, produzi-los. Essa disposição para a verdadeira eloquência não compreende nem as vantagens da elocução nem aquela harmonia entre o gesto, o tom e o semblante que compõe a eloquência exterior (ver *Declamação*). Trata-se aqui de uma eloquência interna, que emerge através da linguagem mais inculta e da expressão mais grosseira. Trata-se da eloquência do camponês do Danúbio, cuja rústica sublimidade honra tão pouco a arte e que tantas honras confere à natureza, dessa eloquência sem a qual o orador não é senão um declamador e o crítico, apenas um frio Aristarco.

Pela mesma razão, um crítico em moral deve ter em si, se não as virtudes práticas, ao menos o germe dessas virtudes. Muito frequentemente, os costumes de um homem esclarecido estão em contradição com seus princípios, por vezes com seus sentimentos. Portanto, não é essencial ao crítico em moral ser virtuoso, basta que tenha nascido para sê-lo. Mas, então, qual é o ofício do crítico? É ter de se condenar sem cessar, aprovando pessoas de bem! Entretanto, não seria desejável que o crítico em moral fosse isento de paixões e fraquezas. É preciso julgar os homens como homens virtuosos, mas também como homens. Conhecer-se, conhecer os seus semelhantes e saber o que eles podem antes de examinar o que devem; colocar-se no lugar de um pai, de um filho, de um amigo, de um cidadão, de um súdito, do próprio rei e, na balança de seus deveres, pesar os vícios e as virtudes de seu estado; conciliar a natureza com a sociedade, medir seus direitos e fixar seus limites, aproximar o interesse pessoal do bem geral, ser, por fim, o juiz e não o tirano da humanidade: tal seria o emprego de um crítico superior sob esse aspecto, emprego difícil e importante, sobretudo no exame da história.

E, então, seria desejável que um filósofo tão firme quanto esclarecido ousasse chamar ao tribunal da verdade os julgamentos que a adulação e o interesse pronunciaram por todos os séculos. Nada é mais comum nos anais do mundo do que colocar no mesmo patamar virtudes e vícios contrários. A moderação de um rei justo e a ambição desenfreada de um usurpador, a severidade de Mânlio em relação ao filho e a indulgência de Fábio em relação ao seu, a submissão de Sócrates às leis do areópago e a altivez de Cipião diante do tribunal do povo: todos eles tiveram seus apologistas e seus censores. Por isso, a história, em seu aspecto moral, é uma espécie de labirinto na qual a opinião do leitor não cessa de se perder. É de um guia que ele carece. Ora, esse guia seria um crítico capaz de distinguir a verdade da opinião, o direito da autoridade, o dever do interesse, a virtude da própria glória, em uma palavra: capaz de reduzir o homem, fosse ele quem fosse, à condição de cidadão, condição que é a base das leis, a regra dos costumes, da qual nenhum homem em sociedade jamais teve o direito de se eximir. Ver *Cidadão*.

Contra o preconceito, o crítico deve ir além. Deve não apenas considerar cada homem em particular, mas também cada república como sendo cidadã da terra e estando ligada às outras partes desse grande corpo político pelos mesmos deveres que a ligam, ela própria, aos membros de que é formada. Ele deve ver a sociedade em geral como uma imensa árvore na qual cada homem é um ramo; cada república, um galho; e a humanidade, o tronco. Donde o direito particular e o direito público, distinguidos apenas pela ambição, e que são, um e outro, o direito natural mais ou menos estendido, mas submetido aos mesmos princípios. Assim, o crítico julgaria não apenas cada homem em particular, de acordo com os costumes de seu século e as leis de seu país, mas também as leis e os costumes de todos os países e de todos os séculos, de acordo com os princípios invariáveis da equidade natural.

Seja qual for a dificuldade desse gênero de crítica, ela seria bem compensada pela sua utilidade: quando então seria verdadeiro, como o pretendeu Bayle, que, não influindo sobre os costumes privados, seria ao menos incontestável que a opinião decidisse sobre as ações públicas. Por exemplo: não há preconceito mais geral e mais profundamente enraizado na opinião dos homens do que ligar a glória ao título de *conquistador*. Contudo, não recearíamos continuar com isso se, em todos os tempos, os filósofos, os historiadores, os oradores, os poetas, em uma palavra, os depositários da reputação e os dispensadores da glória estivessem reunidos para ligar aos horrores de uma guerra injusta o mesmo opróbrio que se liga ao ladrão e ao assassino; então, teríamos visto poucos bandidos ilustres. Infelizmente, os filósofos não conhecem suficientemente sua ascendência sobre os espíritos. Divididos, eles nada podem. Reunidos, podem tudo, com o tempo. Eles têm para si a verdade, a justiça, a razão e, o que é ainda mais forte, o interesse da humanidade, cuja causa eles defendem.

Montaigne, menos irresoluto, teria sido um excelente crítico no aspecto moral da história. Mas, pouco firme em seus princípios, ele vacila nas consequências. Sua imaginação bastante fecunda era para a sua razão o que é, para os olhos, um cristal de múltiplas faces, que torna duvidoso o objeto verdadeiro à força de multiplicá-lo.

O autor de *O espírito das leis* é o crítico do qual a história teria necessidade nesse aspecto. Nós o citamos, embora ainda vivo, pois é muito penoso e bastante injusto esperar a morte dos grandes homens para deles se falar livremente.

Ainda que o modelo intelectual segundo o qual um crítico superior julga a moral e a eloquência participe essencialmente do modelo ao qual deve se reportar a poesia, é preciso que ele se limite à perfeição desta. O quanto o modelo da poesia em geral não abarca gêneros diferentes e modelos particulares? Limitemo-nos ao poema dramático e à epopeia.

Na comédia, que utilização do mundo, que conhecimento de todos os estados! Quantos vícios, paixões, defeitos e ridículos a observar, analisar, combinar em todas as relações, em todas as situações, em todas as faces possíveis! Quantos caracteres! Quantas nuanças no mesmo caráter! Quantos traços a recolher, contrastes a aproximar! Quanto estudo para formar um único quadro do *Misantropo* ou do *Tartufo*! Que estudo para se estar em condições de julgá-lo! Aqui as regras da arte são a parte menos importante: é à verdade da expressão, à força das pinceladas, à escolha das situações e das oposições que o crítico deve se prender. Ele deve, portanto, julgar a comédia de acordo com os originais e os seus originais não estão na arte, e sim na natureza. O avaro de Molière não é o avaro de Plauto, nem tampouco tal avaro [495] em particular, mas uma junção de traços dispersos nessa espécie de caráter que o crítico teve de recolher para julgar o conjunto, assim como o autor para compô-lo. Ver *Comédia*.

Na tragédia, à observação da natureza unem-se, em um grau mais elevado do que na comédia, a imaginação e o sentimento, e aqui este último domina. Não são mais caracteres comuns, nem acontecimentos familiares que o autor se propõe a apresentar. É a natureza em suas maiores proporções e tal como ela foi por vezes, quando se esforçou para produzir os homens e as coisas extraordinárias. Ver *Tragédia*. Não se trata da natureza em repouso, mas a natureza em contradição e naquele estado de sofrimento em que a colocam as paixões violentas, os grandes perigos e o excesso de desgraças. Onde está o seu modelo? No curso tranquilo da sociedade? Um riacho não dá a ideia de uma torrente, nem a calmaria a de tempestade. Está nas tragédias existentes? Não há nenhuma cujas belezas formem um modelo geral: não se pode julgar Cina a partir de Édipo, nem Atalía a partir de Cina. Está na história? Ela nos apresentaria em vão esse modelo, se não tivéssemos, em nós, como reconhecê-lo e apreendê-lo. Todo acontecimento, toda situação, todo personagem heroico só pode ter um caráter de beleza que lhe é próprio e que não poderia se aplicar àquele que não é ele, a menos, porém, que repletos de um grande número de modelos particulares, a imaginação e o sentimento deles não nos generalizem a ideia. É desse estudo consumado que se exprime, por assim dizer, o quilo de que se nutre a alma do crítico e que, alterado em sua própria substância, nele forma esse modelo intelectual, produção digna do gênio. É, sobretudo, nesse aspecto que se assemelham o orador, o poeta, o músico e, por consequência, os críticos superiores em eloquência, poesia e música. Pois nunca é demais insistir no princípio segundo o qual apenas o sentimento pode julgar o sentimento, e submeter o que é patético ao julgamento do espírito é querer tornar o ouvido árbitro das cores e o olho juiz da harmonia.

O mesmo modelo intelectual ao qual um crítico superior relaciona a tragédia deve se aplicar ao aspecto dramático da epopeia. Desde que o poeta épico fez seus personagens falarem, não mais diferindo a epopeia da tragédia a não ser pela trama das ações, os costumes, os sentimentos, os caracteres são os mesmos que na tragédia e o modelo de ambas é comum. Mas, quando o poeta aparece e toma o lugar de seus personagens, a ação torna-se puramente épica. É um homem inspirado aos olhos do qual tudo se anima. Os seres insensíveis tomam uma alma; os abstratos, uma forma e cores. O sopro do gênio confere à natureza uma vida e uma nova face. Ora ele a embeleza por suas pinturas, ora a abala com suas ilusões e revira todas as suas leis. Ele supera os limites do mundo, eleva-se nos imensos espaços do maravilhoso. Cria novas esferas, os céus não podem contê-lo e é preciso admitir que, considerado sob esse ponto de vista, o gênio da poesia é o menos absurdo dos deuses que a Antiguidade pagã adorou. Quem ousará segui-lo em seu entusiasmo, senão aquele que o experimenta? Cabe à fria razão guiar a imaginação em sua embriaguez? O gosto tímido e tranquilo lhe apresentará o freio? Oh, vós que quereis ver o que pode a poesia em seu calor e força, deixai esse corcel impetuoso saltar em liberdade. Ele jamais é tão belo quanto em suas estrepolias. O adestramento faria apenas esfriar seu ardor e constranger a nobre facilidade de seus movimentos. Entregue a si mesmo, ele por vezes se precipitará, mas conservará, mesmo em sua queda, aquela altivez e audácia que perderia com a liberdade. Prescrevei ao soneto e ao madrigal regras incômodas, mas deixai à epopeia uma carreira sem limites, o gênio não os conhece. É de modo grandioso que se deve criticar as coisas grandes; então, é preciso conservá-las grandiosas, isto é: com a mesma força, a mesma elevação, o mesmo calor com que foram produzidas. Para tanto, é preciso extrair o modelo não das belezas da natureza, nem das produções da arte, mas de ambas, aprofundadas de maneira sábia, e, sobretudo, de uma alma penetrada vivamente pelo belo, de uma imaginação suficientemente ativa e audaz para percorrer a imensa carreira dos possíveis na arte de agradar e de tocar.

Dos princípios que acabamos de estabelecer, segue-se que o único crítico universalmente superior é o público mais ou menos esclarecido de acordo com os países e com os séculos, mas sempre respeitoso no que compreende os melhores juízes em todos os gêneros, cujas opiniões preponderantes o arrebatam e, com o tempo, reúnem-se para formar o parecer geral. O público é como um rio que flui sem cessar e que decanta o seu limo. Chega o tempo em que suas águas puras são o espelho mais fiel em que as artes podem se consultar.

A propósito dos indivíduos que apenas têm pretensões a títulos, a liberdade de se enganar com confiança é um privilégio com o qual eles devem se contentar, e estamos longe de atentar contra isso.

É possível que nos oponham que se nasce com o talento da crítica. Sim, assim como se nasce poeta, historiador, orador, isto é: com as disposições para que se torne poeta, historiador e orador pelo exercício e pelo estudo.

Enfim, é possível que nos perguntem se, sem todas as qualidades que exigimos, as artes e a literatura não tiveram excelentes juízes. É uma questão de fato sobre as artes: nós a reenviamos aos artistas. Quanto à literatura, ousamos responder que ela teve poucos críticos superiores e menos ainda daqueles que tenham se destacado em diferentes aspectos.

Não se pretende fixar suas classes. Nós indicamos os princípios, cabe ao leitor aplicá-los. Ele sabe que peso deve dar a Cícero, a Longino, a Quintiliano, em questão de eloquência; a Aristóteles, a Horácio e a Pope, em questão de poesia. Mas o que teremos a coragem de adiantar, embora certamente sendo contraditos pela população baixa dos críticos, é que Boileau, a quem em parte a versificação e a linguagem devem sua pureza, Boileau, de seu século um dos homens que mais havia estudado os antigos e que melhor possuía a arte de empregar as belezas deles, Boileau só julgou bem por comparação. Daí o fato de ele ter rendido justiça a Racine, o feliz imitador de Eurípides, desprezado Quinault e louvado Corneille friamente, que não se parecia com nada, sem falar de Tasso, que ele não conhecia ou que jamais compreendeu. E como Boileau, que imaginou tão pouco, poderia ter sido um bom juiz no que diz respeito à imaginação? Como ele poderia ter sido um verdadeiro *connaisseur* no que se refere ao patético, ele que jamais liberou um traço de sentimento em tudo que pôde produzir? Que não se diga que o gênero de suas obras não era suscetível disso. O sentimento e a imaginação sabem muito bem se desabafar quando abundam na alma. A imaginação que dominava em Malebranche o conduziu involuntariamente para o que chamou de *a busca da verdade*, e ele não pôde impedir-se de se entregar ao gênero de escrita em que corria o maior perigo ao segui-lo. É por isso que as fábulas de La Fontaine (esse autor de quem Boileau não diz uma palavra em sua *Arte poética*) estão semeadas de traços tão tocantes quanto delicados, desses traços que [496] naturalmente escapam ao autor sem que deles se aperceba e que aí se espere, que são menos emanações do tema do que arroubos de caráter e ímpetos de gênio.

Os críticos que não tiveram o germe disso em si mesmos, por demais fracos para formar modelos intelectuais, relacionaram tudo a modelos existentes. Foi assim que se julgou Virgílio, Luciano, Tasso e Milton a partir de regras traçadas segundo Homero; Racine e Corneille, a partir de regras traçadas segundo Eurípides e Sófocles. Os primeiros reuniram os sufrágios de todos os séculos. Conclui-se que só se pode agradar por seguir a rota que eles tomaram; mas cada um deles seguiu uma rota diferente. Que fizeram, então, os críticos? "Fizeram", diz o Sr. Voltaire na *Henriade*, "como os astrônomos que todos os dias inventavam círculos imaginários e criavam ou aniquilavam um ou dois céus de cristal sem a mínima dificuldade". O quanto o espírito didático, se se quer nele crer, não estreitaria a carreira do gênio? "Ide ao grandioso, não importa por qual via", vos dirá um crítico superior. Não que ele permita que se negligencie o estudo dos modelos antigos na composição, tampouco que o negligencie em sua própria crítica. Ele vos dirá com Horácio: "Vós, versai os modelos gregos com uma mão noturna, versai-os com outra diurna", *Vos exemplaria graca nocturnâ versate manu, versate diurna.*

Ars Poetica, 268-9. Mas também com Horácio, ele vos dirá: "Ó, imitadores, rebanho servil", *O imitatores, servum pecus*. *Epistolas* I, 19-20. Ele acrescentará: "que vossa narrativa seja clara e nobre, que a trama de vosso poema não tenha nada de forçado, que as extremidades e o entremeio se correspondam, que os caracteres anunciados se sustentem até o fim. Afastai de vossa ação todo detalhe frio, todo ornamento supérfluo. Interessai-vos pela suspensão dos acontecimentos ou pela surpresa que eles causam. Falai à alma, poli a imaginação. Compenetrai-vos para nos tocar". Ele não vos dirá: "que ela seja importante ou não, desde que vossos personagens sejam ilustres, pois Horácio não exclui senão a baixeza dos personagens e nos dois poemas de Homero a ação não tem, nela mesma, nada de grande. (Le Bossu, *Traité du poème épique*, I, 02, *c.xix*.) Que a ação de vosso poema não dure menos de quarenta dias, nem mais de um ano, pois a da *Ilíada* dura quarenta dias e podemos limitar aquela da *Odisseia* e aquela da *Eneida* a um ano. Que se suponha que a ação de vossas tragédias se passe em um mesmo recinto, pois foi assim que Sófocles e Eurípides por vezes fizeram. Tomai o cuidado de não fazer um poema sem o maravilhoso, pois pela ausência do maravilhoso o poema de Lucano não é um poema épico". Mas vos dirá: "extraí desses modelos e da natureza a ideia e o sentimento do verdadeiro, do grandioso, do patético, e empregai-os de acordo com o impulso de vosso gênio e a disposição de vossos temas. Na tragédia, a ilusão e o interesse, eis vossas regras. Sacrificai todo o resto à nobreza do desenho e à audácia do pincel. Não menosprezai as regras traçadas de acordo com os antigos, pois elas encerram meios de tocar e de agradar. Mas não sede escravo delas, pois apenas encerram alguns desses meios. Elas são boas, mas não são exclusivas. O *Cid* não foi feito de acordo com as regras de Aristóteles e não deixa de ser por isso uma tragédia menos bela. Não se observam as unidades nem em *Macbeth*, nem em *Otelo*. Os ingleses não choram nem fremem menos por isso. O teatro deles possui grosserias bárbaras, mas tem traços de força e de calor que uma vã delicadeza e uma severidade mal concebida apenas nos permitem invejar.

"No poema épico, se, como Lucano, tendes de fazer grandes homens falar e agir, abstende-vos, como ele, do maravilhoso. Imitai a elevação desse poeta, evitai seu empolamento e deixai dar a vosso poema o nome que agradará àqueles que discutem sobre as palavras. Fazei vossa ação durar o tempo que ela devia naturalmente durar. Desde que ela seja una, plena e interessante, ela terminará bem rápido. Fundai a grandeza de vossos personagens sobre os seus caracteres, e não sobre seus títulos. Um grande nome não enobrece uma ação, assim como uma ação heroica enobrecerá o nome mais obscuro. Em uma palavra, tocai como Eurípides, surpreendei como Sófocles, poli como Homero e componde de acordo convosco. Esses mestres não tiveram regras, não foram senão maiores que elas, e só adquiriram o direito de comandar por não terem jamais obedecido. Em literatura ocorre de maneira completamente diversa do que em política: o talento que tem necessidade de se submeter às leis, jamais as dará."

É assim que o crítico superior deixa ao gênio toda a sua liberdade. Reivindica-lhe apenas grandes coisas e o encoraja a produzi-las. O crítico subalterno o acostuma ao jugo das leis, exige apenas a exatidão e extrai somente uma obediência fria e uma imitação servil. Foi dessa espécie de crítico que o Sr. Voltaire, que não poderíamos citar o bastante em matéria de gosto, disse: "eles escreveram laboriosamente volumes sobre algumas linhas que a imaginação dos poetas criou brincando". *Essai sur la poésie épique.*

Que não nos surpreendamos mais, portanto, se, à medida que o gosto se torna mais difícil, a imaginação se torne mais tímida e mais fria, e que quase todos os grandes gênios, de Homero a Lucrécio, de Lucrécio a Milton e a Corneille, pareçam ter escolhido, para surgir, os tempos em que a ignorância lhes permitiu uma carreira livre. Citaremos apenas um exemplo das vantagens dessa liberdade. Corneille teria sacrificado a maioria das belezas de suas peças e até mesmo abandonado alguns de seus mais belos temas, tal como aquele dos Horácios, se tivesse sido tão severo em sua composição quanto foi em seus exames. Mas, felizmente, ele compôs de acordo com ele mesmo e julgou de acordo com Aristóteles. O bom gosto, nos dirão, é então um obstáculo ao gênio? Certamente, não. Pois o bom gosto é um sentimento corajoso e viril que ama acima de tudo as grandes coisas e que aquece o gênio, ao mesmo tempo em que o esclarece. O gosto que o incomoda e que o amolece é um gosto medroso e pueril, que quer polir e enfraquecer tudo. Um quer obras concebidas com audácia, o outro as quer escrupulosamente finas. Um é o gosto do crítico superior, o outro é o do crítico subalterno.

Mas, assim como o crítico superior está acima do crítico subalterno, este último prevalece sobre o crítico ignorante. O que este sabe de um gênero é, a seu ver, tudo o que dele se pode saber. Encerrado em sua esfera, sua visão é para ele a medida das possibilidades. Desprovido de modelos e de objetos de comparação, ele relaciona tudo a si mesmo. Daí que tudo que é audacioso lhe pareça temerário, tudo que é grande lhe pareça gigantesco. É um anão disforme que julga uma estátua de Antínoo ou de Hércules de acordo com suas proporções. Os últimos dessa última classe são aqueles que "todos os dias atacam o que temos de melhor, que louvam o que temos de pior e que fazem da nobre profissão das letras um ofício tão covarde e desprezível quanto o são eles próprios" (Sr. Voltaire nas *Mensonges imprimés*). No entanto, como aquilo que mais se despreza não é sempre o que menos se ama, viu-se o tempo em que a eles não faltaram nem leitores nem Mecenas. Cedendo ao gosto de certo público, os próprios magistrados tiveram a fraqueza de permitir a esses bandidos da [497] literatura uma licença plena e irrestrita. É verdade que se concedeu aos autores perseguidos a liberdade de se defender, isto é: de ilustrar seus críticos e de se aviltar. Mas poucos desses homens célebres caíram nessa armadilha. O sábio Racine referia-se a "esses pequenos autores infortunados (pois também existiam em seu tempo) que eles sempre aguardavam a ocasião do êxito de alguma obra para atacá-la, não por inveja (pois, por qual motivo seriam eles invejosos?), mas na esperança de que alguém se esforçaria em responder-lhes e que os tirasse da obscuridade na qual suas próprias obras os teriam deixado por toda a vida". Certamente eles serão obscuros em todos os séculos esclarecidos, mas nos tempos em que reinará a ignorância, orgulhosa e invejosa, eles terão a seu favor a maioria e o partido mais barulhento. Acima de tudo, terão a seu favor aquela espécie de personagens estúpidos e vãos que olham para as pessoas de letras como se fossem bestas ferozes destinadas ao anfiteatro, para o divertimento dos homens. Imagem que, para ser justa, apenas necessita de uma inversão. No entanto, se os autores ultrajados estão muito acima dos insultos, a ponto de não serem sensíveis a eles, se conservam suas reputações na opinião dos verdadeiros juízes, então a multidão, em meio às névoas com as quais a baixa inveja se esforça para obscurecê-la, ainda assim reconhecerá a impressão do desprezo que se pretendeu propagar sobre os talentos e, pouco a pouco, se verá o enfraquecimento dessa consideração universal nos espíritos, a mais digna recompensa dos trabalhos literários, o germe e o alimento da emulação.

Falamos aqui do que ocorreu nas diferentes épocas da literatura e do que, sobretudo, ocorrerá quando o belo, o grandioso e a seriedade em todo gênero, não tendo outro asilo além das bibliotecas e estando próximos apenas de um pequeno número de verdadeiros amadores, deixarão o público sujeito ao contágio de romances frios, farsas insípidas e tolices polêmicas.

Quanto ao que se passa em nossos dias, estamos muito próximos para deles falar com liberdade, nossos louvores e censuras pareceriam igualmente suspeitos. A esse respeito, o silêncio nos convém, ainda mais quando está fundado nos exemplos dos Fontenelle, dos Montesquieu, dos Buffon e de todos os que a eles se assemelham. Mas se algum traço dessa barbárie que acabamos de pintar pode se aplicar a alguns de nossos contemporâneos, longe de nos retratar, nos felicitaremos por termos apresentado esse quadro a quem quer que venha a se enrubescer ou não por nele se reconhecer. Considerar-se-á talvez maldoso que em uma obra como essa tenhamos entrado nesses detalhes, mas a verdade é sempre oportuna, desde que ela possa ser útil. Caso se queira, admitiremos que ela teria podido escolher melhor o seu lugar, mas infelizmente ela nada tem a escolher.

Que nos seja permitido terminar este artigo por um desejo que o amor pelas letras nos inspira e que outrora tivemos em relação a nós mesmos. Via-se em Esparta os anciãos a assistir aos exercícios da juventude, a animá-la pelo exemplo de sua vida passada, a corrigi-la com suas repreensões, a instruí-la com suas lições. Que vantagem para a república literária se os autores envelhecidos em serões eruditos, depois de serem postos por seus trabalhos acima da rivalidade e das fraquezas da inveja, se dignassem a presidir as tentativas dos jovens e de guiá-los na carreira, se esses mestres da arte se transformassem nos críticos. Se, por exemplo, os autores de *Rhadamiste* (o Sr. Crébillon) e de *Alzira* (o Sr. Voltaire) aceitassem examinar as obras daqueles seus alunos que demonstrassem algum talento, no lugar desses excertos mutilados, dessas análises secas, dessas decisões ineptas, nas quais não se vê sequer as primeiras noções da arte, teríamos juízos esclarecidos pela experiência e pronunciados pela justiça. Só o nome do crítico já inspiraria respeito; o encorajamento estaria ao lado da correção. O homem consumado veria de onde o jovem partiu, aonde ele quis chegar, se ele se perdeu já no primeiro passo ou no caminho, na escolha ou na disposição do tema, no desenho ou na execução. Ele lhe fixaria o ponto no qual iniciou seu erro, o reconduziria aos seus passos, o faria perceber os recifes em que havia batido e os desvios que deveria ter tomado. Enfim, mostrar-lhe-ia não apenas em que ele se equivocou, mas como teria podido fazer melhor, e o público se aproveitaria dessas lições dadas ao poeta. Essa espécie de crítico, longe de humilhar os autores, seria uma lisonjeira distinção para os seus talentos e suas obras. Ver-se-ia aí que corrigiria seu filho com uma terna severidade e que poderia escrever à testa de seus conselhos: "Ascânio, aprende de mim o vero esforço, e o sofrimento dos outros, a dita", *Disce puer virtutem ex me, vermque laborem. Eneida*, XII, 433-5.

(Tradução: Luís Fernandes do Nascimento)

Descoberta (*Filosofia*), d'Alembert [4, 705]

Pode-se dar o nome de *descoberta*, em geral, a tudo que se encontre de novo nas artes e nas ciências. Mas não é aplicado com frequência, e não deve sê-lo, a não ser ao que, além de novo, seja ao mesmo tempo curioso, útil, difícil de encontrar, e tenha, por conseguinte, importância considerável. Descobertas menos consideráveis chamam-se simplesmente invenções. Ver *Descobrir.*

Para uma descoberta, porém, não é preciso que o objeto seja a um só tempo útil, curioso e difícil. As descobertas que reúnem essas três qualidades são as de primeira ordem, outras não têm essas três vantagens ao mesmo tempo, mas é necessário que tenham ao menos uma delas. Por exemplo, a descoberta da bússola foi muito útil, mas poderia ter sido feita por acaso, e não pressupõe que se supere uma dificuldade. A descoberta do choque elétrico é muito curiosa, mas também foi feita por acaso; por conseguinte, não exigiu grandes esforços, e, pelo menos até agora, não se mostrou muito útil. A descoberta da quadratura do círculo pressupõe uma grande dificuldade vencida, mas não é, rigorosamente falando, útil na prática, pois aproximações são suficientes e há métodos de aproximação tão exatos quanto o necessário.

Observemos, entrementes, que é preciso acrescentar, ao mérito da dificuldade superada, o da utilidade ou singularidade. A quadratura do círculo estaria neste último caso, seria uma descoberta difícil e singular, pela qual há tempos se busca.

Descobertas são, portanto, fruto do acaso ou do gênio. Com frequência, são fruto do acaso em coisas práticas, como as artes e ofícios. Sem dúvida por essa razão, os inventores das coisas mais úteis nas artes nos são desconhecidos, pois mais comum é que essas coisas se ofereçam àqueles que não buscam por elas e, assim, o mérito de tê-las encontrado não é extraordinário e a invenção permanece sem um inventor reconhecido. A essa razão poderíamos acrescentar outra. A maior parte das coisas realizadas nas artes foram graduais, uma descoberta é o resultado dos esforços sucessivos de numerosos artesãos, cada um acrescenta ao que fora encontrado, de maneira que a atribuição é sempre incerta. Acrescentemos por fim, a essas duas razões, que os artesãos não têm o hábito de escrever, e a maioria dos letrados que são escritores se ocupam unicamente de seu próprio objeto e não têm interesse em registrar descobertas alheias.

Descobertas realizadas pelo gênio ocorrem principalmente nas ciências do raciocínio. Não quero dizer com isso que o gênio não descubra tanto nas artes, apenas que o acaso, em matéria de ciência, em geral descobre menos do que o gênio. Contudo, as ciências também conhecem descobertas por puro acaso. Por exemplo, a atração do ferro pela pedra-ímã não poderia ser entrevista nem por si mesma nem por analogia; é preciso que, por acaso, estejam próximos uma pedra-ímã e um pedaço de ferro, para ver que ela o atrai. Em matéria de Física, pode ser dito em geral que o conhecimento de muitos fatos se deve ao acaso. Há também, nas ciências, descobertas que são a um só tempo fruto do gênio e do acaso, quando, à busca de uma coisa, e empregando diversos meios que o gênio sugere, encontra-se outra, pela qual não se buscava. Assim, muitos químicos, buscando realizar certas descobertas, e imaginando para tanto diferentes procedimentos, complexos e sutis, encontraram verdades singulares pelas quais não esperavam. Não há ciência em que isso não aconteça. Muitos geômetras, por exemplo, em busca da quadratura do círculo, encontraram por acaso belos teoremas, de grande utilidade. Descobertas como essas são uma espécie de dádiva, mas uma dádiva que só é concedida aos que a merecem. Costuma-se dizer que uma tirada fina e pertinente é a boa fortuna de um homem de espírito; pode-se afirmar que a descoberta fortuita é a boa fortuna de um homem de gênio. Lembremos aqui o que o rei Guilherme disse ao marechal de Luxemburgo, que repetidas vezes o batera no campo de batalha: *Tem sorte demais para que só seja sorte.*

Descobertas que são fruto do gênio (é delas sobretudo que devemos nos ocupar) são realizadas de três maneiras: encontrando-se uma ou mais ideias inteiramente novas; acrescentando-se uma ideia nova a uma ideia previamente conhecida; reunindo-se duas ideias comuns. A descoberta da Aritmética parece ter sido da primeira espécie, pois a ideia de representar todos os números por nove cifras e sobretudo de acrescentar a estas o zero, o que determina o valor delas e fornece um meio para que se realizem de maneira abreviada as operações do cálculo, parece ter sido absolutamente nova e original, **[706]** e não poderia ter sido ocasionada por nenhuma outra: é um golpe de gênio, que produziu de uma só vez, por assim dizer subitamente, uma ciência inteiramente nova. A descoberta da Álgebra parece ser da segunda espécie. Com efeito, é uma ideia absolutamente nova representar por meio de caracteres gerais todas as quantidades possíveis, e imaginar um meio para calcular essas quantidades, ou antes para apresentá-las com a expressão mais simples que a sua generalidade poderia comportar. Ver o *Discurso preliminar.* Mas, para realizar integralmente esta ideia, haveria que acrescentar o cálculo já conhecido com números, ou a Aritmética, pois o cálculo é quase sempre necessário nas operações algébricas para reduzir quantidades à sua mais simples expressão. Por fim, a descoberta da aplicação da Álgebra à Geometria é da terceira espécie, pois essa aplicação tem como fundamento principal o método de representação das curvas por equações com duas variáveis. Ora, qual raciocínio seria necessário para encontrar essa maneira de representar as curvas? Este: uma curva, segundo a ideia que se tem dela, é o lugar de uma infinidade de pontos que satisfazem a um mesmo problema. Um problema que comporta uma infinidade de soluções é um problema indeterminado; e sabe-se que um problema indeterminado é representado em Álgebra por uma equação com duas variáveis. Pode-se, portanto, recorrer a uma equação com duas variáveis para representar uma curva. Eis um raciocínio cujas duas premissas, como se vê, são conhecidas. Parece que a consequência também seria fácil de extrair. No entanto, Descartes foi o primeiro a extraí-la. É que, em matéria de descobertas, o derradeiro passo, por fácil que possa parecer, muitas vezes é o que mais demora para ser dado. A descoberta do Cálculo Diferencial é um caso similar ao da aplicação da Álgebra à Geometria. Ver *Geometria*.

Descobertas que consistem na reunião de duas ideias previamente conhecidas não devem ser consideradas como tais a não ser que resulte delas algo importante ou que a reunião seja difícil de realizar. Pode-se ainda observar que, com frequência, uma descoberta consiste na reunião de duas ou mais ideias, cada uma delas estéril ou aparentemente estéril, por mais trabalho que tenha dado aos inventores. Estes poderiam dizer, neste caso, que o autor da descoberta "não a fez para si mesmo", *sic vos non nobis*, e teriam ainda mais razão de acrescentar "que outro leva as honras", *tulit alter honores* (*Vita Vergiliana*, 69-70), pois a verdadeira glória cabe àquele que arremata, embora o esforço tenha sido, no mais das vezes, dos que começaram. As ciências são como um grande edifício em que muitas pessoas trabalham ao mesmo tempo. Uns, com o suor do corpo, tiram pedras do caminho ou a duras penas escavam o solo; outros erguem o edifício com a força de braços e máquinas; mas o mérito pela edificação cabe inteiramente ao arquiteto, que finaliza a obra.

Em matéria de erudição, descobertas propriamente ditas são raras, pois os fatos, que constituem o objeto da erudição, não podem ser adivinhados ou inventados, foram registrados por algum autor. Mesmo assim, pode-se dar o nome de *descoberta*, por exemplo, à explicação sólida e engenhosa de um documento antigo de que os sábios em vão se ocuparam, ou à prova e discussão de um fato singular ou importante até então desconhecido ou controverso, e assim por diante.

Ao que parece, as duas únicas ciências que não são suscetíveis de descobertas de nenhuma espécie são a Teologia e a Metafísica. A primeira, porque os objetos da revelação estão fixados, após o surgimento do cristianismo. Tudo o que os teólogos acrescentaram se reduz a puros sistemas, mais ou menos acertados, que cada um pode escolher livremente, como os sistemas para explicar a atuação da graça e tantas outras coisas; matéria de perpétuas disputas e, às vezes, de confusão. Com respeito à Metafísica, excetuando-se um pequeno número de verdades desde há muito conhecidas e demonstradas, todo o resto é puro contencioso. Ademais, por terem os homens, no fundo, sempre os mesmos sentimentos e ideias primitivas, suas combinações logo se esgotam. Em Metafísica, os fatos se encontram, por assim dizer, no interior de cada um; um pouco de atenção é suficiente para vê-los. Em Física, ao contrário, como se encontram fora de nós, é preciso mais sagacidade para descobri-los, e, às vezes, combinando-se corpos de maneira nova, pode-se, por assim dizer, criar fatos inteiramente novos. Tais são, por exemplo, muitos experimentos envolvendo eletricidade, química etc. Não pretendo concluir disso que haveria pouco a dizer em matéria de Metafísica. Locke e o autor do *Tratado dos sistemas* [Condillac] são a melhor prova do contrário, e poder-se-ia aplicar a eles a passagem de Horácio, "difícil dizer com propriedade o que parece comum a todos", *difficile est propriè communia dicere.*

(**PPP**)

Descobrir, Encontrar (Gramática, Sinônimos), *d'Alembert* [4, 706]

As palavras *descobrir* e *encontrar* significam, em geral, adquirir por si mesmo o conhecimento de uma coisa que se esconde de outros. As nuances que as distinguem são as seguintes. Procurando-se *descobrir*, em matéria de ciências, algo pelo que se procura, *encontra-se* muitas vezes algo pelo qual não se procurava; *descobrimos* o que está fora de nós, *encontramos* o que não está propriamente senão em nosso entendimento e só depende dele; *descobrem-se* fenômenos na Física, *encontra-se* a solução para uma dificuldade. *Encontrar* se diz também de coisas buscadas por muitas pessoas, *descobrir* das buscadas por uma única. Por essa razão, diz-se *encontrar* a pedra filosofal, as longitudes, o moto perpétuo etc., e não *descobri-los*. Nesse sentido, pode-se dizer que Newton *encontrou* o sistema do mundo e *descobriu* a gravitação universal, pois o sistema do mundo vinha sendo buscado por todos os filósofos, a gravitação é o meio particular de que Newton se serviu para chegar a esse sistema. *Descobrir* é utilizado ainda quando o que se busca é muito importante; *encontrar*, no caso de a importância ser menor. Portanto, na Matemática, bem como nas outras ciências, a palavra *descobrir* deve ser empregada quando o que está em questão são proposições e métodos gerais, e a palavra *encontrar*, quando o que está em questão são proposições ou métodos particulares, cujo uso é menos extenso. Nesse mesmo sentido, distingue-se uma *descoberta* de uma simples *invenção*. Ver *Descoberta*. Diz-se ainda que tal navegador *descobriu* tal país, onde *encontrou* habitantes. E assim por diante.

(**PPP**)

Dicionário (*Ordem enciclopédica, Entendimento, Razão, Filosofia, ou Ciência do Homem, Lógica, Arte de comunicar, Gramática, Dicionário*), d'Alembert [4, 958]

Obra em que as palavras de uma língua são distribuídas por ordem alfabética e explicadas em maior ou menor detalhe, segundo o assunto que se propõe.

Podem-se distinguir três espécies de *dicionários*: dicionários de línguas, dicionários históricos e dicionários de ciências e artes; divisão que poderia ser apresentada, de um ponto de vista mais geral, desta forma: dicionários de palavras, dicionários de fatos e dicionários de coisas. Contudo, reteremos a primeira divisão, porque ela nos parece mais cômoda e mesmo mais precisa.

Com efeito, um dicionário de línguas, que parece ser um simples dicionário de palavras, frequentemente é um dicionário de coisas, quando é bem-feito. Neste caso, ele é uma obra muito filosófica. Ver *Gramática*.

Um dicionário de ciências não pode e não deve ser mais do que um dicionário de fatos, todas as vezes que as causas nos são desconhecidas, ou seja, quase sempre. Ver *Física, Metafísica* etc. Enfim, um dicionário histórico feito por um filósofo será frequentemente um dicionário de coisas; feito por um escritor comum, por um compilador de memórias e de datas, será tão somente um dicionário de palavras.

De qualquer modo, dividiremos este verbete em três partes, relativas à divisão que adotamos para as diferentes espécies de dicionários.

Dicionário de línguas. Damos esse nome a um dicionário destinado a explicar as palavras mais usuais e mais comuns de uma língua. Distingue-se do dicionário histórico por excluir fatos, nomes próprios de lugares, de pessoas etc. e do dicionário das ciências por excluir termos científicos pouco conhecidos, familiares apenas aos estudiosos.

Observaremos de início que um dicionário de línguas pode ser da língua que se fala no país em que o dicionário é feito – por exemplo, dicionário da língua francesa em Paris –, ou de uma língua estrangeira viva, ou de uma língua morta.

Dicionário da língua francesa. Tomamos essa espécie de dicionário como exemplo de dicionário da língua de um país. O que diremos dele poderá se aplicar facilmente aos dicionários ingleses feitos em Londres, aos dicionários espanhóis feitos em Madri etc.

Há principalmente três coisas a serem consideradas num dicionário da língua francesa: a significação das palavras, seu uso, e a natureza das que devem entrar neste dicionário. A significação das palavras é estabelecida por boas definições (ver *Definição*); seu uso, por uma excelente sintaxe; sua natureza, enfim, pelo próprio objeto do dicionário. A esses três objetos principais podem-se acrescentar três outros, **[959]** subordinados a eles: a quantidade ou a pronúncia das palavras, a ortografia e a etimologia. Percorramos sucessivamente esses seis objetos na ordem que lhes demos.

As definições devem ser claras, precisas e tão curtas quanto possível, pois a brevidade, neste gênero, auxilia a clareza. Quando é preciso explicar uma ideia por meio de várias ideias acessórias, é preciso pelo menos que o número destas seja o menor possível. Em geral, não é a brevidade que faz com que se seja obscuro, é a falta de seleção das ideias e a pouca ordem que se estabelece entre elas. Quem diz o que é preciso dizer, da maneira como se deve dizer, é breve e claro; do contrário, é prolixo e obscuro. As definições e demonstrações da Geometria, desde que bem-feitas, são uma prova de que a brevidade é mais amiga da clareza do que sua inimiga.

Definições consistem em explicar uma palavra por outra ou por várias outras; do que resulta necessariamente que há palavras que não devem nunca ser definidas, pois, se não fosse assim, todas as definições formariam apenas uma espécie de círculo vicioso, em que uma palavra seria explicada por outra que teria sido explicada por ela. Segue-se, em primeiro lugar, que todo dicionário de língua em que toda palavra tiver uma definição é necessariamente um mau dicionário, obra de uma cabeça pouco filosófica. Quais são as palavras da língua que não podem nem devem ser definidas? Seu número talvez seja maior do que se imagina, e são especialmente difíceis de determinar; alguns autores consideram que podem ser definidas e outros creem, ao contrário, que não. Tais são, por exemplo, as palavras *alma, espaço, curva* etc. Mas há pelo menos um grande número de palavras que, segundo a opinião geral, não se presta a qualquer espécie de definição, sobretudo palavras que designam as propriedades gerais dos seres, como *existência, extensão, pensamento, sensação, tempo* e muitas outras.

Assim, o primeiro objetivo que o autor de um dicionário de língua deve propor a si mesmo é formar, na medida do possível, uma lista exata dessa espécie de palavras, que serão como as raízes filosóficas da língua. Chamo-as assim para distingui-las das raízes gramaticais, que servem para formar, não para explicar palavras. Nessa espécie de lista de palavras originais e primitivas há dois vícios a serem evitados: se for muito curta, incorrerá com frequência no inconveniente de explicar o que não precisa ser explicado e terá, assim, o defeito de uma gramática em que as raízes gramaticais fossem incluídas entre as derivadas; se for muito longa, pode fazer com que se considerem como duas palavras de significação muito diferente aquelas que, no fundo, encerram a mesma ideia. Por exemplo, as palavras *duração* e *tempo* não devem, em absoluto, ao que me parece, ser incluídas na lista de palavras primitivas. É preciso escolher apenas uma delas, porque a mesma ideia está encerrada em ambas. Sem dúvida, a definição que será dada de uma não servirá para fornecer uma ideia mais clara do que a que se apresenta naturalmente ao espírito, mas ao menos servirá para mostrar a analogia e a ligação entre ela e a que tomamos como termo radical e primitivo. Em geral, as palavras a serem consideradas como radicais devem ser tais que cada uma apresente uma ideia absolutamente diferente da apresentada pela outra. Talvez seja essa a regra mais segura e mais simples para fazer a lista dessas palavras. Feita a enumeração mais exata possível de todas as palavras de uma língua, poder-se-á formar espécies de tábuas com relações recíprocas. É evidente que a mesma palavra se encontrará com frequência em várias tábuas, e então será fácil ver, pela sua natureza e pela comparação com as quais se relaciona, se deve ou não ser excluída da lista de radicais.

Quanto a palavras que estejam numa tábua apenas, procurar-se-á entre elas a que encerre ou pareça encerrar a ideia mais simples. Esta será a palavra radical. Digo *pareça encerrar*; pois com frequência haverá algo de arbitrário nessa escolha. As palavras *tempo* e *duração*, antes mencionadas, bastariam para nos convencer disso. O mesmo ocorre com as palavras *ser, ideia, percepção* etc.

Além disso, nas tábuas de que falamos será necessário prestar atenção para inserir as palavras de acordo com o seu sentido próprio e primitivo, e não o metafórico ou figurado, o que abreviará muito essas diferentes tábuas. Um meio para abreviá-las mais ainda é excluir primeiro todas as palavras derivadas e compostas, que evidentemente vêm de outras, e todas as palavras que, por não encerrarem ideias simples, precisam ser definidas, o que se pode distinguir à primeira vista. Por esse meio, as tábuas se tornarão sensivelmente mais curtas e mais claras, e o trabalho será simplificado ao extremo. Encontrados os radicais filosóficos, é bom que sejam assinalados no dicionário por um caractere particular.

Tendo estabelecido as regras para distinguir palavras que devem ser definidas das que não devem, passemos às definições mesmas. É evidente, em primeiro lugar, que a definição de uma palavra deve incidir sobre o seu sentido preciso e não sobre o seu sentido vago. Explico-me. A palavra *dor*, por exemplo, aplica-se igualmente em nossa língua às penas da alma e às sensações desagradáveis do corpo. Entretanto, a definição dessa palavra não deve conter os dois sentidos ao mesmo tempo. Encontra-se aí o que chamo de sentido vago, porque ele encerra ao mesmo tempo o sentido primitivo e o sentido por extensão. O sentido preciso dessa palavra designa as sensações desagradáveis do corpo, e foi estendido às tristezas da alma. Eis o que uma definição deve levar a perceber. O que acabamos de dizer sobre o sentido preciso em relação ao sentido vago, diremos também sobre o sentido próprio em relação ao sentido metafórico. A definição nunca deverá incidir senão sobre o sentido próprio, e o sentido metafórico só deve ser acrescentado a ela como um efeito e na dependência do primeiro. Mas é preciso ter muito cuidado ao explicar esse sentido metafórico, que consiste numa das principais riquezas das línguas e por meio do qual, sem multiplicar as palavras, chega-se a exprimir um grande número de ideias. Pode-se observar, sobretudo nas obras de poesia e de eloquência, que uma porção considerável das palavras é empregada no sentido metafórico, e que o sentido próprio das palavras assim empregadas designa quase sempre alguma coisa sensível. Existem mesmo palavras, como *cegueira*, *baixeza* e outras, que quase só são empregadas em sentido metafórico. Mas, embora essas palavras, em sentido próprio, não sejam mais usadas, a definição deve sempre recair sobre esse sentido, advertindo-se que foi substituído pelo sentido figurado. De resto, como a significação metafórica de uma palavra nem sempre se encontra tão fixada e limitada que não possa receber alguma extensão segundo o gênio de um escritor, é visível que um dicionário não pode, a rigor, levar em conta todas as suas significações e **[960]** aplicações metafóricas. Tudo o que se pode exigir é que dê a conhecer pelo menos as que estão mais em uso.

Que me seja permitido observar nesta ocasião como a combinação do sentido metafórico das palavras com o seu sentido figurado pode ajudar o espírito e a memória no estudo das línguas. Suponho que se saiba um número suficiente de palavras de uma língua qualquer para poder compreender mais ou menos o sentido de cada frase de livros escritos nessa língua, cuja dicção seja pura e a sintaxe, fácil. Se digo que sem o auxílio de um dicionário, contentando-se em ler e reler assiduamente os livros dos quais falo, aprender-se-á o sentido de um grande número de outras palavras, é porque, uma vez compreendido mais ou menos o sentido de cada frase, como o suponho, concluir-se-á qual é pelo menos aproximadamente o sentido das palavras cujo sentido não se compreendia. O sentido atribuído a essas palavras será próprio ou figurado. No primeiro caso, ter-se-á encontrado o verdadeiro sentido da palavra, e será preciso apenas reencontrá-lo mais uma ou duas vezes para se convencer que se imaginou corretamente. No segundo caso, caso se encontre ainda a mesma palavra em outro lugar, o que quase não pode deixar de acontecer, comparar-se-á o novo sentido que for dado a esta palavra com o que fora dado na primeira vez. Procurar-se-á nesses dois sentidos o que eles podem ter de análogo, a ideia comum que podem conter, e essa ideia dará o sentido próprio e primitivo. É certo que se poderia aprender desse modo muitas palavras de uma língua em pouquíssimo tempo. Com efeito, não há língua estrangeira que não possamos aprender como aprendemos a nossa. É evidente que, quando aprendemos nossa língua materna, adivinhamos o sentido de um grande número de palavras sem o auxílio de um dicionário que no-las explicasse. Foi por meio de combinações multiplicadas, algumas vezes muito finas, que chegamos a esse ponto. E isto é o que me faz crer, para dizer *en passant*, que o maior esforço do espírito é o que ele faz ao aprender a falar. Creio que esse esforço é maior do que o de aprender a ler. Este é puramente de memória, e é maquinal; o outro supõe pelo menos uma espécie de raciocínio e análise.

Retorno à distinção entre o sentido preciso e o sentido próprio das palavras e o sentido vago e metafórico. Essa distinção será muito útil para o desenvolvimento e explicação dos sinônimos, outro objeto muito importante num dicionário de línguas. A experiência nos ensinou que não há em nossa língua duas palavras que sejam perfeitamente sinônimas, ou que, numa ocasião qualquer, possam ser substituídas indiferentemente uma pela outra. Digo *numa ocasião qualquer*, pois seria uma fantasia falsa e pueril pretender que não há nenhuma circunstância em que duas palavras possam ser empregadas indiferentemente uma no lugar da outra. A experiência provaria o contrário, assim como a leitura de nossas melhores obras. Duas palavras exatamente e absolutamente sinônimas seriam, sem dúvida, um defeito numa língua, porque não se deve de modo algum multiplicar sem necessidade as palavras mais do que os seres, e a primeira qualidade de uma língua é a de oferecer claramente todas as ideias com o menor número possível de palavras. Mas não seria um inconveniente menor não poder nunca empregar indiferentemente uma palavra no lugar de outra. Não somente a harmonia e o prazer do discurso sofreriam com isso, pela obrigação em que nos encontraríamos de repetir com frequência os mesmos termos, mas uma tal língua seria necessariamente pobre e sem nenhuma fineza. O que faz com que duas ou mais palavras sejam sinônimas? Um sentido geral, comum a elas. E o que faz com que essas palavras nem sempre sejam sinônimas? Nuances frequentemente delicadas e por vezes quase insensíveis, que modificam o sentido primitivo e geral. Portanto, todas as vezes que, pela natureza do assunto que tratamos, não precisamos exprimir essas nuances e podemos nos contentar com o sentido geral, os sinônimos podem ser empregados indiferentemente. Inversamente, todas as vezes que não seja possível substituir uma palavra uma pela outra numa língua, disso se seguirá que o sentido das duas palavras será diferente, não por nuances sutis, mas por diferenças muito marcantes, grosseiras mesmo. Assim, as palavras da língua não exprimirão mais as nuances e ela será pobre e rudimentar.

Os sinônimos, tomando-se essa palavra no sentido que acabamos de explicar, são muito frequentes em nossa língua. Num dicionário, é preciso primeiro determinar o sentido geral comum a todas essas palavras. Isso é sempre o mais difícil. Deve-se em seguida determinar com precisão a ideia que cada palavra acrescenta ao sentido geral e tornar o todo sensível, por meio de exemplos curtos, claros e bem escolhidos.

Devem-se distinguir ainda nos sinônimos as diferenças que decorrem unicamente do capricho e do uso, algumas vezes bizarro, das que são constantes e estão fundadas em princípios. Diz-se, por exemplo, *tudo conspira para a minha felicidade*; *tudo conjura para minha ruína*: aqui, *conspirar* é tomado de modo positivo e *conjurar*, de modo negativo, e talvez fôssemos tentados a fazer disso uma espécie de regra. Entretanto, diz-se igualmente bem *conjurar a perda do Estado* e *conspirar contra o Estado*. Diz-se também *Conspiração*, não *Conjuraçao da Pólvora*. Do mesmo modo, diz-se *choro de alegria* ou *lágrimas de alegria*. Todavia, diz-se *lágrimas de sangue* e não *choro de sangue*, *choro de raiva* de preferência a *lágrimas de raiva*. São esquisitices de uma língua, sobre as quais está fundado, ao menos em parte, o conhecimento dos sinônimos. Um autor que escreve sobre essa matéria deve ter o cuidado de assinalar essas diferenças, que seja por meio de exemplos que permitam ao leitor observá-las. Tampouco creio que seja necessário, nos exemplos de sinônimos, que cada uma das palavras que compõem um verbete de sinônimos forneça nesse verbete um número igual de exemplos. Seria uma puerilidade nunca querer se afastar dessa regra: frequentemente seria mesmo impossível cumpri-la bem. Mas é bom observá-la o máximo possível, sem afetação e constrangimento, pois os exemplos são, por esse meio, mais facilmente retidos. Um verbete de sinônimos não será por isso pior, embora se possa substituir nos exemplos uma palavra por outra. É necessário apenas que a substituição seja sempre recíproca. Assim, quando se quiser marcar a diferença entre choro e lágrimas, poder-se-á dar como exemplo, entre vários outros, as lágrimas de uma mãe e o choro da vinha ou da aurora, embora se possa dizer tanto *choro de mãe* como *lágrimas de mãe*; porque não se pode dizer lágrimas de uma vinha ou da aurora em vez de choro de uma ou de outra. Os diferentes empregos dos sinônimos se resolvem em geral por uma definição exata do valor preciso de cada palavra, pelas diferentes circunstâncias em que são empregados, pelos diferentes gêneros de estilos em que são utilizados, pelas diferentes palavras a que estão associados, por estarem em sentido próprio ou figurado etc. Ver *Sinônimo*.

Falamos até aqui da significação das palavras. Passemos agora à construção **[961]** e à sintaxe. Observemos em primeiro lugar que essa matéria é um objeto mais apropriado para uma obra dissertativa do que para um dicionário, pois a boa sintaxe é resultado de certo número de princípios filosóficos cuja força depende em parte de sua ordem e de sua ligação, e que não poderiam ser dispersados, ou mesmo deslocados, num dicionário de línguas. Entretanto, para permitir que uma obra como esta seja a mais completa possível, é bom que as regras mais difíceis da sintaxe estejam explicadas, sobretudo as que dizem respeito aos artigos, aos particípios, às preposições, às conjugações de certos verbos. Poder-se-ia mesmo, num pequeno número de verbetes gerais mais extensos, oferecer uma gramática mais completa e remeter esses verbetes gerais nas aplicações a exemplos e a verbetes particulares. Menciono de passagem esse objeto para não estender demais este verbete e porque ele será tratado mais a fundo em outro lugar.

É preciso não esquecer, sobretudo, que cabe ao dicionário fixar a língua. É verdade que uma língua viva, que muda sem cessar, não pode ser fixada de modo absoluto. Mas ao menos é possível impedir que ela se desnature e se degrade. Uma língua se desnatura de duas maneiras: pela impropriedade das palavras e pela impropriedade das locuções de uma frase. O primeiro desses defeitos será remediado não somente assinalando-se com cuidado, como dissemos, a significação geral, particular, figurada e metafórica das palavras, como também proscrevendo-se expressamente significações impróprias e espúrias, introduzidas por abusos pouco notados, aplicações ridículas, inteiramente alheias à analogia, em especial quando começam a ser autorizadas pelo exemplo e pelo uso da chamada *boa companhia*. Digo o mesmo da impropriedade das locuções de frases. Cabe aos homens de letras fixar a língua, pois compete a eles estudá-la, compará-la com outras línguas e fazer um uso mais exato e mais verdadeiro dela em suas obras. Nunca esse alerta foi tão necessário. Nossos livros estão repletos de um idioma simplesmente ridículo. Muitas peças de teatro modernas, encenadas com êxito, não serão mais compreendidas daqui a vinte anos, pois se sujeitaram ao jargão de nosso tempo, que logo será superado e substituído por outro. Um bom escritor, um filósofo que faz um dicionário de línguas, prevê essas revoluções. O precioso, o impróprio, o obscuro, o bizarro, o enviesado, chocam a justeza de seu espírito; ele separa, nas maneiras novas de falar, o que realmente enriquece a língua do que a torna pobre ou ridícula; conserva e adota um, e ignora o outro.

Seja-nos permitido observar que um dos meios mais apropriados para formar o estilo e o gosto é ler e escrever sobre matérias filosóficas. Pois a severidade do estilo, a adequação dos termos e das locuções de frase exigidos por essas matérias necessariamente acostumarão o espírito a adquirir ou a reconhecer essas qualidades por toda parte ou a perceber a sua ausência. Além disso, como essas matérias filosóficas são pouco cultivadas e pouco conhecidas pelas pessoas do mundo, seu dicionário está menos exposto a alterações, e a maneira de tratá-las é mais invariável em seus princípios.

Concluamos, do que foi dito, que um bom dicionário de línguas é a história filosófica de sua infância, de seus progressos, de seu auge, de sua decadência. Uma obra feita de acordo com esse gosto poderá acrescentar, ao título de *dicionário*, o adjetivo *razoado*. Não somente ensinará a gramática de uma língua, o que é bastante raro, mas, o que é mais raro ainda, ensinará essa gramática como filosofia. Ver *Gramática*.

Passemos agora à natureza das palavras que devem entrar num dicionário de línguas. Primeiro deve-se excluir, além dos nomes próprios, todos os termos das ciências que não sejam de uso comum e familiar. Devem entrar, porém, todas as palavras científicas que o comum dos leitores ouça pronunciadas ou encontre nos livros mais conhecidos. Digo o mesmo dos termos de arte, tanto as mecânicas quanto as liberais. Poder-se-ia concluir daí que, com frequência, as figuras são necessárias num dicionário de línguas, pois há nas ciências e nas artes uma grande quantidade de objetos, mesmo bastante familiares, cuja definição exata é muito difícil e quase impossível de fornecer sem apresentá-los aos olhos. Seria bom que ao menos se acrescentasse a figura à definição, sem a qual ela seria vaga ou difícil de apreender. Aplica-se esta passagem de Horácio: "As coisas apreendidas pelo ouvido excitam mais os ânimos do que as que são submetidas a olhos fidedignos", *Segnius irritant animos demissa per aurem, quam quæ sunt oculis subjecta fidelibus. Ars poetica*, v.180. Nada é tão pueril quanto realizar grandes esforços para explicar longamente sem figuras algo que, com uma figura bem simples, não precisaria senão de uma curta explicação. Há muitas dificuldades reais nos objetos de que nos ocupamos para que as multipliquemos gratuitamente. Reservemos nossos esforços para as ocasiões em que são absolutamente necessários; precisaremos deles com muita frequência.

Com exceção dos termos de ciências e de artes de que falamos um pouco antes, todas as outras palavras devem entrar num dicionário de línguas. É preciso distinguir aquelas cujo uso só ocorre na conversação das que são empregadas na escritura; as que a prosa e a poesia admitem igualmente, das que só são próprias a uma ou a outra; palavras empregadas por pessoas honestas das que o são no linguajar do povo; as admitidas no estilo nobre das reservadas ao familiar; palavras que começam a caducar das que começam a ser introduzidas etc. Um autor de dicionário não deve nunca, isso é certo, criar palavras novas, pois é o historiador, não o reformador da língua. Entretanto, é bom que observe a necessidade de que sejam criadas palavras novas para designar certas ideias que não podem ser fornecidas a não ser por perífrases. Pode ser que tenha que arriscar algumas por conta própria, com moderação e advertido da inovação. E deve, acima de tudo, contestar que palavras tenham caducado, se a proscrição delas enfraqueceu e empobreceu a língua em vez de poli-la.

Em se tratando de nomes substantivos, é preciso ter o cuidado de designar se têm um plural ou não, de distinguir os adjetivos próprios, que devem estar necessariamente junto a um substantivo, dos tomados substantivamente, isto é, empregados como substantivos e subentendendo o substantivo que estaria junto a eles. Deve-se ter ainda o cuidado de assinalar a terminação dos adjetivos para cada gênero. Quanto aos verbos, deve-se distinguir se são ativos, passivos ou neutros, e designar seus principais tempos, sobretudo quando a conjugação for irregular. É bom mesmo, neste caso, propor verbetes separados para cada um dos tempos, remetendo-os ao verbete principal; **[962]** é um meio de facilitar aos estrangeiros o conhecimento da língua. Deve-se, enfim, para as preposições, ter o cuidado de assinalar seus diferentes empregos, que com frequência são em grande número, e os diversos sentidos que designam, em cada um desses empregos. Isso no que concerne à natureza das palavras e à maneira de tratá-las. Resta falar da quantidade, da ortografia e da etimologia.

A quantidade, quer dizer, a pronúncia longa e breve, não deve ser negligenciada. A observação exata dos acentos basta para marcá-la. Nos demais casos, poderíamos nos servir de longas e breves, o que abreviaria consideravelmente o discurso. De resto, a prosódia de nossa língua não é tão certa e tão bem marcada quanto a dos gregos e romanos, na qual quase todas as sílabas tinham uma quantidade fixa e invariável. Havia apenas um pequeno número cuja quantidade podia ser ou longa ou breve, razão pela qual são chamadas de *comuns*. Há em nossa língua várias dessa espécie, e seria possível, em seu caso, não assinalar a quantidade ou designá-la por um caractere particular, semelhante àquele utilizado para designar as sílabas comuns em grego e em latim.

Em relação à ortografia, a regra a ser seguida num dicionário é dar a cada palavra a ortografia mais comumente aceita, e quando a palavra não se pronuncia como se escreve, acrescentar a ortografia conforme a pronúncia. É o que acontece com frequência em nossa língua, e certamente trata-se de um defeito considerável. Por mais inconveniente que isso seja, seria ainda mais caso se alterasse e subvertesse a ortografia por completo, sobretudo num dicionário. Mas como uma reforma do gênero seria muito desejável, creio que seria recomendável acrescentar à ortografia aceita de cada palavra a que ela deveria naturalmente ter, segundo a pronúncia. Que nos permitam aqui algumas reflexões sobre a diferença entre pronúncia e ortografia; são parte do assunto de que tratamos.

Seria muito desejável que essa diferença fosse proscrita em todas as línguas. Contudo, há muitas dificuldades a enfrentar. Uma primeira é que palavras que significam coisas muito diferentes e são pronunciadas mais ou menos ou absolutamente do mesmo modo seriam escritas da mesma maneira, o que poderia introduzir obscuridade no discurso. Assim, as palavras *tan*, *tant*, *tend*, *temps*, deveriam, a rigor, ser todas escritas como a primeira, pois têm a mesma pronúncia, com diferenças mínimas. Mas alguém diria que elas designam quatro coisas diferentes. Ao que se pode responder: 1º) Quando a pronúncia das palavras é absolutamente a mesma e elas significam coisas diferentes, a possibilidade de confundi-las é tão grande quanto na conversação, onde nunca as confundimos; 2º) Se a pronúncia não for exatamente a mesma, como *tan* e *temps*, um acento poderia facilmente assinalar a diferença, sem com isso multiplicar a maneira de escrever um mesmo som. Assim, o *a* longo é distinguido do *a* breve por um acento circunflexo, utilizado para distinguir quantidade em sons muito parecidos. Observarei nesta ocasião que temos em nossa língua muito poucos acentos e nos servimos bastante mal dos poucos que temos. Os músicos têm as redondas, as brancas, as negras, os colchetes simples, duplos, triplos etc.; a língua não tem senão três acentos. Contudo, se consultarmos o ouvido, quantos não seriam necessários somente para a letra *e*? Aliás, o acento só deveria servir para marcar a quantidade ou para designar a pronúncia; mas nos servimos dele com frequência para outros usos. Servimo-nos do acento grave em *succès* para marcar a quantidade do *e*, e servimo-nos dele também na preposição *à*, para distingui-la da palavra *a*, terceira pessoa do verbo *avoir*, como se o sentido do discurso por si só não bastasse para fazer essa distinção. Enfim, outro abuso na utilização dos acentos é a frequência com que designamos por acentos diferentes sons que se assemelham; frequentemente empregamos o acento grave e o acento circunflexo para designar os *e* cuja pronúncia é sensivelmente a mesma, como em *bête, procès* etc.

Uma segunda dificuldade relativa à reforma da ortografia são as etimologias. Se suprimirmos, dir-se-á, o *ph* para substituí-lo pelo *f*, como distinguir as palavras que vêm do grego das que não vêm? Respondo que essa distinção seria ainda mais fácil por meio de uma espécie de acento que se desse ao *f* nessa espécie de palavras, como no caso de *philosophie*, por exemplo, em que não aspiramos nenhum dos dois *ph* e pronunciamos *filosofie*, ao passo que o *ph* dos gregos, a partir do qual formamos nosso *ph*, era aspirado. Por que então conservar o *ph* nas palavras em que não o aspiramos? Por que conservar no nosso alfabeto essa letra, que nunca é mais do que uma espécie de acento ou letra que se conserva por apreço pela etimologia? Ou, ao menos, por que empregá-la em outro lugar a não ser o *ch*, que talvez exprimíssemos melhor por um só caractere? Ver *Ortografia*, e as observações do Sr. Duclos sobre a *Gramática de Port-Royal*, impressas com esta na edição feita em Paris, em 1754.

As dificuldades a que acabamos de responder não impediriam, pois, de modo algum, que se pudesse, em muitos aspectos, reformar nossa ortografia. Mas, ao que me parece, seria quase impossível que essa reforma fosse completa, e isso por duas razões. A primeira é que num grande número de palavras há letras que ora se pronunciam, ora não se pronunciam, segundo se encontrem ou não após uma vogal, tal como, no exemplo proposto, a última letra da palavra *tems*. Mas letras que com frequência não são pronunciadas devem necessariamente ser escritas, inconveniente inevitável, a menos que se tome o partido de suprimir tais letras nos casos em que não são pronunciadas e adotar assim duas ortografias diferentes para a mesma palavra, o que seria um inconveniente ainda maior. Acrescentai a isso que frequentemente a letra supranumerária deveria ser escrita de um modo diferente do prescrito pelo uso. Assim, o *s* de *tems* deveria ser um *z*, o *d* de *tend* deveria ser um *t*, e assim por diante. A segunda razão para a impossibilidade de reformar inteiramente nossa ortografia é que há muitas palavras nas quais a necessidade ou o desejo de conservar a etimologia não poderá ser satisfeita por meros acentos, a menos que se multiplicasse de tal modo os acentos que seu uso na ortografia se tornasse um estudo penoso. Seria necessário, na palavra *tems*, um outro acento particular no lugar do *s*, na palavra *tend*, um outro acento no lugar do *d*, na palavra *tant*, um outro acento particular no lugar do *t*. etc., e seria preciso saber que o primeiro acento indica um *s* e se pronuncia **[963]** como um *z*, que o segundo indica um *d* e se pronuncia como um *t*, que o terceiro indica um *t* e se pronuncia como um *t* mesmo etc. Pode ser que, assim, a nossa maneira de escrever se tornasse mais regular, mas continuaria a ser incômoda. Enfim, a última razão da impossibilidade de uma reforma exata e rigorosa da ortografia é que, se tomássemos esse partido, não haveria livro que pudesse ser lido, tão diferente seria a escrita das palavras em relação à que conhecemos. A leitura dos livros antigos em seu formato original seria penosa. Mesmo no caso dos reimpressos, seria necessário conservar tanto a ortografia como o estilo, como se conservam a ortografia ultrapassada dos velhos livros, para mostrar aos seus leitores as mudanças que ocorreram em nossa ortografia e pronunciação.

Essa diferença entre a nossa maneira de ler e de escrever, tão bizarra, e que não há mais como remediar, tem duas causas. Nossa língua foi formada a partir da mistura de diferentes idiomas; bárbara em suas origens, tornou-se cada vez mais regular e suave. Palavras extraídas de outras línguas foram desfiguradas ao passar para a nossa. Em seguida, quando a língua se formou e começou a ser escrita, tentou-se dar a suas palavras, por meio da ortografia, uma analogia parcial com as línguas que as haviam fornecido, analogia que se perdera ou se alterara com a pronúncia. Quanto a esta, não foi possível alterá-la. Contentamo-nos em suavizá-la, introduzindo uma segunda diferença entre a pronúncia e a ortografia etimológica, que faz que se pronuncie o *s* de *tems* como um *z*, o *d* de *tend* como um *t*, e assim por diante. De qualquer modo, e por mais que nossa língua seja reformada a esse respeito, um bom dicionário de línguas nem por isso pode deixar de considerar a diferença entre a ortografia e a pronúncia e entre as variedades que se encontram na própria pronúncia. É preciso cuidado adicional no caso de uma palavra ter diferentes ortografias aceitas, levando-se em conta todas elas e subdividindo o verbete principal em diferentes verbetes subordinados. Esse verbete principal deve ser aquele cuja ortografia parecerá mais regular, seja em relação à pronúncia, seja em relação à etimologia, dependendo do autor. Por exemplo: as palavras *tems* e *temps* são utilizadas quase do mesmo modo na ortografia. O primeiro modo é um pouco mais conforme à pronúncia, o segundo, à etimologia. Cabe ao autor do dicionário escolher qual dos dois constará no verbete principal. Caso escolha *temps*, por exemplo, será necessário um verbete *tems* com uma remissão ao primeiro. Quanto a palavras em que a ortografia etimológica e a pronúncia estão de acordo, como *savoir* e *savant*, que vêm de *sapere* e não de *scire*, deve-se escrevê-las assim mesmo. Contudo, como as grafias *sçavoir* e *sçavant* ainda são muito utilizadas, será necessário fazer remissão a esses verbetes. Do mesmo modo, deve-se usar remissões para a comodidade do leitor em certos nomes vindos do grego por etimologia. Assim, deve haver uma remissão de *antropomorphite* a *anthropomorphite*, pois, embora esta última maneira de escrever seja mais conforme à etimologia, um grande número de leitores procurariam a palavra escrita do primeiro modo, e talvez, não se lembrando do outro, acreditariam que este tivesse sido negligenciado. Mas devemos principalmente nos lembrar de duas coisas: 1º) Seguir em toda a obra a ortografia principal adotada para cada palavra; 2º) seguir um plano uniforme em relação à ortografia, considerada relativamente à pronúncia, ou seja, fazer com que a pronúncia prevaleça sempre em relação à ortografia ou esta em relação àquela, no caso de palavras cuja ortografia não é universalmente a mesma.

Seria ainda conveniente, para tornar essa obra útil aos estrangeiros, acrescentar a cada palavra a maneira de pronunciá-la segundo a ortografia de outras nações. Por exemplo, é sabido que os italianos pronunciam *u* e os ingleses *w*, como nós pronunciamos *ou*. Assim, na palavra *ou* de um dicionário, poder-se-ia dizer: os italianos pronunciam assim o *u*, e os ingleses o *w*; ou, com ainda mais precisão, poder-se-ia acrescentar a *ou* as letras *u* e *w*, assinalando que todas as sílabas se pronunciam como *ou*, a primeira em Roma, a segunda em Londres. Por esse meio, os estrangeiros e os franceses aprenderiam mais facilmente a pronunciar suas respectivas línguas. Mas esse objetivo, para ser devidamente cumprido, suporia talvez um conhecimento exato e rigoroso da pronúncia de todas as línguas, o que é fisicamente impossível, ou pelo menos algum contato assíduo e razoado com estrangeiros de todas as nações que falassem bem, circunstâncias ainda mais difíceis de serem reunidas. O que proponho é antes uma perspectiva para tornar um dicionário perfeitamente completo do que um projeto a partir do qual se possa esperar uma execução perfeita. Acrescentemos, todavia (já que nos limitamos ao meramente possível), que não seria ruim formar, no começo do dicionário, uma espécie de alfabeto universal, composto de todos os verdadeiros sons simples, tanto vogais quanto consoantes, que servisse para indicar não somente a pronúncia em nossa língua como também nas outras, acrescentando-se a ortografia usual em cada uma delas. Assim, supondo que nos servíssemos de um caractere particular para marcar a vogal *ou* (pois esse som é de uma vogal, já que é um som simples), esse caractere particular poderia ser acrescentado às sílabas *ou*, *u*, *w*, e todas as línguas fariam bem em adotá-lo. Mas o projeto de um alfabeto e de uma ortografia universais, por mais razoável que possa parecer, é tão impossível na execução quanto o projeto de uma língua e escrita universais. Os filósofos da cada nação provavelmente não conseguiriam chegar a um acordo a esse respeito. O que não aconteceria, se fosse preciso conciliar nações inteiras?

O que acabamos de dizer sobre a ortografia nos conduz a falar das etimologias. Ver *Etimologia*. Um bom dicionário de línguas não deve negligenciá-las, sobretudo em palavras que venham do grego ou do latim. É um meio de lembrar ao leitor as palavras dessas línguas e mostrar como em parte elas serviram para formar a nossa. Creio não dever omitir aqui uma observação que vários homens de letras parecem ter feito; a de que a língua francesa é, em geral, mais análoga em suas locuções à língua grega do que à latina. Supondo que isto seja verdadeiro, como creio que é, qual poderia ser a razão desse fenômeno? Cabe aos doutos procurá-la. Num bom dicionário não se faria mal em assinalar essa analogia por meio de exemplos, pois todas as locuções que uma língua empresta a outra fazem parte, de algum modo, da classe de etimologias. Das etimologias que cabe a um dicionário oferecer deve-se excluir as pueris ou tão remotas que são duvidosas, como a que deriva *laquais* da palavra latina *verna*, por meio de *vernacula*. Em nossa língua há ainda numerosos termos extraídos da antiquíssima língua celta, **[964]** e deve-se levá-los em conta num dicionário. Mas, como essa língua não existe mais, essas etimologias são inferiores, por sua utilidade, às etimologias gregas e latinas, e não passam de meras curiosidades.

Independentemente das raízes estrangeiras de uma língua e das raízes filosóficas de que falamos anteriormente, creio que seria bom que também se inserissem num dicionário as palavras radicais da própria língua, indicando-as por um caractere particular. Palavras radicais podem ser de duas espécies: as que não têm raízes nem fora da língua, nem nela mesma, e são estas as verdadeiras radicais; as que têm raízes noutra língua, mas estão na raiz de um grande número de derivados e compostos na nossa. Essas duas espécies de palavras radicais, se devidamente assinaladas e designadas, serão facilmente reconhecidas. Deve-se distinguir entre as *derivadas* e as *compostas*. Toda palavra composta é derivada; nem toda derivada é composta. Uma composta é formada por diversas raízes, como *abaissement*, formado de *à* e de *bas*. Uma derivada é formada de uma única raiz, com algumas diferenças na terminação, como *fortement*, formado de *fort* etc. Uma palavra pode ser ao mesmo tempo derivada e composta, como *abaissement*, derivada de *abaissé*, que por sua vez deriva de *à* e de *bas*. Pode-se observar que palavras compostas de raízes estrangeiras são mais frequentes em nossa língua do que palavras compostas de raízes da própria língua; encontraremos cem palavras extraídas do grego, como *dioptrique*, *catoptrique*, *misanthrope*, *anthropofage*, para um composto francês. Essas observações não devem escapar a um autor de dicionário, pois permitem conhecer a natureza e a analogia mútua das línguas.

Por vezes, há algo de arbitrário na escolha das raízes. Por exemplo, *amour* e *aimer* podem ser considerados indiferentemente como raízes. Eu preferiria, no entanto, considerar *aimer* como raiz, porque *aimer* tem mais derivados do que *amour*; todos esses derivados são os diferentes tempos do verbo *aimer*. Nos verbos, deve-se sempre tomar o infinitivo como raiz dos derivados, porque o infinitivo exprime uma ação indefinida e os outros tempos designam uma circunstância associada à ação, à pessoa, ao tempo etc. e, consequentemente, acrescentam uma ideia à do infinitivo.

Esses são os principais objetos que devem entrar num dicionário de línguas, caso se queira torná-lo o mais completo e perfeito possível. Sem dúvida, podem-se fazer dicionários de línguas e mesmo dicionários estimáveis de que não constem alguns desses objetos. Seria mesmo muito melhor não os fazer entrar de modo algum do que fazê-los entrar imperfeitamente. Mas um dicionário de línguas, para não deixar nada a desejar, deve reunir todas as vantagens que acabamos de mencionar. Segundo o que dissemos, pode-se julgar se a obra é a de um simples gramático comum ou de um gramático profundo e filosófico; de um homem de letras retirado e isolado, ou de um homem de letras que frequenta o mundo; de um homem que só estudou sua língua ou de outro que acrescentou a isso o estudo das línguas antigas; de só um homem de letras ou de uma sociedade de doutos, literatos e mesmo de artistas; enfim, pode-se julgar, supondo que a obra seja realizada por uma sociedade, se todos os membros devem colaborar igualmente com ela ou se não é mais vantajoso que cada um se encarregue da parte em que é mais versado, e que o resultado seja em seguida discutido em assembleias gerais. Independentemente do teor das reflexões aqui propostas, não se pode negar que o dicionário da Academia Francesa certamente é o melhor de nossa língua, apesar de todos os defeitos que lhe foram imputados e que foram talvez inevitáveis, sobretudo nas primeiras edições, os quais essa instituição trabalha para corrigir. Os que atacaram a obra não poderiam realizar uma melhor. Aliás, como é fácil fazer uma crítica ao mesmo tempo totalmente verdadeira e totalmente injusta de um excelente dicionário! Dez verbetes fracos para os quais se aponta, contra mil excelentes, dos quais não se diz nada, são suficientes para impressionar o leitor. Uma obra é boa quando tem mais coisas boas do que coisas ruins. É excelente quando as boas são excelentes, ou quando as boas superam em muito as ruins. Não há obra que não se deva julgar por essa regra, segundo a qual um dicionário, pela variedade e quantidade de matérias que contém, não pode tratar todas igualmente.

Antes de encerrarmos, direi uma palavra a respeito de *dicionários de rimas*. Esta espécie de dicionário tem sua utilidade; mas quantos maus versos não produz! Se uma lista de rimas pode trazer à luz uma ideia feliz num excelente poeta, os medíocres recorrem a ele para torturar a razão e o bom senso.

Dicionário de línguas estrangeiras, mortas ou vivas. Após o detalhamento do dicionário de língua francesa, seremos muito mais breves sobre outros, pois os princípios precedentes se aplicam em boa medida a eles. Vamos nos contentar em assinalar as principais diferenças que deve haver entre um dicionário de língua francesa e um dicionário de língua estrangeira, viva ou morta, e diremos o que deve ser observado nessas duas espécies de dicionário de línguas estrangeiras.

Em primeiro lugar, não se trata aqui de dicionários de línguas estrangeiras que servem para que se compreenda uma língua pela outra. Tudo o que dissemos no começo deste verbete sobre as definições em um dicionário de línguas não tem lugar nesses de que tratamos; pois aqui as definições devem ser suprimidas. Quanto à significação dos termos, penso que é um abuso amontoar um grande número deles para uma mesma palavra, a menos que se distinga exatamente a significação própria e precisa de outras que são meras extensões ou metáforas. Assim, quando se lê num dicionário de latim, *impellere, pousser, faire entrer ou sortir, exciter, engager*, "empurrar, fazer entrar ou sair, atiçar, impelir", é necessário que se possa distinguir a palavra *pousser* de todas as outras, como a que traz o sentido próprio. Pode-se fazer essa distinção de duas maneiras: grafando-se essa palavra com um caractere diferente ou então, em primeiro lugar, trazendo as demais segundo o grau de propriedade e analogia com o primeiro. Creio, no entanto, que melhor ainda seria manter somente o sentido próprio, sem acrescentar nenhum outro. Do contrário, parece-me que se sobrecarregaria inutilmente a memória, e o sentido do autor que se traduz basta para determinar se a significação da palavra está no sentido próprio ou figurado. As crianças, dir-se-á talvez, sentirão uma dificuldade ainda maior, pois terão que descobrir, dentre diversas significações acrescentadas a uma mesma palavra, a que devem escolher. Respondo primeiramente que, se uma criança tiver discernimento suficiente para a escolha certa, terá também discernimento para sentir por si [965] mesma a verdadeira significação da palavra aplicada à circunstância e ao caso em questão no autor. Crianças que falam bem aos três ou quatro anos de idade já realizaram combinações muito mais difíceis. Em segundo lugar, respondo que mesmo que em dicionários feitos para as crianças nos afastássemos da regra que proponho, parece-me que seria necessário conformar-se a ela nos demais. As línguas estrangeiras seriam, assim, aprendidas mais cedo e conhecidas com mais exatidão.

Em dicionários de línguas mortas deve-se ter o cuidado de assinalar os autores que empregaram cada uma das palavras. Costuma-se fazê-lo com excesso de negligência, embora se trate talvez do que há de mais útil para escrever numa língua morta (quando se é obrigado a fazê-lo) com tanta pureza quanto se pode escrever numa tal língua. Aliás, não se deve crer que uma palavra latina ou grega, por ter sido empregada por um bom autor, esteja sempre no caso de poder sê-lo. Terêncio, que passa por um autor da boa latinidade, era comediógrafo, e por isso empregou, ou ao menos poderia empregar, com frequência, palavras de uso exclusivo na conversação, que não devem aparecer no discurso oral. É algo que um autor de dicionário deve observar, tanto mais que vários de nossos humanistas modernos algumas vezes se equivocaram a esse respeito. Assim, quando se cita Terêncio, por exemplo, ou Plauto, parece-me que é preciso ter o cuidado de acrescentar a peça e a cena, a fim de que, recorrendo à própria passagem, possamos julgar se devemos nos servir da palavra em questão. Se for um valete que fala, será preciso ficar atento ao empregar a expressão ou torneio de que se trata, e só se decidir a empregá-lo após ter se assegurado de que essa maneira de falar é boa em si mesma, independentemente do personagem e da circunstância em que ocorre. Isso não é tudo. Devem-se ainda tomar precauções para distinguir os termos e locuções que só são empregados por um autor, por mais excelente que ele possa ser. Cícero, considerado o modelo da boa latinidade, escreveu diferentes espécies de obras em que nem os termos nem as locuções têm a mesma natureza e o mesmo gênero. Variou seu estilo segundo as matérias de que tratava; suas arengas são muito diferentes da dicção de seus livros sobre a retórica, e estes de suas obras filosóficas; todos diferem ao extremo de suas epístolas familiares. Portanto, quando se atribui a Cícero um termo ou uma maneira de dizer, deve-se assinalar a obra e a passagem do onde a tiramos. O mesmo vale em geral para todo e qualquer autor, inclusive para os que fizeram obras de um só gênero, porque em nenhuma obra o estilo deve ser uniforme, e o tom que se emprega, a cor que se emprega, dependem da natureza das coisas que se tem a dizer. As arengas de Tito Lívio de modo algum são escritas como seus prefácios, nem estes o são como suas narrativas. Além do mais, quando se cita uma palavra ou uma expressão como pertencente a um autor que não foi de um bom século ou não passa por um modelo irrepreensível, deve-se ter o cuidado de assinalar se essa expressão ou palavra foi empregada por um dos bons autores e citar a passagem; ou antes, para evitar dificuldades, pode-se adotar como regra não citar uma palavra ou um torneio tal como empregado por um autor suspeito, caso tenha sido empregada por bons autores, contentando-se com estes. Enfim, quando uma palavra ou torneio é empregado por um bom autor, deve-se assinalar se se encontra em outros bons autores do mesmo período, em poetas, historiadores etc., a fim de saber se cabe igualmente em todos os estilos. Parece um trabalho imenso, bem como impraticável, porém é mais laborioso do que difícil, e as concordâncias já realizadas dos melhores autores ajudam muito.

Nesse mesmo dicionário será bom assinalar, por meio de exemplos selecionados, os diferentes empregos de uma palavra; será bom mostrar os sinônimos, na medida do possível, num dicionário de língua morta. Por exemplo, a diferença entre verdade e medo, *vereor* e *metuo*, tão bem assinalada no início do discurso de Cícero a Quintius; ou a diferença entre mal-estar, pesar, dor, lamento, *aegritudo*, *meror*, *aerumna*, *luctus*, *lamentatio*, detalhada no quarto livro das *Tusculanas*, e tantas outras que põem em questão a qualidade dos escritores latinos modernos e recomendam circunspecção aos seus admiradores.

Num dicionário de latim, pode-se acrescentar à palavra de sua língua as etimologias tiradas do grego. Podem-se apresentar os acentos longos e os breves que incidem sobre as palavras. Essa precaução, é verdade, não remediará a maneira ridícula pela qual pronunciamos um grande número de palavras latinas, alongando o que é breve e abreviando o que é longo, mas pelo menos impedirá que a pronúncia se torne ainda mais viciosa. Enfim, seria talvez adequado, em dicionários latinos e gregos, dispor as palavras por raiz, seguidas dos derivados, e acrescentar um vocabulário por ordem alfabética, que indicaria o lugar de cada palavra, como se fez no dicionário grego de Scapula e em alguns outros. Um leitor dotado de boa memória poderia aprender em seguida essas raízes e, por esse meio, avançaria muito, e em pouco tempo, no conhecimento da língua, pois com um mínimo de exercício e sintaxe poderia reconhecer os derivados.

Não se deve crer, entretanto, que um dicionário tal como o aqui esboçado pudesse fornecer o conhecimento completo de uma língua morta. Não se pode conhecê-la senão imperfeitamente. Uma infinidade de termos de arte e de conversação necessariamente se perderam; consequentemente, nunca os conheceremos. Há uma infinidade de sutilezas, de erros, de negligências, que sempre nos escaparão.

Quando falei antes dos sinônimos nas línguas mortas, não quis me referir àqueles que se acumulam nos dicionários latinos sem verdade, seleção e gosto, que normalmente chamamos de sinônimos e que servem apenas para que as crianças produzam uma versificação de péssima qualidade. Esses dicionários, ouso dizer, parecem-me muito inúteis, a menos que se limitem a assinalar a quantidade e a recolher sob cada palavra as melhores passagens dos excelentes poetas. Todo o resto só serve para estragar o gosto. Uma criança nascida com talento não deve de modo algum ser auxiliada por semelhantes obras para fazer versos latinos, mesmo supondo que seja bom que os faça, o que é questionável. É absurdo, em todo caso, que sejam obrigadas a fazê-los. Ver *Colégio*.

Nos dicionários de língua viva estrangeira observar-se-á, no que concerne à sintaxe e ao emprego das palavras, o que foi prescrito anteriormente sobre este verbete nos *dicionários* de língua viva materna. É bom que se acrescente à significação francesa das palavras sua significação latina, para gravá-la por mais meios na memória. Poder-se-ia mesmo crer que seria adequado se deter nessa significação, pois sendo o latim uma língua que se aprende normalmente desde a infância, costumamos ser mais versados nela do que numa língua estrangeira viva, que se aprende mais tarde e mais imperfeitamente, e assim um autor de dicionário traduzirá melhor do inglês para o latim do que do inglês para o francês. Por esse meio, **[966]** a língua latina poderia tornar-se, de certo modo, a medida comum de todas as outras. Essa consideração merece sem dúvida muita atenção; contudo, deve-se observar que, por ser o latim uma língua morta, nem sempre estamos em condições de conhecer o sentido preciso de cada termo como no caso de uma língua estrangeira viva. Aliás, há uma infinidade de termos de ciências, artes, economia doméstica, que não têm equivalente em latim. Supomos que o dicionário seja obra de um homem muito versado nas duas línguas, o que não é impossível nem mesmo muito raro. Finalmente, não se deve imaginar que, quando se traduzem palavras de uma língua na outra, é sempre possível empregar equivalentes exatos e rigorosos, por mais versados que sejamos nas duas línguas. Com frequência, dispomos apenas de aproximações. Há palavras de uma língua que não têm correspondente em outra, e muitas que têm apenas uma correspondência aparente, por causa de nuances mais ou menos sensíveis dos equivalentes que queremos lhes atribuir. O que dizemos aqui sobre as palavras é ainda mais verdadeiro e mais comum em relação às locuções. Basta saber duas línguas para se convencer disso. Essa diferença de expressão e de construção constitui principalmente aquilo que chamamos de *o gênio das línguas*, que não é outra coisa que a propriedade de exprimir certas ideias de modo mais ou menos feliz. Ver a respeito a excelente nota que o Sr. Voltaire inseriu em seu *Discurso à Academia Francesa*, tomo II de suas obras, Paris, 1751. Ver também *Língua*.

A disposição das palavras a partir das raízes é mais difícil e menos necessária num dicionário de língua viva do que num dicionário de língua morta. Mas, como não há língua que não tenha palavras primitivas e palavras derivadas, creio que essa disposição, tudo considerado, poderia ser útil e facilitaria consideravelmente o estudo das línguas, por exemplo o da língua inglesa, que tem muitas palavras compostas, e o da italiana, que tem muitos diminutivos, além da analogia com o latim. Quanto à pronúncia de cada palavra, também deve ser assinalada com exatidão, conforme a ortografia da língua em que se traduz, e não a da língua estrangeira. Sabe-se, por exemplo, que o *e* em inglês é com frequência pronunciado como o nosso *i*. Assim, na palavra *sphere* se dirá que esta palavra é pronunciada como *sphire*. Esta última ortografia é relativa à pronúncia francesa, não à inglesa, pois o *i* em inglês se pronuncia às vezes como *aï*. Assim, *sphire*, se a pronunciássemos à maneira inglesa, poderia ser *sphaïre*.

É o que tínhamos a dizer sobre dicionários de línguas. Uma última palavra apenas sobre dicionários da língua francesa traduzidos em língua estrangeira, morta ou viva. Falaremos do uso dos primeiros no verbete *Latinidade*. Com relação aos outros, servem tão somente para que se aprenda a língua muito imperfeitamente. O estudo dos bons autores de nossa língua e o convívio com os que a falam bem são os únicos meios para realizar progressos verdadeiros e sólidos.

Em geral, porém, o melhor meio para aprender rapidamente uma língua qualquer é memorizar de início o maior número possível de palavras. Com essa provisão e muita leitura, aprender-se-á a sintaxe pelo uso, principalmente a das diferentes línguas modernas, que é bastante abreviada. Quase não haverá necessidade de ler compêndios de Gramática, sobretudo se não se quiser escrever ou falar a língua, satisfazendo-se com a leitura dos autores. Pois, quando se trata de entender, e quando se conhecem as palavras, é quase sempre fácil encontrar o seu sentido. Quereis, pois, aprender rapidamente uma língua e tendes boa memória? Aprendei um dicionário, se puderdes, e lede muito. É assim que fizeram muitos homens de letras.

Dicionários históricos. Dicionários dessa espécie podem ser gerais ou particulares, e num caso como no outro são, propriamente, uma história geral ou particular, cujas matérias são distribuídas por ordem alfabética. Essa espécie de obras é muito cômoda, porque nelas encontramos, quando bem-feitas, com muito mais facilidade do que numa história contínua, as coisas sobre as quais queremos nos instruir. Não falaremos aqui senão dos *dicionários* gerais, ou seja, que têm por objeto a história universal. O que dissermos aplicar-se-á facilmente aos dicionários particulares que se limitam a um objeto determinado.

Em geral, tais dicionários contêm três grandes objetos: a História propriamente dita, ou seja, o relato dos acontecimentos, a cronologia, que assinala os tempos em que ocorreram, e a Geografia, que indica onde ocorreram. Comecemos pela História propriamente dita.

A História é ou de povos ou de homens. A história de povos encerra sua primeira origem, os países que eles habitaram anteriormente, seu governo passado e presente, seus costumes, seus progressos nas ciências e artes, seu comércio, sua indústria, suas guerras. Tudo isso deve ser exposto num dicionário, mas de maneira sucinta, sem pesar nos detalhes e negligenciar ou passar rapidamente demais sobre as circunstâncias essenciais. O todo deve ser entremeado de reflexões filosóficas, que o assunto fornece, pois a Filosofia é a alma da História. Não se deve deixar de indicar os melhores autores que escreveram sobre o povo em questão, o grau de credibilidade que merecem e a ordem na qual se deve lê-los, para se instruir mais a fundo.

A história de homens compreende os príncipes, os grandes, os homens célebres por seus talentos e suas ações. A história dos príncipes deve ser mais ou menos detalhada na proporção do que eles fizeram de memorável. Há diversos príncipes sobre os quais devemos nos contentar em assinalar seu nascimento e morte, e remeter, no que foi feito sob seu reino, aos verbetes sobre seus generais e ministros. Tal obra serve principalmente para preparar os príncipes vivos para o que se dirá deles, pela maneira de ali se falar dos mortos. Pois um dicionário histórico, por ser um livro a que, por comodidade, quase todos recorrem, e que se consulta a todo instante, pode ser também, para os príncipes, uma lição obrigatória, e, consequentemente, mais certa do que a história narrativa. A verdade, se quisermos falar assim, pode entrar nesse livro por todas as portas e, se pode fazê-lo, deve fazê-lo.

Na história dos grandes há mais liberdade. Prestar-se-á sobretudo muita atenção à verdade das genealogias: nada sem dúvida é mais indiferente em si mesmo, mas, no estado em que as coisas estão hoje, nada é, às vezes, mais necessário. Ter-se-á, pois, o cuidado de oferecê-la de modo exato e, sobretudo, de não fazê-la remontar para além do que provam os títulos atestados.

Acusa-se Morery de não ter sido suficientemente escrupuloso nesse ponto. O conhecimento das genealogias é superior ao do brasão, a respeito do qual nossos ancestrais ignorantes julgaram conveniente fazer uma ciência, que infelizmente se tornou uma, [967] porque se preferiu, como observa o senhor de Fleury, dizer *gueule* e *sinople*, em vez de *vermelho* e *verde*. Os antigos desconheciam esse traje moderno da vaidade, mas os homens terão sempre algo a oferecer nesse quesito. Eis, pois, mais um verbete que um dicionário não deve negligenciar.

Por fim, um dicionário histórico deve fazer menção aos homens ilustres nas ciências, nas artes liberais, e, na medida do possível, nas próprias artes mecânicas. Com efeito, por que um relojoeiro célebre não mereceria, num dicionário, um lugar usurpado por tantos escritores ruins? Não é que se deva excluir de um dicionário os maus escritores. Por vezes, é necessário que conste ao menos o nome de suas obras. Mas os verbetes dedicados a eles não podem ser muito longos. Se há escritores que, para honra das letras, devem ser inteiramente banidos de um dicionário, são os satíricos, a maioria deles sem talento e com frequência sem a menor chance de êxito fora desse gênero baixo e vulgar. Sua recompensa em vida deve ser o desprezo, e, após a morte, o esquecimento. A posteridade teria esquecido os nomes de Bavio e Mevio, se Virgílio não tivesse tido a fraqueza de lançar um sarcasmo contra eles num de seus versos.

Censurou-se o dicionário de Bayle por fazer menção a um grande número de autores pouco conhecidos e ter omitido outros tantos célebres. Essa crítica não é inteiramente sem fundamento; contudo, pode-se responder que, como o dicionário de Bayle (enquanto histórico) não é senão o suplemento do de Morely, é preciso considerar que Bayle só omitiu os verbetes que não tinham necessidade de correção nem adição. Acrescente-se que apenas num sentido impróprio o dicionário de Bayle é histórico. Trata-se de um dicionário filosófico e crítico, em que o corpo do texto é um mero motivo para as notas. Essa obra seria eternamente admirada, se o autor tivesse suprimido os ataques à religião e aos costumes.

Duas observações parecem-me necessárias para o aperfeiçoamento de dicionários históricos. Na história dos artistas, temos nos ocupado mais com os pintores do que com os escultores e arquitetos, e mais com estes em geral do que com os músicos. Ignoro a razão disso. Seria desejável que essa parte da história das artes não fosse negligenciada. Por exemplo, não é vergonhoso para nosso século que não se tenha recolhido quase nenhuma circunstância da vida dos músicos célebres que tanto honraram a Itália, como Corelli, Vinci, Leo, Pergolese, Terradellas e outros? Nem sequer os seus nomes são encontrados em nossos dicionários históricos. É um alerta para os homens de letras; esperamos que surta efeito.

Nossa segunda observação tem por objeto o costume, em dicionários históricos, de não falar de autores vivos. Parece-me que se deveria fazer menção a eles, mesmo que fosse para dar o catálogo de suas obras, que são uma parte essencial da história literária atual. Não vejo mesmo por que interditar os elogios, quando os merecem. É muito penoso e muito injusto, como disse muito bem o Sr. Marmontel no verbete *Crítica*, esperar pela morte de homens célebres para lhes render a homenagem devida. Quando a Escritura proíbe de louvar as pessoas antes de sua morte, ela quer dizer somente que não se deve de modo algum dar aos homens antes de sua morte o elogio geral e sem restrição sobre sua conduta, porque essa conduta pode mudar; em nenhuma parte, porém, ela proíbe que se louve alguém em vida por algo que tenha feito de estimável. Encontram-se facilmente na própria Escritura exemplos contrários. Com relação às sátiras, deve-se proibi-las severamente. Não falo aqui somente das que ultrajam diretamente a probidade ou os costumes dos cidadãos e que são e devem ser punidas pelas leis, mas também das que atacam um escritor com injúrias grosseiras ou procuram ridicularizá-lo. Se atingem um escritor estimável que não tenha dado motivo ou cujos talentos devem fazer com que se desculpem suas faltas, são odiosas e injustas; se atingem um mau escritor, são pura perda de tempo e não honram os que as compõem, não têm utilidade para o público, nem servem à vítima.

Proscrita a sátira, nunca é demais recomendar a crítica num dicionário literário, como meio de torná-lo instrutivo e interessante. Mas é preciso que seja razoada, séria e imparcial; que aprove e censure adequadamente e nunca de maneira vaga; que só se exerça sobre as obras que valham a pena e que, consequentemente, seja polida e cuidadosa. Essa maneira de criticar é mais difícil, logo, mais rara. Mas é a única que sobrevive a seus autores. Uma discussão fina e delicada é mais útil e mais agradável, mesmo para os bons espíritos, do que uma ironia frequentemente deslocada. Ver *Crítica*.

Quanto aos elogios, deve-se ser circunspecto na escolha dos homens aos quais são dirigidos. Um dicionário como este de que falamos é feito, por sua própria natureza, para passar à posteridade. A justiça ou a injustiça dos elogios é um dos meios a partir dos quais o resto da obra será julgada pela posteridade, tão temida por esse flagelo de críticas e louvores, de protetores e protegidos, nomes e títulos, que saberá, sem fel e sem bajulação, apreciar os escritores, não pelo que foram nem sobre o que se terá dito deles, mas pelo que fizeram. O autor de um dicionário histórico deve pressentir em tudo o que escreve o julgamento que os séculos *reunidos* farão sobre ele e dizer continuamente a si mesmo estas palavras de Cícero a Fannius, em sua arenga *Pro Roscio Amerino*: "Vede o grande número de pessoas que vieram assistir a este processo; podeis compreender qual a expectativa de todos estes homens, e o seu desejo de que a sentença seja enérgica e dura". *Quant a multitudo hominum ad hoc judicium vides; quae sit omnium mortalium expectatio, ut severa judicia fiant intelligus.* Além do mais, nos elogios aos escritores e artistas, estejam mortos ou vivos, é preciso prestar atenção não somente ao que eles fizeram como também ao que havia sido feito antes deles, ao progresso que trouxeram para as ciências e as artes. Se Corneille tivesse feito apenas *Melito*, teria merecido elogios, porque essa peça, por mais imperfeita que seja, é muito superior a tudo que a havia precedido. Do mesmo modo, qualquer que seja o partido que tomemos em relação à música francesa, não se pode negar que alguns de nossos músicos contribuíram grandemente para o progresso dessa arte entre nós, ao menos a julgarmos pelo ponto de que partiram. Portanto, não se pode lhes recusar elogios, assim como não se pode recusá-los a Descartes, qualquer que seja o sistema de Filosofia que se siga.

Diremos apenas uma palavra sobre a cronologia a ser observada num dicionário histórico. Devem ser dadas, na medida do possível, as datas de cada fato minimamente considerável. É inútil acrescentar que devem ser exatas, principalmente se forem modernas. Quanto a datas antigas (sobretudo as que são objeto de disputa), **[968]** permite-se mais liberdade, seja relatando a diversidade de opiniões entre os autores, seja fixando-se aquela que parece mais provável. Quanto à cronologia incerta dos primeiros tempos, vale o que foi dito sobre o assunto no verbete *Cronologia*: segue-se o autor mais autorizado. Não é que nos verbetes importantes, e sobretudo nos verbetes gerais de cronologia, deva-se negligenciar de todo essas discussões, mas é preciso, como nos fatos históricos, limitar-se ao que há de essencial e instrutivo, e remeter o resto aos autores que melhor trataram do assunto.

No que concerne à Geografia, ela compreende dois ramos: Geografia Antiga e Geografia Moderna. Consequentemente, os verbetes de Geografia devem fazer menção: 1º) Aos diferentes nomes dados ao país ou à cidade de que se fala; 2º) aos diferentes povos que os habitaram; 3º) aos diferentes senhores que tiveram; 4º) a sua situação, seu terreno, seu comércio antigo e moderno; 5º) à latitude e à longitude, distinguindo com cuidado a conhecida pela observação imediata da que só é conhecida por estimativa; 6º) às medidas antigas e modernas que indicam as distâncias, matéria imensa e muito espinhosa. Vê-se por aí o profundo conhecimento da História e mesmo, sob certos aspectos, da Astronomia, que tais verbetes pressupõem. Não basta ter lido a História superficialmente, ou mesmo com uma atenção ordinária, para ser bom geógrafo. Com frequência, descobre-se um fato essencial num lugar onde ninguém o havia visto ou não sonhava encontrá-lo. Por essa razão, essa parte é muito imperfeita e muito negligenciada em todos os dicionários. Sabemos que muitos a julgam pouco exata nesta *Enciclopédia*, em que é tratada apenas de modo muito abreviado. Caso essa crítica tenha fundamento, como acreditamos ter, é a falta de boas fontes em matéria de Geografia que nossos leitores devem responsabilizar. Um bom dicionário geográfico seria uma obra digna dos cuidados e conhecimentos do senhor d'Anville, da Academia de Belas-Letras, talvez o homem da Europa mais versado nesta parte da História. Esse trabalho mereceria o sustento do governo.

Falamos da Geografia puramente histórica. A que está ligada à Astronomia e consiste em conhecer pela observação a posição dos lugares da terra e do mar em que nos encontramos pertence propriamente a um dicionário de ciências. Não é objeto do dicionário de que falamos, a não ser indiretamente, enquanto compreenda latitudes e longitudes.

Embora um dicionário histórico não deva conter verbetes de ciências, seria desejável, para torná-lo ainda mais útil, acrescentar, seja num vocabulário à parte, seja no próprio corpo do dicionário, verbetes resumidos que explicassem os principais termos das ciências ou das artes que retornam incessantemente na história dos homens de letras. Excluo desse número os termos de ciências ou de artes conhecidos por todos, bem como aqueles que, por serem mais raros, não ocorrerão nos verbetes históricos.

Dicionários de ciências e artes, tanto as liberais quanto as mecânicas. O Sr. Diderot tratou dessa matéria com tanto cuidado e tanta precisão no *Prospecto* desta obra, impresso na sequência do *Discurso preliminar*, que não temos nada a acrescentar. Vamos nos deter aqui em dois pontos: a utilidade de obras dessa espécie e (o que nos toca mais de perto) os dicionários de ciências e artes de caráter mais enciclopédico.

Discutimos longamente o primeiro ponto no *Discurso preliminar*, p.34, e na "Advertência" do terceiro volume, p.6. Obras dessa espécie são valiosas para os doutos; para os ignorantes, oferecem um meio para que deixem de sê-lo por completo. Mas jamais um autor de dicionário pretendeu que se pudesse, num livro desse tipo, instruir-se a fundo na ciência que é seu objeto. Independentemente de outros obstáculos, a ordem alfabética impede isso. Um dicionário bem-feito é uma obra que os verdadeiros doutos se limitam a consultar, e que os outros leem para extrair algumas luzes superficiais. Eis por que um dicionário pode ser, e com frequência é, um simples vocabulário, sem que disso resulte nenhum inconveniente. Que mal pode haver para as ciências em dicionários que não se limitam a explicar as palavras, mas tratam de certas matérias, sobretudo quando eles, a exemplo desta *Enciclopédia*, contêm coisas novas?

Essa espécie de obra só favorece a preguiça dos que, por si mesmos, nunca teriam a paciência de investigar as fontes. É verdade que o número de verdadeiros doutos diminui todos os dias e o de dicionários cresce na mesma proporção. Mas, longe de o primeiro dos efeitos ser a consequência do segundo, creio que é o contrário. O furor do belo espírito é que diminuiu o gosto pelo estudo e, consequentemente, o número de doutos, e é a diminuição desse gosto que obrigou a multiplicar e facilitar os meios de se instruir.

Enfim, poder-se-ia perguntar aos censores dos dicionários se não creem que os jornais literários são úteis, pelo menos quando bem-feitos. Pois pode-se dirigir a eles a mesma crítica que se faz aos dicionários, a de contribuir para estender os conhecimentos superficialmente e diminuir por esse meio o verdadeiro saber. A multiplicação dos jornais, em certo sentido, é menos útil que a dos dicionários, pois todos os jornais têm ou devem ter, por sua natureza, o mesmo objeto, e os dicionários, ao contrário, podem variar ao infinito, seja por sua execução, seja pela matéria da qual tratam.

Quanto à ordem enciclopédica de um dicionário, já nos pronunciamos a respeito no *Discurso preliminar*, p.17 e 36. Mostramos em que consiste essa ordem e de que maneira ela poderia se aliar à ordem alfabética. Acrescentaremos aqui algumas reflexões. Se quiséssemos dar a alguém a ideia de uma máquina pouco complicada, começaríamos por desmontá-la, mostrar separada e distintamente todas as peças, explicando em seguida a relação de cada uma delas com suas vizinhas. Procedendo assim, faríamos com que se pudesse entender o funcionamento da máquina como um todo, sem sermos obrigados a montá-la de novo. O que devem fazer os autores de um dicionário enciclopédico? Primeiro, elaborar, como fizemos, uma tábua geral dos principais objetos dos conhecimentos humanos. Eis a máquina desmontada, por assim dizer, *grosso modo*. Para desmontar suas partes pequenas, deve-se em seguida fazer, sobre cada parte da máquina, o que se fez com a máquina inteira: **[969]** elaborar uma tábua dos diferentes objetos dessa parte, os termos principais mais utilizados. Para ver a ligação e analogia entre os diferentes objetos, deve-se formar na mente e à parte o plano de um tratado dessa ciência, bem articulado e contínuo. Em seguida, é preciso observar quais seriam, nesse tratado, as partes e proposições principais, e assinalar não somente sua dependência em relação ao que precede e ao que se segue, mas também o uso dessas proposições em outras ciências, ou o uso que se faz das outras ciências para encontrar essas proposições. Executado esse plano, o dicionário não será difícil de realizar. Tomar-se-ão essas proposições ou partes principais e far-se-ão com elas verbetes extensos e distintos. Marcar-se-á com cuidado, por meio das remissões, a ligação desses verbetes com os que dependem deles ou dos quais eles dependem, seja na própria ciência de que se trata, seja em outras. Para os simples termos da arte particulares à ciência, far-se-ão verbetes resumidos com uma remissão ao verbete principal, sem temer cair em repetições se estas forem pouco consideráveis e puderem poupar o leitor da dificuldade de ter de recorrer a vários verbetes sem necessidade. O dicionário enciclopédico estará concluído. Não se trata de saber se esse plano foi ou não exatamente observado em nossa obra. Cremos que sim, em diversas partes, nas mais importantes. De toda forma, basta ter mostrado que é possível executá-lo. É verdade que numa obra dessa espécie não se verá tão clara e tão imediatamente a ligação das matérias como se vê numa obra contínua. Mas é evidente que isso será compensado pelas remissões, que servirão principalmente para mostrar a ordem enciclopédica e não apenas para explicar uma palavra por meio de outra. Aliás, nunca se pretendeu, digo novamente, estudar ou ensinar, num dicionário, qualquer ciência que seja. Obras dessa espécie são feitas para ser consultadas, a respeito de um objeto em particular. Como dissemos, é mais fácil encontrar nelas do que em qualquer outro lugar aquilo que se procura, e tal é a sua principal utilidade. Um dicionário enciclopédico alia a essa vantagem a de mostrar a ligação científica do verbete que se lê com outros verbetes, que se pode, se se quiser, ir procurar. Aliás, se a ligação particular dos objetos de uma ciência não se vê nele tão bem quanto numa obra contínua, pelo menos a ligação desses objetos com os objetos de outra ciência serão vistos mais claramente neste dicionário do que num tratado particular, que, limitado ao objeto da ciência que lhe interessa, em geral não menciona a relação que pode ter com outras ciências. Ver o *Prospecto* e o *Discurso preliminar* já citados.

Do estilo dos dicionários em geral. Diremos apenas uma palavra sobre o assunto. O estilo de um dicionário deve ser simples como o da conversação, porém preciso e correto. Deve também ser variado, segundo as matérias tratadas, assim como o tom da conversação também varia, segundo as matérias de que se fala.

Para encerrar este verbete, resta apenas falar a respeito dos diferentes dicionários existentes. Mas a maioria é bastante conhecida, e a lista seria demasiado longa, caso se quisesse não omitir nenhum. Cabe ao leitor julgar, segundo os princípios que estabelecemos, o grau de mérito que essas obras podem ter. A alguns, e dos mais utilizados, não poderíamos nos referir a não ser negativamente. Mas *nosso trabalho*, como dissemos em outro lugar, *não consiste em atacar o de ninguém.* A respeito da *Enciclopédia*, tudo o que nos permitimos dizer é que não negligenciaremos nada que possa dar a ela o grau de perfeição que está a nosso alcance, convencidos, todavia, de que deixaremos muito por fazer. Nessa perspectiva, aceitaremos de bom grado tudo o que se queira nos encaminhar a respeito deste dicionário, observações, adições, correções, críticas, até injúrias, desde que contenham opiniões úteis: "Discerne tudo, e fica com o melhor", *omnia probate, quod bonum est tenete.* Paulo aos tessalonissences, 5:21. O império das ciências e das letras, que me seja permitida essa comparação, não é como os lugares públicos onde se reúnem pessoas ociosas, umas para jogar, outras para assistir às que jogam. Pelas leis do jogo, impõe-se silêncio aos espectadores, a menos que lhes seja pedida expressamente a opinião. Muitos homens de letras, enamorados de suas próprias produções, gostariam que fosse assim no império literário; quanto a nós, mesmo que fôssemos bastante poderosos para evitar a crítica, não somos inimigos de nossa obra para usar desse direito. Eis nossas disposições. Não desejamos guerra com ninguém. Não fizemos nada para atraí-la. Não a começamos, isso é certo. Concordamos com a paz, desde que nos pareceu desejável, e queremos que ela seja durável. Se respondemos a algumas críticas, acreditamos que deveríamos fazê-lo por causa da importância da obra, por causa de nossos colegas, da natureza das censuras que nos concerniam pessoalmente e sobre as quais indiferença excessiva nos teria tornado culpados. Teríamos guardado silêncio se a crítica atacasse somente a nós mesmos, e fosse apenas literária. Ocupados doravante unicamente com nosso trabalho, seguiremos, em relação às críticas, quaisquer que possam ser, o exemplo de um grande monarca de nossa época, que nunca quis responder nem tolerar que se respondesse a uma sátira absurda e escandalosa, publicada há alguns meses contra ele: *cabe a mim*, disse, *desprezar o que é falso nesta sátira, e me corrigir, se houver nela algo verdadeiro.* Palavras dignas de serem preservadas para a posteridade, como o maior elogio deste monarca, e o mais belo modelo que poderia ser proposto a homens de letras.

(Tradução: Maria das Graças de Souza)[1]

Dicionário, Vocabulário, Glossário (*Gramática, Sinônimos*), d'Alembert [4, 969]

Depois de tudo o que dissemos no verbete precedente, é fácil perceber qual a diferente acepção dessas palavras. Em geral, significam toda obra em

1 Doravante MGS.

que um grande número de palavras são organizadas segundo certa ordem, para que sejam mais facilmente encontradas quando se tem necessidade delas. Com a diferença que: 1º) *Vocabulário* e *glossário* quase não se aplicam a não ser aos puros *dicionários* de palavras, ao passo que *dicionário* em geral compreende não somente os dicionários de línguas como também os dicionários históricos, e os de ciências e artes; 2º) num *vocabulário*, as palavras não podem deixar de ser distribuídas por ordem alfabética, e podem mesmo não ser explicadas. Por exemplo, se se quisesse fazer uma obra que contivesse todos os termos de uma ciência ou arte, relacionados a diferentes títulos gerais, numa ordem diferente da alfabética, para mostrar somente a enumeração desses termos sem explicá-los, ela seria um *vocabulário*. Também seria um *vocabulário*, propriamente falando, se estivesse em ordem alfabética e trouxesse a explicação dos termos, desde que curta, quase sempre uma única palavra, não razoada; 3º) quanto à palavra *glossário*, não se aplica senão a *dicionários* de palavras pouco conhecidas, bárbaras ou obsoletas. Assim são o dicionário do douto Sr. Ducange, "aos escritores de média e ínfima latinidade", *ad scriptores mediae et infimae latinitatis*, e o glossário do mesmo autor para a língua grega.

(MGS)

Ecletismo[1] (*História da Filosofia, Antiga e Moderna*), Diderot [5, 270]

O eclético é um filósofo que despreza o preconceito, a tradição, a antiguidade, o consentimento universal, a autoridade, em suma, tudo o que subjuga a multidão dos espíritos; que ousa pensar por si mesmo, remontar aos princípios gerais mais claros, examiná-los, discuti-los, não admitir nada a não ser pelo testemunho de sua experiência e de sua razão. De todas as filosofias que analisou, sem escrúpulos e sem parcialidade, ele faz para si uma outra, particular e caseira, que lhe pertença. Digo uma *filosofia particular e caseira* porque a ambição do eclético é menos ser um preceptor do gênero humano do que seu discípulo, menos reformar os outros do que se reformar

1 Tradução parcial. (N. T.)

a si mesmo, menos conhecer a verdade do que a ensinar. Não é um homem que planta e semeia; é um homem que recolhe e faz a triagem. Usufruiria tranquilamente da colheita que fez, viveria feliz, morreria ignorado, se o entusiasmo, a vaidade, ou talvez um sentimento mais nobre, não o desviasse de seu caráter.

O sectário é um homem que abraçou a doutrina de um filósofo; o eclético, ao contrário, é um homem que não reconhece nenhum mestre. Assim, quando se diz que os ecléticos foram uma seita de filósofos, reúnem-se duas ideias contraditórias, a menos que se queira entender também o termo *seita* como a coleção de um certo número de homens que têm em comum apenas um princípio, o de não submeter suas luzes a ninguém, ver com seus próprios olhos e antes duvidar de uma coisa verdadeira do que se expor, por falta de exame, a admitir uma coisa falsa.

Os ecléticos e os céticos tinham em comum não estar de acordo com ninguém. Estes, porque não concordavam com nada; os outros, porque não concordavam senão com alguns pontos. Se os ecléticos encontrassem no ceticismo verdades que era preciso reconhecer, o que lhes era contestado pelos próprios céticos, estes, de outro lado, não se dividiam entre si; ao passo que um eclético adotava normalmente de um filósofo o que um outro eclético rejeitava, sua seita era semelhante a uma religião, não havia dois indivíduos que tivessem rigorosamente o mesmo modo de pensar.

Os céticos e os ecléticos poderiam ter adotado como divisa comum "não ter a obrigação de jurar fidelidade a um mestre", *nullius addictus jurare in verba magistri*. Horácio, *Epístolas*, I, 01, 14-5. Mas os ecléticos, que não eram tão difíceis quanto os céticos, tiravam muito proveito de ideias que estes desprezavam, e teriam acrescentado esta outra frase, pela qual teriam feito justiça a seus adversários, sem sacrificar uma liberdade de pensar que muito lhes importava: "nenhum filósofo foi tão tolo que não discernisse parte da verdade", *nullum philosophum tam fuisse inanem qui non viderit ex vero aliquid.* Se refletirmos um pouco sobre essas duas espécies de filósofos, veremos o quanto era natural compará-las; veremos que, como o ceticismo era a pedra de toque do ecletismo, o eclético deveria sempre andar ao lado do cético para recolher tudo o que seu companheiro não reduzisse a poeira inútil com a severidade de suas análises.

Do que precede, segue-se que o ecletismo, a rigor, não foi uma nova filosofia, já que não há nenhum chefe de seita que não tenha sido mais ou menos eclético. Consequentemente, os ecléticos são, entre os filósofos, o que os soberanos são sobre a superfície da Terra, os únicos que permaneceram no estado de natureza, onde tudo era de todos. Para formar seu sistema, Pitágoras utilizou os teólogos do Egito, os gimnosofistas da Índia, os artistas da Fenícia e os filósofos da Grécia. Platão se enriqueceu com os despojos de Sócrates, de Heráclito e de Anaxágoras; Zenão pilhou o pitagorismo, o platonismo, o heraclitismo, o cinismo. Todos realizaram longas viagens. Ora, qual era o fim dessas viagens, se não interrogar os diferentes povos, reunir verdades dispersas sobre a superfície da Terra, e voltar para sua pátria repleto da sabedoria de todas as nações? Mas, assim como é quase impossível para um homem percorrer muitos países, encontrar muitas religiões e não vacilar na sua, é muito difícil para um homem de bom senso, que frequenta diversas escolas de Filosofia, entregar-se a algum partido [271] e não cair no ecletismo ou no ceticismo.

Não se deve confundir o ecletismo com o sincretismo. O sincrético é um verdadeiro sectário; ele se engajou sob bandeiras das quais não ousa se afastar. Tem um chefe cujo nome carrega: se se quiser, será Platão, ou Aristóteles, ou Descartes, ou Newton, ou não importa quem. A única liberdade que reservou para si é a de modificar as opiniões de seu mestre, estreitar ou ampliar as ideias que recebeu, tomar emprestadas outras alhures e reforçar o sistema quando este ameaça ruir. Se imaginais um pobre insolente que, descontente com os farrapos que o cobrem, se lança sobre os passantes mais bem-vestidos, arranca o casaco de um, o paletó de outro, e faz com esses restos uma roupa bizarra e cheia de cores, tereis um emblema bem exato do sincrético. Lutero, esse homem que eu não hesitaria em chamar de grande desdenhador da autoridade, que ele detestava, *magnus autoritatis comtemptor osorque*, foi um verdadeiro sincrético em matéria de religião. Resta saber se o sincretismo desse gênero é uma ação virtuosa ou um crime, e se é prudente entregar indistintamente os objetos da razão e da fé ao julgamento de um espírito qualquer.

O sincretismo é no máximo uma iniciação ao ecletismo. Cardano e Giordano Bruno não foram além dele; se um tivesse sido mais sensato, outro mais ousado, teriam sido ambos os fundadores do ecletismo moderno. Lorde Bacon teve essa honra, porque percebeu e ousou dizer a si mesmo que a natureza não lhe havia sido mais ingrata do que a Sócrates, Epicuro, Demócrito, e também lhe dera uma cabeça. Nada é mais comum do que sincretistas; nada é mais raro do que ecléticos. De tempos em tempos surgem alguns verdadeiros ecléticos, mas seu número nunca foi grande o suficiente para formar uma seita. Posso assegurar que, na multidão dos filósofos que receberam esse nome, contam-se uns cinco ou seis que o mereceram.

O eclético não reúne as verdades ao acaso; não as deixa isoladas; menos ainda pretende enquadrá-las num plano determinado qualquer. Quando examina e admite um princípio, a proposição de que se ocupa imediatamente ou liga-se evidentemente a esse princípio, ou não se liga absolutamente a ele, ou então lhe é oposta. No primeiro caso, ele a considera verdadeira; no segundo, suspende o juízo até que noções intermediárias que separam a proposição que examina do princípio que admitiu lhe demonstrem a ligação ou a oposição com este princípio; no último caso, ele a rejeita como falsa. Esse é o método do eclético. É assim que ele consegue formar um todo sólido, que é propriamente obra sua, com um grande número de partes que reuniu e que pertence a outros. Por aí se vê que Descartes, entre os modernos, foi um grande eclético.

O ecletismo, que foi a filosofia dos bons espíritos desde o início do mundo, não formou uma seita, e só recebeu um nome pelos fins do segundo século e começo do terceiro. A única razão que podemos apresentar para isso é que até então as seitas, por assim dizer, se sucederam e toleraram-se, e o ecletismo não podia surgir senão de seu conflito. O que aconteceu quando a religião cristã começou a alarmar a todos pela rapidez de seus progressos e a revoltá-los pela intolerância, da qual não houvera, até aquela época, nenhum exemplo. Até então se podia ser pirrônico, cético, cínico, estoico, platônico, epicurista, sem nenhuma consequência. Que sensação não deve ter produzido, no meio desses tranquilos filósofos, uma nova seita que estabelecia como primeiro princípio que fora do seu seio não havia probidade neste mundo nem salvação no outro, porque sua moral era a única verdadeira moral, e porque seu Deus era o único verdadeiro! A revolta dos sacerdotes, do povo e dos filósofos teria sido geral, se não fosse um pequeno número de homens frios, como sempre se encontram nas sociedades, que permanecem muito tempo como espectadores indiferentes, escutam, pesam, não pertencem a nenhum partido, e acabam por elaborar um sistema conciliador, que em sua expectativa a maioria adotará.Foi mais ou menos essa a origem do ecletismo. Mas por meio de que desvio inconcebível aconteceu que, partindo de um princípio tão sábio como o de recolher de todos os filósofos, "Troiano ou rútulo, eu não faria nenhuma diferença", *tros, rutulus – ve fuat* (Virgílio, *Eneida*, X, 110), o que fosse mais conforme à razão, deixou-se de lado tudo o que se devia escolher, escolheu-se tudo o que se devia deixar de lado, e formou-se um sistema das mais monstruosas extravagâncias que se possa imaginar? O sistema durou mais de quatrocentos anos, acabou por inundar a face da Terra com práticas supersticiosas, e dele restaram traços nos preconceitos populares de quase todas as nações.

* * *

[283] O progresso dos conhecimentos humanos é uma rota traçada da qual é quase impossível para o espírito humano se afastar. Cada século tem seu gênero e sua espécie de grandes homens. Infelizes aqueles que, destinados por seus talentos naturais a ilustrar-se nesse gênero, nasceram no século seguinte e foram arrastados, pela torrente dos estudos dominantes, a ocupações literárias para as quais não receberam a mesma aptidão. Teriam trabalhado com sucesso e facilidade; teriam feito um nome; mas trabalham com dificuldade, com poucos resultados e sem glória, e morrem ignorados. Se, por acaso, a natureza, que os pôs no mundo tarde demais, os resgatasse desse gênero esgotado no qual não é mais possível construir uma reputação, ver-se-ia, pelas coisas que conseguiriam fazer, que teriam igualado os primeiros homens desse gênero se tivessem sido seus contemporâneos. Não há nenhuma coleção da Academia que não ofereça em vários lugares a prova do que afirmo. O que aconteceu, pois, com a renovação das letras entre nós? Não se pensou em compor obras: isso não era natural, quando havia tantas que não eram compreendidas. Por isso os espíritos se voltaram para a arte gramatical, a erudição, a crítica, as antiguidades, a literatura. Quando se chegou à condição de compreender os autores antigos, quis-se imitá-los, e foram escritos discursos oratórios e versos de todo tipo. A leitura

dos filósofos produziu também seu gênero de emulação; argumentou-se, construíram-se sistemas, cuja força e fraqueza a disputa logo mostrou. Foi então que se sentiu a impossibilidade de admitir ou rejeitar qualquer deles por inteiro. Os esforços feitos para valorizar aquele ao qual se era afeiçoado, reparando o que a experiência cotidiana destruía, deram origem ao sincretismo. A necessidade de abandonar ao final um lugar que caía em ruínas por todos os lados, de se lançar noutro que não tardaria a experimentar a mesma sorte, e de passar em seguida deste para um terceiro, que o tempo também iria destruir, determinou enfim outros empreendedores (para não abandonar a minha comparação) a combater em campo aberto, a fim de construir, com os materiais de tantas fortificações arruinadas, aos quais não se daria nenhuma solidez, uma cidade durável, eterna, capaz de resistir aos esforços que haviam destruído todas as outras. Esses novos empreendedores se chamaram ecléticos. Tão logo lançaram os primeiros alicerces, perceberam que lhes faltava uma infinidade de materiais; foram obrigados a rejeitar as mais belas pedras, na falta daquelas que deviam ligá-las na obra. Disseram um ao outro: mas esses materiais que nos faltam estão na natureza, procuremo-los, pois. Puseram-se a procurar no fluxo dos ares, nas entranhas da terra, no fundo das águas, e a isso se chamou cultivo da filosofia experimental. Mas, antes de abandonar o projeto de construir e de deixar os materiais esparsos sobre a terra, como pedras de amarração, foi necessário se assegurar, pela combinação, que era absolutamente impossível formar com eles um edifício sólido e regular a partir do modelo que tinham sob os olhos. Pois os homens não se propunham a nada a não ser encontrar a pasta do grande Arquiteto e os planos perdidos deste universo. Mas o número dessas combinações é infinito. Já se havia testado um grande número delas com pouquíssimo sucesso, mas continuam sempre a fazer combinações: pode-se chamá-los de ecléticos sistemáticos.

Aqueles que, convencidos não somente de que nos faltam materiais, mas que nunca se fará nada de bom com o que temos no estado em que estão, ocupam-se sem descanso em reunir novos materiais. Os que pensam, ao contrário, que se tem condições de começar alguma parte do edifício não param de combiná-los, e, à custa de tempo e trabalho, chegam a vislumbrar as pedreiras de onde se podem tirar algumas rochas de que precisam. Eis o estado em que estão as coisas na Filosofia, no qual ficarão por muito tempo, e para onde o círculo que traçamos os levaria de volta necessariamente se, por um acontecimento difícil de ocorrer, a Terra viesse a cobrir-se de longas e espessas trevas e os trabalhos de todo tipo fossem interrompidos durante alguns séculos.

De onde se conclui que há duas espécies de ecletismo: um experimental, que consiste em reunir as verdades conhecidas e os fatos dados, e em aumentar o seu número pelo estudo da natureza; e outro, sistemático, que se ocupa de comparar as verdades conhecidas e combinar os fatos dados, para extrair daí a explicação de um fenômeno, ou a ideia de uma experiência. O ecletismo experimental cabe aos homens laboriosos, o ecletismo sistemático, aos homens de gênio. Quem conseguir reunir os dois verá seu nome colocado entre os de Demócrito, Aristóteles e Bacon.

Duas causas retardaram o progresso desse ecletismo. Uma, necessária, inevitável, e fundada na natureza das coisas; outra, acidental, conforme a acontecimentos que o tempo podia ou não trazer, ou pelo menos trazer em circunstâncias menos desfavoráveis. Nesta distinção, concordo com a maneira comum de considerar as coisas, e faço abstração de um sistema que levaria facilmente um homem que reflete com profundidade e precisão a crer que todos os acontecimentos dos quais vou falar são igualmente necessários. A primeira causa do atraso do ecletismo moderno é o caminho que o espírito humano segue naturalmente em seus progressos, e que o ocupa de modo invencível ao longo de séculos inteiros com conhecimentos que foram e serão, em todos os tempos, anteriores aos estudos da Filosofia. O espírito humano tem sua infância e sua idade adulta. Queira Deus que ele não tenha também seu declínio, sua velhice e sua senilidade. A erudição, a literatura, as línguas, as antiguidades, as belas-artes, são ocupações de seus primeiros anos e de sua adolescência; a Filosofia só pode ser a ocupação de sua idade adulta, e a consolação ou a tristeza, de sua velhice. Isso depende do emprego do tempo e do caráter. Ora, a espécie humana tem o seu, e ela percebe muito bem em sua história geral os intervalos vazios e os que estão preenchidos com transações que a honram ou a humilham. Quanto às causas do atraso da filosofia eclética das quais formamos uma outra classe, basta fazer a sua enumeração. São as disputas de religião que ocupam tantos bons espíritos, a intolerância da superstição que persegue e desencoraja outros; a indigência que lança o homem de gênio do lado contrário àquele para o qual a natureza o chamava; as recompensas mal atribuídas que lhe causam indignação e fazem com que a pluma caia de suas mãos; a indiferença do governo que, em seu cálculo político, considera o brilho que a nação recebe das letras e das artes agradáveis como infinitamente menos valioso do que deveria; que, negligenciando o progresso das artes úteis, não se digna a reservar uma parte de suas riquezas para as tentativas de um homem de gênio, que morre com seus projetos na cabeça sem que se possa conjecturar se a natureza poderá reparar essa perda. Em toda a série dos indivíduos da espécie humana que existem e existirão, é impossível haver dois que se pareçam perfeitamente. Daí se segue, para os que sabem raciocinar, que todas as vezes que uma descoberta útil ligada à diferença específica que distinguia um indivíduo de todos os outros, e que o constituía como tal, não tiver sido feita, ou não tiver sido publicada, ela não o será mais. São perdas para o progresso das ciências e das artes e para a felicidade e a glória da espécie. Convido os que se sintam tentados a ver essa consideração como demasiado sutil a interrogar alguns dos nossos ilustres contemporâneos. Confio no seu julgamento. Convido-os ainda a considerar as produções originais, tanto antigas como modernas, em qualquer gênero, a meditar por um momento sobre o que é a originalidade, e a dizer se há dois originais que se assemelhem, não digo exatamente, mas com poucas diferenças. Acrescentarei, enfim, a proteção mal distribuída, que deixa de lado os homens da nação que a representam com dignidade diante de outras nações, aqueles a quem ela deverá seu lugar entre os povos que virão, os que ela respeita em seu seio e dos quais se fala com admiração em regiões longínquas, em favor dos infelizes condenados a ser o personagem que fabricaram para si mesmos, seja por causa da natureza, que os fez medíocres e maus, seja por uma depravação de caráter, devida a circunstâncias como a má educação, a má companhia, a depravação, o espírito de interesse e a pequenez de homens pusilânimes que os temem, que os bajulam, que talvez os irritem, que se envergonham de ser seus protetores declarados, embora o poder público, ao qual nada escapa, acabe por contá-los entre o número de seus protegidos. Parece que a república das letras se conduz pela mesma política cruel que reinava nas democracias antigas, em que todo cidadão que se tornasse muito poderoso era expulso. Essa comparação é tanto mais justa se lembrarmos que, relegando ao ostracismo algumas pessoas honestas, essa lei começava a desonrar aqueles a quem ela poupava.

Escrevo estas reflexões no dia 11 de fevereiro de 1755, ao retornar do funeral de um dos nossos maiores homens, desolado pela perda que sua morte representa para a nação e as letras, e profundamente indignado com as perseguições que ele sofreu. A veneração que tenho por sua memória grava sobre seu túmulo estas palavras, destinadas a servir de inscrição à sua grande obra, *O espírito das leis*: buscava pela luz nas profundezas dos céus, e lamentava tê-la encontrado, *alto quoesivit coelo lucem, ingemuitque reperta*. Que essas palavras possam passar para a posteridade e ensiná-la que, alarmado pelo murmúrio de inimigos que temia, e sensível a ataques periódicos, ele sem dúvida os teria desprezado, não fosse a marca de autoridade com que se revestiam. A falta de tranquilidade desse homem de temperamento sensível foi a triste recompensa pela honra que ele deu à França e pelo importante serviço que prestou ao universo.

Até o presente, o ecletismo só foi aplicado a matérias de Filosofia; mas não é difícil prever, pela fermentação dos espíritos, que ele se tornará mais geral. Não creio, e talvez não seja mesmo desejável, que esses primeiros efeitos sejam rápidos, porque aqueles que são versados na prática das artes não são tão afeitos ao raciocínio, e os que têm o hábito de raciocinar não são tão instruídos nem tão dispostos a instruir-se nas artes mecânicas. Se a reforma for precipitada, poderá facilmente acontecer que, querendo tudo corrigir, se estrague tudo. O primeiro movimento é na direção dos extremos. Convido os filósofos a serem precavidos. Se forem prudentes, decidirão tornar-se discípulos em muitos gêneros, antes de querer ser mestres. Arriscarão algumas conjecturas, antes de estabelecer princípios. Que pensem que estão lidando com uma espécie de autômatos, aos quais se deve dar uma impulsão tanto mais moderada quanto os mais estimáveis dentre eles são os menos capazes de resistir. Não seria razoável estudar os recursos da arte antes de querer ampliar ou restringir seus limites? É por falta dessa iniciação que não se sabe admirar nem repreender. Os falsos amadores corrompem os artistas, os semiconhecedores os desencorajam: falo das artes liberais.

Mas, enquanto a luz, [285] que se espalha por todas as direções, penetra em todas as partes, e o espírito do século acelera a revolução já iniciada, as artes mecânicas ficarão onde estão, se o governo não se interessar mais de perto pelos seus progressos. Não seria desejável que tivessem a sua academia? Poder-se-ia acreditar que seriam mal empregados os cinquenta mil francos que o governo gastaria por ano, para fundá-la e mantê-la? Quanto a mim, está demonstrado que dentro de vinte anos sairiam dela cinquenta volumes *in-quarto*, em que se encontrariam não mais do que cinquenta linhas inúteis. As invenções que possuímos se aperfeiçoariam, a comunicação das luzes faria necessariamente com que nascessem novas e se redescobrissem as antigas que se perderam. O Estado ofereceria a quarenta cidadãos, que se esgotaram no trabalho, e a quem só resta o pão para si e para os seus, um sustento digno e um meio para que continuassem a prestar serviços à sociedade, talvez ainda maiores que os que lhe foram prestados, quando se consignarem em memórias as observações preciosas realizadas ao longo dos anos. Que benefício não seria para aqueles que se destinassem à mesma carreira, entrar nela com toda a experiência dos que só se aposentam com os cabelos brancos? Na falta de um estabelecimento como o que proponho, todas essas observações se perderão, toda essa experiência irá se evaporar, os séculos passarão, o mundo envelhecerá e as artes mecânicas permanecerão para sempre na infância.

(MGS)

Editor (*Belas-Letras*), Diderot [5, 396]

Nome dado a um homem de letras que se presta aos cuidados de publicar obras de outro.

Os beneditinos foram os *editores* de quase todos os padres da Igreja. Os padres Lallement e Hardouïn realizaram edições dos concílios. Contam-se entre editores de primeira linha os doutores Louvain, Scaliger, Petau, Sirmond etc.

Um *editor* deve ter duas qualidades essenciais: compreender bem a língua em que a obra é escrita, ser suficientemente versado na matéria de que ela trata.

Os que realizaram as primeiras edições dos autores antigos, gregos ou latinos, foram homens doutos, laboriosos e úteis. Ver o verbete *Crítica*, e também *Erudição*.

Há obras que pressupõem mais conhecimentos do que um só homem poderia acumular. A *Enciclopédia* é um exemplo único. Para que fosse perfeita, seria preciso que cada um editasse seus próprios verbetes. Mas esse meio implicaria despesas elevadas e lentidão na execução.

Como os editores da *Enciclopédia* não se arrogam nenhuma espécie de autoridade sobre as produções de seus colegas, seria tão descabido censurá-los por fraquezas que nela se encontrem quanto elogiá-los por eventuais excelências.

Não negaremos que acontece às vezes de percebermos, nos verbetes de nossos colegas, coisas que não podemos deixar de reprovar em nosso íntimo, assim como acontece, ao que tudo indica, de nossos colegas perceberem em nossos verbetes coisas que não podem senão desagradá-los.

Mas cada um tem uma maneira própria de pensar e de dizer as coisas, e não se pode exigir que ela seja sacrificada numa associação cujos membros aceitam tacitamente a convenção segundo a qual cada um conserva intacta sua própria liberdade.

Esta observação vale em particular para os elogios e as críticas. Nós nos consideraríamos culpados por uma infidelidade indesculpável em relação a um autor se alguma vez nos servíssemos de seu nome para emitir um juízo qualquer, favorável ou desfavorável, e o leitor seria muito injusto conosco se suspeitasse que fizemos isso.

Se há nesta obra algo que fazemos questão de não atribuir a outros, são as coisas positivas ou negativas eventualmente ditas a respeito de outras obras.

(PPP)

Elementos das Ciências (*Filosofia*), d'Alembert [5, 491]

Chamam-se em geral *elementos* de um todo as partes primeiras e originárias de que esse todo supostamente é formado. Para transpor essa noção para as ciências em geral e saber que ideia devemos formar dos elementos de uma ciência qualquer, suponhamos que essa ciência seja tratada integralmente numa obra, de sorte que tenhamos simultaneamente, diante dos olhos, as proposições gerais e as proposições particulares que formam o seu conjunto, dispostas na ordem mais natural e mais rigorosa possível. Suponhamos em seguida que essas proposições formem uma sequência perfeitamente contínua, de sorte que cada proposição dependa única e imediatamente das precedentes e não pressuponha em absoluto outros princípios além dos contidos nas proposições precedentes. Nesse caso, cada proposição, como observamos no *Discurso preliminar*, seria uma tradução da primeira, apresentando-a com um novo semblante; tudo se reduziria, por conseguinte, a essa primeira proposição, que poderíamos considerar como o elemento da ciência em questão, pois tal ciência estaria nele inteiramente contida. Se cada uma das ciências de que nos ocupamos estivesse na situação que descrevemos, seus elementos seriam tão fáceis de encontrar quanto de explicar, e se pudéssemos perceber sem interrupção a cadeia invisível que liga cada um dos objetos de nossos conhecimentos, os elementos de todas as ciências se reduziriam a um princípio único, cujas consequências principais seriam os elementos de cada ciência particular. O espírito humano, partícipe da inteligência suprema, veria então todos os seus conhecimentos reunidos, como que a partir de um ponto de vista único. Permaneceria, entretanto, uma diferença entre Deus e o homem. Deus, a partir de um ponto de vista como esse, perceberia como que num só olhar todos os objetos, o homem teria que percorrê-los um após o outro, para deles adquirir um conhecimento detalhado. Falta muito, porém, para que possamos nos posicionar nesse ponto de vista. Longe de perceber a cadeia que une todas as ciências, não vemos sequer em sua totalidade os elos da cadeia que constitui cada ciência em particular. Por mais que ordenemos as proposições e procuremos ser exatos na dedução, inevitavelmente se encontram lacunas, nem todas as proposições se oferecem de imediato, mas formam, por assim dizer, grupos diferentes e separados.

Embora essa espécie de quadro deixe escapar muitos objetos, ela permite distinguir com facilidade as proposições ou verdades gerais que servem de base a outras contidas nelas implicitamente. Reunidas em corpo, tais proposições formarão, propriamente dizendo, os elementos da ciência, e estes serão como um germe, cujo desenvolvimento será suficiente para que se conheça, em pormenor considerável, os objetos da ciência. Podem-se também considerar os elementos de uma ciência a partir de outro ponto de vista, e com efeito distinguir, na sequência das proposições, aquelas que, seja em si mesmas, seja em suas consequências, abordam o objeto da maneira mais simples possível. Destacando-as do todo, juntamente com cada uma das consequências imediatamente derivadas, obtêm-se os elementos da ciência, tomados num sentido mais vulgar e mais usual, menos filosófico que o primeiro. Os elementos, tomados no primeiro sentido, consideram, por assim dizer em bloco, todas as partes principais do objeto; no segundo sentido, consideram em pormenor suas partes mais salientes. Assim, elementos de Geometria que contenham não somente os princípios da mensuração e as propriedades das figuras planas, mas também os da aplicação da Álgebra à Geometria e os do Cálculo Diferencial e Integral às curvas, serão elementos de Geometria no primeiro sentido, pois encerrarão os princípios da Geometria tomada em toda a sua extensão, ao passo que os chamados elementos de Geometria ordinária, que tratam apenas das propriedades gerais das figuras planas e do círculo, são elementos tomados no segundo sentido, pois não abarcam senão a parte mais simples de seu objeto, em maior ou menor detalhe. Restringir-nos-emos aqui a elementos tomados no primeiro sentido; o que diremos a respeito poderá ser depois aplicado a elementos tomados no segundo sentido.

A maioria das ciências foi inventada aos poucos. Alguns homens dotados de gênio, em diferentes momentos do tempo, descobriram, um após o outro, certo número de verdades; estas levaram à descoberta de outras, até que o número de verdades conhecidas se tornasse bastante considerável. Essa abundância, ao menos aparente, produziu dois efeitos. Em primeiro lugar, tornou sensível a dificuldade de acrescentar novas descobertas às já realizadas, não somente porque os gênios criadores são raros, mas também porque os primeiros passos dados por uma série de bons espíritos dificultam novos passos; os [**492**] homens de gênio percorrem rapidamente o caminho, uma vez aberto, até que se encontre um obstáculo insuperável, que só poderá ser vencido após séculos de trabalho. Em segundo lugar, a dificuldade de acrescentar novas descobertas produz naturalmente a intenção de colocar em ordem as descobertas já realizadas, pois é do caráter do espírito humano primeiro coligir o maior número de conhecimentos possível e depois tentar colocá-los em ordem, quando não é mais tão fácil coligi-los. Nascem assim os primeiros tratados em todos os gêneros de conhecimento, tratados em sua maioria imperfeitos e disformes. Essa imperfeição vem principalmente do fato de aqueles que redigiram essas obras pioneiras raramente terem se colocado no lugar dos inventores, dos quais não receberam o gênio ao terem recebido o fruto de seus trabalhos. Somente os inventores podem tratar de maneira satisfatória as ciências que encontraram, pois, reconstituindo a marcha de seu próprio espírito e examinando de que maneira uma proposição os conduziu a outra, são os únicos em condição de ver a ligação de verdades e dela formar, por conseguinte, a cadeia. Ademais, os princípios filosóficos sobre os quais se apoia a descoberta de uma ciência às vezes só são nítidos no espírito dos inventores, que por negligência, para encobrir suas descobertas ou ainda para facilitar o acesso aos frutos destas, recobrem as verdades com uma linguagem particular, que lhes dá um ar de mistério ou então simplifica o seu uso; e ninguém melhor para traduzir essa linguagem do que aquele que a inventou, ou que ao menos poderia tê-la inventado. Por fim, há casos em que os inventores mesmos não podem restringir a uma ordem conveniente os seus conhecimentos, como quando, guiados menos pelo raciocínio do que por uma espécie de instinto, não têm condição de transmiti-los aos outros, ou quando as verdades são demasiadamente numerosas para serem coletadas e dificilmente se poderia acrescentar outras a elas, embora não tenham ainda a completude necessária para formar um corpo e um conjunto.

O que diremos a seguir se refere aos tratados detalhados e completos, mas é evidente que as mesmas reflexões se aplicam aos tratados elementares, pois, como os tratados completos só diferem dos tratados elementares bem-feitos pelo detalhamento das consequências e das proposições particulares omitidas em uns e enunciadas nos outros, segue-se que um tratado elementar e um tratado completo, desde que sejam bem-feitos, estarão explícita ou implicitamente contidos um no outro.

É evidente, a partir do que dissemos, que não se devem esboçar os elementos de uma ciência a não ser quando cada uma das proposições que a constituem não estiver isolada em relação às demais e não for independente delas, de modo que seja possível identificar as proposições principais de que as outras são consequência. Ora, como distinguir essas proposições principais? Eis o meio para chegar a elas. Se as proposições que formam o conjunto de uma ciência não se seguirem imediatamente umas às outras, identificaremos os lugares em que a cadeia é interrompida; as proposições que formam o início de cada parte da cadeia são as que devem entrar nos elementos. No que diz respeito a proposições que formem uma mesma e única porção contínua da cadeia, distinguiremos duas espécies. As que são simples consequências, uma simples tradução, em outros termos, da proposição precedente, devem ser excluídas dos elementos, pois é evidente que estão contidas naqueles. As que tomem qualquer coisa, não somente da proposição precedente como de uma outra proposição primeira, teriam que ser, ao que parece, excluídas pela mesma razão, pois estariam implícita e exatamente contidas nas proposições de que são derivadas. Porém, se nos apegássemos escrupulosamente a essa regra, não somente reduziríamos os elementos a quase nada, como tornaríamos muito difícil a sua utilização e aplicação. Assim, as condições necessárias para que proposições entrem nos elementos de uma ciência, tomados no primeiro sentido, são as seguintes: que sejam suficientemente distintas umas das outras para que não possam formar uma cadeia imediata; que sejam em si mesmas a fonte de muitas outras, que só serão consideradas como meras consequências; por fim, se qualquer uma delas estiver contida nas precedentes, que o esteja apenas implicitamente, ou de maneira que a dependência só possa ser percebida por um raciocínio progressivo.

Não esqueçamos de acrescentar que é preciso inserir nos elementos proposições isoladas, caso haja alguma que não se refira a nenhuma outra como princípio ou consequência, pois os elementos de uma ciência devem conter ao menos o germe de todas as verdades que são o objeto dessa ciência, e, por conseguinte, a omissão de uma única verdade isolada os tornaria imperfeitos.

Sobretudo, há que desenvolver adequadamente a metafísica das proposições. Essa metafísica, que guiou ou deveria ter guiado os inventores, outra coisa não é do que a clara e precisa exposição das verdades gerais e filosóficas sobre as quais se fundam os princípios da ciência. Quanto mais essa metafísica for simples, fácil, e por assim dizer popular, mais preciosa ela será. Pode-se dizer que a simplicidade e a facilidade são a sua pedra de toque. Tudo o que há de verdadeiro, sobretudo nas ciências de puro raciocínio, tem sempre princípios claros e sensíveis, e por conseguinte pode ser colocado ao alcance de todos sem obscuridade alguma. Como poderiam as consequências ser claras e certas, se os princípios são obscuros? A vaidade dos autores e dos leitores é a causa de frequentemente nos afastarmos dessas regras: os primeiros se gabam de dar ares de mistério e sublimidade às suas produções, os últimos não repudiam a obscuridade, desde que produza uma espécie de maravilhoso. A verdade, porém, é simples e quer ser tratada como tal. Teremos oportunidade, nesta obra, de aplicar as regras que daremos aqui, principalmente no que se refere às leis da Mecânica, à Geometria dita do infinito e a outros tantos objetos. Por isso, o tratamento que ora oferecemos é algo superficial.

Para nos restringirmos a algumas regras gerais, quais são, em cada ciência, os princípios de que se deve partir? Os fatos simples, bem atestados e devidamente ratificados: na Física, a observação do universo; na Geometria, as propriedades principais da extensão; na Mecânica, a impenetrabilidade dos corpos; na Metafísica e na Moral, o estudo de nossas almas e suas afecções, e assim por diante. Tomo a Metafísica no sentido mais rigoroso, enquanto ciência dos seres puramente espirituais. O que digo é especialmente verdadeiro se a considerarmos num sentido mais amplo, como a ciência universal que contém os princípios de todas as outras, pois se cada ciência não tem e não poderia ter como verdadeiro princípio senão a observação, a metafísica de cada ciência só pode consistir nas consequências gerais que resultam da observação, apresentadas sob o ponto de vista mais amplo que se possa dar a elas. [493] Mesmo arriscando-me, contra a minha intenção, a ferir a suscetibilidade de algumas pessoas, cujo zelo pela Metafísica é mais ardente do que esclarecido, recuso-me a defini-la, como elas gostariam, como *a ciência das ideias*; pois o que poderia ser tal ciência? A Filosofia, qualquer que seja o objeto sobre o qual se exerce, ou é ciência de fatos ou é ciência de quimeras. Seria preciso ter a seu respeito uma ideia muito deformada e pouquíssimo justa para crer que estaria destinada a se perder em abstrações, nas propriedades gerais do ser, em modos e substâncias. Essa especulação inútil se resume a apresentar, sob forma e linguagem científicas, proposições que, postas em linguagem vulgar, não passariam de verdades comuns, que ninguém ousaria enunciar com tanta pompa, ou no mínimo duvidosas, por conseguinte indignas de serem erigidas em princípios. Ademais, tal método é não somente perigoso, pois, ao colocar questões vagas e contenciosas retarda o progresso de nossos reais conhecimentos, como é também contrário à marcha do espírito, que, nunca é demais repetir, só conhece abstrações mediante o estudo dos seres particulares. Assim, a primeira coisa a fazer, aquilo pelo que se deve começar em boa Filosofia, é pôr de lado esses longos e tediosos prolegômenos, essas nomenclaturas solenes, essas árvores e divisões sem fim, tristes resquícios de uma escolástica miserável e da ignorante vaidade desses tenebrosos séculos que, desprovidos de informações e de fatos, criaram para si mesmos um objeto imaginário de especulação e disputa. Digo o mesmo a respeito dessas questões tão inúteis quanto mal resolvidas, sobre a natureza da Filosofia, sobre a existência, sobre o princípio primeiro dos conhecimentos humanos, sobre a união da probabilidade à evidência, e uma infinidade de objetos que tais.

Há nas ciências outras questões controversas, menos frívolas, mas na verdade igualmente inúteis, que devem ser totalmente banidas de um livro de elementos. Podemos estar certos de que uma questão controversa é absolutamente inútil quando vemos os filósofos concordarem a respeito de proposições que, à primeira vista, parecem pertencer necessariamente à questão. Por exemplo, os elementos de Geometria e de Cálculo são os mesmos para todas as escolas filosóficas. Desse acordo resulta que as verdades geométricas não têm a ver com os princípios controversos sobre a natureza da extensão e que há nessa matéria um ponto comum a respeito do qual todas as seitas concordam, um princípio vulgar e simples do qual todas partem sem se dar conta, princípio que foi obscurecido pelas disputas ou negligenciado, mas nem por isso deixou de subsistir. Da mesma maneira, o movimento e suas propriedades principais são o objeto da Mecânica. A metafísica nebulosa e contenciosa a respeito de sua natureza é totalmente estranha a essa ciência, que supõe a existência do movimento, extrai dessa suposição um sem-número de verdades úteis, e deixa que a filosofia escolástica se consuma a si mesma com sutilezas vãs. Zenão ainda investigava se os corpos se movem quando Arquimedes encontrou as leis do equilíbrio, Huyghens, as da percussão e Newton, as do sistema do mundo.

Concluamos que o ponto em que devemos nos deter, na pesquisa dos princípios de uma ciência, é determinado pela natureza mesma dessa ciência, quer dizer, pelo ponto de vista a partir do qual ela aborda o seu objeto. Tudo o que está para além deve ser considerado ou como pertencente a outra ciência, ou como uma região inteiramente vedada ao nosso olhar. Reconheço que os princípios de que partimos aqui talvez não sejam mais do que consequências, bastante afastadas, dos verdadeiros princípios, que desconhecemos, e mereceriam antes o nome de conclusões que de princípios. Contudo, não é necessário que essas conclusões sejam em si mesmas princípios, é suficiente que o sejam para nós.

Até aqui falamos apenas de princípios propriamente ditos, essas verdades primeiras pelas quais podemos não somente guiar os outros como também guiar a nós mesmos no estudo de uma ciência. Há outros princípios, que podemos chamar de *secundários*, que dependem menos da natureza das coisas que da linguagem, e que ocorrem principalmente quando se trata de comunicar conhecimentos. Falarei agora sobre *definições*, que, a exemplo dos matemáticos, podemos considerar efetivamente como princípios, pois, qualquer que seja a espécie de elementos, é em parte sobre definições que a maioria das proposições se apoia. Esse novo objeto demanda algumas reflexões; o verbete *Definição* apresenta muitas; acrescentaremos as seguintes.

Definir, segundo a acepção da palavra, é demarcar as fronteiras e limites de uma coisa; assim, *definir uma palavra* é determinar e como que circunscrever o seu sentido, de maneira que não possa haver dúvida sobre o sentido nem tampouco estendê-lo, restringi-lo ou atribuí-lo a qualquer outro termo.

Para estabelecer as regras das definições, observemos de início que nas ciências utilizam-se duas espécies de termos: os vulgares e os científicos.

Chamo de *termos vulgares* os utilizados alhures, não na ciência de que se trata, mas na linguagem ordinária ou mesmo em outras ciências; tais são, por exemplo, as palavras espaço e movimento em Mecânica, corpo em Geometria, som em Música, e uma infinidade de outras. Chamo de *termos científicos* as palavras que pertencem própria e particularmente a uma ciência, criados pela necessidade de designar certos objetos, e que são desconhecidos dos que não estão familiarizados com essa ciência.

Parece, assim, que os termos vulgares não precisam ser definidos, pois, como supostamente são de uso frequente, a ideia que ligamos a essas palavras deve estar bem determinada e ser conhecida por todos. Mas se toda precisão é pouca em se tratando da linguagem das ciências, a do vulgo é amiúde vaga e obscura, e é preciso muito cuidado para fixar a significação das palavras que empregamos, para evitar equívocos de toda sorte. Ora, para fixar a significação das palavras, ou, o que é o mesmo, para defini-las, é preciso de saída examinar quais ideias simples uma palavra contém. Chamo de *ideia simples* aquela que não pode ser decomposta em outras e, assim, ser apreendida com mais facilidade. Tais são, por exemplo, as ideias de *existência*, de *sensação* e uma infinidade de outras. Este ponto requer uma explicação.

Propriamente dizendo, não temos ideia que não seja simples. Por mais composto que seja um objeto, a operação pela qual nosso espírito o concebe como tal é instantânea e única. Assim, é por uma única operação simples que concebemos um corpo como substância ao mesmo tempo extensa, impenetrável, figurada e colorida.

Não é portanto pela natureza das operações do espírito que se deve julgar o grau de simplicidade das ideias, a maior ou menor simplicidade do objeto é que deve decidi-lo. E a maior ou menor simplicidade da ideia não é determinada pelo número maior ou menor das partes do [494] objeto, mas sim pelo número maior ou menor das propriedades nele consideradas de uma só vez. Assim, embora espaço e tempo sejam compostos de partes, por conseguinte não sejam ideias simples, a ideia que temos deles é uma ideia simples, pois todas as partes do tempo e do espaço são absolutamente semelhantes entre si, a ideia que temos de cada uma delas é absolutamente a mesma, e, por fim, essa ideia não pode ser decomposta, pois não poderíamos simplificar as ideias de extensão e tempo sem suprimi-las, ao passo que, ao subtrair da ideia de corpo, por exemplo, as ideias de impenetrabilidade, de figura e de cor, a ideia de extensão permanece.

Ideias simples no sentido em que as entendemos podem ser reduzidas a duas espécies. Umas são ideias abstratas, pois a abstração é uma operação pela qual consideramos num objeto uma propriedade particular, sem levar em conta as acrescentadas para constituir a essência do objeto. A segunda espécie de ideias simples está contida nas ideias primeiras que adquirimos por nossas sensações, como as de cores particulares, de frio, de calor e muitas outras semelhantes. Não poderia haver circunlocução mais apropriada para dar a entender essas coisas do que o termo único que as exprime.

Uma vez encontradas todas as ideias simples que uma palavra contém, esta poderá ser definida mediante a apresentação dessas ideias de uma maneira tão clara, breve e precisa quanto possível. Segue-se desses princípios que toda palavra vulgar que não contenha mais do que uma ideia simples não pode e não deve ser definida em qualquer ciência que seja, pois uma definição não seria melhor para dar a conhecer o seu sentido. Quanto aos termos vulgares que contêm numerosas ideias simples, por mais que sejam de uso comum, é bom defini-los, para desenvolver perfeitamente as ideias simples que eles contêm.

Assim, na Mecânica, ou ciência do movimento dos corpos, não se deve definir nem espaço nem tempo, pois cada uma dessas palavras contém apenas uma ideia simples; mas pode-se e deve-se definir movimento, por mais que a noção seja familiar a todos, pois a ideia de movimento é uma ideia complexa que contém duas ideias simples, a do espaço percorrido e a do tempo gasto para percorrê-lo. Dos mesmos princípios segue-se ainda que as ideias simples que entram numa definição devem ser muito bem distinguidas das outras, para que não seja necessário suprimir nenhuma. Na definição ordinária de triângulo retângulo incluem-se, despropositadamente, os três lados e os três ângulos, quando seria suficiente incluir os três lados, pois uma figura contida por três linhas retas necessariamente tem três ângulos. É preciso ter muita atenção para que não se multipliquem sem necessidade as palavras para além dos seres e não se considerem como distintas duas ideias que individualmente são a mesma.

Pode-se então afirmar não somente que uma definição deve ser curta como também que, quanto mais curta ela for, mais clara será, pois a brevidade consiste em só empregar as ideias necessárias e em dispô-las na ordem mais natural. Com frequência, a obscuridade vem da extensão excessiva, vem principalmente de as ideias não estarem suficientemente distinguidas umas das outras e não serem colocadas em seu devido lugar. E por ser a brevidade necessária às definições, pode-se e até deve-se empregar nelas termos que contenham ideias complexas, contanto que esses termos tenham sido previamente definidos e, por conseguinte, tenhamos desenvolvido as ideias simples que eles contêm. Assim, pode-se dizer que um triângulo retângulo é uma figura delimitada por três linhas retas, contanto que se tenha definido previamente o que se entende por *figura*, ou seja, um espaço delimitado inteiramente por linhas, que contém três ideias, extensão, limite e limites por todos os lados.

Tais são as regras gerais de uma definição, e a ideia mais correta de definição é a do desdobramento das ideias simples contidas numa palavra. Seria inútil, após tudo isso, examinar se as definições são de nome ou de coisa, ou seja, se são simplesmente a explicação do que se entende por uma palavra ou se explicam a natureza do objeto indicado por essa palavra. Com efeito, o que é a natureza de uma coisa? Em que consiste ela propriamente? Conhecemo-la? Se quisermos responder claramente a essas questões, veremos o quanto a distinção de que se trata é fútil e absurda, pois, ignorantes que somos a respeito do que os seres são em si mesmos, o conhecimento da natureza de uma coisa (ao menos em relação a nós) só pode consistir na noção clara e decomposta não de seus princípios reais e absolutos, mas dos que ela parece-nos conter. Uma definição só pode ser abordada deste último ponto de vista, e, nesse caso, a definiçãos será mais do que nominal, não se limitará a explicar o sentido de uma palavra, decomporá o objeto, e será menos que uma definição de coisa, pois a verdadeira natureza do objeto decomposto permanecerá desconhecida.

Isso no que concerne à definição dos termos vulgares. Uma ciência, porém, não se restringe a tais termos; é forçada a adotar termos particulares, seja para abreviar a discussão e contribuir para a clareza, ao exprimir com uma única palavra o que de outro modo teria sido expresso por uma frase inteira, seja para designar os objetos pouco conhecidos sobre os quais se exerce e amiúde produz para si mesma, mediante combinações singulares e novas. Tais palavras precisam ser definidas, precisam ser explicadas por outros termos mais vulgares e mais simples. A única regra dessas definições é não empregar nenhum termo que requeira explicação, vale dizer, que não seja claro em si mesmo ou que não tenha sido explicado.

Termos científicos foram inventados por uma questão de necessidade, e é claro que uma ciência não deve ser sobrecarregada com termos particulares.

Seria portanto desejável que se abolissem os termos científicos por assim dizer bárbaros, que só servem à impostura; que em Geometria, por exemplo, se dissesse simplesmente *proposição* em lugar de *teorema*, *consequência* em lugar de *corolário*, *observação* em lugar de *escólio*, e assim por diante. A maioria das palavras de nossas ciências é extraída das línguas eruditas, as quais eram inteligíveis mesmo para o povo, pois ou eram termos vulgares ou derivavam deles; por que não conservar essa vantagem?

Palavras novas, inúteis, bizarras ou estrangeiras são quase tão ridículas em matéria de ciência quanto em matéria de gosto. Como dissemos, nunca é demais tornar a língua de uma ciência simples e por assim dizer popular, o que não somente facilita o seu estudo, como também, ao eliminar um pretexto para que seja depreciada pelo povo, que imaginando ou deixando-se persuadir de que a língua particular de uma ciência responde integralmente pelo mérito desta, ergue uma espécie de barreira para defendê-la contra as investidas. Os ignorantes se assemelham, quanto a isso, aos generais inábeis que, quando não conseguem invadir um lugar, vingam-se insultando as fortificações. [**495**]

De resto, o que proponho tem por objeto principalmente as palavras novas que o progresso natural da ciência obriga a criar, não as já consagradas na ciência, muitas das quais dificilmente poderiam ser substituídas por outras, mais inteligíveis. Há nas coisas do uso certos limites que o filósofo deve respeitar; ele não pretende reformá-los, nem tampouco se submeter a eles por completo, pois não é tirano nem escravo.

As regras que oferecemos concernem a elementos em geral, tomados no primeiro sentido. Com respeito a elementos tomados no segundo sentido, só diferem daqueles por conterem necessariamente menos proposições primeiras e eventualmente implicarem consequências particulares mais numerosas. As regras de ambos os elementos, por outro lado, são perfeitamente semelhantes, pois, uma vez tratados os elementos tomados no primeiro sentido, a ordem das proposições elementares e primitivas será regulada pelo grau de simplicidade ou de multiplicidade com que é abordado o objeto. As proposições que abordam as partes mais simples do objeto se encontrarão em primeiro lugar, e essas proposições, acrescentando-se ou omitindo-se as suas consequências, deverão formar os elementos da segunda espécie. Portanto, o número de proposições primeiras dessa segunda espécie de elementos deverá ser determinado pela extensão maior ou menor da ciência em que estão incluídos, e o número das consequências pelo pormenor maior ou menor com que cada parte é incluída.

Algumas questões se põem quanto à maneira de tratar os elementos de uma ciência.

Em primeiro lugar, ao se tratar de elementos, deve-se seguir a ordem adotada pelos inventores? É evidente que não se trata da ordem que os inventores realmente seguiram, desprovida de regra e às vezes de objeto, mas da que eles poderiam ter seguido, se tivessem procedido com método. Não há dúvida de que essa ordem é, em geral, a que se adota com mais vantagem, pois é a mais conforme à marcha do espírito, esclarece ao instruir, mostra o caminho a tomar para se ir mais longe e permite pressentir, por assim dizer a cada passo, qual deverá ser o seguinte. É o chamado *método analítico*, que procede das ideias compostas às ideias arbitrárias, que ascende das consequências conhecidas aos princípios desconhecidos, e que, ao generalizá-las, chega a conhecê-los. É necessário, porém, que esse método tenha ainda simplicidade e clareza, que são as qualidades mais essenciais e necessárias aos elementos de uma ciência. É preciso resguardar-se, sobretudo, sob o pretexto de seguir o método dos inventores, de supor como verdadeiras proposições que necessitam de prova, alegando que os inventores, por força de seu gênio, teriam percebido, num único relance, em perspectiva, a verdade dessas proposições. Toda exatidão é pouca no trato das ciências, em especial das que se chamam *exatas*.

O método analítico pode principalmente ser empregado nas ciências cujo objeto não se encontra fora de nós e cujo progresso depende unicamente da meditação, pois, como todos os materiais da ciência se encontram, por assim dizer, dentro de nós, a análise é a maneira mais verdadeira e mais simples de utilizar esses materiais. Porém, nas ciências cujo objeto é exterior a nós, o método sintético, que descende dos princípios às consequências, das ideias abstratas às compostas, pode amiúde ser empregado com êxito, e com mais simplicidade do que o analítico, mesmo porque os fatos, neste caso, são os verdadeiros princípios. Em geral, o método analítico é mais apropriado para encontrar verdades ou mostrar como foram encontradas. O método sintético é mais apropriado para explicar de modo compreensível as verdades encontradas. Um ensina a lutar contra dificuldades, remetendo à fonte; o outro coloca o espírito na fonte mesma, a partir da qual ele deve seguir o curso natural. Ver *Análise*.

Pergunta-se, em segundo lugar, qual dessas duas qualidades deve ser privilegiada nos elementos, a facilidade ou o rigor exato. Respondo que essa questão repousa sobre uma suposição falsa, de que o rigor exato poderia existir sem a facilidade, quando é o contrário: quanto mais rigorosa uma dedução, mais fácil compreendê-la, pois o rigor consiste em reduzir tudo aos princípios mais simples. Do que se segue que o rigor propriamente dito acarreta necessariamente o método mais natural e direto. Quanto mais os princípios estiverem dispostos na ordem conveniente, mais rigorosa a dedução. Não é que ela não possa em absoluto sê-lo quando se adota um método mais composto, como fez Euclides em seus *Elementos*; mas então a dificuldade com que se marcha mostra facilmente que esse rigor precário e forçado só é rigoroso na aparência.

Não nos deteremos aqui nas regras que devem, em geral, ser observadas para tratar adequadamente os elementos de uma ciência. A melhor maneira de apresentar essas regras é aplicá-las às diferentes ciências, e é isso que nos propomos a realizar nos diferentes verbetes desta obra. Quanto aos elementos das belas-letras, eles se apoiam nos princípios do gosto. Ver *Gosto*. Esses elementos, similares em muitos aspectos aos elementos das ciências, foram obtidos mediante a observação das diferentes coisas que pareceram afetar agradavelmente os homens. O verbete *História* mostra o que pensamos dos elementos da História em geral.

Diremos apenas que todos os nossos conhecimentos podem se reduzir a três espécies, a História, as artes liberais ou mecânicas e as ciências propriamente ditas, que têm por objeto as matérias do puro raciocínio, e que essas três espécies podem ser reduzidas a uma única, a saber, a das ciências propriamente ditas. Pois, em primeiro lugar, a História é ou da natureza ou dos pensamentos dos homens ou de suas ações. A história da natureza, objeto de meditação do filósofo, entra na classe das ciências; o mesmo vale para a história dos pensamentos dos homens, sobretudo se compreendidos sob essa alcunha apenas os verdadeiramente luminosos e úteis, que são também os únicos que se deve apresentar num livro de elementos. Com respeito à história dos reis, dos conquistadores e dos povos, numa palavra, dos eventos que alteraram ou perturbaram a face do globo, ela só pode ser objeto do filósofo na medida em que não se limite aos fatos mesmos. Esse conhecimento estéril, obra dos olhos e da memória, confinado a limites estreitos e puramente convencional, pode tornar-se, nas mãos do homem que sabe pensar, o mais sumamente importante. O sábio estuda o universo moral à maneira da Física, com paciência, circunspecção e uma isenção que aumenta os conhecimentos e os torna úteis; acompanha os homens em suas paixões como quem acompanha a natureza em seus procedimentos; observa, aproxima, compara, acrescenta suas próprias observações às dos séculos precedentes, para extrair desse todo os princípios que devem esclarecê-lo em suas pesquisas ou guiá-lo em suas ações. A partir dessa ideia, aborda **[496]** a História como uma coleção de experiências morais, feitas com o gênero humano, coleção que seria sem dúvida muito mais completa se fosse organizada somente por filósofos, mas que, informe como é, contém mesmo assim as mais valiosas lições de conduta, um pouco como a coleção das observações médicas de todas as épocas, apesar de todas as lacunas, talvez insuperáveis, forma a parte mais importante e mais eficaz da arte da cura. A História pertence, portanto, à classe das ciências quanto à maneira de estudá-la e de torná-la útil, vale dizer, quanto à sua parte filosófica.

O mesmo se aplica, em segundo lugar, às artes mecânicas e às artes liberais. Em ambas, os detalhes são o único objeto do artista, mas, enquanto os princípios fundamentais das artes mecânicas estão fundados sobre os conhecimentos matemáticos e físicos dos homens, quer dizer, sobre os dois ramos mais consideráveis da Filosofia, as artes liberais têm por base o estudo fino e delicado de nossas sensações. Essa metafísica sutil e profunda, que tem por objeto as matérias de gosto, sabe distinguir entre os princípios absolutamente gerais e comuns a todos os homens e os modificados pelo caráter, pelo gênio e pelo grau de sensibilidade das nações ou dos indivíduos; desenreda por esse meio o belo essencial e universal, se é que ele existe, do belo mais ou menos arbitrário e mais ou menos convencional;

igualmente afastada de uma decisão demasiado vaga e de uma discussão demasiado escrupulosa, não leva a análise do sentimento para além do ponto em que ela pode ir, e permite que se desenvolva no campo que lhe é próprio; comparando as impressões e as afecções de nossa alma como o metafísico compara as ideias puramente especulativas, extrai desse exame as regras para remeter essas impressões a uma fonte comum e julgá-las pela analogia que têm entre si. Abstém-se, porém, de julgá-las em si mesmas ou de trabalhar as impressões originárias e primitivas com os princípios de uma filosofia para nós tão obscura quanto a estrutura de nossos órgãos, ou então de querer impor suas regras àqueles que receberam da natureza ou do hábito um outro modo de sentir. O que dizemos do gosto nas artes liberais se aplica à parte das ciências chamada Belas-Letras. E assim os elementos de todos os nossos conhecimentos estarão contidos nos de uma Filosofia corretamente concebida. Ver *Filosofia*.

Acrescentaremos apenas uma palavra sobre a maneira de estudar alguns gêneros de elementos, supondo que sejam bem-feitos. Não é o auxílio de um mestre que nos leva a realizar esse objetivo, mas muita meditação e trabalho. Conhecer elementos não se resume a saber o que eles contêm, é saber também o seu uso, suas aplicações e consequências; é penetrar no gênio do inventor, colocar-se em condição de ir mais longe do que ele. E isso só pode ser feito adequadamente à força de estudo e exercício, e por essa razão sabemos melhor o que aprendemos por conta própria. Talvez por isso fosse bom indicar em poucas palavras, nos elementos, o uso e as consequências das proposições demonstradas. Seria para os iniciantes uma oportunidade de exercer seu espírito na busca pela demonstração das consequências, preenchendo assim as lacunas ali deixadas para eles. Um bom livro de elementos deve dar muito o que pensar.

Podemos agora responder à questão de saber se os elementos completos das ciências podem ser obra de um só homem. Como poderiam sê-lo, se pressupõem um conhecimento universal e profundo de todos os objetos de que os homens se ocupam? Digo *um conhecimento profundo*, pois não se deve imaginar que basta que os princípios de uma ciência aflorem para que se possa ensiná-los. A esse preconceito, fruto da vaidade e da ignorância, deve-se atribuir a extrema escassez de bons livros elementares e a multidão de maus livros que parece se avolumar a cada dia que passa. O estudante, mal saído das primeiras veredas, abatido pelas dificuldades por que passou e que nem sempre superou por completo, tenta torná-las conhecidas para que outros venham a superá-las; a um só tempo censor e plagiário dos que o precederam, ele copia, transforma, estende, inverte, cerca, obscurece, toma ideias disformes e confusas por ideias claras, a veleidade de se tornar autor pelo desejo de ser útil. Pode-se compará-lo a um homem que, tendo percorrido um labirinto aos tateios e com os olhos vedados, quisesse retraçar o seu plano e detalhar a rota que percorreu. Do outro lado, os mestres da arte, que, graças ao longo e assíduo estudo, venceram as dificuldades e conheceram detalhes mínimos, desdenham retomar os seus passos para facilitar aos outros o caminho por eles batido com tanto esforço. Talvez ainda impressionados com a multidão e a natureza dos obstáculos que superaram, redobram os trabalhos necessários para aplainá-los, até que, de tão insensíveis, não sejam levados em conta. Preocupados exclusivamente em realizar novos progressos na arte, para se elevarem, se possível, acima de seus predecessores ou de seus contemporâneos, mais ansiosos por admiração do que por reconhecimento público, só pensam em descobrir e usufruir, preferem a glória de aumentar o edifício ao cuidado de abrir suas portas. Pensam que alguém que, como eles, possa contribuir para o estudo das ciências, teria um gênio preparado para aprofundá-las e não precisaria de outros elementos além daqueles pelos quais foram guiados; julgam que a natureza e a reflexão auxiliarão infalivelmente os que não têm livros e que é inútil facilitar aos outros conhecimentos dos quais jamais poderão se apropriar, pois que os receberão sem esforço algum. Um pouco de reflexão basta para mostrar como esse modo de pensar é nocivo ao progresso e à glória das ciências. Ao seu progresso, pois, propiciando aos afortunados gênios o estudo do que é conhecido, permite-se que se coloquem em condição de realizar acréscimos mais facilmente; à sua glória, pois, ao dispor o conhecimento ao alcance de um número maior de pessoas, obtêm-se um número maior de juízes esclarecidos. Tal é a principal vantagem que poderiam produzir bons elementos das ciências, que só podem ser obra de mãos hábeis e exercitadas. Com efeito, se não se é perfeitamente instruído, em pormenor, das verdades contidas numa ciência, se não se perceber, pelo uso frequente, a dependência recíproca dessas verdades, como distinguir as proposições fundamentais das quais elas derivam, a analogia ou a diferença entre essas proposições fundamentais, a ordem em que devem se suceder e, sobretudo, os princípios para além dos quais não poderiam ser remetidas? Um químico só chega ao conhecimento dos preparados após ter realizado análises e combinações repetidas e variadas. Essa comparação parecerá ainda mais justa se pensarmos que tais análises ensinam ao químico não somente os princípios em que o corpo pode ser decomposto como também, o que não é menos importante, os **[497]** limites para além dos quais ele não poderia ser decomposto, o que apenas uma longa e reiterada experiência poderiam dar a conhecer.

Elementos bem-feitos, que sigam o plano que expusemos, elaborados por escritores capazes de executá-lo, teriam uma utilidade dupla. Colocariam os bons espíritos na via de descobertas a serem realizadas, ao apresentar-lhes as que já foram realizadas, e permitiriam a cada um distinguir por si mesmo as descobertas verdadeiras das falsas. Pois o que só pode ser acrescentado aos elementos de uma ciência em forma de suplemento é indigno do nome de descoberta. Ver *Descoberta*.

(PPP)

Enciclopédia (*Filosofia*), Diderot [5, 635]

A palavra *enciclopédia* significa *encadeamento de conhecimentos*; é composta da preposição grega *en* e dos substantivos *círculo* e *conhecimento*.

Com efeito, a finalidade de uma enciclopédia é reunir os conhecimentos dispersos pela superfície da Terra, expor seu sistema geral aos homens com que vivemos e transmiti-los aos que virão depois de nós, a fim de que os trabalhos dos séculos passados não tenham sido inúteis para os séculos vindouros, que nossos descendentes, tornando-se mais instruídos, sejam ao mesmo tempo mais virtuosos e mais felizes, e que não morramos indignos do gênero humano.

Dificilmente se poderia propor um objeto mais extenso do que tratar de tudo o que se refere à curiosidade do gênero humano, a seus deveres, necessidades e prazeres. Por essa razão, algumas pessoas, acostumadas a julgar um empreendimento pelos poucos recursos que percebem em si mesmas, disseram que jamais poderíamos realizar o nosso. Ver o *Dicionário de Trevoux*, última edição, no verbete *Enciclopédia*. Não daremos a eles outra resposta além desta passagem de Lorde Bacon, que parece lhes ser dirigida em particular: "as coisas suscetíveis de serem executadas devem ser consideradas possíveis; não por qualquer um, mas por alguém; não por alguém sozinho, mas por muitos trabalhando juntos; não na medida de uma vida humana, mas na sequência dos séculos; certamente não pelo esforço privado, mas pelo compromisso público". *De impossibilitate ità statuo; ea omnia possibilia esse censenda quae aliquibus perfici possunt, licèt non à quibusvis; et quae à multis conjunctim. licèt ab uno; et quae inin sucessione seculorm, licèt non eodem aevo; et denique quae mutorum cura et sunptu, licèt non opibus et industria singulorum.* Bacon, *De augmentis Scientiarum*, livro II, cap.J, p.103.

Quando se considera a imensidade da matéria de uma enciclopédia, a única coisa que se percebe distintamente é que uma obra como essa não poderia ser de um único homem. Pois como poderia um só homem, no curto período de sua vida, conhecer e desenvolver o sistema universal da natureza e da arte, enquanto a sociedade erudita e numerosa dos acadêmicos da Crusca levou quarenta anos para fazer o seu vocabulário e nossos acadêmicos trabalharam durante sessenta anos antes de publicar a primeira edição de seu dicionário? E o que é um dicionário da língua? O que é um vocabulário, quando executado de modo tão perfeito quanto pode sê-lo? Uma coleção muito precisa de títulos, a serem preenchidos por um dicionário enciclopédico e razoado.

Um único homem, diria alguém, pode ser mestre de tudo o que existe, e dispor à vontade de todas as riquezas que os outros acumularam. Não posso concordar com esse princípio; não creio que seja dado a um só homem conhecer tudo o que pode ser conhecido, fazer uso de tudo o que existe, ver tudo o que pode ser visto, compreender tudo o que é inteligível. Mesmo que um dicionário razoado das ciências e das artes fosse uma combinação metódica de seus elementos, eu indagaria ainda a quem cabe estabelecer bons elementos, e se a exposição elementar dos princípios fundamentais de uma ciência ou de uma arte pode ser um exercício de estudante ou a obra-prima de um mestre. Ver *Elementos das Ciências*.

Para demonstrar com mais evidência como é difícil que um só homem realizasse um dicionário razoado da ciência geral, basta apontar para as dificuldades de um simples vocabulário.

Um vocabulário universal é uma obra cujo propósito é fixar a significação dos termos de uma língua, estabelecendo os que podem ser definidos por meio de uma enumeração curta, exata, clara e precisa, das qualidades ou das ideias que a eles associamos. Só são boas as definições que reúnem os atributos essenciais da coisa designada pela palavra. Mas foi concedida a todos a capacidade de conhecer e expor esses atributos? A arte de bem definir é mesmo tão comum? Não estamos todos, mais ou menos, na mesma situação das crianças, que aplicam com extrema precisão uma infinidade de termos, mas que jamais poderiam substituí-los pela verdadeira coleção de qualidades ou ideias que representam? Quantas dificuldades imprevistas advêm disso, quando se trata de fixar o sentido das expressões mais comuns? Constata-se a todo momento que as expressões que menos se entende são as de que mais nos servimos. Qual a razão desse estranho fenômeno? É que nos encontramos sem cessar na situação de pronunciar que uma coisa é *isso* e quase nunca na necessidade de determinar o que é *ser isso*. Nossos juízos mais frequentes recaem sobre objetos particulares, e o venerável uso da língua e do mundo bastam para nos orientar. Apenas repetimos o que ouvimos durante toda a nossa vida. [**635a**] O mesmo não se passa quando se trata de formar noções gerais que abarquem, sem exceção, um certo número de indivíduos. Só a meditação mais profunda e a mais espantosa extensão de conhecimentos poderiam nos conduzir com segurança. Esclareço esses princípios por meio de um exemplo. Dizemos, sem que aconteça a nenhum de nós errar, de uma infinidade de objetos de toda espécie, *que eles são de luxo*. Mas o que é esse luxo que atribuímos tão infalivelmente a tantos objetos? Eis uma questão que só pode ser respondida depois de uma discussão, que as pessoas que mostram mais precisão na aplicação da palavra *luxo* nunca fizeram, e talvez não estejam em condição de fazer.

Um dicionário deve definir todos os termos, exceto os radicais, ou seja, os que designam sensações simples ou ideias abstratas gerais. Ver *Dicionário*. Algum termo foi omitido? O dicionário está incompleto. Deseja-se omitir algum? Quem definirá com precisão a palavra *conjugado*, se não um geômetra? A palavra *conjugação*, se não um gramático? A palavra *azimute*, se não um astrônomo? A palavra *epopeia*, se não um literato? A palavra *câmbio*, se não um comerciante? A palavra *vício*, se não um moralista? A palavra *hipóstase*, se não um teólogo? A palavra *metafísica*, se não um filósofo? A palavra *goiva*, a não ser um homem versado nas artes? Do que concluo que, se a Academia Francesa não reunisse em suas assembleias toda a variedade de conhecimentos e talentos, seria impossível evitar que negligenciasse muitas expressões que procuramos em seu dicionário, ou que deixasse escapar definições falsas, incompletas, absurdas e mesmo ridículas.

Não ignoro que essa não é a opinião dos homens que se entretêm com tudo e não sabem nada, que não são membros de nossas academias e jamais serão, pois são indignos disso, mas que mesmo assim interferem na designação dos postos vacantes, ousam fixar os limites do objeto da Academia Francesa e chegam a ficar indignados quando veem entrar nesta companhia os Mairan, os Maupertuis e os d'Alembert, e que ignoram que a primeira vez que um deles lá falou foi para retificar a definição do termo *midi*. Dir-se-ia, ao escutá-los, que pretendem limitar o conhecimento da língua e o Dicionário da Academia ao número muito pequeno de termos que lhes é familiar. Mais ainda, se olhassem com mais atenção, encontrariam muitos termos, como árvore, animal, planta, flor, vício, virtude, verdade, força, lei, para cuja definição rigorosa seriam obrigados a procurar a ajuda de um filósofo, de um jurisconsulto, de um historiador, de um naturalista, em suma, de alguém que conheça as qualidades reais ou abstratas que constituem um determinado ser e o especificam ou o individualizam, dependendo da existência ou não de outros como ele.

Concluamos, pois, que um bom vocabulário jamais poderia ser feito sem o concurso de um grande número de talentos, porque as definições de nomes não diferem absolutamente da definição das coisas (ver *Definição*), e porque as coisas só podem ser bem definidas ou bem descritas por quem as estudou longamente. Mas, sendo assim, o que não será necessário para a execução de uma obra que, longe de se limitar à definição da palavra, se propõe a expor em detalhe tudo o que pertence à coisa?

Um dicionário universal e razoado das ciências e das artes não pode, portanto, ser obra de um só homem. Digo mais. Não creio que possa ser obra de nenhuma das sociedades literárias ou eruditas que existem, tomadas separadamente ou como corpo.

A Academia Francesa só forneceria a uma enciclopédia o que pertence à língua e seus usos; a Academia das Inscrições e Belas-Letras, conhecimentos relativos à História profana, antiga e moderna, à cronologia, à Geografia, e à literatura; a Sorbonne só forneceria a Teologia, a História sagrada e a História das Superstições; a Academia de Ciências, apenas as Matemáticas, a História Natural, a Física, a Química, a Medicina, a Anatomia etc. A Academia de Cirurgia, a arte que tem esse nome; a de Pintura, tão somente a Pintura, a Gravura, a Escultura, o Desenho, a Arquitetura etc. A Universidade, apenas o que se entende por Humanidades, a Filosofia da escola, a Jurisprudência, a Tipografia etc.

Percorrei as outras sociedades que posso ter omitido e percebereis que cada uma, ocupada com um objeto particular, sem dúvida da competência de um dicionário universal, negligencia uma infinidade de outros que deveriam entrar nesse dicionário, e não encontrareis nenhuma que vos forneça a generalidade de conhecimentos dos quais tendes necessidade. Fazei melhor, imponde a todas elas um tributo; vereis quantas coisas vos faltarão ainda, e sereis forçados a contar com a ajuda de um número de homens espalhados em diferentes classes; homens preciosos, mas aos quais as portas das academias não deixam por isso de estar fechadas por causa de sua condição. Há membros demais nessas companhias eruditas para um só objeto da ciência humana; mas não há membros suficientes, nessas sociedades, para a ciência geral do homem.

Sem dúvida, o que se pudesse obter de cada sociedade em particular seria muito útil, e o que todas fornecessem faria avançar rapidamente o dicionário universal na direção da sua perfeição. Existe mesmo uma tarefa que conduziria seus trabalhos à finalidade dessa obra e que deveria lhes ser imposta. Distingo dois meios de cultivar as ciências: um deles é aumentar a massa dos conhecimentos por meio de descobertas, como fazem os que merecem o título de *inventor*; o outro consiste em aproximar as descobertas e ordená-las entre si, a fim de que mais homens sejam esclarecidos e cada um contribua, segundo sua capacidade, para as luzes de seu século. Chamamos de *autores clássicos* os que têm êxito nesse gênero, que tem as suas dificuldades próprias. Declaro que, se as sociedades espalhadas pela Europa se ocupassem em recolher os conhecimentos antigos e modernos, encadeá-los, e publicar tratados completos e metódicos, as coisas só poderiam melhorar. Julguemos pelos efeitos. Comparemos os oitenta volumes *in quarto* da Academia de Ciências, compilados, segundo o espírito dominante de nossas mais célebres academias, a oito ou dez volumes, executados como concebo, e vejamos qual seria a melhor escolha. Estes últimos conteriam uma infinidade de materiais excelentes, atualmente dispersos num sem número de obras, onde permanecem sem produzir nenhuma impressão útil, como carvões esparsos que não formam um braseiro. Desses dez volumes, a coleção acadêmica forneceria, se tanto, uns poucos. Lancemos os olhos sobre as memórias da Academia de Inscrições e calculemos o quanto se poderia extrair de suas páginas para um tratado científico. E que dizer das *Transactions philosophiques* e das *Actes des curieux de la nature*? Essas coleções gigantescas começam a vacilar, e não há dúvida de que o primeiro compilador dotado de gosto e habilidade os poria por terra.

Após ter refletido a sério sobre a questão, penso que o objetivo particular de um acadêmico poderia ser aperfeiçoar o ramo da ciência a que se dedica e se imortalizar por meio de obras que não seriam [**636**] da Academia, não formariam coletâneas, mas sim publicadas com o seu nome. A Academia deveria ter como objetivo reunir tudo o que foi publicado sobre cada assunto, digeri-lo, esclarecê-lo, comprimi-lo, ordená-lo e editar tratados em que cada coisa ocupasse o espaço merecido e tivesse a importância atestada pelo fato de não lhe poder ser subtraída. Quantas memórias, que engrossam nossas coletâneas, não forneceriam sequer uma linha a semelhantes tratados!

É à execução desse vasto projeto, estendido não somente aos diferentes objetos de nossas academias, como também a todos os domínios do conhecimento humano, que uma enciclopédia deve se dedicar; e essa obra só poderá ser realizada por uma sociedade de homens de letras e artistas dispersos, cada um ocupado com sua parte, ligados pelo interesse geral pelo gênero humano e por um sentimento de benevolência recíproca.

Digo *uma sociedade de homens de letras e de artistas*, a fim de reunir todos os talentos. Prefiro que estejam *dispersos*, porque não há sociedade, dentre as atualmente existentes, de que se possam extrair todos os conhecimentos de que precisamos. Se alguém quisesse que a execução da obra durasse para todo o sempre, não acabasse nunca, bastaria reunir uma sociedade como essa. Toda sociedade tem assembleias que, além de intervalos, têm duração de poucas horas. Boa parte desse tempo perde-se em discussões, e os assuntos mais simples consomem meses inteiros. Da adoção desses procedimentos resultaria, como disse um dos Quarenta, que tem mais espírito em sua conversação do que muitos autores em seus escritos, "que os doze volumes da *Enciclopédia* teriam sido publicados e estaríamos ainda na primeira letra do alfabeto"; ao passo que, acrescenta ele, "se os que contribuem para nossa obra decidissem se reunir em assembleias enciclopédicas, como temos assembleias acadêmicas, veríamos, ao fim de nossa obra, que eles ainda estariam na primeira letra da sua"; e ele tinha razão.

Acrescento, *homens ligados pelo interesse geral pelo gênero humano e por um sentimento de benevolência recíproca*, porque esses motivos, sendo os mais honestos que poderiam animar almas bem nascidas, são também os mais duradouros. Aplaudimo-nos a nós mesmos pelo que fazemos; acaloramo-nos; fazemos por nosso colega e por nosso amigo o que nenhuma outra consideração nos levaria a fazer; e ouso afirmar, por experiência própria, que o êxito de tais tentativas é mais certo. A *Enciclopédia* reuniu seus materiais em pouquíssimo tempo. Não é um vil interesse que congregou e apressou os seus autores; eles viram seus esforços apoiados pela maioria dos homens de letras de que podiam esperar algum auxílio e não foram importunados em seu trabalho a não ser pelos que não têm o talento necessário para contribuir com uma única boa página que seja.

Se o governo se imiscui numa obra assim, ela não pode ser feita. Sua influência deve se limitar a favorecer sua realização. Um monarca pode, com uma só palavra, fazer brotar um palácio no meio do mato; mas o mesmo não acontece com uma sociedade de homens de letras, assim como com um bando de trabalhadores. Uma enciclopédia não pode ser ordenada por alguém. É um trabalho que pede para ser continuado com tenacidade, não iniciado com ardor. Empreendimentos dessa natureza são propostos nas cortes acidentalmente, na forma de conversação, mas nunca interessam o bastante e logo são esquecidos, no tumulto e na confusão de uma infinidade de outras tarefas mais ou menos importantes. Os projetos literários concebidos pelos grandes são como folhas que nascem na primavera, secam no outono e acumulam-se no chão da floresta, umas sobre as outras, cujo único efeito observável é fornecer alimento a algumas plantas estéreis. Entre uma infinidade de exemplos de todo gênero, citarei apenas o seguinte. Projetaram-se experimentos sobre a resistência da madeira das árvores. A ideia era descascá-las e deixá-las morrer, em pé. As árvores foram descascadas, morreram em pé, aparentemente foram cortadas, ou seja, tudo foi feito, menos experimentos sobre a sua resistência. Em que condições poderiam ser feitos? Teriam sido necessários seis anos, entre as primeiras ordens e as derradeiras operações. Se o homem apoiado pelo soberano morresse ou perdesse o seu favor, os trabalhos seriam suspensos e dificilmente seriam retomados, pois os ministros não costumam dar continuidade aos projetos de um predecessor, o que os torna merecedores de uma glória se não maior, pelo menos mais rara do que a de havê-los iniciado. Os particulares se apressariam em garantir reembolso por suas despesas; o governo não daria sinais de diligência em relação a eles. Não sei por que razao, em todo caso repreensível, costuma-se tratar com menos honestidade o príncipe do que os seus súditos. Assumem-se os compromissos mais leves e exigem-se compensações mais pesadas. A incerteza de que o trabalho teria alguma utilidade lança os trabalhadores numa indolência inconcebível e, para aumentar os inconvenientes, as obras ordenadas pelos soberanos nunca são projetadas em razão de sua utilidade, sempre em razão da dignidade de sua pessoa, ou seja, adquirem a maior extensão possível. As dificuldades se multiplicam; são necessários homens, talento, tempo proporcional às dificuldades, até que por fim acontece, necessariamente, uma revolução, confirmada na fábula do mestre-escola. Se a vida profissional média de um homem é de vinte anos, a de um ministro é de dez. Mas, como não bastassem serem mais comuns, as interrupções de projetos literários são ainda mais funestas quando o governo está à frente deles do que quando conduzidos por particulares. Um particular ao menos recolhe os detritos de materiais que poderão lhe servir num tempo melhor, corre atrás do que investiu. O espírito monárquico despreza essa prudência. Os homens morrem e os frutos de suas vigílias desaparecem sem que se saiba o que aconteceu com eles. **[636a]**

Mas o que deve dar um peso ainda maior às considerações precedentes é que uma enciclopédia, assim como um vocabulário, deve ser iniciada, continuada e terminada num intervalo certo de tempo, ao passo que um interesse sórdido se ocupa sempre em prolongar as obras ordenadas pelos reis. Caso se empregassem num dicionário universal e razoado os longos anos que a extensão de seu objeto parece exigir, aconteceria, por meio de revoluções, pouco mais rápidas nas ciências e sobretudo nas artes que nas línguas, que o dicionário pertenceria a um século passado, do mesmo modo que um dicionário executado com lentidão poderia, eventualmente, pertencer a um reino que desapareceu. As opiniões envelhecem e desaparecem como as palavras; o interesse que se tinha por certas invenções se enfraquece dia a dia e se extingue; se o trabalho alonga-se em demasia, teremos nos estendido sobre coisas momentâneas, que não estão mais em questão; não se terá dito nada sobre outras, cuja ocasião terá passado, inconveniente que nós mesmos experimentamos, embora não tenha passado um tempo considerável entre a data desta obra e o momento em que escrevo. Observar-se-á a irregularidade mais desagradável numa obra destinada a representar, segundo sua justa proporção, o estado das coisas em toda a sua duração anterior: objetos importantes serão apagados, pequenos objetos inflados, em suma, a obra se desfigurará sem cessar nas mãos dos trabalhadores, se deteriorará mais pelo lapso de tempo do que se aperfeiçoará pelos cuidados destes e se tornará mais defeituosa e mais pobre pelo que deveria ser encurtado, suprimido, completado ou retificado do que rica pelo que adquiriu sucessivamente.

Que diversidade não se introduz todos os dias na língua das artes, das máquinas e da mão de obra? Se um homem consumir uma parte de sua vida com a descrição das artes, e, desgostoso com essa obra cansativa, deixar-se levar a ocupações mais divertidas e menos úteis, e sua primeira obra permanecer fechada em suas pastas, não passarão vinte anos e, em vez de coisas novas e curiosas, picantes por sua singularidade, interessantes por sua utilidade, pelo gosto dominante, por uma importância momentânea, trará noções incorretas, procedimentos superados, máquinas imperfeitas ou abandonadas. Nos numerosos volumes que terá composto, não haverá uma só página que não precise de retoques; e na multidão de pranchas que terá mandado gravar, não haverá uma figura que não seja necessário mandar redesenhar. São retratos cujos originais não mais subsistem. O luxo, esse pai das artes, é como o Saturno da fábula, que se deleitava em devorar seus filhos.

A revolução pode ser menos forte e menos sensível nas ciências e nas artes liberais do que nas artes mecânicas, mas também ocorre nestas. Se abrirmos os dicionários do passado, não encontraremos no verbete *Aberração* nada daquilo que nossos astrônomos entendem por ele. No verbete *Eletricidade*, esse fenômeno tão sutil, encontraremos umas poucas linhas com noções falsas e preconceitos desgastados. De quantos termos de *Mineralogia* ou *História Natural* não se poderia dizer o mesmo? Se nosso dicionário estivesse um pouco mais avançado, estaríamos expostos a repetir os erros dos séculos passados sobre a nigela, as doenças dos grãos e seu comércio, pois as descobertas do Sr. Tillet e o sistema do Sr. Herbert são recentes.

Quando se trata de seres da natureza, o que se pode fazer além de reunir escrupulosamente todas as propriedades conhecidas até o momento em que se escreve? Mas a observação e a Física multiplicam sem cessar os fenômenos e os fatos, e a Filosofia racional, comparando-os entre si e combinando-os, estende ou restringe incessantemente os limites de nossos conhecimentos, fazendo, consequentemente, com que variem as acepções das palavras instituídas, tornando inexatas, falsas e incompletas as definições que temos, e determinando mesmo a instituição de novas palavras.

Mas o que principalmente haverá de dar à obra um aspecto obsoleto e cobri-la com desprezo é a revolução que ocorrerá no espírito dos homens e no caráter nacional. Hoje, quando a Filosofia avança a grandes passos, submetendo ao seu império todos os objetos de sua competência, quando seu tom é o dominante, e ela começa a sacudir o jugo da autoridade e do exemplo, apoiando-se nas leis da razão, não há quase nenhuma obra elementar e dogmática que possa nos satisfazer plenamente. O que encontramos são produções calcadas sobre a verdade dos homens, não da natureza. Aristóteles e Platão são questionados, e chegou o tempo em que obras que ainda gozam da mais alta reputação perderão parte dela ou cairão totalmente no esquecimento; certos gêneros de literatura que, por falta de uma vida real e de costumes subsistentes que lhes sirvam de modelos, não podem ter uma poética invariável e sensata, serão negligenciados; e os que permanecerem, cujo valor intrínseco será mantido, tomarão uma forma inteiramente nova. Tudo isso é efeito do progresso da razão, que derruba todas as estátuas e reergue algumas das que foram derrubadas: aquelas dos homens raros, que ultrapassaram o seu século. Encontramos, se é permitido falar assim, contemporâneos nossos no século de Luís XIV.

O tempo, que abateu nosso gosto por questões de crítica e controvérsia, tornou insípida uma parte do dicionário de Bayle. Não há autor que tenha perdido tanto em algumas passagens e tenha ganhado tanto em outras. Se esse foi o destino de Bayle, julguemos o que teria acontecido à *Enciclopédia*, em seu tempo. Se excetuarmos Perrault e alguns outros – cujo mérito Boileau, esse reles versificador, não tinha condições de apreciar –, como La Mothe, Terrasson, Boindin, Fontenelle, graças a quem a razão e o espírito filosófico e de dúvida realizou progressos importantes, talvez não tenha havido sequer um homem que escreveu uma página que nos dignássemos a ler hoje. Não nos enganemos, há muita diferença entre criar, pela força do gênio, uma obra que obtenha o sufrágio de uma nação, que captura um momento, o seu gosto, suas ideias e seus preconceitos, e traçar a poética do gênero, segundo o conhecimento real e refletido do coração do homem, da natureza das coisas e da reta razão, que são iguais em todos os tempos. O gênio não conhece regras; entretanto, nunca se afasta delas quando tem êxito. A Filosofia não conhece outras regras além das que se fundam na natureza dos seres, que é imutável e eterna. Ao século passado coube fornecer exemplos; ao nosso, cabe prescrever as regras.

Conhecimentos menos comuns no século passado se tornam cada vez mais comuns. Não há mulheres que tenham recebido alguma educação que não empreguem com discernimento todas as expressões consagradas na pintura, na escultura, na arquitetura e nas belas-letras. Quantas crianças que aprenderam a desenhar, que sabem Geometria, que são músicos, para quem a língua doméstica não é mais familiar do que a das artes, não falam em acorde, bela forma, contorno agradável, paralela, hipotenusa, quinta, quarta aumentada, arpejo, microscópio, telescópio, foco, e tampouco em luneta de ópera, espada, bengala, carruagem, pluma? O que impele ainda mais os espíritos é um outro movimento geral, em direção da História Natural, da Anatomia, da Química e da Física Experimental. As expressões próprias a essas ciências são bem conhecidas e serão cada vez mais. O resultado disso? A língua, mesmo a língua popular, mudará de aspecto; vai se estender à medida que nossos ouvidos se acostumarem às palavras, por meio de aplicações felizes. Pois, se refletirmos a respeito, veremos que a maior parte das palavras técnicas que hoje empregamos eram na origem *neologismos*. O uso e o tempo lhes retiraram esse verniz equívoco. Eram claras, enérgicas e necessárias. O sentido metafórico não estava longe do literal. Elas pintavam. As relações sobre as quais se apoiava o novo emprego não eram muito sofisticadas; eram reais. A acepção figurada não tinha o ar de uma sutileza: a palavra era, inclusive, harmoniosa e fluente. A ideia principal era ligada a outras que sempre lembramos com instrução e prazer. [637] Eis os fundamentos do destino dessas expressões; as causas contrárias respondem pelo descrédito em que tantas outras caíram e ainda cairão.

Nossa língua já é bastante extensa. Como todas as outras, sua formação se deveu à necessidade, suas riquezas, ao desenvolvimento da imaginação, aos entraves da poesia, aos números e à harmonia da prosa oratória. Dará passos imensos sob o império da Filosofia, e se nada suspender a marcha do espírito, antes de um século um dicionário de oratória e poética do século de Luís XIV, ou mesmo do nosso, conterá apenas dois terços das palavras utilizadas por nossos descendentes.

Num vocabulário, num dicionário universal e razoado, em toda obra destinada à instrução geral dos homens, é necessário, pois, começar por considerar seu objeto sob os aspectos os mais amplos: conhecer o espírito de sua nação, pressentir sua inclinação, ganhá-lo rapidamente, de modo que ele não deixe vosso trabalho para trás, mas, ao contrário, que o trabalho vá sempre adiante dele; decidir-se a trabalhar apenas para as gerações futuras, porque o momento em que existimos passa, e tão logo um grande empreendimento termina, a geração presente não existe mais. Mas, para ser útil e novo durante um tempo maior, adiantando-se ao espírito nacional que avança sem cessar, é preciso abreviar o trabalho, multiplicando o número de colegas, meio que, contudo, não deixa de ter algum inconveniente, como veremos a seguir.

Mas os conhecimentos não se tornam nem podem se tornar comuns a não ser até certo ponto. Na verdade, ignora-se qual é esse limite. Não se sabe até onde o homem pode ir. Sabe-se menos ainda até onde iria a espécie humana, do que ela seria capaz, se seus progressos não fossem interrompidos. Mas as revoluções são necessárias; sempre aconteceram e sempre acontecerão; o maior intervalo entre uma revolução e outra é dado: essa única causa limita a extensão de nossos trabalhos. Há nas ciências um ponto para além do qual não é permitido ir. Quando esse ponto é atingido, os monumentos que restam dos progressos serão para sempre causa de espanto para a espécie inteira. Mas se a espécie é limitada em seus esforços, quão não o seria o indivíduo nos seus? Ele tem apenas uma certa energia em suas faculdades, tanto animais quanto intelectuais; sua duração é finita; é forçado a alternar trabalho e repouso; tem necessidades e paixões para satisfazer, e é exposto a uma infinidade de distrações. Todas as vezes em que o que há de negativo nessas quantidades forma a menor soma possível, ou que o que há de positivo forma a maior soma possível, um homem, aplicado solitariamente a algum ramo da ciência humana, a levará tão longe quanto ela possa ir pelos esforços de um indivíduo. Acrescentai ao trabalho desse indivíduo extraordinário o de um outro, e assim por diante, até que tenhais preenchido o intervalo entre uma revolução e outra mais longínqua, e tereis uma noção do que a espécie humana pode produzir de mais perfeito, sobretudo se supuserdes, em favor do seu trabalho, um certo número de circunstâncias fortuitas que teriam diminuído o seu sucesso se tivessem sido contrárias. Mas o grosso da espécie não é feito para seguir nem para conhecer a marcha do espírito humano. O ponto mais alto de instrução que consegue atingir é restrito: por conseguinte, haverá sempre obras acima do alcance comum dos homens; outras cairão pouco a pouco e outras experimentarão um duplo destino.

Qualquer que seja o ponto de perfeição a que uma enciclopédia seja conduzida, é evidente, pela natureza mesma da obra, que ela contará necessariamente entre o número das últimas. Há objetos que estão nas mãos do povo, dos quais ele extrai sua subsistência e de cujo conhecimento prático ele se ocupa incansavelmente. Qualquer que seja o tratado que se escreva, chegará o momento em que se saberá mais do que o livro. Há outros objetos sobre os quais ele permanece quase inteiramente ignorante, porque os acréscimos de seu conhecimento são muito fracos e muito lentos para formar uma luz considerável, supondo que sejam contínuos. Assim, o homem do povo e o douto terão sempre igualmente motivo para desejar uma enciclopédia e se instruir com ela. O momento mais glorioso para uma obra dessa natureza seria o que ocorresse imediatamente após uma grande revolução que tivesse suspendido o progresso das ciências, interrompido os trabalhos das artes e mergulhado nas trevas uma porção de nosso hemisfério. Que reconhecimento não teria a geração que viesse após esses tempos de perturbação para com os homens que, receando por eles, preveniram-se contra a devastação erguendo um abrigo para os conhecimentos de séculos passados? Não seria esse (ouso dizê-lo sem ostentação, porque nossa *Enciclopédia* talvez não atinja nunca a perfeição que a faria merecer tantas honras) o destino dessa grande obra, juntamente com o reino do monarca sob o qual foi realizada, com o ministro ao qual foi dedicada, com os grandes que favoreceram sua execução, bem como os autores que a ela se consagraram, e todos os homens de letras que com ela colaboraram? A mesma voz que lembrasse esses auxílios não deixaria de mencionar também as dificuldades enfrentadas pelos autores e os infortúnios por eles sofridos. O monumento a ser erigido em sua homenagem teria muitas faces, nas quais se veriam alternadamente as honras concedidas à sua memória e as marcas de indignação ligadas à memória de seus inimigos.

O conhecimento da língua é, porém, o fundamento de todas essas grandes esperanças; permanecerão incertas, se a língua não for fixada e transmitida à posteridade em toda a sua perfeição, e esse objeto é o primeiro de que os enciclopedistas teriam de se ocupar a fundo. Quando nos apercebemos disso já era tarde, e essa inadvertência introduziu uma mácula em nossa obra. O lado da língua ficou fraco (digo da *língua* e não da *gramática*), e por essa razão deve ser esse o assunto principal de um verbete em que se examina imparcialmente o seu trabalho e se procuram meios de corrigir seus defeitos. Tratarei, pois, da língua em especial, como se deve fazê-lo. Ousarei mesmo convidar nossos sucessores a dar alguma atenção a essa parte, e esperarei de outros, ao uso dos quais não se destina tanto, que concordem com sua importância e perdoem a sua extensão.

A instituição de signos vocais que representassem a voz e de caracteres escritos que representassem ideias foi o primeiro germe dos progressos do espírito humano. Uma ciência, uma arte, só podem nascer pela aplicação de nossas reflexões a outras, previamente realizadas, e pela reunião de nossos pensamentos, observações e experiências às de nossos semelhantes. Sem a dupla convenção que associou as ideias à voz e a voz aos caracteres, tudo permaneceria no interior do homem e ali se extinguiria. Sem as gramáticas e [**637a**] os dicionários, que são os intérpretes universais dos povos entre si, tudo permaneceria concentrado numa nação, e desapareceria com ela. É por meio dessas obras que as faculdades dos homens se aproximaram e se combinaram entre si; sem essa intermediação, permaneceriam isoladas. Uma invenção, por admirável que fosse, representaria apenas a força de um gênio solitário ou de uma sociedade particular, jamais a energia da espécie. Um idioma comum seria o único meio de estabelecer uma correspondência que se estendesse a todas as partes do gênero humano e o associasse contra a natureza, à qual incessantemente temos que fazer violência, seja no plano físico, seja no plano moral. Supondo esse idioma admitido e fixado, logo as noções se tornam permanentes; a distância de tempo desaparece, os lugares se tocam; formam-se ligações entre todos os pontos habitados do espaço e da duração; e todos os seres vivos e pensantes conversam entre si.

A língua de um povo dá o seu vocabulário, e o vocabulário é uma tábua bastante fiel de todos os seus conhecimentos. Contando somente com a comparação do vocabulário de uma nação em diferentes tempos, teríamos uma ideia de seus progressos. Cada ciência tem seu nome; cada noção na ciência tem o seu. Tudo o que é conhecido na natureza é designado, assim como tudo o que é inventado nas artes, os fenômenos, os procedimentos, os instrumentos. Há expressões para os seres que estão fora de nós e para os que estão em nós: foram nomeados os abstratos e os concretos, as coisas particulares e as gerais, as formas e os estados, as existências, as sucessões e as permanências. Diz-se *o universo*; diz-se *um átomo*: o universo é o todo, o átomo é a sua menor parte. Desde a coleção geral de todas as causas até o ser solitário, tudo tem seu signo: o que excede limites, seja na natureza, seja em nossa imaginação, o que é possível e o que não é, o que não se encontra na natureza nem em nosso entendimento, o infinitamente pequeno e o infinitamente grande em extensão, duração, perfeição. A comparação entre os fenômenos se chama Filosofia. A Filosofia é prática ou especulativa, toda noção é de sensação ou de indução; todo ser está no entendimento ou na natureza. A natureza se serve do órgão nu ou auxiliado pelo instrumento. A língua é um símbolo dessa multidão de coisas heterogêneas. Ela indica ao homem sagaz até onde foi uma ciência, mesmo nos tempos mais longínquos. Percebe-se, num relance de olhos, que os gregos dispõem abundantemente de termos abstratos que os romanos não têm, e que, na falta desses termos, era impossível a estes últimos traduzir o que os primeiros escreveram sobre a Lógica, a Moral, a Gramática, a Metafísica, a História Natural etc. Realizamos tantos progressos em todas as ciências que seria difícil escrever sobre elas, seja em grego, seja em latim, no estado a que as levamos, sem inventar uma infinidade de signos. Essa observação por si só demonstra a superioridade dos gregos sobre os romanos, e a nossa sobre uns e os outros.

Todos os povos, em geral, conhecem, em relação ao progresso da língua e do gosto, uma infinidade de revoluções superficiais, de acontecimentos pouco notáveis, que não se transmitem. Só se percebe que existiram pelo tom dos autores contemporâneos a eles, alterado ou condicionado por circunstâncias passageiras. Qual é, por exemplo, o leitor atento que, ao encontrar este trecho num autor – "porém o canto e os instrumentos são usados de muitas formas, não apenas com um intervalo na quinta, mas a partir da oitava modulam por quinta, por quarta, por tom e semitom; e alguns julgam que existe um quarto tom que é perceptível ao ouvido", *cantus autem & organa pluribus distantiis utuntur, non tantum diapente, sed sumpto initio à diapason, concinnunt per diapente & diatessaron; & unitonum, & semitonium, ità ut & quidam putent inesse & diesin quae sensu percipiatur* (Dionísio de Halicarnasso, *De collocatione verborum*)–, não diga imediatamente para si mesmo: eis os caminhos de nosso canto! Eis a incerteza em que nos encontramos sobre a possibilidade ou impossibilidade da entonação do quarto de tom! Ignorava-se se os antigos tinham ou não uma gama enarmônica? Não restara mais nenhum autor de música que pudesse resolver essa dificuldade? No tempo de Dionísio de Halicarnasso, discutiam-se mais ou menos as mesmas questões que discutimos sobre a melodia? E se esse leitor atento viesse a descobrir em outro lugar que os autores estavam muito divididos a respeito da enumeração exata dos sons da língua grega, que essa matéria havia excitado disputas muito vivas – "mas essas coisas são considerações gramaticais e poéticas, ou também, como agrada a alguns, filosóficas", *sed talium rerum considerationem gramatices & poetices esse; vel etiam, ut quibusdam placet, philosophiae* –, não concluirá que os romanos estavam no mesmo pé que nós? Ou seja, que, depois de ter tratado da ciência dos signos e dos sons descuidadamente, houve um tempo em que bons espíritos reconheceram que essa ciência possuía uma ligação de início insuspeitada com a ciência das coisas e se podia considerar essa especulação como digna da Filosofia? Eis precisamente onde nos encontramos; é recolhendo palavras ditas por acaso, alheias à matéria tratada, especialmente num autor no qual não se veem senão suas luzes, sua exatidão e sua indecisão, que se pode esclarecer a história dos progressos do espírito humano em séculos passados.

Os próprios autores às vezes não percebem a impressão das coisas que se passam em torno deles, mas nem por isso ela é menos real. Os músicos, os pintores, os arquitetos, os filósofos etc. não podem ser contestados sem que o homem de letras receba disso alguma instrução. E, reciprocamente, este não discutirá na literatura nenhuma questão da qual não apareçam vestígios naqueles que escreverão sobre a Música, ou sobre a Pintura, a Arquitetura ou a Filosofia. São como reflexos de uma luz geral que cai sobre os artistas e os letrados e da qual eles conservam um pequeno raio. Sei que o abuso que fazem algumas vezes de expressões cuja força lhes é desconhecida mostra que não estavam a par da filosofia de seu tempo, mas o bom espírito que recolhe essas expressões, que apreende, aqui, uma metáfora, lá, um termo novo, em outro lugar, uma palavra relativa a um fenômeno, a uma observação, a uma experiência, a um sistema, entrevê o estado das opiniões dominantes, o movimento geral que os espíritos começam a receber delas, e a nuance que elas imprimem na língua comum. E está aí, para dizer de passagem, o que torna os antigos autores tão difíceis de julgar em matéria de gosto.

A convicção geral sobre uma opinião, um sistema, um uso aceito, a instituição de uma lei, o hábito de um exercício etc. lhes fornecia maneiras de dizer, de pensar, de traduzir, comparações, expressões, figuras das quais toda a beleza só pôde durar tanto quanto durava a coisa mesma que lhes servia de base. A coisa passa, e o brilho do discurso passa com ela. Do que se segue que um escritor que queira assegurar a suas obras um encanto eterno deve evitar ao máximo tomar suas maneiras de dizer emprestadas das ideias do dia, das opiniões correntes, dos sistemas reinantes, das artes em voga. Todos esses modelos são suscetíveis a mudanças. Ele preferirá os seres permanentes, os fenômenos das águas, da terra e do ar, o espetáculo do universo, as paixões do homem, que são sempre os mesmos. E tamanha será a verdade, a força e a imutabilidade de seu colorido, que suas obras serão objeto da admiração dos séculos, apesar da desordem dos assuntos, **[638]** do absurdo das noções, e todos os defeitos que lhe poderiam ser censurados. Suas ideias particulares, suas comparações, suas metáforas, suas expressões, suas imagens, ao remeter sem cessar à natureza que não deixamos nunca de admirar, serão como verdades parciais com que ela se sustentará. Não a leremos para aprender a pensar, mas a teremos em mãos noite e dia para aprendermos a bem dizer. Será esse o seu destino, enquanto tantas obras, apoiadas apenas sobre um frio bom senso e sobre uma razão pesada, serão talvez muito estimadas, mas pouco lidas, e cairão enfim no esquecimento, quando um homem dotado de um belo gênio e de uma grande eloquência as tiver desnudado e reproduzido aos olhos dos homens verdades que antes eram de uma seca e repulsiva austeridade, com uma vestimenta mais nobre e elegante, mais rica e sedutora.

As revoluções súbitas que ocorrem nas coisas de instituição humana e que tanta influência têm sobre a maneira pela qual a posteridade julgará as produções que lhe serão transmitidas são um poderoso motivo para se interessar numa obra tal como a nossa, na qual com frequência é conveniente citar exemplos, por partes cuja excelência se funda em modelos permanentes. Sem essa precaução, os modelos passarão, a verdade da imitação não será mais sentida, e os exemplos citados deixarão de ser belos.

A arte de transmitir ideias pela pintura dos objetos deve naturalmente ter sido a primeira a se apresentar; a de transmiti-las fixando a voz por caracteres é demasiado sutil, deve ter assustado o homem de gênio que a imaginou. Somente após demoradas tentativas é que ele entreviu que as vozes sensivelmente diferentes não eram tantas quanto pareciam ser, e jurou para si mesmo apresentá-las todas com um pequeno número de signos. Entretanto, o primeiro meio não deixava de ter alguma vantagem, assim como o segundo não deixava de ter algum defeito. A pintura não atinge as operações do espírito; não distinguiríamos, entre os objetos sensíveis distribuídos sobre uma tela, como se eles estivessem enunciados num discurso, as ligações que formam o julgamento e o silogismo, o que faz de um desses seres objeto de proposição, o que encadeia uma proposição a outra, compondo assim um raciocínio, e um raciocínio a outro, compondo um discurso. Em suma, há uma infinidade de coisas dessa natureza que a pintura não pode figurar, mas ela mostra pelo menos todas aquelas que figura. E se, ao contrário, o discurso escrito designa todas, não mostra nenhuma. As pinturas dos seres são sempre muito incompletas, mas não têm nada de equívoco, pois são retratos dos objetos que temos sob os olhos. Os caracteres da escrita se estendem a tudo, mas são instituídos; não significam nada por si mesmos. A chave dos quadros está na natureza e se oferece a todos; a dos caracteres alfabéticos e sua combinação é um pacto cujo mistério precisa ser revelado, e não pode sê-lo completamente, pois há nas expressões nuances delicadas que necessariamente permanecem indeterminadas. De outro lado, a pintura, por ser permanente, é pintura de um estado instantâneo; se ela se propuser a exprimir o mais simples movimento, torna-se obscura. Se, num troféu, vemos uma Fama, com as asas abertas, segurando sua trombeta com uma das mãos e na outra uma coroa acima da cabeça de um herói, não sabemos se ela está pondo ou tirando a coroa: caberá à história dissolver o equívoco. Ao contrário, por mais variada que seja uma ação, haverá sempre uma coleção de termos que a representa, o que não se pode dizer de uma sequência ou grupo de figuras qualquer. Multiplicai o quanto quiserdes essas figuras, haverá interrupção: a ação é contínua, e as figuras só oferecerão instantes separados, deixando à sagacidade do leitor a tarefa de preencher os vazios. Existe incomensurabilidade tanto entre os movimentos físicos e as representações reais como entre certas linhas e sequências de números. Por mais que aumentemos os termos entre um termo dado e outro, esses termos permanecerão sempre isolados, não se tocando de modo algum; permanecerá entre eles um intervalo, jamais corresponderão a certas quantidades contínuas. Como medir uma quantidade contínua por meio de uma quantidade discreta? Do mesmo modo, como representar uma ação durável por imagens de instantes separados? Os termos de uma língua que permanecem necessariamente sem explicação, os radicais, não corresponderiam exatamente aos instantes intermediários que a pintura não pode representar? Eis aqui um entrave ao nosso projeto de transmitir conhecimentos, pois é impossível tornar inteligível uma língua. Como recolher as raízes gramaticais? E quando as tivermos recolhido, como explicá-las? Vale a pena escrever para os séculos futuros, se não somos capazes de nos fazer compreender? Resolvamos essas dificuldades.

Primeiramente, eis o que penso sobre a maneira de discernir os radicais. Talvez haja algum método, um sistema filosófico com a ajuda do qual possamos encontrar um grande número deles. Mas esse sistema parece-me difícil de inventar, e, qualquer que seja, parece-me sujeito ao erro, pois por boas razões tenho o hábito de suspeitar de toda lei geral em matéria de língua. Preferiria adotar um meio técnico, ainda mais se fosse consequência necessária da formação de um *dicionário enciclopédico*.

Para começar, é preciso que todos que venham a cooperar com essa obra se imponham a lei de definir tudo, sem nenhuma exceção. Feito isso, restará ao editor o cuidado de separar os termos em que uma mesma palavra será tomada por gênero numa definição, por diferença noutra. É evidente que a necessidade desse duplo emprego constitui um círculo vicioso, que é o limite das definições. Quando estiverem reunidas todas essas palavras, constatar-se-á, ao examiná-las, que de dois termos definidos um pelo outro, ora o mais geral, ora o menos geral, é gênero ou diferença. É evidente que o mais geral deve ser considerado como uma das raízes gramaticais. Do que se segue que o número de raízes gramaticais será precisamente a metade dos termos recolhidos, pois entre duas definições de palavras é preciso admitir uma como boa e legítima para demonstrar que a outra é um círculo vicioso. Passemos agora à maneira de fixar a noção dos radicais. Parece-me que há um meio de fazê-lo, ainda que não seja tão perfeito quanto seria desejável. Não que permaneça um equívoco no caso em que é aplicável, mas pode haver casos aos quais não é possível aplicá-lo, apesar da habilidade com a qual o manejemos. Esse meio é remeter a língua viva a uma língua morta: só uma língua morta pode ser uma medida exata, invariável e comum para todos os homens que existem e existirão, entre as línguas que eles falam e que falarão. Como esse idioma só existe nos autores, ele não muda mais, e o efeito dessa característica é que a sua aplicação [**638a**] é sempre a mesma e é sempre igualmente conhecida.

Se me perguntassem qual das duas línguas, a grega ou a latina, é a que se deve preferir, eu responderia que nenhuma delas por si mesma. Em minha opinião, dever-se-ia empregar ambas: o grego, em todo lugar em que o latim não oferecesse nada ou não oferecesse um equivalente, ou oferecesse um equivalente menos rigoroso. Preferiria que o grego não fosse senão um suplemento, na falta do latim, isso porque o conhecimento do latim é mais difundido. Pois confesso que, se fosse preciso determinar-se pela riqueza ou pela abundância, não haveria por que hesitar. A língua grega é infinitamente mais extensa e mais expressiva do que a latina, tem uma multidão de termos que possuem evidente onomatopeia; e uma infinidade de noções que têm signos nessa língua não os têm em latim, pois, ao que parece, os latinos não se elevaram a nenhum gênero de especulação. Os gregos mergulharam nas profundezas da Metafísica, das ciências, das belas-artes, da Lógica e da Gramática. Pode-se dizer em seu idioma tudo o que se quiser; há termos abstratos, relativos às operações do entendimento: consultai a respeito Aristóteles, Platão, Sexto Empírico, Apolônio, e todos os que escreveram sobre Gramática e Retórica. Frequentemente nos embaraçamos com o latim pela escassez de expressões. Teriam sido necessários aos romanos alguns séculos para que adquirissem a língua das abstrações, pelo menos a julgar pelo progresso que fizeram durante o tempo que estiveram sob a disciplina dos gregos. É verdade que um único homem de gênio pode fazer fermentar todo um povo, abreviar séculos de ignorância e levar os conhecimentos a um ponto de perfeição e com uma rapidez igualmente surpreendentes. Mas essa observação não destrói, em absoluto, a verdade que apresento. Pois, se contarmos os homens de gênio e os localizarmos na duração de todos os séculos que transcorreram, veremos que eles foram pouco numerosos em cada nação e em cada século, e não encontraremos quase nenhum que não tenha aperfeiçoado a língua. Os homens criadores trazem esse caráter particular. Não é apenas folheando as produções de seus contemporâneos que eles encontram as ideias que empregarão em seus escritos; ora mergulham profundamente em si mesmos, ora projetam-se para fora, e, voltando o olhar atento e penetrante para as naturezas à sua volta, são obrigados, sobretudo na origem das línguas, a inventar signos para apresentar com exatidão e força o que descobriram. O calor da imaginação e a meditação profunda enriquecem uma língua com expressões novas; a justeza de espírito e a severidade da dialética aprimoram sua sintaxe; o uso fácil dos órgãos da fala a tornam mais suave; a sensibilidade do ouvido a fazem harmoniosa.

Caso se decida utilizar as duas línguas, o radical francês deve ser inserido ao lado do radical grego ou latino, com a citação do autor antigo onde foi encontrado e pelo qual é empregado, segundo a acepção mais próxima pelo sentido, pela energia, e por outras ideias acessórias que é preciso determinar.

Digo o *radical antigo*, embora não seja impossível que um termo primário, radical e não definível numa língua não encontre características correspondentes em outra. Parece-me estar demonstrado que o espírito humano realizou mais progressos em certos povos do que em outros. Não se sabe ainda, ao que me parece, em que medida a língua é uma imagem rigorosa e fiel do exercício da razão. Que prodigiosa superioridade de uma nação sobre outra, principalmente nas ciências abstratas e nas belas-artes, levando-se em conta somente essa diferença! A que distância de nós estão os ingleses, considerando-se que a nossa língua está pronta e a deles mal começou a se formar! Da perfeição do idioma dependem a exatidão nas ciências rigorosas e o gosto nas belas-artes, e, consequentemente, a imortalidade de obras desses gêneros.

Se exijo que seja citada a passagem em que o sinônimo grego e latim é empregado, é porque uma palavra tem frequentemente diversas acepções. Como a necessidade, não a Filosofia, presidiu a formação das línguas, todas elas têm em comum esse vício. Mas se uma palavra tem apenas um sentido na passagem citada, e se ele é com certeza o mesmo para todos os povos que conhecem o autor, "canto o varão e as armas", *arma virunque cano* etc., ela terá a mesma tradução em Paris e em Pequim. Nada pior para um francês que sabe latim do que aprender inglês num dicionário inglês-francês, em vez de recorrer a um dicionário inglês-latim. Mesmo que o dicionário inglês-francês tenha sido feito e corrigido a partir de uma medida invariável e comum, ou por um uso habitual consagrado, isso não muda nada. Ser-se-ia obrigado, a cada palavra, a reportar-se à boa-fé e às luzes de seu guia ou de seu intérprete, ao passo que, com um dicionário grego ou latino, ficamos satisfeitos, certos em relação à aplicação, compomos por nós mesmos nosso vocabulário por uma única via, se houver uma que possa suprir nossa necessidade no contato com a nação estrangeira cujo idioma estudamos. Falo por experiência própria. Adotei com proveito este método e considero um meio seguro de adquirir em pouco tempo noções muito próximas da adequação e da energia. Em suma, um dicionário inglês-francês e um dicionário inglês-latim são como dois homens; um deles vos fala das dimensões ou do peso de um corpo, e garante que esse corpo tem tal peso ou altura, o outro nada garante, apanha uma régua ou balança e pesa ou mede o corpo diante de vossos olhos.

Mas como proceder em casos em que não há uma medida comum? É preciso considerar que, como o radical é, por natureza, signo de uma sensação simples e particular ou de uma ideia abstrata e geral, os casos em que não há medida comum só podem ser raros. Mas, nesses raros casos, é absolutamente necessário se reportar à sagacidade do espírito humano; fiando-se em que, de tanto ver uma expressão não definida, empregada segundo a mesma acepção num grande número de definições em que esse signo será a única coisa desconhecida, não se tardará a formar juízo sobre seu valor. Entre as ideias e, por conseguinte, entre os signos (que estão um para o outro como o objeto para o espelho que o reflete), há uma ligação tão estreita, uma correspondência tal, de cada um deles emana uma luz que o outro reflete tão vivamente que, quando se domina a sintaxe e se oferece uma interpretação fiel de cada um dos signos, ou quando se conhecem todas as ideias que compõem um período, à exceção de uma só, é impossível que não se chegue a determinar a ideia que falta ou o signo comum.

Os signos conhecidos são como tantas condições dadas para a solução de um problema. Por menos extenso que seja um discurso e por menos termos que ele contenha, dificilmente haverá muitas soluções para um mesmo problema. Isso é confirmado pelo pequeno número de passagens incompreensíveis de autores antigos; que se examinem essas passagens, e ficar-se-á convencido de que **[639]** a obscuridade nasce ou do próprio escritor, que não tinha ideias claras, ou da corrupção dos manuscritos, da ignorância dos usos, das leis, dos costumes, ou de alguma outra causa semelhante. Nunca essa obscuridade virá da indeterminação do signo, se tiver sido empregado na mesma acepção em diversas passagens diferentes, como acontece necessariamente com uma expressão radical.

O ponto mais importante no estudo de uma língua é sem dúvida o conhecimento da acepção dos termos. Mas há também a ortografia ou a pronúncia, sem a qual é impossível sentir todo o mérito da prosa harmoniosa e da poesia, e que, por conseguinte, não deve ser negligenciada, e a parte da ortografia chamada de pontuação. Por causa de alterações que se sucedem rapidamente no modo de pronunciar e de correções gradualmente introduzidas na maneira de escrever, a pronúncia e a escrita se desencontram, e embora existam entre os povos mais civilizados da Europa sociedades de homens de letras encarregadas de moderá-las, promover sua concordância e aproximá-las de um mesmo parâmetro, mantêm-se entre elas uma distância considerável, de modo que entre duas coisas, das quais uma foi imaginada, em sua origem, para representar fielmente a outra, há uma diferença tão grande como entre dois retratos da mesma pessoa pintados em diferentes idades da vida. O inconveniente se tornou tão grande que não tem mais remédio. Pronuncia-se numa língua, escreve-se noutra, e nos acostumamos de tal modo, ao longo de nossa vida, com essa esquisitice que tantas lágrimas fez correr na infância, que se renunciássemos à má ortografia em favor de uma que fosse mais próxima da pronúncia, não conseguiríamos reconhecer, na nova combinação de caracteres, a língua falada.

Não nos deteremos aqui em considerações que possam ter um efeito poderoso sobre a multidão. É absolutamente necessário que se faça um alfabeto razoado, em que um mesmo signo não represente sons diferentes, signos diferentes que representem um mesmo som, diversos signos não representem uma vogal ou um som simples. Deve-se em seguida determinar o valor desses signos pela descrição a mais rigorosa dos diferentes movimentos dos órgãos da palavra na produção dos sons associados a cada signo, distinguir com extrema exatidão os movimentos sucessivos e os movimentos simultâneos, em suma, não se deve ter o receio de descer a detalhes minuciosos. É um esforço que autores célebres que escreveram em línguas antigas não deixaram de fazer em relação ao seu idioma. Por que não faríamos o mesmo com o nosso, que tem seus autores originais em todo gênero, que se amplia a cada dia, e que se tornou quase a língua universal da Europa? Quando

Molière zombava dos gramáticos, traía o caráter do filósofo, sem perceber que assim, como teria dito Montaigne, dava sopapos nos autores que na verdade mais respeitava, ou nas bochechas do burguês fidalgo.

Dispomos apenas de um meio para fixar coisas fugidias e de pura convenção; é reportá-las a seres constantes, e a única base constante são os órgãos, que não se alteram, e que, como instrumentos de música, oferecem sempre *mais ou menos* os mesmos sons, desde que saibamos dispor artisticamente de sua tensão ou de seu alcance e soprarmos o ar da maneira correta em seu interior. A traqueia-artéria e a boca compõem uma espécie de flauta, cuja tablatura deve ser a mais meticulosa. Eu disse *mais ou menos*, porque, entre os órgãos da palavra, não há nenhum que não tenha mil vezes mais latitude e variedade do que é necessário para difundir as surpreendentes e sensíveis diferenças na produção dos sons. Para falar com extrema exatidão, talvez não existam em toda a França dois homens que tenham rigorosamente a mesma pronúncia. Cada um de nós tem a sua; contudo, são todas suficientemente similares para que, com frequência, observemos divergências chocantes. Do que se segue que, se não conseguirmos transmitir para a posteridade nossa pronúncia, transmitiremos uma pronúncia aproximada, que será incessantemente corrigida pelo hábito de falar. Quando se apresenta a um homem inteligente uma palavra estrangeira que ele nunca ouviu, de acordo com a pronúncia recomendada, ele se encontra na mesma situação que um aluno do Sr. Pereira, embora tenha um ouvido mais delicado e órgãos da fala mais flexíveis que os de outros homens. Forçando os movimentos e separando cada som por pausas, ele se assemelha a um autômato organizado. Mas a prontidão e a audácia que ele aos poucos adquire logo compensam esse defeito, e não tardará para que se acredite que ele nasceu em outro país, por mais que de início estivesse, em relação a essa língua estrangeira, numa posição mais desfavorável do que a da criança em relação à sua língua materna, quando só a babá a compreendia. O encadeamento dos sons de uma língua não é tão arbitrário quanto se imagina. Digo o mesmo de suas combinações. Os que não poderiam se suceder sem causar exaustão para o órgão ou desapareceram ou logo serão banidos. São expulsos da língua pela eufonia, essa poderosa lei que age contínua e universalmente, sem consideração pela etimologia e seus defensores, e que tende sem intermitência a levar seres que têm os mesmos órgãos, o mesmo idioma, os mesmos movimentos prescritos, mais ou menos à mesma pronúncia. As causas cuja ação não é interrompida tornam-se sempre, com o tempo, as mais fortes, por fracas que sejam em si mesmas.

Não escondo que esse princípio apresenta várias dificuldades, entre as quais há uma muito importante, que exporei agora. Dir-me-ão: em vossa opinião, a eufonia tende sem cessar a aproximar os homens de uma mesma pronúncia, sobretudo quando os movimentos do órgão são determinados. Entretanto, os alemães, os ingleses, os gregos, pronunciam diversamente os versos de Homero e de Virgílio; os gregos escrevem e há ingleses que leem *mi, nine, a, i, dê, zi, è*; franceses que leem *mè, nine, a, ei, ye, dé, thé, a* (*ei*, assim como na primeira de *neige* e *ye*, como na última de *paye*; esse *y* é um *yeu* consoante que falta no nosso alfabeto, embora esteja em nossa pronúncia). Ver as notas de Duclos sobre a *Gramática geral razoada*, de Port-Royal.

O que é singular é que todos eles admiram igualmente essa harmonia: têm um mesmo entusiasmo, embora quase não tenham sons em comum. Entre os franceses, a pronúncia do grego varia de tal modo que não é raro encontrar dois doutos que entendem muito bem essa língua, mas não se entendem entre si, só estão de acordo sobre a quantidade. Mas a quantidade não é senão a lei do movimento da pronúncia, acelerando-a ou então suspendendo-a, e não contribui em nada para a doçura ou aspereza dos sons. Poder-se-á sempre perguntar como acontece de letras, sílabas, palavras solitárias ou combinadas serem igualmente agradáveis para várias pessoas que as pronunciam diversamente. Será uma consequência favorável de tudo que nos vem de longe, o prestígio conferido pela distância de tempos e lugares, o efeito de uma longa tradição? **[639a]**

Como é possível que, entre tantos versos gregos e latinos, não haja uma sílaba tão contrária à pronúncia dos suecos ou dos poloneses que a sua leitura lhes seja absolutamente impossível? Diríamos que as línguas mortas foram tão trabalhadas, foram formadas por uma combinação de sons tão simples, tão fáceis, tão elementares, que esses sons formam, em todas as línguas vivas em que são empregados, a parte mais agradável e mais melodiosa? Que essas línguas vivas, ao se aperfeiçoarem, retificam sem cessar sua harmonia e a aproximam da harmonia das línguas mortas? Em suma, diríamos que a harmonia destas últimas, factícia e corrompida pela pronúncia particular de cada nação, é superior à harmonia própria e real de suas línguas?

Responderei, primeiramente, que a força desta última consideração será tanto maior quanto mais instruído se for a respeito do extraordinário cuidado que os gregos tiveram para tornar harmoniosa a sua língua. Não entrarei em detalhes a respeito; observarei apenas que quase não há vogal, ditongo ou consoante cujo valor seja de tal modo constante que a eufonia não possa abrir mão dele, suprimindo-o; em segundo lugar, que, apesar das precauções tomadas pelos antigos para nos transmitir o valor de seus caracteres, não foram tão exatos e minuciosos quanto poderiam ter sido; em terceiro lugar, que o douto que domine o que eles nos deixaram poderá reduzir a uma pronúncia muito próxima da sua a de todo homem razoável e consequente; em quarto lugar, que se pode demonstrar irrefutavelmente ao inglês que pronuncie *mi, nine, a, i, dè, zi, è*, que ele comete erros de pronúncia em sete sílabas. Pronuncia a sílaba μη como *mi*; mas um autor antigo nos ensina que as ovelhas balem fazendo o som de η. Dir-se-á que o balido das ovelhas gregas era diferente do das nossas, que elas faziam *bi bi* e não *bê bê*. Lemos em outra passagem de Dionísio de Halicarnasso: "O som é produzido abaixo da língua e não sobre ela, com a boca moderadamente aberta", *infrà basim linguae allidit sonum consequentem, non suprà, ore moderatè aperto*. Esses movimentos não são realizados por quem pronuncia η como i. Pronuncia ει, que é um ditongo, como i, que é uma vogal, e um som simples. Pronuncia θ como z, ou como um s gutural, o que não é senão um t ordinário, aspirado. Pronuncia θε como zi, ou seja, em vez de direcionar vivamente o ar para o meio da língua, para formar o *ê* breve, "o som é empurrado contra os dentes, com a boca ligeiramente aberta, sem que os lábios tornem claro o som", *allidit spiritim circà dentes, ore parum adaperto, nec labris sonitum illustrantibus*, pronuncia o caractere *i*. Pronuncia ε como *è*, ou seja, "prolonga o som, a boca aberta, o som lançado contra o palato", *allidit sonum infrà basim linguae, ore moderatè aperto*, ao passo que está prescrito para a justa pronúncia desse caractere "prolongar a expiração, com a boca aberta e o sopro lançado contra o palato, para cima", *spiritum extendere, ore aperto, et spiritu ad palatum vel suprà elato*.

Quem ao contrário, pronuncie as palavras gregas μνιν, ειδε, θε, como *mê, nine, a, ei, ye, dé, thé, a*, cumprirá as mesmas leis que a pronúncia inglesa infringe. Podemos nos certificar disso comparando os caracteres gregos com os sons que associo a eles e os movimentos que Dionísio de Halicarnasso prescreve para cada um deles em sua admirável obra, *De collocatione verborum*. Para que se perceba a utilidade de suas definições, contentar-me-ei em mostrar as do *r* e do *s*. O ρ se forma, diz ele, "quando a ponta da língua sobe em direção ao palato, o sopro escoa no meio e sai entre os dentes emitindo um assovio contínuo", *linguâ extremo spiritum repercutiente, et ad palatum propè dentes sublato:* & l'σ, *linguâ adductâ suprà ad palatum, spiritu per mediam longitudinem labente et circà dentes cum tenui quodam et angusto sibilo exeunte*. Pergunto se é possível satisfazer esses movimentos e dar ao *r* e ao *s* outros valores diferentes dos que a eles associamos. O mesmo autor é igualmente preciso em relação às outras letras.

Mas, alguém poderia dizer, se os povos atuais que leem o grego se conformassem às regras de Dionísio, pronunciariam essa língua do mesmo modo como os antigos a pronunciavam.

Respondo a isso com uma suposição cujas consequências não podem ser rejeitadas, por mais extraordinária que pareça aos franceses. Um espanhol ou um italiano, tomado pelo desejo de possuir um retrato de sua amante, que jamais poderia posar para um pintor, escolhe a opção que lhe resta e apresenta por escrito uma descrição, a mais extensa e mais exata possível, da mulher em questão. Começa por determinar a justa proporção da cabeça inteira; passa em seguida às dimensões da fronte, dos olhos, do nariz, da boca, do queixo, do pescoço; depois retoma cada uma dessas partes e não deixa nada de fora, para que seu discurso possa gravar, no espírito do pintor, a verdadeira imagem que tem sob os olhos. Não se esquece nem mesmo do que pertence ao caráter: quanto mais compara seu discurso com o rosto da amante, mais o julga semelhante a ela. Acredita que quanto mais sobrecarrega a descrição com pequenos detalhes, menos liberdade deixa ao pintor. Não esquece nada do que julga cativante para o pincel. Quando sua descrição lhe pareceu terminada, faz cem cópias e as envia a cem pintores, ordenando a cada um que execute exatamente, na tela, o que lia no papel. Os pintores se põem a trabalhar, e, passado algum tempo, nosso amante recebe os retratos, dos quais todos correspondiam rigorosamente à sua descrição; mas nenhum se parecia com o outro, nem com sua amante. A aplicação dessa parábola ao caso que tratamos não é difícil; dispensar-me-ão de fazê-la em detalhe. Direi somente que, por mais escrupuloso que um autor seja na descrição dos movimentos do órgão quando este produz diferentes sons, haverá sempre uma distância, mínima em si mesma, infinita em relação às divisões reais de que é suscetível e às variedades sensíveis, mas inapreciáveis, que resultam dessas divisões. Contudo, não se pode inferir daí nem que essas descrições sejam inteiramente inúteis por darem uma pronúncia aproximada, nem que a eufonia, essa lei à qual uma língua antiga deveu sua harmonia, não tenha uma ação constante cujo efeito não tenda pelo menos a nos aproximar tanto quanto a nos distanciar dela. Duas proposições que eu tinha a estabelecer.

Direi apenas uma palavra sobre a pontuação. Há pouca diferença entre a arte de bem ler e a de pontuar. O repouso da voz no discurso e os signos da pontuação na escrita têm sempre uma correspondência; ambos indicam igualmente a ligação ou a disjunção das ideias e servem como suplemento a uma série de expressões. Portanto, não será inútil determinar seu número e fixar o seu valor por meio de exemplos.

Resta a determinar apenas o acento e a quantidade. O que entendemos por acento, mais oratório do que silábico, é algo impossível de ser estimado e pode reduzir nossa quantidade a longas, breves e menos breves, no que ela parece admitir menos variedade do que a dos antigos, que distinguiam até quatro espécies de breves, se não na versificação, pelo menos na prosa, que supera evidentemente a poesia quanto à variedade de seus números. Assim, eles diziam que em ὁδὸς, ῥόδος, τρόπος, στρόφος, nas primeiras, que são breves, não deixava de haver uma quantidade sensivelmente desigual. Mas aqui é ainda o caso em que podemos atribuir ao órgão exercitado o cuidado de reparar estas negligências.

Eis, pois, as condições praticáveis e necessárias **[640]** para que a língua, sem a qual os conhecimentos não se transmitem, se fixe, na medida em que sua natureza o permita. Um dos objetivos principais de um dicionário universal e razoado é fixá-la. É preciso ter um alfabeto razoado, acompanhado da exposição rigorosa dos movimentos do órgão e da modificação do ar na produção de sons ligados a cada caractere elementar e a cada combinação silábica desses caracteres: escrever primeiro a palavra segundo o alfabeto usual, escrevê-la em seguida segundo o alfabeto razoado, cada sílaba separada e carregada segundo sua quantidade; acrescentar a palavra grega ou latina que corresponde à palavra francesa, quando ela é só o radical, com a citação da passagem em que essa palavra grega ou latina é utilizada pelo autor antigo; e, se tiver diferentes sentidos, e entre eles for por vezes radical, é preciso fixá-la em cada um desses sentidos recorrendo ao radical correspondente na língua morta. Em suma, é preciso defini-la quando ela não for radical, pois isso é sempre possível, e o sinônimo grego ou latino torna-se então supérfluo. Pode-se ver que esse trabalho é longo, difícil, espinhoso. É preciso estar bem acostumado com duas ou três línguas, a fim de comparar as ideias simples representadas por signos diferentes que tenham entre si uma relação de identidade, ou, o que é mais delicado ainda, as coleções de ideias representadas por signos que devem ter a mesma relação entre si. Nas muitas vezes em que não se pode obter a identidade de relação, quanta fineza e gosto não são necessários para distinguir dentre os signos aqueles cujas acepções são mais próximas, e, dentre as ideias acessórias, as que devem ser conservadas ou sacrificadas! Mas não podemos nos deixar desencorajar. A Academia Crusca resolveu parte dessas dificuldades em seu célebre vocabulário. E como a Academia Francesa reúne em seu seio a universalidade dos conhecimentos, poetas, oradores, matemáticos, físicos, naturalistas, homens do mundo, filósofos, militares, e está determinada a eleger novos membros segundo os talentos que lhe pareçam necessários, seria incrível que ela não adotasse esse plano geral e não desse a seus trabalhos uma utilidade essencial para os que se ocupassem em aperfeiçoar o tímido esboço que aqui publicamos.

Sem dúvida, ela não deixará de apontar para os nossos galicismos ou para os diversos casos em que acontece de a nossa língua se afastar das leis da Gramática Geral razoada; pois um idiotismo ou um desvio dessa natureza são uma só e a mesma coisa. Pode-se ver assim que em tudo há uma medida invariável e comum, na falta da qual não se conhece nada, não se aprecia nada, não se define nada. A Gramática Geral razoada é esse metro e, sem ela, um dicionário de língua não teria fundamento, já que não há nada de fixo a que se possa reportar os casos embaraçosos que se apresentam, que possa indicar em que consiste a sua dificuldade, que designe o lado que se deve tomar, que dê a razão de preferência entre várias soluções opostas, que interprete o uso, que o combata ou justifique, como acontece com frequência. Seria um preconceito crer que na língua, que é a base do contato entre os homens, pudessem subsistir por muito tempo defeitos importantes sem serem percebidos e corrigidos por aqueles que têm o espírito justo e o coração reto. É, pois, verossímil que as exceções à lei geral que permanecem sejam antes abreviações, energias, eufonias e outras pequenas licenças do que propriamente vícios consideráveis. Falamos sem cessar; escrevemos sem cessar; combinamos ideias e signos numa infinidade de modos diferentes; referimos essas combinações ao jugo da sintaxe universal; mais cedo ou mais tarde, nós as submetemos a ela, por menor que seja o inconveniente de libertá-las; e quando essa sujeição não ocorre, é porque vemos uma vantagem, por vezes difícil de aproveitar, mas que não poderia sê-lo sem a Gramática razoada, a analogia e a Etimologia, que chamarei de *as asas* da arte de falar, como se disse da cronologia e da Geografia que elas são *os olhos* da História.

Não poderíamos encerrar nossas observações sobre a língua sem falar dos sinônimos. Pode-se multiplicá-los ao infinito, na ausência de uma lei que fixe o seu número. Em todas as línguas há expressões que só diferem por nuances muito delicadas. Essas nuances não escapam ao orador nem ao poeta que conhecem sua língua; mas são negligenciadas por eles a todo momento, um forçado pela dificuldade de sua arte, outro arrastado pela harmonia da sua. Dessa consideração se pode deduzir a lei geral de que precisamos. Não será necessário tratar como sinônimos a não ser os termos que a poesia considere como tais, a fim de remediar a confusão introduzida na língua pela indulgência que se tem pelo rigor das leis da versificação. Não será preciso tratar como sinônimos senão os termos que a arte oratória utilize indistintamente uns pelos outros, a fim de remediar a confusão introduzida na língua pelo charme da harmonia oratória, que ora prefere, ora sacrifica a palavra apropriada, abandonando o juízo do bom senso e da razão para se submeter ao do ouvido. Esse abandono parece de início a extravagância mais manifesta e mais contrária à exatidão e à verdade, mas, quando refletimos, torna-se o fundamento da fineza, do bom gosto, da melodia do estilo, de sua unidade e de outras qualidades da elocução, que sozinhas asseguram a imortalidade das produções literárias. Como o sacrifício da palavra própria nunca se faz a não ser em ocasiões em que o espírito não está por demais afastado dela pela expressão melodiosa, o entendimento supre o que falta;

o discurso se retifica; o período permanece harmonioso; vejo a coisa como ela é; vejo além disso o caráter do autor, o preço que ele mesmo atribuiu aos objetos com os quais me entretém, a paixão que o anima; o espetáculo se complica, se multiplica, e, na mesma proporção, o encantamento cresce em meu espírito; o ouvido se contenta, e a verdade não é ofendida. Quando essas vantagens não puderem estar reunidas, o mais harmonioso escritor, se tiver justeza e gosto, jamais trocará a palavra própria por um sinônimo. Fortalecerá ou enfraquecerá a melodia com a ajuda de um corretivo, variará os tempos, ou iludirá os ouvidos com alguma outra fineza. Independentemente da harmonia, deve-se ainda trocar a palavra própria por uma outra todas as vezes que a primeira desperte ideias pequenas, baixas, obscenas, ou lembre sensações desagradáveis. Alguém poderia indagar: e nas demais circunstâncias, não seria conveniente deixar que o leitor cuide de substituir a palavra harmoniosa? Não; mesmo que fosse tão fácil para o ouvido, dada a palavra própria, escutar a palavra harmoniosa, quanto é fácil para o espírito, dada a palavra harmoniosa, ouvir a palavra própria. Para que o efeito da música seja produzido, é preciso que ela seja ouvida; não pode ser pressuposta; ela não é nada, se o ouvido não for realmente afetado.

Recolher-se-ão todas as expressões que nossos grandes poetas terão empregado e poderão empregar indistintamente. É sobretudo a posteridade que se deve ter em vista. **[640a]** Trata-se de uma medida invariável. É inútil nuançar as palavras que não seremos tentados a confundir quando a língua é morta. Para além desse limite, a arte de fazer sinônimos torna-se tão extensa quanto pueril. Gostaria ainda que se prestasse atenção a duas coisas na distinção das palavras sinônimas. Primeiro, não assinalar somente as ideias que diferenciam, mas também aquelas que são comuns. O abade Girard só obedeceu à primeira parte dessa lei. Entretanto, a que ele negligenciou não é nem menos essencial nem menos difícil de cumprir. Segundo, escolher os exemplos de modo que, ao explicar a diversidade das acepções, se exponham ao mesmo tempo os usos da nação, seus costumes, suas principais transações etc., de modo a preservar a memória de seus grandes homens, suas desventuras e sucessos. Não custa mais tornar um sinônimo útil, sensato, instrutivo e virtuoso do que fazê-lo contrário à honestidade ou privá-lo de sentido.

Acrescentemos a essas observações um meio simples e razoável para abreviar a nomenclatura e evitar as repetições. A Academia Francesa o havia praticado na primeira edição de seu dicionário; e não me parece que teria renunciado a ela em prol de leitores mais limitados, se tivesse considerado o quão fácil seria socorrê-los. Esse meio de abreviar a nomenclatura consiste em não distribuir por diversos verbetes separados o que naturalmente deve se encontrar num só. Seria mesmo necessário que um dicionário contivesse uma palavra tantas vezes quanto são as diferentes percepções do espírito? A obra se tornaria infinita, e não poderia deixar de ser um caos de repetições. Eu não faria, pois, para *precipitável*, *precipitar*, *precipitante*, *precipitação*, *precipitado*, *precipício* ou qualquer outra expressão semelhante mais do que um único verbete, ao qual remeteria em todos os lugares em que a ordem alfabética oferecesse expressões ligadas por uma mesma ideia geral e comum. Quanto às diferenças, o substantivo designa ou a coisa, ou a pessoa, ou a ação, ou a sensação, ou a qualidade, ou o tempo, ou o lugar; o particípio designa a ação, considerada como possível, ou como presente, ou como passada; o infinitivo, a ação relativamente a um agente, a um lugar e a um tempo qualquer indeterminado. Multiplicar as definições a partir desses aspectos não é definir os termos, é voltar às mesmas noções a cada aspecto novo que seja apresentado por um termo. Não é evidente que o que convém a uma expressão, uma vez considerada sob esses diferentes pontos de vista, convém a todas as que admitirem na língua uma mesma variedade? Observo que para a perfeição de um idioma seria desejável que os termos tivessem nele toda a variedade de que são suscetíveis. Digo *de que são suscetíveis*, pois há verbos, tais como os neutros, que excluem certas nuances, assim como *ir* não pode ter o adjetivo *-ível*. Mas com quantos outros isso não ocorre, e cujo produto é limitado sem razão, apesar da necessidade diária, e quanto embaraço não é causado pela penúria que se faz sentir, em particular em escritores exatos e lacônicos? Dizemos em francês *accusateur*, *accuser*, *accusation*, *accusant*, *accusé*, mas não dizemos *accusable*, embora utilizemos *inexcusable*. Quantos adjetivos não se movem na direção dos substantivos, quantos substantivos não se movem na direção do adjetivo? Eis uma fonte fecunda, na qual ainda restam, na nossa língua, muitas riquezas a buscar. Seria bom assinalar para cada expressão as nuances que lhe faltam, a fim de que se ousasse suplementá-la em nossa época, ou por medo de que, enganados em seguida pela analogia, não as considerássemos como maneiras de dizer em uso em nosso afortunado século.

Isso é o que eu tinha a expor sobre a língua. A negligência por esse objeto em nossa obra era proporcional à importância dele para fins de uma enciclopédia, razão essa para que fosse tratado aqui exaustivamente, mesmo que fosse apenas, como dissemos, para indicar meios para reparar a falta que cometemos. Não falei da sintaxe nem das outras partes do rudimento francês; aquele que se encarregou disso não deixou nada a desejar, e nosso dicionário é completo nesse assunto.

Após termos tratado da língua, que é o meio de transmissão dos conhecimentos, buscaremos agora pelo melhor encadeamento que se pode dar a eles.

Há, para começar, uma ordem geral, que distingue este dicionário de toda outra obra em que as matérias são da mesma maneira submetidas à ordem alfabética; é essa ordem que permite chamá-la de *Enciclopédia*. Não diremos mais do que isto, no que concerne ao encadeamento em sua relação com a matéria enciclopédica como um todo: o arquiteto dotado do gênio mais fecundo não conseguiria introduzir tanta variedade na construção de um grande edifício, na decoração de suas fachadas, na combinação de ordens, em suma, em todas as partes de sua distribuição, quanto a que se admite na ordem enciclopédica. Ela pode ser formada pela relação entre nossos diferentes conhecimentos e as diferentes faculdades de nossa alma (é o sistema que seguimos), ou então pela relação entre esses conhecimentos e os seres que eles têm por objeto, objeto este que pode ser de pura curiosidade, de luxo de necessidade. Pode-se dividir a ciência geral em ciência das coisas, ciência dos signos, ciência dos concretos ou ciência dos abstratos. As duas causas mais gerais, a arte e a natureza, permitem assim uma bela e grande distribuição. Encontrar-se-ão outras, na distinção entre o físico e o moral, o existente e o possível, o material e o espiritual, o real e o inteligível. Tudo o que sabemos não decorre do uso de nossos sentidos e de nossa razão? Não é natural ou revelado? Não são palavras, coisas ou fatos? É, pois, impossível banir o arbitrário dessa primeira distribuição geral. O universo só nos oferece seres particulares, infinitos em número, quase sem nenhuma divisão fixa e determinada. Não há ser que possamos chamar de primeiro ou último; tudo nele se encadeia e se sucede por nuances insensíveis, e, através dessa uniforme imensidão de objetos, se surgem alguns que, como pontas de rochedos, parecem perfurar a superfície e dominá-la, não devem essa prerrogativa senão a sistemas particulares, a convenções vagas, a certos acontecimentos isolados, não ao arranjo físico dos seres ou à intenção da natureza. Ver o *Prospecto*.

A descrição de uma máquina pode, em geral, ser feita a partir de qualquer uma de suas peças. Quanto maior e mais complicada a máquina, mais haverá ligações entre suas partes; quanto menos conhecidas forem, mais planos de descrição serão necessários. E o que dizer de uma máquina infinita em todos os sentidos, o universo real e o universo inteligível, ou de uma obra que seja como a marca de ambos? O universo, real ou inteligível, tem uma infinidade de pontos de vista a partir dos quais pode ser representado, e o número de sistemas possíveis do conhecimento humano é tão grande quanto o de seus pontos de vista. O único a partir do qual o arbitrário poderia ser excluído é, como havíamos dito em nosso *Prospecto*, o sistema que existiu por toda a eternidade na vontade de Deus. E o sistema em que se desceria desse primeiro ser eterno em direção a todos os seres que, no tempo, emanam do seu seio, seria semelhante [641] à hipótese astronômica em que o filósofo se transporta em ideia ao centro do Sol, para daí calcular os fenômenos dos corpos celestes que o rodeiam, disposição que tem simplicidade e grandeza, mas à qual se poderia censurar um defeito importante para uma obra composta por filósofos e dedicada a todos os homens e a todos os tempos: estar por demasiado ligada à nossa teologia, ciência sublime, útil, sem dúvida, pelos conhecimentos que o cristão recebe dela, mais útil ainda, porém, pelos sacrifícios que exige e pelas recompensas que promete.

Quanto a esse sistema geral, de que o arbitrário estaria excluído, e que não teremos jamais, talvez não houvesse vantagem em tê-lo. Pois que diferença haveria entre a leitura de uma obra em que todas os mecanismos do universo fossem desenvolvidos, e o próprio estudo do universo? Quase nenhuma. Continuaríamos sendo capazes de entender somente uma certa porção desse grande livro. E por pouco que a impaciência e a curiosidade, que nos dominam e interrompem tão comumente o curso de nossas observações, lançassem desordem em nossas leituras, nossos conhecimentos se tornariam tão isolados quanto já são. Perdendo a cadeia das induções e deixando de perceber as ligações anteriores e subsequentes, logo teríamos os mesmos vazios e incertezas. Ocupamo-nos agora em preencher estes vazios; ocupar-nos-íamos em preenchê-los projetando um livro imenso, que, não sendo aos nossos olhos mais perfeito que o universo, estaria igualmente exposto à temeridade de nossas dúvidas e nossas objeções.

Já que a perfeição absoluta de um plano universal não remediaria a fraqueza de nosso entendimento, apliquemo-nos ao que convém à nossa condição de homens e contentemo-nos em remontar a alguma noção bem geral. Quanto mais elevado o ponto de vista a partir do qual considerarmos os objetos, mais ele nos mostrará a extensão, e mais instrutiva e maior será a ordem que seguiremos. Consequentemente, é preciso que seja simples, pois raramente existe grandeza sem simplicidade; que seja claro e fácil; que não seja um labirinto tortuoso, onde nos perdemos e nada se percebe para além do ponto em que se está, que seja uma grande e vasta avenida, que se estende ao longe, ao longo de cuja extensão encontramos outras, bem distribuídas, que conduzem aos objetos solitários e afastados pelo caminho mais fácil e mais curto.

Acima de tudo, uma consideração que não se deve perder de vista é que, se banirmos da face da Terra o homem ou o ser pensante e contemplador, esse espetáculo comovente e sublime da natureza não passará de uma cena triste e muda. O universo se calará; o silêncio e a noite se apoderarão dele. Tudo se transformará numa vasta solidão em que os fenômenos não observados se passarão de maneira obscura e secreta. É a presença do homem que torna interessante a existência dos seres. E o que se pode propor de melhor na história desses seres a não ser aceitar essa consideração? Por que não introduzir o homem em nossa obra tal como ele se insere no universo? Por que não tomá-lo como o seu centro comum? Haveria no espaço infinito algum ponto do qual se possa com tanto proveito fazer partir as linhas imensas que nos propomos a estender a todos os outros pontos? Que viva e doce reação não resultará disso, dos seres em direção ao homem e do homem em direção aos seres?

Eis o que nos determinou a procurar nas principais faculdades do homem a divisão geral a que subordinamos nosso trabalho. Que se siga outra via que se preferir, desde que não se ponha no lugar do homem um ser mudo, insensível e frio. O homem é o termo único de que se deve partir e ao qual tudo deve ser reconduzido, caso se queira agradar, interessar, tocar até mesmo as considerações mais áridas e os detalhes mais secos. Abstração feita de minha existência e da felicidade de meus semelhantes, que importa o resto da natureza?

Uma segunda ordem, não menos essencial que a precedente, é a que determinará a extensão relativa das diferentes partes da obra. Confesso que aqui se apresenta uma das dificuldades impossíveis de superar, quando se começa a editar a obra, e difícil de vencer em qualquer ponto da edição. Como estabelecer uma justa proporção entre as diferentes partes de um todo tão grande? Mesmo que esse todo fosse obra de um só homem, a tarefa não seria fácil. Qual é pois essa tarefa, sendo o todo obra de uma sociedade numerosa? Comparando um dicionário universal e razoado do conhecimento humano a uma estátua colossal, não avançamos muito, pois não se sabe nem como determinar a altura absoluta do colosso nem por quais ciências ou por quais artes seus diferentes membros devem ser representados. Qual a matéria que servirá de gabarito? Será a mais nobre, a mais útil, a mais importante, ou a mais extensa? Preferir-se-á a Moral às Matemáticas, as Matemáticas à Teologia, a Teologia à Jurisprudência, a Jurisprudência à História Natural etc.? Se permanecermos em certas expressões genéricas que ninguém compreende do mesmo modo, embora todos se sirvam delas sem contradição, porque nunca nos explicamos, e se pedirmos a cada um que nos apresente os elementos de um tratado ou um tratado completo e geral, não tardaremos a perceber o quanto essa medida nominal é vaga e indeterminada. Quem acredita ter tomado, para com os diferentes colegas, precauções tais que os materiais que lhe serão entregues se enquadrarão mais ou menos no seu plano, é um homem que não tem nenhuma ideia de seu objeto nem dos colegas aos quais se associa. Cada um tem um modo próprio de sentir e de ver. Lembro-me de que um artista a quem eu acreditava ter exposto precisamente o que ele devia fazer para expor sua arte a partir do meu discurso, tal como ele o entendera, sobre a maneira de atapetar em papel, o que exigia mais ou menos uma folha escrita e meia prancha de desenhos, trouxe-me dez a doze pranchas sobrecarregadas de figuras e três grossos cadernos *in-fólio*, com caracteres miúdos que preencheriam um a dois volumes *in doze*. Outro, ao contrário, a quem eu havia prescrito exatamente as mesmas regras que ao primeiro, trouxe-me um pequeno catálogo de palavras sem definição, sem explicação, sem figuras, sobre uma das manufaturas mais extensas, pela diversidade das obras fabricadas, as matérias empregadas, as máquinas das quais ela se serve, a mão de obra que a pratica, assegurando-me firmemente que sua arte não continha nada mais além disso. Supunha que o resto não era ignorado ou não poderia ser posto em palavras. Esperávamos de um dos nossos *amadores* mais elogiados o verbete *Composição em pintura* (o senhor Watelet ainda não nos havia oferecido o seu auxílio). Recebemos do *amador* duas linhas de definição, sem exatidão, sem estilo e sem ideias, com a humilhante confissão de que *ele não sabia mais do que isso*. Fui obrigado a escrever eu mesmo o verbete *Composição em pintura*, eu que não sou *amador* nem pintor. Esses fenômenos não me espantaram. Vi também, com pouca surpresa, a mesma diversidade entre os trabalhos dos doutos e dos homens de letras. A prova disso subsiste ainda em cem lugares desta obra. Aqui somos inflados **[641a]** com um volume exorbitante; ali somos magros, pequenos, mesquinhos, secos e descarnados. Num lugar, parecemos esqueletos; noutro, temos um ar hidrópico; somos alternadamente anões e gigantes, colossos e pigmeus; retos, bem-feitos e proporcionados; corcundas, mancos e contrafeitos. Acrescentai a essas esquisitices a de um discurso ora abstrato, obscuro e refinado, com frequência descuidado, arrastado e frouxo, e comparareis a obra inteira ao monstro da arte poética, ou então a algo ainda mais horrível. Esses defeitos, porém, são inseparáveis de uma primeira tentativa, e a mim está demonstrado que só o tempo e os séculos poderão repará-los. Se nossos descendentes se ocuparem da *Enciclopédia* sem interrupção, poderão conduzir a ordenação de seus materiais a algum grau de perfeição. Na falta de uma medida comum e constante, não pode haver meio-termo. Deve-se primeiro admitir sem exceção tudo o que uma ciência compreende, abandonar cada matéria a ela mesma e não lhe prescrever nenhum limite, a não ser os de seu objeto. Então, como cada coisa na *Enciclopédia* é o que ela é em si mesma, terá aí sua verdadeira proporção, sobretudo quando o tempo tiver prensado os conhecimentos e reduzido cada assunto ao seu justo alcance. Se acontecer, após um grande número de edições sucessivamente aperfeiçoadas, que alguma matéria se encontre no mesmo estado, como poderia acontecer facilmente entre nós com a Mineralogia ou a Metalurgia, não será por culpa da obra, mas do gênero humano em geral, ou da nação em particular, cujos olhares não tenham se voltado para esses objetos.

Fiz com frequência a observação de que a emulação que se acende necessariamente entre colegas produz dissertações e não verbetes. Toda a arte das remissões não poderia remediar a difusão, e em vez de ler um verbete da *Enciclopédia*, encontramo-nos embarcados numa memória acadêmica. Esse defeito diminuirá à medida que as edições se multipliquem; os conhecimentos necessariamente se aproximarão; o tom enfático e oratório se enfraquecerá; algumas descobertas tornadas mais comuns e menos interessantes ocuparão menos espaço; haverá mais matérias novas, as descobertas do dia serão ampliadas. É uma espécie de condescendência que se terá, em todos os tempos, pelo objeto, pelo autor, pelo público etc. Passado o momento, esse verbete sofrerá a circuncisão como todos os outros. Mas, em geral, as invenções e ideias novas introduzem uma desproporção necessária; e como a primeira edição é, de todas, a que contém mais coisas, se não recentemente inventadas, pelo menos tão pouco conhecidas quanto se tivessem essa característica, é evidente, por essa razão e pelas que precedem, que ela é aquela em que deve reinar a desordem maior; em contrapartida, é a que mostrará, por suas irregularidades, um ar original, que dificilmente será transmitido às edições seguintes.

Por que a ordem enciclopédica é tão perfeita e tão regular nas mãos de seu autor inglês? Por se limitar a compilar nossos dicionários e a analisar um pequeno número de obras, ele não inventa nada, permanece rente às coisas conhecidas; tudo lhe é igualmente interessante ou indiferente, não tem nem acepção para as matérias nem momento favorável ou desfavorável para trabalhar, exceto o da enxaqueca ou do *spleen*. Era como um camponês que traçava na terra, com o arado, um sulco superficial, porém regular e reto. Não é isso que acontece em nossa obra. Temos pretensões. Queremos ter passagens brilhantes. Neste momento, talvez seja mesmo essa a minha vaidade. O exemplo de um conduz ao de outro. Os editores se queixam, mas inutilmente. Prevalecemo-nos de nossas próprias faltas contra eles, e tudo é levado ao excesso. Os verbetes de Chambers são distribuídos de modo bastante regular, mas são vazios. Os nossos são plenos, mas irregulares. Se Chambers tivesse preenchido os seus, duvido que sua organização não tivesse sofrido com isso.

Uma terceira ordem é a que expõe a distribuição de cada parte em particular. É o primeiro esboço que se exige de um colega. Não me parece inteiramente arbitrária. Na ciência não se passa o mesmo que no universo. O universo é obra infinita de um Deus. Uma ciência é obra finita do entendimento humano. Tem primeiros princípios, noções gerais, axiomas dados. Eis as raízes da árvore. Deve-se ramificar a árvore o máximo possível; que se parta do objeto geral como de um tronco; de início, elevam-se os grandes galhos ou primeiras divisões; passa-se desses galhos mestres a ramos menores, e assim por diante, até se estender aos termos particulares, que serão como as folhas e a cabeleira da árvore. E por que um detalhamento como esse seria impossível? Cada palavra não tem o seu lugar, ou, se me for permitida a expressão, seu pedículo e sua inserção? Cada uma das árvores particulares será cuidadosamente recolhida, e, para apresentar as mesmas ideias sob uma imagem mais exata, a árvore enciclopédica geral será como um mapa-múndi em que se encontrarão os grandes continentes; as ordens particulares, como nos mapas de reinos em especial, de províncias, de logradouros; o dicionário será como a história geográfica detalhada de todos os lugares, a topografia geral e razoada do que conhecemos no mundo inteligível e no mundo visível; as remissões servirão de itinerários nesses dois mundos, dos quais o visível pode ser considerado como o Antigo, e o inteligível, como o Novo.

Uma quarta ordem, menos geral que qualquer uma das precedentes, é a que distribui, de modo conveniente, vários verbetes diferentes compreendidos sob uma mesma denominação. Aqui, parece necessário submeter-se à geração das ideias, à analogia das matérias, a seu encadeamento natural, passar do simples ao figurado etc. Há termos solitários que são exclusivos de uma ciência e que não oferecem nenhum interesse. Quanto àqueles cuja acepção varia e que pertencem a várias ciências e várias artes, deve-se formar com eles um pequeno sistema, cujo principal objeto é amenizar e atenuar, na medida do possível, a esquisitice dos disparates. Deve-se compor o todo do modo menos irregular e incoerente possível, deixar-se conduzir ora pelas relações, quando existem e são reconhecíveis, ora pela importância das matérias; e, na falta de relações, por meio de artifícios originais, que se apresentarão tanto mais frequentemente aos editores quanto maiores forem o seu gênio, imaginação e conhecimento. Há matérias indissociáveis entre si, como a História sagrada e a História profana, a Teologia e a Mitologia, a História Natural e a Física, a Química e algumas artes etc. A ciência etimológica, o conhecimento histórico dos seres e dos nomes, fornecem também grande número de visões diferentes que poderemos sempre seguir, sem medo de nos tornarmos turvos, obscuros ou ridículos.

Em meio aos diferentes verbetes da mesma denominação a serem distribuídos, o editor se comportará como se fosse autor. Seguirá a ordem que teria adotado se tivesse que considerar a palavra em todas as suas acepções. Não há uma lei geral a ser prescrita; e, se houvesse, o menor inconveniente **[642]** em segui-la seria o tédio da uniformidade. A ordem enciclopédica geral cairia de tempos em tempos em arranjos bizarros. A ordem alfabética forneceria a cada instante contrastes burlescos; um verbete de Teologia ficaria relegado no meio das artes mecânicas. Mais recomendável, e sem inconveniente, é iniciar pela acepção simples e gramatical; traçar sob a acepção gramatical um pequeno quadro resumido do verbete inteiro, apresentar como exemplos tantas frases diferentes quantas acepções diferentes houver, ordenar essas frases entre si, como as diferentes acepções da palavra devem ser ordenadas no verbete: a cada frase ou exemplo, remeter à acepção particular de que se trata. Então, ver-se-á quase sempre a Lógica suceder à Gramática, a Metafísica à Lógica, a Teologia à Metafísica, a Moral à Teologia, a Jurisprudência à Moral etc., e, apesar da diversidade das acepções, cada verbete tratado dessa maneira formará um conjunto. Apesar dessa unidade comum a todos os verbetes, não haverá nem excesso de uniformidade nem monotonia. Insisto na liberdade e na variedade dessa distribuição porque ela é a um só tempo cômoda, útil e razoável. Ocorre com a formação de uma enciclopédia o mesmo que com a fundação de uma grande cidade. Não se devem construir todas as casas a partir de um mesmo modelo, ainda que se encontrasse um modelo geral, belo em si mesmo e conveniente para qualquer local. A uniformidade dos edifícios, produzindo uniformidade nas vias públicas, disseminaria pela cidade um aspecto triste e cansativo. Os que caminham por elas não resistem ao tédio de um muro extenso ou mesmo de um parque muito extenso que de início os encantara.

Um bom espírito (e deve-se supor pelo menos essa qualidade num editor) saberá dispor cada coisa em seu lugar, e não há motivo para temer que haja nas ideias pouca ordem ou no espírito pouco gosto para misturar sem necessidade acepções disparatadas. Mas seria injusto acusar de esquisitice o que não passa de uma sequência necessária da diversidade das matérias, de imperfeições da língua e de abuso de metáforas, que transporta uma mesma palavra da butique de um artesão para os bancos da Sorbonne e reúne sob uma mesma denominação as coisas mais heterogêneas.

Qualquer que seja, porém, o objeto de que se trata, deve-se expor o gênero a que pertence, sua diferença específica ou a qualidade que o distingue, se houver uma, ou, antes, o conjunto das qualidades que o constituem (pois resulta desse conjunto uma diferença necessária, sem o que dois ou vários seres físicos, sendo absolutamente os mesmos perante o juízo dos nossos sentidos, não poderiam ser por nós distinguidos); suas causas, se as conhecermos; o que se sabe de seus efeitos; suas qualidades ativas e passivas; seu objeto, seu fim, seus usos; as singularidades que se observam nele; sua produção, crescimento, vicissitudes, dimensões, perecimento etc. Do que se segue que um mesmo objeto, considerado sob tantos aspectos, deve pertencer a várias ciências, e uma palavra tomada numa única acepção fornecerá vários verbetes diferentes. Caso se trate, por exemplo, de uma substância mineral, é comumente o gramático ou o naturalista que dela se apropria primeiro; transmite-a ao físico; este, ao químico; o químico, ao farmacêutico; o farmacêutico, ao médico, ao cozinheiro, ao pintor, ao tintureiro etc.

Nasce daí a quinta ordem, tanto mais fácil de instituir quanto mais se restrinjam os colegas rigorosamente aos limites de suas partes, e quanto melhor tenham apreendido o ponto de vista a partir do qual devem considerar a coisa individual de que se trata. Uma enumeração metódica e razoada das qualidades determinará esta quinta e última ordem, também suscetível de grande variedade. A sequência dos procedimentos pelos quais se faz passar uma substância, segundo o uso a que a destinamos, sugerirá o lugar a ser ocupado por cada noção. De resto, penso que se deve deixar aos colegas que as expliquem por si mesmos. O trabalho dos editores seria infinito se tivessem que fundir todos os verbetes num só; convém, aliás, reservar a cada um a honra de seu trabalho, e ao leitor a comodidade de consultar num verbete apenas a passagem de que tem necessidade.

Tudo o que exijo é método, não importa qual. Gostaria que não houvesse nenhum verbete capital sem divisão e subdivisão. É a ordem que alivia a memória. Dificilmente poderia um autor ter essa atenção para com o leitor sem que ela resultasse em seu próprio benefício. Somente meditando sobre a matéria é que se pode encontrar uma distribuição geral. Quase sempre é a última ideia importante a ser encontrada. É um pensamento único que se desenvolve, estende-se e se ramifica, alimentando-se de todos os outros, que assim se aproximam entre si como que por si mesmos. Os que não se prestam a essa espécie de atração ou estão muito distantes da sua esfera própria, ou padecem de algum defeito mais considerável. Num caso como no outro, é conveniente descartá-los. Aliás, um dicionário é feito para ser consultado, e o ponto essencial é que o leitor retenha claramente na memória o resultado da leitura. Um caminho que às vezes é necessário adotar, porque representa muito bem o método de invenção, é partir dos fenômenos individuais e particulares e elevar-se a conhecimentos mais extensos e menos específicos, e, destes, a outros mais gerais ainda, até chegar à ciência dos axiomas ou de proposições cuja simplicidade, universalidade e evidência as tornam indemonstráveis. Pois, em qualquer matéria que seja, só se percorreu todo o espaço que há para percorrer quando se chega a um princípio que não pode ser provado, definido, esclarecido, obscurecido, negado sem que se dê um passo em direção a trevas que acabariam por se tornar demasiado profundas caso não se pusesse um limite à argumentação.

Penso que há um ponto para além do qual é perigoso levar a argumentação, mas penso também que não se deve parar a não ser quando se está bem seguro de tê-lo atingido. Toda ciência, toda arte, tem sua metafísica. Essa parte é sempre abstrata, elevada e difícil. Entretanto, ela deve ser a parte principal de um dicionário filosófico, e pode-se dizer que, enquanto houver algo a decifrar, haverá fenômenos inexplicáveis, e reciprocamente. Então o homem de letras, o douto e o artista caminham no escuro. Se realizam algum progresso, devem-no ao acaso. Chegam a ele como um viajante perdido que segue o bom caminho sem saber. É, pois, de suma importância expor bem a metafísica das coisas, ou suas razões primeiras e gerais. O resto se tornará mais luminoso e seguro no espírito. Os pretensos mistérios, tão censurados a algumas ciências e tão alegados por outros para remediar os seus, uma vez discutidos metafisicamente, desaparecem como os fantasmas da noite quando o dia se aproxima. A arte, esclarecida desde o primeiro passo, [642a] avançará com segurança, rapidamente, e sempre pela via mais curta. É preciso, pois, empenhar-se em dar a razão das coisas, quando houver; assinalar as causas, quando forem conhecidas; indicar os efeitos, quando forem certos; desatar nós, com uma aplicação direta dos princípios; demonstrar as verdades; desvendar os erros; desacreditar habilmente os preconceitos; ensinar os homens a duvidar e a esperar; dissipar a ignorância; apreciar o valor dos conhecimentos humanos; distinguir o verdadeiro do falso, o verdadeiro do verossímil, o verossímil do maravilhoso e do inacreditável, os fenômenos comuns dos extraordinários, os fatos certos dos duvidosos, estes dos absurdos e contrários à ordem da natureza; conhecer o curso geral dos acontecimentos e tomar cada coisa pelo que ela é; e, consequentemente, inspirar o gosto pela ciência, o horror pela mentira e pelo vício e o amor pela virtude, pois o que não tem a felicidade e a virtude como fim último não é nada.

Não posso tolerar, em questões de raciocínio, que se busque apoio na autoridade de escritores. O que importa, para a verdade que procuramos, o nome de um homem que não é infalível? Sobretudo, nada de versos; têm um ar tão frívolo e mesquinho numa discussão filosófica! Devem-se relegar esses ornamentos supérfluos aos verbetes de literatura. É lá que posso aprová-los, desde que inseridos pelo gosto, que sirvam de exemplo e ressaltem o defeito que se repreende, ou então que mostrem o brilho da beleza que se recomenda.

Em tratados científicos, é o encadeamento de ideias ou de fenômenos que dirige a marcha. À medida que se avança, a matéria é desenvolvida, seja por generalização, seja por particularização, segundo o método preferido. A mesma coisa ocorrerá em relação à forma geral de um verbete particular da *Enciclopédia*, com a diferença de que o dicionário ou a coordenação dos verbetes tem vantagens que não se encontram num tratado científico, a não ser à custa de alguma qualidade, e essas vantagens serão devidas a *remissões*, que constituem a parte mais importante da ordem alfabética.

Distingo duas espécies de remissões: às coisas e às palavras. Remissões às coisas esclarecem o objeto, indicam as ligações próximas com os que o tocam imediatamente e as ligações afastadas com outros que se acreditava separados; rememoram as noções comuns e os princípios analógicos; reforçam as consequências; entrelaçam o galho ao tronco, e dão ao todo essa unidade tão favorável ao estabelecimento da verdade e da persuasão. Mas, quando for necessário, produzirão um efeito absolutamente contrário: oporão as noções, apresentarão contraste entre os princípios, atacarão, abalarão, derrubarão secretamente algumas opiniões ridículas que não se ousaria insultar abertamente. Se o autor for imparcial, as remissões terão sempre a função de confirmar e refutar, de perturbar e conciliar.

Haveria uma grande arte e uma vantagem infinita em remissões como essas. A obra inteira adquiriria, graças a elas, uma força interna e uma utilidade secreta, cujos surdos efeitos não poderiam deixar de se fazer sentir com o tempo. Todas as vezes, por exemplo, que um preconceito nacional merecesse respeito, seria necessário, no verbete dedicado a ele, expô-lo respeitosamente, com o cortejo completo de verossimilhança e sedução. Mas seria necessário, ao mesmo tempo, derrubar o edifício de barro, dissipar o amontoado inútil de poeira, remetendo aos verbetes em que princípios sólidos servem de base às verdades opostas. Essa maneira de livrar os homens do engano opera muito prontamente sobre os bons espíritos; e infalivelmente, sem nenhuma consequência indesejável, secretamente e com discrição, sobre todos os espíritos. Trata-se da arte de deduzir tacitamente as mais poderosas consequências. Se as remissões de confirmação e refutação forem previstas com antecedência e preparadas com habilidade, darão a uma enciclopédia o caráter que deve ter um bom dicionário. Esse caráter é o de mudar a maneira comum de pensar. A obra que produza esse grande efeito geral terá defeitos de execução, concordo. Mas o plano e o fundo serão excelentes. A obra que não opere nada de semelhante será ruim; de resto, qualquer que seja o bem que se possa dizer dela, o elogio passará e a obra cairá no esquecimento.

Remissões a palavras são muito úteis. Cada ciência, cada arte, tem sua língua. Onde ficaríamos se, todas as vezes em que se emprega um termo de arte, fôssemos obrigados, em prol da clareza, a repetir sua definição? Quantas repetições haveria? É indubitável que tantas digressões e parênteses, tanta lentidão, podem tornar o termo mais obscuro. É tão comum ser difuso e obscuro quanto obscuro e conciso; e se um é por vezes cansativo, o outro é sempre tedioso. Mas, quando se faz uso dessas palavras e não as explicamos, deve-se prestar uma atenção escrupulosa para remeter aos lugares onde se trata dela, e aos quais só seríamos conduzidos por analogia, espécie de fio que não está nas mãos de todos. Num dicionário universal das ciências e das artes, pode-se ser obrigado, em várias circunstâncias, a pressupor juízo, espírito, penetração; mas não há circunstância em que se deva pressupor conhecimentos. Que um homem pouco inteligente se queixe, se quiser, de ingratidão da natureza ou da dificuldade da matéria, mas não do autor, se não lhe falta nada para a compreensão, do lado das coisas ou das palavras.

Há uma terceira espécie de remissões que não se deve abandonar nem recusar inteiramente. São as que, aproximando nas ciências certas relações; nas substâncias naturais, qualidades análogas; nas artes, procedimentos semelhantes, conduzirão a novas verdades especulativas, ou à perfeição das artes conhecidas, ou à invenção de novas artes, ou ainda à restituição de antigas artes perdidas. Essas remissões são obra do homem de gênio. Feliz do que está em condições de percebê-las! Ele tem esse espírito de combinação, esse instinto que eu defini em alguns dos meus *Pensamentos sobre a interpretação da natureza*. Melhor arriscar conjecturas quiméricas do que deixar que se percam as úteis. É o que me encoraja a propor estas que se seguem.

A respeito da inclinação e declinação da agulha imantada, não é de suspeitar que sua extremidade descreveria, num movimento composto, uma pequena elipse, semelhante à descrita pela extremidade do eixo da Terra?

Os raríssimos casos em que a natureza oferece fenômenos isolados permanentes, como o anel de Saturno, não poderiam ser incorporados à lei geral e comum, considerando-se, nesse exemplo, o anel não como um corpo contínuo, mas como um certo número de satélites que se deslocam num mesmo plano com uma velocidade capaz de perpetuar sob nossos olhos uma sensação ininterrupta de sombra e luz? Meu colega d'Alembert poderia apreciar tais conjecturas.

Ou então, para falar de objetos mais próximos de nós e de utilidade mais certa: por que não executar figuras de plantas, pássaros, animais e homens, ou seja, quadros, na máquina dos operários da seda, em que já se executam flores tão perfeitamente nuançadas? **[643]**

Que impossibilidade haveria em realizar, nessas mesmas máquinas, os fundos de tapeçarias em lã que se fazem com a agulha, e em não deixar senão lugares do desenho a ser nuançado vazios e prontos para serem acabados a mão, seja em lã, seja em seda? Isso daria, para essa espécie de trabalhos na máquina, a mesma celeridade da máquina de meias de seda na produção das malhas. Convido os artesãos a meditarem sobre a questão.

Não seria possível estender a pequena arte de imprimir em caracteres vazados à impressão ou à cópia da música? Tomaríamos papel pautado; as pautas seriam traçadas sobre pequenas lâminas de caracteres; com a ajuda desses traços e das próprias marcas dos caracteres, nós os organizaríamos facilmente sobre as linhas; as barras que separam as medidas, aquelas que ligam as notas e os outros signos da música, seriam em número igual ao dos caracteres; dar-se-ia às lâminas larguras que estariam entre si como os valores das notas; consequentemente, as notas ocupariam sobre a pauta espaços proporcionais a seus valores, e as medidas corresponderiam rigorosamente umas às outras, sobre diferentes linhas, sem a menor atenção por parte do músico; isso feito, ter-se-ia um chassi que conteria cada pauta, que aplicaríamos sucessivamente sobre tantos papéis diferentes quanto se quisesse, o que daria o mesmo número de cópias da mesma parte. O único esforço a fazer seria levantar e abaixar, com a ajuda de um pequeno instrumento, as pequenas lâminas móveis umas em relação às outras, nos lugares em que não se correspondessem tão exatamente quanto preciso, às linhas ou às entrelinhas. Deixo o julgamento dessa ideia a meu amigo Rousseau.

Enfim, uma última espécie de remissão, que pode ser de palavra ou de coisa, são as ordinariamente chamadas de satíricas ou epigramáticas. Tal é, por exemplo, o caso de um dos nossos verbetes, em que, após um elogio pomposo, lê-se: "ver *Capucho*". A palavra burlesca *capuchon* e a que dá nome ao verbete *Capucho* poderiam fazer pensar que o elogio pomposo foi puramente irônico, e é preciso ler o verbete com precaução, pesando com precisão cada um de seus termos.

Não me agradaria suprimir por completo essas remissões, pois elas têm por vezes sua utilidade. Pode-se dirigi-las secretamente contra certos ridículos, assim como as remissões filosóficas contra certos preconceitos. Algumas vezes, é um meio delicado e leve de rejeitar uma injúria, quase sem precisar colocar-se na defensiva, e de arrancar a máscara de personagens graves, "que fingem ser Curios e vivem em orgias", *qui curios simulant et bacchanalia vivunt*. Mas não aprecio sua frequência. Essa mesma que citei não me agrada. Frequentes alusões dessa natureza recobririam com nuvens a nossa obra. A posteridade, que ignora pequenas circunstâncias que não merecem ser transmitidas, não sente mais a fineza do propósito e considera pueris essas palavras que nos divertem. Em vez de se compor um dicionário sério e filosófico, cai-se na fanfarronice. Tudo bem pesado, preferiria que se dissesse a verdade diretamente, e se, por infelicidade, estivéssemos diante de homens cuja reputação se perdeu, desprovidos de conhecimentos e de costumes, e cujo nome se tivesse tornado quase um termo desonesto, que nos abstivéssemos de nomeá-los, ou então, por pudor, ou por caridade, que os maltratássemos sem escrúpulos, que os envergonhássemos ignominiosamente de seus vícios, que lembrássemos a eles sua condição e seus deveres com traços sangrentos, e os perseguíssemos com a amargura de Perseu ou o fel de Juvenal ou do *Buchanan*.

Sei bem o que se costuma dizer de obras em que os autores se entregam inteiramente à sua própria indignação: "Isso é horrível! Não se trata as pessoas com essa dureza! São injúrias que não se podem ler", e outras exclamações semelhantes, feitas em todos os tempos a propósito de obras em que o ridículo e a maldade foram pintados com mais força e que lemos com o maior prazer. Expliquemos essa contradição em nossos julgamentos. No momento em que essas produções temíveis foram publicadas, os malfeitores, alarmados, recearam por sua própria integridade. Quanto mais vicioso era um autor, mais ele se queixava aos gritos. Ao satírico se objetava a idade, a posição, a dignidade da pessoa e uma infinidade de pequenas considerações triviais, que a cada dia perdiam força e desapareciam antes do fim do século. Alguém poderia crer que, quando Juvenal abandonou Messalina aos carregadores de Roma e Perseu transformou um baixo valete num personagem grave, num magistrado respeitável, as mulheres finas de um lado, os togados de outro, não protestaram, dizendo que tudo isso era de uma indecência abominável e deveria ser punido? Os que não acreditam nisso se enganam. Circunstâncias momentâneas, porém, são esquecidas; a posteridade não vê senão a loucura, o ridículo, o vício e a maldade, cobertos de ignomínia, e se alegra, como se estivesse diante de um ato de justiça. Quem censura o vício levemente não me parece suficientemente amigo da virtude. Ficamos tanto mais indignados com a injustiça quanto mais longe de nós cometê-la. E é uma fraqueza repreensível a que nos impede de mostrar, pela maldade, pela baixeza, pela inveja, pela duplicidade, esse ódio vigoroso e profundo que todo homem honesto deve sentir.

Qualquer que seja a natureza das remissões, nunca é demais multiplicá-las. É melhor haver remissões supérfluas do que omissões. Um dos efeitos mais imediatos, e a vantagem mais importante da multiplicidade de remissões, é, em primeiro lugar, aperfeiçoar a nomenclatura. Um verbete essencial tem relação com tantos outros diferentes que é impossível que algum dos colaboradores não faça remissão a eles. Do que se segue que ela não pode ser omitida, pois uma palavra que é apenas um acessório numa matéria é a central para outra. Com as coisas ocorre o mesmo que com as palavras. Um verbete faz menção a um fenômeno e remete ao verbete particular desse fenômeno; outro menciona uma qualidade e remete ao verbete da substância; este faz menção a um sistema, aquele a um procedimento, e cada um remete ao lugar conveniente, não pelo que contém, pois isso não lhe foi comunicado, mas pelo que se presume que contenha, para esclarecer e completar o verbete em que se trabalha. Assim, a todo momento, a Gramática remeterá à Dialética, a Dialética à Metafísica, a Metafísica à Teologia, a Teologia à Jurisprudência, a Jurisprudência à História, a História à Geografia e à Cronologia, a Cronologia à Astronomia, a Astronomia à Geometria, a Geometria à Álgebra, a Álgebra à Aritmética etc. Um preconceito com graves consequências é não ter uma opinião suficientemente positiva a respeito de seu colega para crer que ele não tenha omitido nada. Há muitas razões, além da má-fé, seja para omitir um verbete, seja para não tratar tudo o que é seu objeto, de modo que nunca é demais fazer a remissão.

Em segundo lugar, evitar repetições. As ciências se superpõem umas às outras: são ramos contínuos que partem do mesmo tronco. Quem compõe uma obra não entra em seu assunto de maneira abrupta, a rigor, não se fecha nele e também não sai dele bruscamente. **[643a]** É forçado a precipitar-se em um terreno vizinho ao seu, de um lado; as consequências o levam com frequência para um terreno contíguo do lado oposto. Quantas outras incursões não são necessárias, no corpo da obra? Qual a finalidade das advertências iniciais, introduções, prefácios, exórdios, capítulos, digressões, conclusões?

Se separássemos de um livro o que está fora do assunto nele tratado, nós o reduziríamos quase sempre a um quarto de seu volume. O que produz o encadeamento enciclopédico? Essa circunscrição severa. Ela assinala tão exatamente os limites de uma matéria que não resta num verbete senão o que lhe é essencial. Uma única ideia nova engendra volumes na pena de um escritor; esses volumes reduzem-se a poucas linhas, na pluma de um enciclopedista. Submetemo-nos, sem perceber, ao que o método dos geômetras tem de mais conciso e mais preciso. Avança-se rapidamente. Uma página apresenta sempre algo diferente da que a precedeu ou que a segue. A necessidade de uma proposição, de um fato, de um aforismo, de um fenômeno, de um sistema, exige apenas uma citação na *Enciclopédia*, tal como na Geometria. O geômetra remete de um teorema ou de um problema a outro; o enciclopedista, de um verbete a outro. É assim que dois gêneros de obras que parecem ser de natureza muito diferente chegam a formar, por um mesmo meio, um conjunto muito denso, coeso e contínuo. O que eu digo é de tal exatidão que o método segundo o qual as Matemáticas são tratadas em nosso *Dicionário* é o mesmo que foi seguido pelas outras matérias. Desse ponto de vista, não há nenhuma diferença entre um verbete de Álgebra e um de Teologia.

Por meio da ordem enciclopédica, da universalidade dos conhecimentos e da frequência das remissões, as relações aumentam, as ligações expandem-se em todos os sentidos, a força da demonstração cresce, a nomenclatura se complementa, os conhecimentos se aproximam e se fortalecem. Percebem-se a continuidade ou os vazios de nosso sistema, seus lados fracos, seus pontos fortes, e, com uma visada, quais os objetos sobre os quais importa trabalhar, para sua própria glória e para o benefício do gênero humano. Se nosso dicionário for bom, quantas obras melhores não produzirá?

Mas como poderia um editor realizar essas remissões, se não tiver o manuscrito completo sob os olhos? Essa condição me parece de tal importância que direi, daquele que manda imprimir a primeira página de uma enciclopédia sem ter lido antes vinte vezes a sua cópia, que ele não percebe a extensão de sua função, que é indigno de dirigir um empreendimento tão elevado, ou que, acorrentado, como o fomos, por acontecimentos imprevisíveis, encontrou-se inesperadamente num labirinto e se viu forçado, em nome de sua honra, a se arranjar tão bem como pôde.

Um editor que só possua as partes sucessivamente jamais poderá dar ao todo algum grau de perfeição. É mais difícil julgar o conjunto de um dicionário universal do que um projeto de arquitetura, em que só se veem as diferentes ordens separadas e umas após as outras. De que modo não omitir remissões? Como poderiam não lhe escapar remissões inúteis, falsas, ridículas? Um autor faz uma remissão como prova, pelo menos é sua intenção, e eis que ela funciona como objeção. O verbete que um outro citou simplesmente não existe ou não tem nada de análogo à matéria em questão. Outro inconveniente é que falte uma parte do manuscrito, pois o autor compõe à medida em que a obra vai sendo impressa, do que resulta que, valendo-se das remissões para satisfazer o seu desejo ou dar ouvidos a sua preguiça, a matéria fica mal distribuída, os primeiros volumes são vazios, os últimos sobrecarregados, e a ordem natural é inteiramente pervertida. Mas o que há de mais perigoso é que o editor, no final de sua tarefa, oprimido por uma prodigiosa multidão de verbetes que remetem de uma letra a outra, os mutile ou simplesmente os omita, deixando-os para uma segunda edição. Hesitará menos em fazer esta última escolha se a fortuna da obra estiver feita ou arruinada. E que estranho constrangimento ele não sofrerá, se um colaborador, cujo trabalho avança no mesmo passo que a impressão, morrer ou for surpreendido por uma longa enfermidade! A experiência, infelizmente, nos ensinou a temer esses acontecimentos, embora o público ainda não tenha percebido os seus efeitos.

Caso o editor tenha em mãos o manuscrito completo, ele partirá de um ponto e o seguirá por todas as suas ramificações. Estas conterão tudo o que se refere ao assunto, ou serão incompletas; se forem incompletas, é difícil que não perceba as omissões, pelas remissões feitas em partes diferentes daquela que ele examina, assim como remissões dessa a outras lhe indicarão se estas últimas estão completas ou precisam de suplementos. Se uma palavra estiver de tal modo isolada que não é mencionada em nenhuma parte, seja no discurso, seja em remissão, ouso afirmar que poderia ser omitida quase sem consequência. Mas não existem muitas palavras dessa natureza, mesmo entre as coisas individuais e particulares. É preciso que a coisa em questão não tenha nenhum destaque nas ciências, nenhuma espécie de utilidade, nenhum uso nas artes. Mesmo o castanheiro-da-índia, árvore tão fecunda em frutos inúteis, não se encontra nesse caso. Não há nada existente na natureza ou no entendimento, nada praticado ou empregado nos ateliês, que não esteja ligado, por um grande número de fios, ao sistema geral do conhecimento humano. Se, ao contrário, a coisa omitida for importante, para que a omissão não seja percebida ou notada seria necessária ao menos uma segunda omissão, que provocaria uma terceira e assim por diante, até que se chegasse a um ser solitário e isolado, situado nos confins do sistema. Haveria uma ordem inteira de seres ou noções a serem suprimidas, o que é metafisicamente impossível. Se restasse um desses seres ou noções, seríamos conduzidos a partir dele, na descendente como na ascendente, a restituir outro e assim por diante, até que a lacuna fosse completamente preenchida, a cadeira estivesse completa e a ordem enciclopédica readquirisse a sua continuidade.

Ao detalhar assim como deve ser feita uma verdadeira enciclopédia, estabelecemos regras severas para que se examine esta que publicamos. Qualquer uso que se faça delas, a nosso favor ou contra nós, provará pelo menos que ninguém estava em melhor condição do que os autores para criticar sua própria obra. Resta saber se nossos inimigos, que até aqui deram tantas provas de ignorância, não decidiriam dar provas de covardia, atacando-nos com armas que não tivemos medo de lhes pôr nas mãos.

A leitura prévia e reiterada do manuscrito completo evita suplementos, de coisas, de palavras e de remissões. Quantos termos, definidos ou somente enunciados no decorrer de um verbete, não entrariam assim na ordem alfabética? Quantos conhecimentos, anunciados [644] num lugar onde os procuraríamos inutilmente, não seriam incluídos? Quantos princípios, que permanecem isolados, não seriam aproximados por uma palavra de chamada? As remissões funcionam num verbete como as pedras de amarração que vemos dispostas em intervalos desiguais sobre um muro ou sobre a convexidade de uma abóbada, cujos intervalos apontam para outros intervalos e outras pedras de amarração semelhantes, dispostas em outra parte.

Insisto tanto mais sobre a necessidade de possuir a cópia inteira por serem as omissões, em minha opinião, o maior defeito de um dicionário. Mais vale um verbete malfeito do que um verbete que não foi feito. Nada aborrece tanto o leitor como não encontrar a palavra que procura. Eis um exemplo espantoso, que eu relato para compartilhar a censura ao caso. Um homem honesto compra uma obra na qual trabalhei. Atormentado por cãibras, nada é tão importante para ele quanto o verbete *cãibra*. Ele encontra essa palavra, com uma remissão a *convulsão*; consulta *convulsão*, de onde é enviado a *músculo*, de onde é mandado a *espasmo*, em que nada há sobre cãibra. Uma ausência como essa seria bem ridícula, e não duvido que algo similar tenha acontecido vinte vezes na *Enciclopédia*. Temos o direito, porém, de exigir um pouco de indulgência. A obra em que trabalhamos não é de nossa escolha. Não fomos nós que encomendamos os primeiros materiais que nos foram entregues, e fomos lançados, por assim dizer, numa confusão capaz de desencorajar qualquer um com menos honestidade ou menos coragem. Nossos colegas são testemunhas das dificuldades que tivemos e ainda temos. Ninguém sabe melhor do que eles o que nos custou e o que nos custa dar à obra a perfeição de que é suscetível uma primeira tentativa. Propomo-nos, se não para minimizar, pelo menos para responder às censuras que nos foram dirigidas, reler o nosso dicionário, quando o tivermos concluído, no propósito de completar a nomenclatura, a matéria e as remissões.

Não há nada tão minucioso quanto a execução de uma grande obra; a menor negligência tem consequências importantes. O manuscrito mostra bem que é assim. Repleto de nomes de pessoas, de termos das artes, de caracteres, de números, letras, citações, remissões etc., será extremamente defectivo se não tiver extrema exatidão. Seria bom, assim, que os enciclopedistas grafassem em letras maiúsculas as palavras a respeito das quais nos enganamos com facilidade. Por esse meio, evitar-se-iam quase todos os erros de impressão; os verbetes ficariam corretos, os autores não teriam nenhuma razão para se queixar e o leitor jamais ficaria perplexo. Embora não tenhamos recebido um manuscrito tal como o teríamos desejado, entretanto, há poucas obras impressas com mais exatidão e elegância do que a nossa. Os cuidados e a habilidade do tipógrafo superaram a desordem e as imperfeições da cópia. E não ofenderemos nenhum de nossos colegas ao assegurar que, da maioria dos que tiveram alguma participação na *Enciclopédia*, nenhum cumpriu seus compromissos tão à risca como o impressor. Nesse aspecto, que mais causou e mais causará admiração em todos os tempos nas pessoas dotadas de gosto e nos bibliófilos, dificilmente as edições subsequentes poderão igualar a primeira.

Acreditamos perceber todas as vantagens de um empreendimento como este de que nos ocupamos. Acreditamos ter tido ocasiões de sobra para saber como é difícil levar a cabo, com algum êxito, as primeiras tentativas e como os talentos de um só homem, qualquer que ele fosse, estariam abaixo desse projeto. Muito tempo antes de iniciá-lo, possuíamos uma parte das luzes e toda a desconfiança que uma longa meditação poderia inspirar. A experiência não enfraqueceu nossas disposições. Vimos, à medida que trabalhávamos, a matéria se estender, a nomenclatura se obscurecer, as substâncias trazidas sob uma multidão de nomes diferentes, instrumentos, máquinas e procedimentos se multiplicarem sem medida, numerosos desvios de um labirinto inextricável se complicarem cada vez mais. Vimos como custava ter certeza de que as mesmas coisas eram as mesmas, e como custava ter certeza de que outras que pareciam muito diferentes não eram tão diferentes assim. Vimos que essa forma alfabética, que nos facilitava a cada instante o repouso, que difundia tanta variedade no trabalho, e que, desse ponto de vista, parecia tão vantajosa para ser seguida numa obra longa, tinha as suas dificuldades, que era preciso superar a cada instante. Vimos que ela nos expunha a dar aos verbetes capitais uma extensão imensa, se fizéssemos entrar neles tudo o que se podia naturalmente esperar encontrar ou então a torná-los secos e empobrecidos, se, com a ajuda das remissões, os abreviássemos e excluíssemos deles muitos objetos deles inseparáveis. Vimos o quanto era importante e difícil guardar o justo meio. Vimos quantas coisas inexatas e falsas escapavam, quantas coisas verdadeiras eram omitidas. Vimos que somente o trabalho de vários séculos poderia introduzir, no meio de tanto material reunido, a forma verdadeira que lhe convinha, dar a cada parte a sua extensão, reduzir cada verbete a um tamanho justo, suprimir o que houvesse de ruim, complementar o que faltasse de bom, e terminar a obra que cumprisse o desígnio que se havia proposto quando foi empreendida. Mas vimos que, de todas essas dificuldades, uma das mais consideráveis era a de produzir a obra de uma só vez, por mais informe que fosse, de modo que não nos tirasse a honra de haver superado esse obstáculo. Vimos que a *Enciclopédia* só poderia ser a tentativa de um século filósofo, que esse século havia chegado, que a celebridade, trazendo a imortalidade para os nomes daqueles que a concluirão, talvez não deixasse de se encarregar dos nossos.

Sentimo-nos reanimados por essa ideia, tão consoladora e tão doce, de que se falaria de nós quando não existíssemos mais, por esse murmúrio voluptuoso que nos fazia ouvir, na boca de alguns de nossos contemporâneos, o que diriam de nós homens em nome de cuja instrução e felicidade nós nos imolávamos, homens que estimávamos e amávamos, embora eles ainda não existissem. Sentimos desenvolver-se em nós o germe da emulação, que disputa com a morte a melhor parte de nós mesmos e que rouba do nada os únicos momentos de nossa existência de que realmente temos orgulho. Com efeito, o homem exibe-se aos seus contemporâneos e se vê tal como é, um composto bizarro de qualidades sublimes e fraquezas vergonhosas. Mas as fraquezas acompanham os restos mortais no túmulo e desaparecem com eles; a mesma terra as cobre; restam apenas as qualidades eternizadas nos monumentos que ele elevou para si mesmo, ou que deve à veneração e ao reconhecimento público, honras das quais a consciência de seu próprio mérito lhe dá um gozo antecipado; gozo tão puro, tão forte, tão real, maior do que qualquer outro, e no qual não pode haver de imaginário a não ser os títulos sobre os quais se fundam nossas pretensões. Nossas pretensões estão postas nesta obra; [**644a**] a posteridade as julgará.

Eu disse que cabia apenas a um século filosófico tentar fazer uma enciclopédia. E disse isso porque essa obra exige mais ousadia de espírito do que a que se tem comumente em séculos de gosto pusilânime. É preciso examinar tudo, remexer tudo sem exceção e sem escrúpulo: ousar ver, tão logo comecemos a nos convencer disso, que com quase todos os gêneros de literatura ocorre o mesmo que com a compilação geral das leis e a primeira formação das cidades. Seu nascimento deve-se a um acaso singular, a uma circunstância bizarra, às vezes ao impulso do gênio; que os que vieram depois dos primeiros inventores não foram, em sua maioria, mais do que seus escravos; que produções que devem ser consideradas como o primeiro degrau, tomadas cegamente como seu último termo, em vez de promover o avanço de uma arte rumo à perfeição, serviram apenas para retardá-la, reduzindo os outros homens à condição servil de imitadores; que, tão logo um nome foi dado a uma composição de um caráter particular, foi necessário modelar rigorosamente, a partir desse esboço, todas as que se fizeram depois; que, de tempos em tempos, surgiu um homem de um gênio ousado e original, que, cansado do jugo herdado, ousou sacudi-lo, afastando-se do caminho comum e produzindo uma obra cujo nome e cujas leis prescritas não foram exatamente aplicáveis; ele caiu no esquecimento e assim ficou por muito tempo. É preciso desprezar todas as puerilidades caducas, derrubar as barreiras que tenham sido impostas à razão, devolver às ciências e às artes uma liberdade que lhes é preciosa e dizer aos admiradores da Antiguidade, chamai o *Mercador de Londres*, como bem vos aprouver, desde que estiverdes de acordo que nessa peça brilham verdades sublimes. Seria preciso uma época afeita ao raciocínio, em que não se procurem as regras nos autores, e sim na natureza, e em que se percebam o falso e o verdadeiro de tantas poéticas arbitrárias. Tomo o termo *poética* na acepção mais geral, como um sistema de regras determinadas, de acordo com as quais, qualquer que seja o gênero, deve-se trabalhar para obter êxito.

Mas um século se fez esperar por tanto tempo que por vezes pensei que seria bom para um povo que não se encontrasse em seu seio um homem extraordinário, sob o qual uma arte realizasse os seus primeiros grandes progressos de modo extraordinariamente rápido, interrompendo assim o movimento insensível e natural. As obras desse homem seriam necessariamente monstruosas, porque o gênio e o bom gosto são qualidades muito diferentes. A natureza concede o primeiro num instante, o outro é produto dos séculos. Esses monstros se transformarão em modelos nacionais; decidirão o gosto do povo. Os bons espíritos que vierem depois encontrarão em seu favor uma prevenção que não ousariam afrontar, e a noção do belo se tornará obscura, como aconteceria à noção do bem entre bárbaros que tivessem desenvolvido uma veneração excessiva por um chefe de caráter equívoco, que tivesse se tornado recomendável por serviços importantes e vícios venturosos. Na moral, só Deus deve servir de modelo para o homem; nas artes, só a natureza. Se as ciências e as artes apresentarem avanços imperceptíveis, um homem não será suficientemente diferente de outro para se impor, fundar um gênero adotado e pautar o gosto da nação. Consequentemente, a natureza e a razão conservarão os seus direitos. Haviam-nos perdido; estão agora prestes a recobrá-los, e veremos a importância de reconhecer e apreender esse momento.

Enquanto os séculos passam, a massa de obras cresce sem cessar; entrevê-se um momento em que será quase tão difícil se instruir numa biblioteca quanto no universo, e quase tão rápido procurar uma verdade subsistente na natureza do que uma perdida na imensa multidão de volumes. Será preciso então nos entregarmos, por necessidade, a um trabalho que teríamos negligenciado empreender porque não sentimos que ele era imprescindível.

Se nos representamos a face da literatura nos tempos em que a imprensa ainda não existia, veremos um pequeno número de gênios ocupados em compor e uma massa de trabalhadores ocupada em transcrever. Se nos anteciparmos aos séculos que virão e nos representarmos a face da literatura quando a imprensa, que não para nunca, tiver ocupado edifícios com volumes imensos, encontraremos duas espécies de homens dedicados a ela. Uns lerão pouco e se concentrarão em pesquisas novas ou consideradas por eles como tais (pois, se já ignoramos uma parte do que está contido em tantos volumes publicados em todas as espécies de línguas, saberemos menos ainda o que conterão esses volumes multiplicados cem ou mil vezes); outros, trabalhadores incapazes de produzir qualquer coisa, se ocuparão a folhear dia e noite esses volumes e a extrair deles o que julgarão digno de ser recolhido e conservado. Essa previsão já não começou a se cumprir? Quantos de nossos literatos já não estão empenhados em reduzir todos os nossos grandes livros a volumes pequenos, em que ainda se encontra tanto de supérfluo? Suponhamos agora que suas análises sejam bem-feitas e se encontrem distribuídas em forma alfabética por certo número de volumes ordenado por homens inteligentes, e teremos os materiais de uma enciclopédia.

Empreendemos hoje, para o bem das letras, e por interesse pelo gênero humano, uma obra a que nossos descendentes serão obrigados a se dedicar, mas em circunstâncias muito menos favoráveis, quando a abundância de livros tornará sua execução muito mais penosa.

Que me seja permitido, antes de adentrar mais a fundo no exame da matéria enciclopédica, examinar de relance os autores que já ocupam tantas fileiras em nossas bibliotecas, que a cada dia ganham terreno e que, em um século ou dois, se apossarão sozinhos de edifícios inteiros. Parece-me uma ideia bem mortificante para esses escritores volumosos que os muitos papéis que eles cobriram com sua escrita não terão uma linha extraída para o dicionário universal do conhecimento humano. Se não se sustentarem pela excelência do colorido, pela qualidade particular dos homens de gênio, pergunto-me o que será deles.

Mas é natural que essas reflexões que deixamos escapar sobre a sorte de tantos outros nos façam voltar para nós mesmos e considerar a sorte que nos espera. Examino nosso trabalho imparcialmente. Vejo que talvez não haja espécie de falta que não tenhamos cometido, e sou forçado a confessar que, de uma enciclopédia como a nossa, só entrariam dois terços numa verdadeira enciclopédia. É bastante, sobretudo se convirmos que, ao lançar os primeiros fundamentos de uma obra como essa, fomos obrigados a tomar por base autores ruins, como Chambers, Alstedius e outros. Quase nenhum de nossos colegas teria aceitado sua incumbência se tivesse que compor uma parte inteiramente nova. Teriam se alarmado, e a *Enciclopédia* não existiria. Se apresentássemos a cada um deles um maço de papéis a serem revistos, corrigidos e aumentados, o trabalho de criação, que é sempre [**645**] o mais temido, desapareceria, e eles se comprometeriam, embora pela mais quimérica das considerações. Pois esses retalhos descosturados ficariam tão incompletos, tão mal compostos, tão mal traduzidos, tão cheios de omissões, de erros e inexatidões, e seriam tão contrários às ideias de nossos colegas que a maioria deles os teria rejeitado. Por que todos não tiveram essa coragem? A única vantagem seria a de encontrar, com um passar de olhos, a nomenclatura de sua parte, que de resto poderia ser encontrada nos sumários de diferentes obras ou em algum dicionário de língua.

Essa frívola vantagem lhes teria custado bem caro. Quanto tempo perdido traduzindo coisas ruins? Quanto empenho para produzir um plágio? Quantas faltas e censuras não se teriam poupado com uma simples nomenclatura? Mas teria sido suficiente para que os colegas aceitassem contribuir? Aliás, essa parte mesma não podia se aperfeiçoar senão pela execução. À medida que se executa um trecho, a nomenclatura se desenvolve, os termos a serem definidos se tornam numerosos; surge uma infinidade de ideias a serem remetidas, a diferentes títulos; o que não se encontra feito ao menos é indicado por uma remissão, como pertencendo a outro: em suma, o que cada um fornece e pede aos outros, eis a fonte de onde fluem os verbetes.

De onde se vê, em primeiro lugar, que não se poderia, numa primeira edição, empregar um número excessivo de colegas. E se nosso trabalho não tiver sido em vão, um pequeno número de homens bem escolhidos será suficiente para executar uma segunda edição. É preciso delegá-la a um bom número de trabalhadores subordinados, cujas valiosas contribuições seriam incorporadas à obra, após uma última demão do organizador. Mas é importante que a sua própria reputação esteja em jogo e que eles possam ser diretamente acusados por negligência ou incapacidade. Um colaborador que ousa pedir que seu nome não seja posto no final de seus verbetes confessa que os julga malfeitos, ou pelo menos indigno dele. Creio que, segundo esse novo arranjo, um homem poderia bem se encarregar de Anatomia, Medicina, Cirurgia, da matéria médica e de uma parte da Farmácia; outro poderia se encarregar da Química, da parte restante da Farmácia e do que há de químico em artes, como a metalurgia, a tintura, uma parte da fundição, a caldeiraria, a canalização, a preparação de cores de todo tipo, metálicas ou outras etc. Um único homem bem instruído em uma arte em ferro abraçaria o ofício da fabricação de pregos, facas, fechaduras, instrumentos agrícolas etc.; outro, versado em ourivesaria, se encarregaria das artes do joalheiro, do talhador de diamantes, do lapidador, do artesão. Eu daria preferência sempre a um homem que tivesse escrito com êxito sobre a matéria de que foi encarregado. Quanto ao editor de uma obra como essa, não o aceitaria como colega a não ser que fosse meu amigo, que a honestidade de seu caráter estivesse atestada, e não fosse possível suspeitar, sem ofendê-lo gravemente, de em segredo querer sacrificar nossa obra à sua.

Em segundo lugar, a primeira edição da *Enciclopédia* não poderia ser senão uma compilação bastante informe e incompleta.

Mas, diria alguém, como, com todos esses defeitos, aconteceu de obterdes um êxito nunca antes alcançado por qualquer produção similar? Ao que respondo que a nossa *Enciclopédi*a tem a vantagem, em relação a outras obras, não digo da mesma extensão, mas composta por uma sociedade ou por um único homem, de conter uma infinidade de coisas novas que em vão procuraríamos alhures, o que é efeito natural da feliz escolha dos que a ela se consagraram.

Ainda não foi feita, e durante muito tempo não será feita, uma coleção tão considerável e tão bela de máquinas. Temos aproximadamente mil ilustrações. Decidimos não economizar nas gravuras. Apesar do número prodigioso de figuras que preenchem os volumes de ilustrações, tivemos a atenção de não admitir quase nenhuma que não representasse uma máquina que existe e que opera na sociedade. Que se comparem nossos volumes com a coleção tão elogiada de Ramelli, com o teatro das máquinas de Lupold, ou mesmo com os volumes de máquinas aprovados pela Academia de Ciências, e julgar-se-á se desses volumes, fundidos num só, seria possível extrair vinte pranchas dignas de entrar numa coleção tal como a que tivemos a ousadia de conceber e a felicidade de executar. Não há nela nada de supérfluo, de ultrapassado ou de ideal. Tudo está em ação, e é vivo. Mas, independentemente desse mérito, e qualquer diferença que possa ou deva necessariamente existir entre essa primeira edição e as seguintes, por acaso não significa nada ter começado? Entre uma infinidade de dificuldades que se apresentarão por si mesmas ao espírito, que se considere apenas a de ter reunido um grande número de colegas, que, sem se conhecerem entre si, parecem ter concorrido, por amizade, para a produção de uma obra comum. Homens de letras fizeram por seus semelhantes e seus iguais o que não se teria obtido deles por meio de outra consideração. Eis o motivo a que devemos nossos primeiros colegas e é à mesma causa que devemos aqueles aos quais nos associamos todos os dias. Reina entre todos uma emulação, cuidados, uma concórdia que é difícil de imaginar. Não se limitam a fornecer o que prometeram, sacrificam-se, o que é muito mais difícil! Daí tantos verbetes que partem de mãos desconhecidas, sem que nenhum dos que tinham se encarregado das ciências a que se referem tenham alguma vez se ofendido. É que não se trata de um interesse particular; não reina entre nós nenhuma invejazinha pessoal; a perfeição da obra e a utilidade do gênero humano geraram o sentimento geral que anima a todos.

Usufruímos uma vantagem rara e preciosa, que não deve ser negligenciada, para o plano de uma segunda edição. Homens de letras da maior reputação, artistas da maior energia, não deixaram de nos enviar peças no gênero de sua predileção. Devemos *Eloquência*, *Elegância*, *Espírito* etc. ao Sr. Voltaire. O Sr. Montesquieu nos legou, antes de morrer, fragmentos do verbete *Gosto*. O Sr. de La Tour nos prometeu suas ideias sobre a *Pintura*; o Sr. Cochin Filho não teria nos recusado o verbete *Gravura*, se suas ocupações lhe deixassem tempo para escrever.

Seria útil estabelecer correspondência com as principais localidades do mundo letrado, e não duvido que teríamos sucesso. Poderíamos nos instruir sobre usos, costumes, produções, manufaturas, máquinas etc., se não deixássemos ninguém de lado e tivéssemos por todos o mesmo grau de consideração que se deve ao homem desinteressado que quer se fazer útil.

Seria uma omissão imperdoável não procurar obter a grande enciclopédia alemã; a coleção de regras sobre as artes e ofícios editada em Londres e em outros países; as obras chamadas em inglês de *the mysteries*, o famoso regulamento dos piemonteses sobre suas manufaturas, registros de aduanas, [**645a**] inventários de casas de fidalgos e de burgueses; os tratados sobre artes em geral e, em particular, os regulamentos do comércio, os estatutos das comunidades, todas essas coleções das academias, sobretudo a coleção acadêmica cujo discurso preliminar e primeiros volumes acabam de sair. Essa obra não pode deixar de ser excelente, a julgar pelas fontes em que bebe, e pela extensão dos conhecimentos, a fecundidade das ideias e a firmeza de julgamento e de gosto do homem que dirige esse grandioso empreendimento. A maior felicidade que poderiam ter os que um dia nos sucederão na *Enciclopédia*, encarregando-se das edições seguintes, é que o *Dicionário da Academia Francesa*, tal como o concebo, e tal como é concebido pelos melhores espíritos dessa ilustre companhia, tenha sido publicado, que a *História Natural* tenha sido completada, e a *Coleção Acadêmica* tenha sido terminada. Quantos trabalhos não serão economizados!

Dos livros que é essencial obter, constam os catálogos de grandes bibliotecas; é neles que conhecemos as fontes às quais devemos recorrer. Seria mesmo desejável que o editor mantivesse correspondência com os bibliotecários. Se é necessário consultar boas obras, não é inútil percorrer as más. Um bom livro fornece um ou vários verbetes excelentes; um mau livro ajuda a melhorá-los. Com este, vossa tarefa estará cumprida; com aquele, será abreviada. A falta de conhecimento exaustivo da bibliografia nos expõe ao risco permanente de realizar de modo medíocre, com muita dificuldade, em muito tempo e com muitos gastos, o que outros executaram de maneira superior. Sofremos para descobrir coisas conhecidas. Observamos que, exceto em matéria de artes, não existe propriamente nada que seja do domínio de um dicionário que já não esteja publicado, e, consequentemente, é tanto mais desejável que cada um conheça os grandes livros compostos na parte de que se encarregou e que o editor esteja munido dos mais completos e mais extensos catálogos.

A citação exata das fontes teria grande utilidade. Seria preciso impor essa regra. Sua adoção prestaria um serviço importante aos que se destinam ao estudo particular de uma ciência ou de uma arte, dar-lhes um conhecimento dos bons autores, das melhores edições e da ordem que devem seguir em suas leituras. A *Enciclopédia* algumas vezes fez isso. Deveria fazê-lo sempre.

É preciso analisar escrupulosa e fielmente toda obra a que o tempo assegurou uma reputação constante. Digo o *tempo*, porque há muita diferença entre uma enciclopédia e uma coleção de jornais. Uma enciclopédia é uma exposição rápida e desinteressada das descobertas dos homens em todos os lugares, gêneros e séculos, sem nenhum julgamento de pessoas, ao passo que os jornais são somente uma história momentânea das obras e dos autores. Neles são resenhados indistintamente realizações felizes e infelizes, e, para cada folha examinada, uma infinidade de volumes caem no esquecimento antes que tenha surgido o último número do ano. Os jornais seriam muito mais curtos se transcorresse um intervalo de um ano entre a publicação de um livro e a decisão de resenhá-lo ou não. Obras muito faladas nem seriam mencionadas. E o que não acontece com sua menção, uma vez o livro esteja esquecido? Um dicionário universal e razoado destina-se à instrução geral e permanente da espécie humana; os escritos periódicos, à satisfação momentânea da curiosidade de alguns ociosos; quase não são lidos pelos homens de letras.

É preciso em particular extrair dos autores os sistemas, as ideias singulares, as observações, as experiências, as perspectivas, as máximas e os fatos.

Mas há obras importantes, bem meditadas, precisas, em pequeno número, é verdade, e cabe a uma enciclopédia degluti-las por completo. São aquelas em que o objeto geral é tratado de maneira metódica e profunda, tais como o *Ensaio sobre o entendimento humano*, apesar de excessivamente difuso, as *Considerações sobre os costumes*, apesar de excessivamente concisas, as *Instituições astronômicas*, se bem que não sejam tão fundamentais etc.

É preciso distribuir as observações, os fatos, as experiências etc. nos lugares destinados a cada um.

É preciso saber desmembrar uma obra artisticamente, medir as suas distribuições, apresentar o seu plano, fazer uma análise que forme o corpo do verbete, cujas remissões indicarão o complemento do objeto. Não se trata de quebrar suas articulações, mas de relaxá-las; não se trata de romper as partes, mas de desmontá-las, conservando escrupulosamente o que os artistas chamam de *referências*.

Importa, por vezes, mencionar coisas absurdas, mas ligeiramente, *en passant*, apenas para a história do espírito humano, que às vezes se revela melhor em certas imperfeições singulares do que em ações mais racionais. Essas imperfeições são para o moralista o que a dissecção de um monstro é para o historiador da natureza: serve mais do que o estudo de cem indivíduos similares. Há palavras que retratam mais fielmente do que um discurso inteiro. Um homem a quem não se podia reprovar nenhuma ação má falava muito mal da natureza humana. Alguém lhe perguntou: "Mas onde vistes um homem tão horrível?". "Em mim mesmo", ele respondeu. Um malfeitor que nunca fez o mal! Melhor que morra! Outro dizia de um antigo amigo: "Fulano é um homem muito honesto, é pobre, mas é um caso singular, há quarenta anos sou seu amigo, e ele nunca me pediu um tostão". Ah, Molière, onde estáveis? Essa conversa não vos teria escapado, e vosso Avarento não ofereceria nada mais verdadeiro ou mais enérgico.

Pelo menos tão importante quanto tornar os homens melhores é torná-los menos ignorantes, e não me aborreceria se fossem recolhidos todos os traços notáveis das virtudes morais. Seria preciso verificá-los: distribuir-se-ia cada um nos verbetes que seriam por eles vivificados. Por que nos empenharmos tanto em conservar a história dos pensamentos dos homens e negligenciarmos a história de suas ações? Esta não é a mais útil? Não é a que mais honra o gênero humano? Não quero que sejam lembradas as más ações; seria desejável que nunca tivessem acontecido. O homem não precisa de maus exemplos, a natureza humana não merece ser caluniada. Não se devem mencionar as ações desonestas, a não ser que tenham sido seguidas não da perda da vida e dos bens, que com frequência resultam da prática da virtude, mas somente quando tenham tornado o malfeitor infeliz e desprezado, em meio às recompensas mais esplêndidas por suas maldades. Seriam recolhidos os casos em que o caráter da honestidade anda junto com grande penetração ou firmeza heroica. O do Sr. Pelisson certamente não seria esquecido. Ele se apresenta como acusador de seu mestre e benfeitor: é conduzido à Bastilha, onde é confrontado com o acusado, a quem ele responsabiliza por uma malversação quimérica. O acusado lhe pede a prova. A prova?, responde o senhor Pelisson. [646] "Ah, senhor, ela se encontra em vossos papéis, e bem sabeis que eles foram queimados." Com efeito, os papéis estavam queimados. O próprio Pelisson os havia queimado, mas era preciso instruir o prisioneiro, e ele não hesitou em recorrer a um expediente, na verdade seguro, já que todos haviam sido enganados, mas que expunha sua liberdade, talvez mesmo sua vida, e que, se tivesse sido ignorado, como poderia ter acontecido, ligaria seu nome a uma infâmia eterna, cuja vergonha poderia recair sobre a república das letras, em que Pelisson ocupava um lugar de distinção. O senhor Gobinot de Reims suportou durante quase quarenta anos a indignação pública, na qual incorrera por causa de uma excessiva parcimônia, pela qual obtivera somas imensas que destinara a monumentos da maior utilidade. Associemos a ele um prelado respeitado por suas qualidades apostólicas, suas dignidades, seu nascimento, a nobre simplicidade de seus costumes e a solidez de suas virtudes. Numa grande calamidade, esse prelado, após ter auxiliado com abundantes distribuições gratuitas em dinheiro e em grãos a parte de seu rebanho que exibia toda a sua indigência, pensa em socorrer a parte que escondia sua miséria, na qual a vergonha abafava a queixa, e não era por isso senão mais infeliz, contra a opressão desses homens de sangue cuja alma nada na alegria no meio da queixa geral, e manda distribuir na praça grãos a um preço muito abaixo do que haviam custado. O espírito de partido, que detesta qualquer ato virtuoso que não seja o de alguns dos seus, trata a caridade como monopólio. E um celerado obscuro inscreve essa atroz ignomínia entre aquelas com as quais há tempos ele preenche suas folhas hebdomadárias. Entretanto, novas calamidades acontecem; o zelo inalterável desse raro pastor continua a se exercer, e surge enfim um homem honesto que levanta a voz, que diz a verdade, que rende homenagem à virtude e proclama, transportado de admiração: "que coragem!, que paciência heroica! Como é consolador para o gênero humano que a maldade não seja capaz desses esforços!". Eis os traços que é preciso recolher. Quem os leria sem sentir o coração se aquecer? Se fosse publicada uma coletânea contendo muitas dessas grandes e belas ações, quem se decidiria a morrer antes de ter fornecido matéria para pelo menos uma de suas linhas? Haveria obra mais tocante? Quanto a mim, parece-me que haveria nessa obra poucas páginas que um homem de alma honesta e sensível não inundasse com lágrimas.

Seria preciso precaver-se em particular contra a adulação. Quanto a elogios merecidos, seria muito injusto concedê-los apenas à cinza insensível e fria dos que não mais podem ouvi-los: a equidade que deve dispensá-los cederia à modéstia que os recusa? O elogio é um encorajamento à virtude; é um pacto público que fazeis o homem virtuoso assinar. Se as belas ações fossem gravadas sobre uma coluna, perderíamos de vista, por um só momento, esse monumento grandioso? Mesmo que fosse um dos apoios mais fortes que se pudesse oferecer à fraqueza humana, seria necessário que o homem se determinasse a quebrar ele mesmo sua estátua. O elogio de um homem honesto é a mais digna e mais doce recompensa de outro homem honesto; depois do elogio de sua consciência, o mais agradável seria o de um homem de bem. Oh, Rousseau, meu caro e digno amigo, nunca tive a força de recusar o teu louvor: por meio dele senti crescer meu gosto pela verdade e meu amor pela virtude. Por que tantos discursos fúnebres e tão poucos panegíricos dos vivos? Poderia alguém duvidar que Trajano tinha medo de desmentir seu panegírico? Se não acreditamos nisso, não conhecemos toda a autoridade da consideração geral. Depois das boas ações que se praticou, o aguilhão mais vivo para multiplicar o seu número é a notoriedade das primeiras. É essa notoriedade que dá ao homem um caráter público ao qual lhe é difícil renunciar. Esse segredo inocente não é um dos mais importantes da educação virtuosa? Colocai vosso filho em situações de praticar a virtude; fazei com que suas boas ações tenham um caráter doméstico; associai ao seu nome algum epíteto que as lembre a ele; acordai a ele consideração. Se ele alguma vez ultrapassar essa barreira, ouso assegurar que o fundo de sua alma é mau, que vosso filho é malnascido, e não fareis dele senão um malfeitor. Com a diferença de que ele se precipitaria no vício com a cabeça baixa, e, contido pelo contraste que observasse entre as denominações honrosas que lhe foram concedidas e aquelas nas quais vai incorrer, se deixasse escorregar na direção do mal, mas por uma queda que não fosse tão insensível a ponto de seus pais, atentos, não perceberem a degradação sucessiva de seu caráter.

Numa obra, odeio cem vezes mais as sátiras do que me agradam os elogios. Designações ferinas são odiosas em todo gênero de escrita; certamente divertiremos o comum dos homens, sempre que nos esforçarmos para deleitar sua maldade. O tom da sátira é o pior que pode haver num dicionário, e um dicionário satírico é a obra mais impertinente e mais tediosa que se poderia conceber; é o único que nos falta. Deve-se banir de um grande livro os propósitos levianos, as alusões finas, os embelezamentos delicados que fariam a fortuna de uma historieta: traços que deveriam ser explicados se tornam fastidiosos ou ininteligíveis. Seria uma coisa bem ridícula a necessidade de um comentário numa obra cujas diferentes partes fossem destinadas a se interpretar reciprocamente. Toda essa frivolidade é uma espuma, que se esvai; logo a parte volátil se evapora e não resta mais do que um vaso insípido. Essa é também a sorte da maioria das faíscas provocadas pelo choque da conversação: a sensação agradável, mas passageira, que elas excitam nasce das relações que mantêm com o momento, as circunstâncias, os lugares, as pessoas, o acontecimento do dia, relações que passam rapidamente. Traços que não são observados, pois o brilho não é o seu mérito principal, cheios de substância, que trazem em si o caráter de simplicidade aliado a um senso sólido, são os únicos que se sustentarão aos olhos de todos. Para sentir a frivolidade dos outros, basta escrevê-los. Se me mostrassem um autor que tivesse composto suas miscelâneas segundo as conversações, ficaria quase certo de que ele teria recolhido tudo o que era preciso negligenciar e negligenciado tudo o que era importante recolher. Evitemos cometer, com os que consultarmos, a mesma falta que esse escritor cometeria com as pessoas que frequentasse. Com as grandes obras se passa o mesmo que os grandes edifícios: não comportam ornamentos, senão esparsos e grandiosos. Deve-se utilizá-los com discernimento e parcimônia, ou prejudicarão a simplicidade multiplicando as relações; diminuirão a grandeza ao dividir as partes e obscurecer o conjunto, bem como o interesse, ao dividir a atenção, que, sem esse defeito, que a distrai e a dispersa, se concentraria por inteiro nas massas principais.

Se proscrevo as sátiras, o mesmo não faço com os retratos e as reflexões. As virtudes se encadeiam entre si, os vícios sustentam-se reciprocamente.

Não há uma virtude, um vício, que não tenha seu cortejo; é uma espécie de associação necessária. Imaginar um caráter é encontrar, segundo uma paixão dominante dada, **[646a]** boa ou má, as paixões subordinadas que a acompanham, os sentimentos, os discursos e as ações que ela sugere, e a espécie de cor ou energia com que ela tinge o sistema intelectual e moral como um todo. De onde se vê que as pinturas ideais, concebidas segundo as relações e a influência recíproca das virtudes e dos vícios, nunca podem tornar-se quiméricas; são elas que dão verossimilhança às representações dramáticas e a todas as obras de costumes, que serão eternamente encontradas na sociedade dos indivíduos que tenham a felicidade ou a infelicidade de se lhes assemelhar. É assim que um século muito distante eleva estátuas repulsivas ou respeitáveis, em que a posteridade escreve sucessivamente diferentes nomes: Montesquieu onde estava gravado Platão; Desfontaines onde antes se lia Eróstrato ou Zoile. Com a desoladora diferença de que nunca faltarão nomes cada vez mais desonrados para substituir o de Eróstrato ou de Zoile, ao passo que não se ousa esperar da sucessão dos séculos que ela nos ofereça alguns mais ilustres para suceder a Montesquieu ou para ser o terceiro ou o quarto depois de Platão. Não podemos elevar muitas dessas estátuas em nossa obra. O lugar delas, feitas em bronze, é em nossas praças públicas e em nossos jardins, convidando-nos à virtude nos mesmos pedestais em que se expuseram aos nossos olhos e aos de nossas crianças a devassidão dos deuses do paganismo.

Após termos tratado da matéria enciclopédica em geral, seria desejável, sem dúvida, que entrássemos no exame de cada uma de suas partes em particular. Mas cabe ao público, e não a nós, julgar o trabalho de nossos colegas e o nosso.

Responderemos apenas:

Aos que gostariam que tivéssemos suprimido a Teologia, que ela é uma ciência, muito extensa e muito curiosa, e que poderíamos torná-la tão interessante quanto a Mitologia, cuja omissão teria sido lamentada.

Aos que excluem de nosso dicionário a Geografia, que os nomes, a longitude e a latitude das estrelas, que eles admitem, não têm mais direito de figurar do que os nomes, a longitude e a latitude das cidades, que eles rejeitam.

Aos que gostariam que nossa Geografia fosse menos seca, que era necessário se limitar ao conhecimento das cidades que fosse científico, ao único que nos permitiria elaborar bons mapas dos tempos antigos, na medida do possível, e que fosse suficiente para que a posteridade elaborasse bons mapas de nosso tempo, se o transmitíssemos a ela; e que o resto, por ser inteiramente histórico, não é nosso objeto.

Aos que consideraram com certo desgosto alguns traços históricos, a culinária, as modas etc., que se esquecem das obras de erudição geradas por essas matérias; que o mais sucinto de nossos verbetes no gênero poupará talvez aos nossos descendentes anos de pesquisas e volumes de dissertações; que, supondo que os doutos do futuro sejam infinitamente mais reservados do que os do século passado, mesmo assim pode-se presumir que não deixariam de dedicar algumas páginas para explicar o que é um *babado* ou um *pompom*; que um escrito sobre nossas modas, hoje tratado como uma frivolidade, será visto daqui a mil anos como um erudito e profundo testemunho sobre as roupas dos franceses, muito instrutivo para os literatos, os pintores e os escultores; quanto à nossa culinária, respondemos que ela é, indubitavelmente, um importante ramo da Química.

Aos que se queixam de que nossa Botânica não seria suficientemente completa nem interessante, respondemos que essas críticas não têm nenhum fundamento; que seria impossível estender-se para além dos gêneros sem compilar *in-fólios*; que não omitimos nenhuma das plantas usuais; que as descrevemos, demos sua análise química e suas propriedades, medicinais ou nutritivas; que a única coisa que poderíamos acrescentar que fosse científica e não ocuparia um espaço muito considerável é indicar no verbete do gênero o número de espécies e variedades. Quanto às árvores, são tão importantes que ocupam, a partir do terceiro volume da *Enciclopédia*, toda a extensão que se poderia desejar.

Aos descontentes bem como aos satisfeitos com a parte das artes, que ambos têm razão, pois há verbetes a respeito que não poderiam ser piores e outros que dificilmente poderiam ser melhorados.

Como as artes foram, porém, o principal objeto de meu trabalho, discorrerei livremente sobre os defeitos em que incorri, bem como sobre providências a serem tomadas para corrigi-los.

Quem se encarrega da matéria das artes não poderá realizar seu trabalho de modo satisfatório para os outros e para si mesmo se não tiver estudado profundamente a História Natural, sobretudo a Mineralogia, se não for excelente mecânico, se não for versado na Física racional e experimental e não tiver realizado cursos de Química.

Naturalista, ele conhecerá com um golpe de vista as substâncias que os artistas empregam e das quais costumam fazer mistério.

Químico, possuirá as propriedades das substâncias, as razões de uma infinidade de operações lhe serão conhecidas; farejará os seus segredos. Os artistas não mais o impressionarão. Discernirá de pronto o absurdo de suas mentiras. Apreenderá o espírito de um procedimento: as habilidades manuais não lhe escaparão; distinguirá sem dificuldade um movimento indiferente de uma precaução essencial. Tudo o que escrever em matéria de artes será claro, certo e luminoso; conjecturas sobre os meios de aperfeiçoar as artes atuais, de encontrar artes perdidas e inventar novas se apresentarão ao seu espírito em grande número.

A Física lhe dará a razão de uma infinidade de fenômenos com que os operários ficam espantados durante toda a sua vida.

Com a Mecânica e a Geometria, chegará sem dificuldade ao cálculo verdadeiro e real das forças; não lhe faltará senão adquirir experiência, para temperar o rigor das suposições matemáticas, qualidade que distingue, sobretudo na construção de máquinas complexas, o grande artista do operário comum, a quem nunca se poderá transmitir uma justa ideia desse temperamento, se não o tiver adquirido, e não a retificará jamais, se formou falsas noções.

Munido desses conhecimentos, ele começará por introduzir alguma ordem em seu trabalho, relacionando as artes às substâncias naturais, o que é sempre possível, pois a história das artes não é senão a *história da natureza utilizada*. Ver a *Árvore enciclopédica*.

Em seguida, traçará para cada artista um plano a cumprir, impondo-lhes tratar da matéria de que se servem, dos lugares de onde a extraem, do preço que lhes custa, dos instrumentos, das diferentes obras e de todos os procedimentos que empregam.

Comparará os memorandos dos artistas com seu plano, conferirá com eles, fará com que completem de viva voz o que tenham omitido e esclareçam o que tenham explicado mal.

Esses memorandos, por piores que sejam, [647] quando compostos de boa-fé, contêm sempre uma infinidade de coisas que o homem mais inteligente não perceberia, de que não suspeitaria e não poderia exigir. Na verdade, ele desejava outras, mas todas elas os artistas não escondem de ninguém. Pude constatar que os que se ocupam incessantemente de um objeto tendem sempre a crer que todos estariam cientes daquilo de que eles não fazem segredo e desconheceriam o que eles escondem, de modo que tendem sempre a considerar que quem os questiona é um gênio transcendente ou um imbecil.

À medida que progride em seu trabalho, o artista poderá retificar os verbetes que lhe teremos transmitido e que encontrará em nosso dicionário. Não tardará a perceber que, apesar de todos os cuidados que tivemos, alguns erros grosseiros foram introduzidos e há verbetes inteiros sem um pingo de senso comum. A experiência lhe ensinará a nos ser grato pelas coisas boas e a nos perdoar pelas ruins. Quando se percorre os ateliês com dinheiro na mão e paga-se caro pelas mais grosseiras falsificações, descobre-se que espécie de gente são os artistas, particularmente em Paris, onde o medo dos impostos os mantêm perpetuamente desconfiados, e consideram todo aquele que os interrogue com alguma curiosidade como um emissário dos controladores gerais ou como um operário que quer abrir sua própria oficina. Pareceu-me que esses inconvenientes poderiam ser evitados procurando-se na província todos os conhecimentos sobre as artes que pudéssemos recolher; lá, todos nos conhecem; dirigimo-nos a pessoas que não desconfiam de nós; o dinheiro é mais raro, e o tempo é menos caro. Pareceu-me evidente que, assim, nos instruiríamos mais facilmente e com despesa menor, e que teríamos instruções mais seguras.

É necessário indicar a origem de uma arte e acompanhar passo a passo seus progressos, quando não forem ignorados, ou substituir a história real pela conjectura e a história hipotética. Podemos estar certos de que aqui o romance seria frequentemente mais instrutivo do que a verdade.

Mas com a origem e os progressos de uma arte não se passa o mesmo que com a origem e os progressos de uma ciência. Os doutos conversam, escrevem, valorizam suas descobertas, contradizem e são contraditos.

Essas contestações manifestam os fatos e constatam as datas. Os artistas, ao contrário, vivem ignorados, obscuros, isolados. Fazem tudo por seu interesse, quase nada por sua glória. Há invenções que ficam por séculos inteiros encerradas numa família. Passam de pai para filho; aperfeiçoam-se ou degeneram, sem que se saiba precisamente nem a quem, nem a que época se deve atribuir sua descoberta. Os passos não percebidos pelos quais uma arte avança rumo à perfeição confundem também as datas. Um recolhe a juta, outro faz o banho; um terceiro retira a casca: de início, é uma corda grosseira; depois, um fio; em seguida, um tecido; mas um século se passa entre cada um desses progressos. Aquele que levasse uma produção desde seu estado natural até seu emprego mais perfeito dificilmente seria ignorado. Como é possível que um povo se visse de repente vestido com um tecido novo e não perguntasse a quem se devia isso? Situações assim simplesmente não acontecem, ou só ocorrem raramente.

Em geral, o acaso sugere as primeiras tentativas; são infrutíferas e permanecem ignoradas; um outro as retoma; um terceiro acompanha os passos do segundo; um quarto, os do terceiro, e assim por diante, até que o último produto das experiências seja excelente. Este último é o único que causa sensação. Acontece ainda que tão logo uma ideia apareça num ateliê, ela sai de lá e se difunde. Trabalha-se ao mesmo tempo em vários lugares, cada um opera de seu lado, e a mesma invenção, reivindicada por vários, não pertence propriamente a ninguém, ou então só é atribuída àquele que enriquece com ela. Se a invenção vem do estrangeiro, a inveja nacional silencia o nome do inventor, que permanece desconhecido.

Seria desejável que o governo autorizasse a entrada nas manufaturas, que se pudesse ver o trabalho, interrogar os trabalhadores, desenhar os instrumentos, as máquinas e mesmo o local.

Há circunstâncias em que os artistas são de tal modo impenetráveis que o meio mais curto seria entrar para o aprendizado ou inscrever alguém de confiança.

Poucos segredos são os que não chegaríamos a conhecer dessa forma. Seria preciso divulgar todos eles, sem exceção.

Sei que nem todos têm essa opinião. Existem cabeças estreitas, almas desnaturadas, indiferentes à sorte do gênero humano, de tal modo restritas a sua pequena sociedade, que não veem nada além de seu próprio interesse. Esses homens querem que os chamemos de bons cidadãos; consinto, desde que me permitam chamá-los de *homens maus*. Dir-se-ia, ao escutá-los, que uma enciclopédia bem-feita, que uma história geral das artes, não deveria ser senão um grande manuscrito, cuidadosamente guardado na biblioteca do monarca, inacessível a outros olhos que não os seus; um livro do Estado, e não do povo. Para que divulgar os conhecimentos da nação, suas transações secretas, suas invenções, sua indústria, seus recursos, seus mistérios, sua luz, suas artes e toda a sua sabedoria? Não deve a tais coisas boa parte de sua superioridade sobre as nações rivais e circunvizinhas?

Eis o que eles dizem; e eis o que poderiam ainda acrescentar. Não seria desejável que, em vez de esclarecer o estrangeiro, pudéssemos espalhar trevas sobre ele e mergulhar na barbárie o resto da Terra, a fim de dominar com mais segurança? Mas, assim, não consideram que ocupam apenas um ponto desse globo, e não durarão mais do que um momento; que neste ponto e neste instante sacrificam a felicidade dos séculos futuros e da espécie inteira. Sabem melhor do que ninguém que a duração média de um império chega a dois mil anos, e que talvez, em menos tempo do que isso, o nome *francês*, que durará eternamente na história, será em vão procurado sobre a superfície da Terra. Essas considerações não estendem a sua visão; parece que a palavra *humanidade* é para eles uma palavra vazia de sentido. Ainda se fossem consequentes! Mas, num outro momento, sublevam-se contra a impenetrabilidade dos santuários do Egito. Deplorarão a perda dos conhecimentos antigos; acusarão a negligência ou o silêncio dos autores que se calaram, ou que falaram tão mal de uma infinidade de objetos importantes, e não perceberão que exigem dos homens de outrora o crime que cometem contra os de hoje, e censuram os outros por aquilo que consideram ser uma honra.

Esses *bons cidadãos* são os mais perigosos inimigos que tivemos. Em geral, devem-se aproveitar as críticas, sem responder a elas, quando são boas; [647a] negligenciá-las, quando são más. Supondo que a *Enciclopédia* conserve intacta a sua reputação, em dez anos ninguém mais se lembrará do que foi escrito contra ela, e menos ainda se ela for ignorada. Convenhamos, não é uma perspectiva muito agradável para os que borram folhas em branco escrevendo contra nós.

Ouvi o Sr. Fontenelle dizer que em seu apartamento não caberiam todas as obras que haviam sido publicadas contra ele. Quem conhece uma única delas? Tão logo *O espírito das leis* e a *História Natural* são publicados, as críticas que lhes foram dirigidas tornam-se inteiramente ignoradas. Já observamos que, dentre aqueles que se erigiram em censores da *Enciclopédia*, quase nenhum tem os talentos necessários para enriquecê-la com um bom verbete. Não estaria exagerando, creio, se acrescentasse que é um livro cuja maior parte deveria ser estudada por eles. Foi composta no espírito filosófico, e falta muito para que a maior parte dos que nos julgam esteja a respeito ao menos no nível de seu século. Vejo suas obras. Por essa razão elas não durarão, e ousamos presumir que nosso dicionário será mais lido e mais estimado em alguns anos do que o é hoje. Não seria difícil para nós citar outros autores que tiveram e terão a mesma sorte. Uns (como já dissemos antes), elevados aos céus por terem composto para a multidão, sujeitaram-se às ideias correntes e se colocaram ao alcance do leitor comum, perdendo sua reputação à medida que o espírito humano fez progressos; terminaram por ser esquecidos. Outros, ao contrário, robustos demais para os tempos em que surgiram, foram pouco lidos, pouco compreendidos, pouco estimados, e permaneceram obscuros por muito tempo, até o momento em que o século a que haviam se adiantado tivesse passado e um outro século, ao qual pertenceram antes mesmo que existisse, os alcançasse e enfim fizesse justiça ao seu mérito.

Creio ter ensinado a meus concidadãos a estimar e a ler Lorde Bacon. Nos últimos cinco ou seis anos, esse autor profundo foi mais folheado do que nunca. Estamos ainda longe de sentir a importância de suas obras; os espíritos ainda não estão suficientemente avançados. Pouquíssimas pessoas estão em condição de se elevar à altura de suas meditações, e provavelmente o número delas não aumentará. Quem sabe se o *Novum organum,* as *Cogitata & visa*, o *De augmento scientiarum*, não estariam muito distantes do alcance médio do espírito humano para se tornarem, em algum século, uma leitura fácil e comum? Cabe ao tempo esclarecer essa dúvida.

Essas considerações sobre o espírito humano e a matéria de um dicionário enciclopédico nos conduzem naturalmente a falar do estilo próprio a esse gênero de obra.

O laconismo não é o tom de um dicionário; leva a adivinhar mais do que é preciso para o comum dos leitores. Gostaria que não se desse a pensar senão o que pode ser perdido sem que se seja menos instruído em relação ao fundo. O efeito da diversidade, além de ser inevitável, não me parece desagradável. Cada trabalhador, cada ciência, cada arte, cada verbete, cada assunto tem sua língua e seu estilo. Que inconveniente haveria em conservá-lo? Se a mão do editor tivesse que aparecer por toda parte, a obra se atrasaria muito e não seria melhor. Por mais instruído que fosse, o editor se exporia com demasiada frequência a cometer erros com relação às coisas, na intenção de retificar faltas com relação à língua.

Eu resumiria o caráter geral do estilo de uma enciclopédia em duas palavras: "as coisas comuns de uma maneira particular e as coisas particulares de uma maneira comum", *communia, propriè; propria, communiter.* Conformando-se a essa regra, as coisas comuns seriam sempre elegantes, e as coisas próprias e particulares, sempre claras.

Deve se considerar um dicionário universal das ciências e artes como um campo imenso, povoado por montanhas, planícies, rochedos, águas, florestas, animais e todos os objetos que constituem a variedade de uma grande paisagem. A luz do céu ilumina a todos; mas eles são tocados por ela de modos diversos. Alguns, por sua natureza e sua exposição, projetam-se para a frente da cena; outros se distribuem sobre uma infinidade de planos intermediários; outros se perdem ao longe; todos se valorizam reciprocamente.

Se o mais leve traço de afetação é insuportável numa obra pequena, o que seria, no juízo dos homens de letras, uma obra grande em que esse defeito predominasse? Estou certo de que a excelência da matéria não contrabalançaria o vício do estilo, e a obra seria pouco lida. As obras dos dois maiores homens que a natureza produziu, um, filósofo, outro, poeta, seriam infinitamente mais perfeitas e mais estimadas se esses homens raros não tivessem sido dotados, num grau extraordinário, de dois talentos que me parecem contraditórios, o gênio e o belo espírito. Os traços mais brilhantes e as comparações mais engenhosas enfeiam a todo momento as ideias mais sublimes. A natureza os teria tratado muito mais favoravelmente se, tendo lhes dado o gênio, lhes tivesse recusado o belo espírito. O gosto sólido e verdadeiro, o sublime em qualquer gênero que seja, o patético, os grandes efeitos do medo, da comiseração e do terror, os sentimentos nobres e elevados, as grandes ideias, rejeitam o ar epigramático e o contraste das expressões.

Contudo, se há uma obra que comporta a variedade no estilo, é uma enciclopédia. E assim como desejei que os objetos mais indiferentes fossem sempre secretamente remetidos ao homem, adquirissem feições morais, respirassem a decência, a dignidade, a sensibilidade, a elevação da alma, em suma, que se discernisse por toda parte na obra o sopro da honestidade, quis também que o tom correspondesse a essa visão e tivesse algo de austero mesmo nos lugares em que as cores mais brilhantes e mais alegres estivessem presentes. Divertir e agradar, quando se pode instruir e tocar, é errar o alvo.

Quanto à pureza da dicção, tem-se o direito de exigi-la em toda e qualquer obra. Não sei de onde vem a indulgência injuriosa que se tem pelos livros grandes e sobretudo pelos dicionários. Permite-se que o *in-fólio* seja escrito pesada e negligentemente, sem gênio, gosto ou fineza. Acredita-se impossível introduzir essas qualidades numa obra de fôlego? Ou será que a maioria de obras do gênero até aqui publicadas, por terem em comum esses defeitos, foram consideradas como apanágio do formato?

Contudo, pode-se perceber, olhando de perto, que, se existe uma obra em que é fácil introduzir o estilo, essa obra é o dicionário. Nele tudo é cortado em verbetes, e mesmo as passagens mais extensas são menos extensas do que num discurso de oratória.

Eis o que se passa. Raramente os que escrevem de modo superior querem ou podem persistir por muito tempo numa tarefa penosa como esta. Aliás, nas obras de sociedades, em que a glória do sucesso é compartilhada e o trabalho de um homem é confundido com o de vários outros, designamos nós mesmos um associado como êmulo; comparamos nosso trabalho com o dele; ficaríamos ruborizados de estar abaixo dele; cuidamos para estar acima; **[648]** empregamos apenas uma parte de nossas forças e esperamos que o que tivermos negligenciado desapareça na imensidão dos volumes.

Assim, o interesse de cada um enfraquece à medida que aumenta o número de associados; e como a obra de um só se distingue tanto menos quanto mais colegas houver, a mediocridade do livro é tão maior quanto mais mãos tiverem sido empregadas.

Mas o tempo ergue o véu; cada um é julgado segundo seu mérito. Distingue-se o trabalhador negligente do honesto que cumpriu seu dever. O que alguns fizeram mostra o que se tinha o direito de exigir de todos, o público nomeia aqueles com os quais está descontente e lamenta que tenham respondido tão mal à importância do empreendimento e à escolha com a qual tinham sido honrados.

Explico-me a respeito com tanto mais liberdade por ninguém estar tão exposto como eu a esta espécie de censura, e porque, qualquer que seja a crítica que se faça ao nosso trabalho, em geral ou em particular, nem por isso é menos verdade que seria muito difícil formar uma segunda sociedade de homens de letras e artistas tão numerosa e mais bem constituída do que a que concorreu para a composição deste dicionário. Se teria sido fácil encontrar alguém melhor do que eu para a posição de autor e editor, é preciso convir que, nesses dois aspectos, teria sido infinitamente mais fácil encontrar alguém pior que o Sr. d'Alembert. Quanto não haveria a dizer numa enumeração como esta, em que os homens se compensam uns pelos outros! Acrescentemos a isso que há partes em que simplesmente não há escolha, inconveniente que permanecerá em todas as edições futuras. Quaisquer que sejam os honorários que se proponha a um homem, não seriam suficientes para pagar o tempo que seria exigido dele. Um artista precisa ficar no seu ateliê. O homem público precisa cumprir suas funções. Esse, infelizmente, é muito ocupado; e o homem de gabinete, infelizmente, não é suficientemente instruído. Resolve-se isso como se pode.

Mas, se é fácil que um dicionário seja bem escrito, o mesmo não acontece com obras às quais seria indispensável que fossem bem escritas. Quanto mais longo o caminho, mais desejável que seja aprazível. Temos razões para crer que, quanto a isso, fomos bem-sucedidos. Há quem tenha lido a *Enciclopédia* de uma ponta à outra. Se excetuarmos o dicionário de Bayle, que a cada dia perde um pouco dessa prerrogativa, não há outro que tenha gozado e ainda goze dela como o nosso. Gostaríamos que isso mudasse, pois preferimos os progressos do espírito humano à durabilidade de nossas produções, e teremos alcançado um êxito que excede nossas esperanças se tivermos tornado os conhecimentos tão populares que seja necessário para o comum dos homens uma obra mais forte do que a *Enciclopédia* para ligá-los e instruí-los.

Seria desejável, quando se trata de estilo, que se pudesse imitar Petrônio, que deu ao mesmo tempo o exemplo e o pretexto, quando, tendo que pintar as qualidades de um belo discurso, disse: "a grande e, ouso dizer, a casta eloquência não é mascarada nem afetada; ela se eleva, natural, em sua beleza", *grandis & utità dicam pudica oratio neque maculosa est neque turgida, sed naturali pulchritude exsurgit*. Petrônio, *Satiricon*. A descrição é a coisa mesma.

É preciso precaver-se em particular contra a obscuridade, lembrar a cada linha que um dicionário é feito para todos e que a repetição de palavras, que ofenderiam numa obra leve, é um traço de simplicidade que não pode deixar de agradar numa grande obra.

Que não haja nada vago na expressão. Não é aconselhável, num livro filosófico, empregar termos correntes quando estes não trazem consigo alguma ideia fixa, distinta e determinada. Encontram-se tais termos em grande número. Caso se pudessem apresentar definições, segundo a natureza, que não muda, e não segundo as convenções e preconceitos dos homens, que mudam sempre, essas definições tornar-se-iam os germes de descobertas. Observemos ainda, a necessidade que temos de um modelo invariável e constante a que nossas definições e descrições sejam remetidas, tal como a natureza do homem, dos animais ou de outros seres existentes. O resto não é nada, e quem não sabe afastar certas noções particulares, locais e passageiras, é perturbado em seu trabalho e se expõe a dizer, contra o testemunho de sua consciência e a inclinação de seu espírito, coisas inexatas para o momento e falsas ou ao menos obscuras e arriscadas para o futuro.

As obras dos gênios mais intrépidos e mais elevados, dos maiores filósofos da Antiguidade, são um pouco desfiguradas por esse defeito. Falta muito para que as de nossos dias estejam isentas dele. A intolerância, a adoção de uma doutrina dúbia, de uma língua hieroglífica e sagrada, perpetuarão para sempre essas contradições e continuarão a manchar nossas mais belas produções. Frequentemente não se sabe o que um homem pensou sobre as matérias mais importantes. Ele se esconde por trás de uma nuvem de afetação; seus contemporâneos ignoram seus sentimentos; não se deve esperar que a *Enciclopédia* esteja isenta desse defeito.

Quanto mais abstratas as matérias, mais necessário o esforço de colocá-las ao alcance de todos os leitores.

Um editor que tenha experiência e seja mestre de si mesmo se situará no nível médio dos espíritos. Se a natureza o tiver elevado ao plano dos primeiros gênios e de lá ele nunca descer, conversando sem cessar com os homens da maior penetração, ele irá considerar os objetos de um ponto de vista que a multidão não poderá atingir. Muito acima dela, a obra se tornará obscura para muita gente. Mas caso se encontre, inafortunadamente, muito abaixo, ou tenha a complacência de se rebaixar, matérias tratadas como se fossem destinadas a imbecis tornar-se-iam longas e fastidiosas. Ele considerará, pois, o mundo como sua escola e o gênero humano como seu pupilo, e ditará lições que não façam os bons espíritos perderem um tempo precioso e não repilam a multidão dos espíritos ordinários. Há duas classes de homens, mais ou menos igualmente estreitas, que devemos, da mesma forma, negligenciar. São os gênios transcendentes e os imbecis, que, tanto uns quanto outros, não precisam de mestres.

Não é fácil apreender o alcance comum dos espíritos, menos ainda o homem de gênio se fixar neles. O gênio tende naturalmente a elevar-se; procura a região das nuvens; entregue a si mesmo, por um momento que seja, é transportado por um voo rápido, e os olhos comuns não mais o percebem ou o acompanham.

Se cada enciclopedista realizasse bem o seu trabalho, a principal atenção do editor se reduziria a circunscrever rigorosamente os diferentes objetos, a encerrar as partes em si mesmas, a suprimir repetições, o que é sempre mais fácil do que preencher as omissões. As repetições são percebidas e corrigidas com um traço de pena; as omissões se escondem e não são preenchidas sem trabalho. O grande inconveniente é que, quando se mostram, é de maneira tão brusca que o editor é pressionado entre uma matéria que exige tempo e a velocidade da impressão que não concede tempo, e a obra resulta estropiada ou sua ordem é corrompida. [**648a**] A obra resulta estropiada se cumprimos a tarefa segundo o tempo; a ordem é corrompida se a remetemos a algum lugar afastado no dicionário.

Onde estaria o homem suficientemente versado em todas as matérias para escrever a seu respeito como se tivesse se ocupado delas há muito tempo? Onde estaria o editor que tenha presentes os princípios de um autor ou então noções suficientemente conformes às dele para não cair em nenhuma contradição?

Ser obrigado a assinalar as contradições que se encontrarão necessariamente entre os princípios e as ideias de seus associados não seria um trabalho acima de suas forças? Se não cabe a ele resolvê-las quando são reais, deve pelo menos fazê-lo quando forem aparentes. No primeiro caso, poderia ser dispensado de indicá-las, de mostrá-las, de assinalar suas fontes, de revelar o caminho comum que dois autores seguiram e o ponto em que se afastam, de pesar suas razões, propor observações e experiências a favor e contra, designar o lado da verdade e o da verossimilhança? Ele só poderá proteger a obra da censura se observar expressamente que não é o dicionário que se contradiz, mas são as ciências e as artes que não estão de acordo. Se fosse além, se resolvesse as dificuldades, seria um homem de gênio. Mas pode-se exigir de um editor que seja um homem de gênio? E não seria uma loucura pedir que fosse um gênio universal?

Um cuidado que eu recomendaria ao editor que venha a me suceder, para o bem da obra e segurança de sua pessoa, é enviar aos censores as folhas impressas, e não o manuscrito. Com essa precaução, os verbetes não ficarão perdidos, desordenados ou suprimidos, e a assinatura do censor, no pé da página impressa, será a garantia mais segura de que não se acrescentou, não se alterou, nem se tirou nada, de que a obra ficou no estado em que ele julgou adequado para ser impresso.

O nome e a função de censor me fazem lembrar uma questão importante. Perguntaram se não seria melhor que a *Enciclopédia* fosse permitida tacitamente, em vez de receber uma aprovação expressa. Os que sustentavam a afirmativa diziam: "quantos assuntos importantes seriam tratados! Que belos verbetes o direito público forneceria! Quantos outros se poderiam imprimir em duas colunas, das quais uma estabeleceria o pró, e a outra, o contra! O histórico seria exposto sem parcialidade, o bem seria louvado em alta voz, o mal, reprovado sem reserva, as verdades, asseguradas, as dúvidas, propostas, e o uso de remissões políticas seria restrito".

Seus antagonistas respondiam simplesmente "que era melhor sacrificar um pouco de liberdade do que se expor a cair na licença; e, aliás, acrescentavam, tal é a constituição das coisas que nos rodeiam, que se um homem extraordinário se propusesse uma obra tão extensa quanto a nossa, e que lhe fosse permitido pelo Ser Supremo que conhecesse toda a verdade, mesmo assim seria necessário, para a sua segurança, que lhe fosse assinalado um ponto inacessível nos ares, de onde suas páginas caíssem sobre a terra".

Visto que é tão desejável sofrer a censura literária, não poderia haver um censor demasiadamente inteligente: seria preciso que ele soubesse se prestar ao caráter geral da obra, que visse sem interesse ou pusilanimidade, só respeitasse o que é verdadeiramente respeitável, distinguisse o tom que convém a cada pessoa e a cada assunto, não se aborrecesse com os propósitos cínicos de Diógenes, com os termos técnicos de Winslow, com os silogismos de Anaxágoras; que não exigisse que se refute, enfraqueça ou suprima o que só é contado historicamente; que sentisse a diferença entre uma obra imensa e um *in doze*; que amasse suficientemente a verdade, a virtude, o progresso dos conhecimentos humanos e a honra da nação, para ter em vista apenas esses grandiosos objetos.

Eis o censor que eu desejaria; quanto ao homem que eu desejaria como autor, ele seria firme, instruído, honesto, verídico, de nenhum país, de nenhuma seita, de nenhum Estado, contando as coisas do momento em que vive como se estivesse afastado mil anos, e aquelas do lugar que ele habita como se vivesse a duas mil léguas de distância. Mas, para um colega tão digno, qual seria o editor? Um homem dotado de um grande senso, célebre pela extensão de seus conhecimentos, pela elevação de seus sentimentos, de suas ideias e de seu amor pelo trabalho; um homem amado e respeitado por seu caráter doméstico e público, nunca um entusiasta, a menos que fosse pela verdade, pela virtude e pela humanidade.

Não se deve imaginar que o concurso de tão felizes circunstâncias não deixasse alguma imperfeição na *Enciclopédia*. Haverá sempre defeitos numa obra dessa extensão. Essas imperfeições serão reparadas de início por suplementos, à medida que sejam descobertas. Mas virá necessariamente um tempo em que o público exigirá um rearranjo geral, e como não se pode saber a que mãos esse importante trabalho será confiado, permanece incerto se a nova edição será inferior ou preferível à precedente. Não é raro ver obras consideráveis, revistas, corrigidas, aumentadas por gente inábil, degenerar a cada reimpressão e cair enfim no menosprezo. Poderíamos citar um exemplo recente, se não temêssemos nos entregar ao ressentimento crendo ceder ao interesse pela verdade.

A *Enciclopédia* pode facilmente se aperfeiçoar; também pode facilmente deteriorar. Mas o principal perigo a ser evitado, previsto por nós, é que a preparação de edições subsequentes não seja entregue ao despotismo de uma sociedade, de uma companhia qualquer. Anunciamos e atestamos a nossos contemporâneos e à posteridade que o menor inconveniente que poderia acontecer é que se suprimissem as coisas essenciais, que se multiplicassem ao infinito o número e o volume das que é preciso suprimir; que o espírito de corpo, que ordinariamente é pequeno, invejoso, concentrado, infectasse a massa da obra; que as artes fossem negligenciadas; que uma matéria de um interesse passageiro abafasse as outras; e que a *Enciclopédia* tivesse a sorte de tantas obras de controvérsia. Quando os católicos e os protestantes, cansados e saturados de injúrias, tomaram o partido do silêncio e do repouso, viu-se num instante uma multidão de livros elogiados desaparecerem e caírem no esquecimento, como se vê tombar no fundo do navio o sedimento de uma fermentação que se acalma.

Eis as primeiras ideias que vieram ao meu espírito sobre o projeto de um dicionário universal e razoado do conhecimento humano, sobre sua possibilidade e finalidade, sobre seus materiais e sua ordenação geral e particular, sobre o estilo, o método, as remissões, a nomenclatura, o manuscrito, os autores, os censores, os editores e o tipógrafo.

Se pesarmos a importância desses objetos, perceberemos facilmente que não há nenhum que não forneça matéria para um discurso muito extenso, que deixei mais coisas a dizer do que as que eu disse, e que talvez a prolixidade e a adulação não contem entre os defeitos que poderão me ser censurados.

(MGS)

Erudição (*Filosofia e Literatura*), d'Alembert [5, 914]

A palavra *erudição* vem do latim *erudire, ensinar,* e significa, no sentido mais próprio e literal, *saber, conhecimento,* mas aplica-se em particular ao gênero de saber que consiste no conhecimento dos fatos, fruto de vasta leitura. Reserva-se o nome de *ciência* para os conhecimentos que têm necessidade mais imediata do raciocínio e da reflexão, tais como a Física, as Matemáticas etc., e o de *belas-letras* para as produções agradáveis do espírito, tais como a eloquência, a poesia etc.

Considerada em relação ao estado atual das letras, a erudição inclui três ramos principais: o conhecimento da História, o das línguas e o dos livros.

O conhecimento da História se subdivide em diversos ramos, História Antiga e Moderna; História sagrada, profana e Eclesiástica; História de nosso próprio país e dos países estrangeiros; História das Ciências e das Artes; Cronologia; Geografia; antiguidades e medalhas etc.

O conhecimento das línguas inclui o das línguas doutas, das línguas modernas, das línguas orientais, das línguas mortas bem como das vivas.

O conhecimento dos livros pressupõe, ao menos até certo ponto, o das matérias de que eles tratam, bem como de seus autores; mas consiste, principalmente, no conhecimento do juízo que os doutos emitiram sobre essas obras, da espécie de utilidade que podemos extrair de sua leitura, das anedotas a respeito de autores e de livros, das diferentes edições, da escolha entre elas.

Quem dominasse cada um desses três ramos seria um verdadeiro erudito sob todos os aspectos; mas o objeto é muito vasto para que um só homem possa dominá-lo. É suficiente, assim, para ser hoje em dia profundamente erudito, ou ao menos para ser considerado como tal, possuir apenas, com certo grau de perfeição, cada uma das partes da erudição. Poucos doutos encontram-se nessa situação; e por muito menos há quem passe por erudito. Todavia, se fosse necessário restringir a significação da palavra *erudito* e estender a sua aplicação, pareceria ao menos justo aplicá-la somente aos que dominam, com alguma profundidade, o primeiro ramo da erudição, o conhecimento dos fatos históricos, sobretudo dos fatos históricos antigos e da história de diferentes povos. Um homem de letras que se restringisse, por exemplo, à história da França ou de Roma, não mereceria propriamente o nome de erudito; se tanto, poder-se-ia dizer dele que tem muita erudição na história da França, na história romana etc., apontando o gênero a que o termo é aplicável. Do mesmo modo, não se dirá que é muito erudito um homem que só é versado no conhecimento de línguas e de livros, a menos que reúna a essas qualidades um conhecimento bastante extenso da História.

Do conhecimento da História, das línguas e dos livros nasce essa importante parte da erudição que se chama *crítica*, e que consiste em desenredar o sentido de um autor antigo ou em restituir o seu texto ou, enfim (a parte principal), em determinar o grau de autoridade que se lhe pode atribuir com respeito aos fatos que ele conta. Ver *Crítica*. Chega-se aos dois primeiros objetivos pelo estudo assíduo e compenetrado do autor, da história de seu tempo e de sua pessoa, pela comparação razoada dos manuscritos que nos restam. Com respeito à crítica, considerada em relação aos fatos históricos, eis as suas regras principais.

1º) Só devem contar como provas testemunhos de autores originais, vale dizer, que escreveram numa mesma época ou quase, pois a memória dos fatos se altera facilmente quando se demora para registrá-los por escrito, passam de boca em boca, e cada um acrescenta a sua parcela, quase sem querer. "Assim", diz o Sr. Fleury (*Premier discours sur l'Histoire Ecclesiastique*), "as tradições vagas de fatos muito antigos, que nunca foram registrados por escrito ou só o foram muito tempo depois de ocorridos, não merecem nenhuma credibilidade, principalmente se contrariam fatos comprovados. Que não se diga que as histórias podem ter sido perdidas; essa afirmação não pode ser provada, e poder-se-ia igualmente afirmar que elas jamais existiram."

2º) Quando um autor sério e fidedigno cita escritos antigos aos quais não se tem mais acesso, deve-se ou ao menos pode-se acreditar nele. Se outros autores antigos estiverem preservados, deve-se compará-los aos que ele cita, sobretudo se forem modernos. Deve-se, sobretudo, examinar os próprios autores antigos para decidir se merecem credibilidade. "Assim, por exemplo", diz novamente o Sr. Fleury, "devem-se consultar as fontes citadas por Baronius, que costuma apresentar como autênticas peças falsas ou suspeitas e adota traduções pouco fiéis de autores gregos."

3º) Autores, mesmo contemporâneos, não devem ser seguidos sem exame. É preciso saber, em primeiro lugar, se os escritos são mesmo deles, pois não se ignora que há muitas falsificações. Ver *Decretais* etc. Confirmado o autor, é preciso examinar se ele é digno de fé, se é judicioso, imparcial, isento de credulidade e de superstição, suficientemente esclarecido para identificar a verdade, se é honesto e não substitui, aqui e ali, o verdadeiro por suas conjecturas, se evita elucubrações cuja fineza poderiam seduzi-lo. Um escritor que viu é mais crível do que outro que apenas ouviu dizer; o escritor nacional, mais do que o estrangeiro; o que fala das coisas de sua doutrina ou de sua seita, mais do que pessoas indiferentes, a não ser que o autor não tenha um interesse visível em relatar as coisas como elas são. Inimigos de uma seita ou de um país devem ser postos em suspeita; mas pode-se aceitar o que eles dizem em prol do partido contrário ao seu. O que estiver contido nas cartas da época ou em atas originais deve ser preferido ao relato dos historiadores; se houver diferenças entre escritores, é preciso conciliá-los, se houver contradições, é preciso escolher entre eles. É verdade que seria muito mais cômodo para o escritor se limitar ao relato das diferentes opiniões e deixar que o leitor julgue. Mas, como este prefere saber a duvidar, é mais cômodo acatar o veredito da crítica.

Encontram-se na crítica dois excessos a serem igualmente evitados: de indulgência e de severidade. É possível ser um excelente cristão sem dar fé aos atos falsos dos mártires, às vidas forjadas de santos, a evangelhos e epístolas apócrifos, à *Legenda áurea*, de Jacopo de Varazze, à fábula da doação de Constantino, à da papisa Joana, e a muitos milagres, mesmo os relatados por Gregório de Tours e outros escrivãos crédulos. É impossível, porém, ser cristão rejeitando os prodígios, as revelações e os fatos extraordinários relatados por Irineu, Cipriano, Agostinho e outros autores respeitáveis, que não podem ser tidos como visionários.

Outro excesso da crítica é conceder em demasia às conjecturas. Erasmo, por exemplo, teria rejeitado temerariamente, [915] segundo Fleury, alguns escritos de Agostinho cujo estilo lhe pareceu diferente do de outras obras desse padre. Houve ainda quem corrigisse palavras que não conseguira compreender e negasse fatos que não estavam de acordo com outros de igual ou menor autoridade ou eram inconciliáveis com a enganosa cronologia que adotaram. Quis-se tudo saber e tudo adivinhar; cada um refinou os críticos precedentes, eliminando fatos de histórias aceitas e obras de autores conhecidos. Crítica perigosa e desdenhosa, que se afasta da verdade quando parece querer buscá-la. Ver Fleury, *Premier discours sur l'Histoire Ecclesiastique*, cap.3 e 5. Recomendamos esse autor, do qual extraímos as regras da crítica, que ele desenvolve muito bem.

A erudição é um gênero de conhecimento em que os modernos se destacam por duas razões: mais velho se torna o mundo, mais matéria há de erudição, e, por conseguinte, mais numerosos serão os eruditos, assim como há mais fortunas quando o dinheiro é mais abundante. A Grécia antiga só fazia caso de sua história e de sua língua; os romanos não foram senão oradores e políticos. A erudição propriamente dita não foi muito cultivada pelos antigos. Mesmo assim, houve em Roma, no fim da república, e posteriormente, no tempo dos imperadores, um pequeno número de eruditos, como um Varão, um Plínio (o naturalista) e alguns outros.

A mudança da capital do império para Constantinopla e a destruição do Império do Ocidente rapidamente aniquilaram toda espécie de conhecimento nessa parte do mundo, que permaneceu bárbara até o fim do século XV. O Oriente sustentou-se por algum tempo, a Grécia tinha homens versados no conhecimento dos livros e da História. Os romanos, a bem da verdade, não liam ou conheciam as obras dos gregos, e haviam herdado o desprezo de seus ancentrais por tudo o que não estivesse escrito em sua própria língua. Mas, sob os imperadores romanos, e mesmo antes deles, muitos autores gregos, como Políbio, Dião Cássio, Diodoro Sícolo, Dionísio de Halicarnasso e outros, escreveram a história, romana e de outros povos, o que explica por que a erudição histórica e o conhecimento dos livros, mesmo dos puramente gregos, foi desde o início, no Oriente, objeto de estudo considerável pelos homens de letras. Havia bibliotecas importantes em Constantinopla e Alexandria. A primeira foi destruída por ordem de um imperador insano, Leão, o Isaurino. Os doutos que administravam essa biblioteca haviam se pronunciado contra o fanatismo com que o imperador perseguia o culto das imagens. Esse príncipe imbecil e furioso cercou a biblioteca com feixes e ela ardeu em chamas, juntamente com os doutos que tentaram defendê-la.

Quanto à biblioteca de Alexandria, todos conhecem a maneira como foi incendiada pelos sarracenos em 640, o belo raciocínio sobre o qual o califa Omar se apoiou para realizar essa expedição, e o uso que fez dos livros para aquecer, durante seis meses, quatro mil banhos públicos.

Fócio, que viveu em fins do século IX, quando o Ocidente estava submerso por uma ignorância e bárbarie das mais profundas, legou-nos sua biblioteca, monumento imortal de sua vasta erudição. Pode-se ver, pelo grande número de obras que ele julga, a maioria delas hoje perdidas, e das quais ele cita trechos, que nem tudo na Grécia fora destruído pela barbárie de Leão e de Omar. Ele cita cerca de 280 obras.

Ainda que os doutos que sucederam Fócio não tenham sido tão eruditos, por muito tempo, mesmo após a tomada de Constantinopla pelos turcos em 1453, a Grécia continuou tendo homens instruídos e versados (ao menos para a época) em História e nas letras: Pselo, Suidas, Eustácio, comentador de Homero, Tzetzes, Bessarion, Genádio etc.

Costuma-se atribuir à destruição do Império do Oriente a causa da renovação das letras na Europa. Os doutos da Grécia, expulsos de Constantinopla pelos turcos e adotados pelos Médici na Itália, teriam trazido consigo luzes para o Ocidente. Isso é verdade, mas só até certo ponto. Pois a chegada dos doutos gregos havia sido precedida pela invenção da arte de imprimir, aplicada, alguns anos antes, às obras de Dante, Petrarca e Boccaccio, que anunciaram na Itália a aurora do bom gosto, e a um pequeno número de doutos que começavam a desenredar e mesmo a cultivar com êxito a literatura latina, como Poggio, Lourenço Vala, Filélfio e outros. Os gregos de Constantinopla não foram realmente úteis aos homens de letras do Ocidente, a não ser pelo conhecimento da língua que estes começavam a estudar.

Formaram discípulos, que logo igualaram ou ultrapassaram seus mestres. Assim, foi pelo estudo das línguas grega e latina que a erudição renasceu. O estudo aprofundado dessas línguas e dos autores que as falavam preparou imperceptivelmente os espíritos para o gosto pela literatura sadia. Percebeu-se que um Demóstenes e um Cícero, que um Homero e um Virgílio, que um Tucídides e um Tácito haviam seguido os mesmos princípios na arte de escrever, e concluiu-se que esses princípios eram os fundamentos da arte. Contudo, por razões que expusemos no *Discurso preliminar*, os verdadeiros princípios do gosto só foram devidamente conhecidos e desenvolvidos quando se começou a aplicá-los às línguas vivas.

A primeira vantagem produzida pelo estudo das línguas foi a crítica, de que falamos anteriormente. Os textos antigos foram purgados dos defeitos que a ignorância ou a desatenção dos copistas haviam neles introduzido; restituiu-se o que a injúria dos tempos havia desfigurado; explicaram-se as passagens obscuras com comentários doutos; formaram-se regras para distinguir os escritos autênticos das atribuições supostas, fundadas no conhecimento da História, da Cronologia, do estilo dos autores, no gosto e no caráter dos diferentes séculos. Essas regras foram úteis principalmente quando os doutos, após terem esgotado a literatura latina e grega, se voltaram para os tempos bárbaros e tenebrosos chamados de *Idade Média*. É sabido que nossa nação se distinguiu nesse gênero de estudos; os nomes de Pithou, Sainte-Marte, Ducange, Valois, Mabillon etc. se tornaram imortais.

Graças aos trabalhos desses doutos, a Antiguidade e os tempos posteriores foram não somente decifrados, mas sim conhecidos quase por completo, ou ao menos na medida do possível, a partir dos registros que nos restam. O gosto pelas obras do belo espírito e o estudo das ciências exatas sucederam entre nós o gosto de nossos antepassados pela erudição. Contemporâneos nossos que ainda cultivam esse gênero de estudo se queixam da preferência exclusiva e injuriosa que damos a outros objetos; ver *Histoire de l'Académie des Belles-Lettres*, tomo XVI. Suas queixas são razoáveis e dignas do apoio de todos, mas certas razões oferecidas para essa preferência nos parecem igualmente contestáveis. A cultura das [916] letras, dizem eles, precisa ser preparada pelos estudos ordinários das escolas, preliminar que não é requerida pelo estudo das Matemáticas e da Física. É verdade; mas o número de jovens formados todos os anos pelas escolas públicas é bastante considerável e poderia fornecer anualmente à erudição colonos e recrutas mais do que suficientes, se outras razões, boas ou más, não voltassem os espíritos para outro lado. As Matemáticas, acrescentam eles, são compostas de partes distintas, que podem ser cultivadas em separado, ao passo que os ramos da erudição estão relacionados entre si e devem ser abarcados simultaneamente. Ao que é fácil responder: 1º) Que há nas Matemáticas um grande número de partes que supõem o conhecimento de outras. Um astrônomo, por exemplo, se quiser dominar em sua completa extensão e em toda a sua perfeição a ciência de que se ocupa, deve ser muitíssimo versado em Geometria elementar e em Geometria sublime, na Análise mais profunda, na Mecânica ordinária bem como na transcendente, em todos os ramos da Ótica, nas partes da Física e nas artes relacionadas à construção de instrumentos. 2º) Que se algumas partes da erudição dependem de outras, há também as que não têm qualquer reciprocidade. Um grande geógrafo pode ignorar o conhecimento de antiguidades e medalhas, um antiquário celebrado pode ignorar por completo a História Moderna, um douto em História Moderna pode não ter mais que um conhecimento muito superficial da História Antiga, e assim por diante. 3º) Por fim, afirma-se que as Matemáticas oferecem mais perspectivas e dividendos à fortuna pessoal do que a erudição. Isso pode valer para as Matemáticas práticas, que são fáceis de aprender, como a Engenharia, a Arquitetura Civil ou Militar, a artilharia etc. Mas as Matemáticas transcendentes e a Física não oferecem os mesmos dividendos e praticamente se igualam, a esse respeito, à erudição. Portanto, não é por esse motivo que atualmente são mais cultivadas.

Parece-me haver razões mais concretas para a atual preferência pelo estudo das ciências e das matérias do belo espírito. 1º) Os objetos comuns da erudição foram como que esgotados pelo grande número de homens de letras que se aplicaram a esse gênero, e as descobertas que restam por fazer, por serem em geral pouco importantes, não despertam a curiosidade. As descobertas nas Matemáticas e na Física demandam sem dúvida um exercício mais intenso da parte do espírito. Em compensação, o seu objeto é mais atraente, o seu campo é mais vasto, e elas afagam o amor-próprio pela própria dificuldade que lhes é intrínseca. Quanto às obras do belo espírito, é sem dúvida muito difícil, talvez mais do que em qualquer outro gênero, produzir algo novo. Mas a vaidade se deixa facilmente iludir, não sabe de outra coisa que tratar dos objetos mais agradáveis e ser aplaudida pelo maior número de juízes. Por isso, as ciências exatas e as belas-letras atualmente são preferidas em detrimento da erudição, pela mesma razão que, quando da renovação das ciências, esta última era a preferida por ser um campo menos percorrido e menos batido, com mais possibilidades para que coisas novas ou supostamente novas sejam ditas. A ambição de realizar descobertas num gênero depende, por assim dizer, da facilidade de realizá-las e do número de ocasiões que se apresentam para realizá-las de fato ou não.

2º) As obras do belo espírito quase não exigem leitura. Basta ter gênio, e dispor de alguns grandes modelos. O estudo das Matemáticas e da Física tampouco requer mais do que a leitura refletida de algumas obras. Quatro ou cinco livros curtos, devidamente estudados, podem conferir considerável profundidade ao matemático na Análise e na Geometria sublime. O mesmo vale, na devida proporção, para as demais partes dessas ciências. A erudição requer muito mais livros. Um homem de letras que, no intuito de se tornar erudito, só leia livros originais, abrevia bastante suas leituras, mas mesmo assim estas serão muito numerosas. De resto, ele terá que meditar muito para concluir por si mesmo, a partir da leitura dos originais, o que os modernos concluíram aos poucos, valendo-se dos trabalhos uns dos outros e dos desenvolvimentos de suas próprias obras. Um erudito que se formasse apenas pela leitura dos originais estaria na mesma situação de um geômetra que quisesse substituir toda a leitura pela meditação. Poderia fazê-lo, desde que fosse dotado de um talento superior, mas procederia lentamente e à custa de grandes dificuldades.

Tais são as principais razões que levaram, entre nós, à queda da erudição. Mas, se elas servem para explicar esse fenômeno, não servem para justificá-lo.

Nenhum gênero de conhecimento é desprezível. A utilidade das descobertas, em matéria de erudição, talvez não seja tão impressionante, sobretudo em nossos dias, quanto a das descobertas em ciências exatas. Mas o que responde pelo mérito das descobertas não é somente a sua utilidade, é também a curiosidade satisfeita e o grau da dificuldade vencida. Quantas descobertas em matéria de ciência não têm apenas este último mérito? E quantas têm algum dos outros?

A espécie de sagacidade requerida por determinados ramos da erudição, por exemplo a crítica, não é menor que a necessária ao estudo das ciências, talvez requeiram às vezes mais fineza do que estas. A arte e a utilização de probabilidades e conjecturas supõem em geral um espírito mais sutil e mais delicado do que o que só aceita as luzes da demonstração.

Não obstante, supondo-se (o que não é verdade) que não haveria mais progressos a realizar no estudo das línguas eruditas cultivadas por nossos ancestrais, o latim, o grego, mesmo o hebraico; quanto não há para decifrar no estudo de numerosas línguas orientais, cujo conhecimento profundo traria à nossa literatura as maiores vantagens? Sabe-se o êxito com que os árabes cultivaram as ciências, e o quanto a Astronomia, a Medicina, a cirurgia, a Aritmética e a Álgebra devem a eles. São conhecidos os seus historiadores, os seus poetas, enfim, os seus escritos em todos os gêneros. A biblioteca do rei está repleta de manuscritos árabes cuja tradução nos renderia uma infinidade de conhecimentos curiosos. O mesmo vale para a língua chinesa. Que vasto material de descobertas para nossos literatos! Alguém poderia dizer que o estudo dessas línguas demanda por si mesmo um douto completo, e que, após ter dedicado um bocado de anos para aprendê-las, não haveria tempo suficiente para extrair da leitura dos autores as prometidas vantagens. É verdade que, no estado atual de nossa literatura, os poucos instrumentos de que dispomos para o estudo das línguas orientais tornam-no muito mais vagaroso, e os primeiros doutos que a elas se aplicarem consumirão talvez a vida inteira. Mas seu trabalho será útil para os que os sucederão, os dicionários, as gramáticas, as traduções aos poucos se multiplicarão e se aperfeiçoarão, **[917]** e a facilidade de se instruir nessas línguas aumentará com o tempo. Nossos primeiros doutos dedicaram suas vidas ao estudo do grego. Hoje, pode-se realizar esse estudo em alguns anos. Eis, portanto, um ramo da erudição inteiramente novo, até aqui negligenciado e muito digno do exercício de nossos doutos. E quanto não haveria a descobrir em ramos mais cultivados do que esse? Pergunte aos que se aprofundaram na Geografia, antiga e moderna, e ver-se-á, para estupefação geral, quantas coisas eles não encontram nos originais que jamais foram notadas, quantas conclusões nunca antes extraídas, quantos erros a retificar em seus predecessores. Aquele que primeiro decifra uma matéria qualquer com algum êxito é sucedido por uma infinidade de autores que se limitam a reproduzir os seus erros e não acrescentam nada ao seu trabalho. Surpreende constatar, após ter percorrido um grande número de obras sobre um mesmo objeto, que, contrariamente ao que a multidão poderia julgar, tudo continua como de início, se tanto. O que dizemos a respeito da Geografia, a partir do testemunho dos homens mais versados nessa ciência, poderia ser dito, pelas mesmas razões, de um sem-número de outras matérias. É inteiramente falso, portanto, que a erudição seja um campo em que não haveria mais nada para colher.

Por fim, os instrumentos atualmente à disposição dos eruditos facilitam tanto a sua tarefa que nossa preguiça seria indesculpável se não os utilizássemos.

Cícero equivocou-se por completo, ao que me parece, quando disse que, para ser bom matemático, é suficiente ter dedicação. Talvez por pensar assim, tenha se referido a Arquimedes como um homem menor, *homuncio*. O orador falava como alguém pouco versado nas ciências. É possível que com trabalho se chegue a compreender tudo o que os geômetras descobriram, mas duvido que todas as pessoas sejam capazes disso, pois a maioria das obras de Matemática é muito malfeita e excede o alcance da maioria dos espíritos, embora não seja difícil colocá-las ao seu alcance (ver *Elementos das Ciências* e *Lógica*). Para ser inventor nas ciências, para acrescentar às descobertas de um Descartes ou de um Newton, é necessário talento num grau que poucas pessoas poderiam alcançar. Ao contrário, não há homem que, com os olhos, com paciência e memória, não possa se tornar muito erudito, por força de leitura. Deveríamos por isso menosprezar a erudição? Absolutamente. É uma razão adicional para se dedicar a adquiri-la.

Finalmente, seria um equívoco objetar que a erudição torna o espírito frio, pesado, insensível às graças da imaginação. A erudição assume as feições do espírito que a cultiva; é intratável nestes, agradável naqueles, bruta e desordenada em alguns, cheia de vistas, gosto, fineza e sagacidade, noutros. A exemplo da Geometria, a erudição deixa o espírito no mesmo estado em que o encontrou, ou, para falar com mais exatidão, não tem efeitos negativos a não ser nos espíritos predispostos pela natureza. Os que supostamente são lentos por causa da erudição, seriam lentos mesmo que fossem ignorantes. Portanto, quanto a isso, o prejuízo não chega a ser considerável: ganha-se um douto sem que se perca um escritor agradável. Balzac chamava a erudição de *repositório da Antiguidade*; prefiro chamá-la de *repositório do espírito*, no sentido em que Lorde Bacon chama as riquezas de *repositório da virtude*: a erudição está para o espírito assim como a bagagem está para os exércitos; é útil para um exército bem comandado, é nociva para generais medíocres.

Costuma-se alegar, em favor das ciências exatas, o espírito filosófico que elas certamente contribuíram para disseminar entre nós. Crer-se-ia por isso que esse espírito não encontra com frequência ocasião de se exercer em matéria de erudição? Quão necessário ele não é à crítica, para separar o verdadeiro do falso? E a História não fornece documentos da patifaria, da imbecilidade, do erro e da extravagância dos homens, mesmo de filósofos? Eis aí uma matéria de reflexão tão imensa quanto agradável, para quem sabe pensar. As ciências exatas, dir-se-ia, têm a esse respeito grandes vantagens. O espírito filosófico, que o estudo delas fomenta, não encontra nesse estudo nenhuma contraindicação. O estudo da História, ao contrário, tem uma desvantagem considerável, para espíritos de têmpera comum. Um erudito ávido de fatos, que são os únicos conhecimentos que ele busca e os únicos que lhe importam, corre o risco de se acostumar a ser indulgente em relação a eles. Todo livro que contenha fatos, ou que alegue contê-los, é digno da sua atenção; mais antigo é um livro, mais se inclina a lhe dar credibilidade; desconsidera que a incerteza das histórias modernas, cujos fatos estão ao alcance de nossa verificação, recomenda-nos cautela no grau de credibilidade que damos a histórias antigas; um poeta não é para ele mais do que um historiador, que expõe os usos de seu tempo; ele busca em Homero, como o falecido abade de Longuerue, a Geografia e os costumes antigos; o grande pintor e o grande homem lhe escapam. Mas o que na verdade se segue dessa objeção é que a erudição, para ser verdadeiramente estimável, precisa ser esclarecida pelo espírito filosófico, não que se deve menosprezá-la em si mesma. Além do mais, não se costuma censurar o estudo das ciências exatas por extinguir ou enfraquecer a imaginação, torná-la seca, insensível ao encanto das belas-letras e das artes, moldar o espírito a uma certa rigidez, exigida pelas demonstrações, quando probabilidades são suficientes, e transplantar o método geométrico a matérias refratárias a ele? Se essa censura não atinge todos os geômetras, pois há os que souberam aliar, aos conhecimentos profundos, o agrado do espírito, não continua valendo para a maioria? E não tem fundamento, ao menos até certo ponto? Convenhamos, vistas as coisas por esse lado, que as ciências e a erudição se encontram quase em pé de igualdade, tanto quanto aos inconvenientes como quanto às vantagens.

Muitos se queixam de que a multiplicação de jornais e dicionários de toda espécie desferiu o golpe fatal na erudição e extinguiu aos poucos o gosto pelo estudo. Acreditamos ter respondido suficientemente a essa acusação no *Discurso preliminar*, p.34, na "Advertência ao terceiro volume" e no final do verbete *Dicionário*, o item "Dicionários de ciências e artes". Os partidários da erudição alegam que nos acontecerá o que ocorreu a nossos ancestrais, para quem os resumos, as análises, os breviários, feitos para monges e clérigos de séculos bárbaros, puseram a perder o amor pelas letras, o conhecimento dos originais, os originais mesmos. Nossa situação, porém, é muito diferente. A arte de imprimir protege-nos contra o risco de desaparecimento dos livros verdadeiramente úteis; queira Deus que ela não tenha o inconveniente de multiplicar as obras ruins. Nos séculos de ignorância, os livros eram tão difíceis de encontrar que mesmo o acesso a resumos e extratos era uma felicidade. Era-se douto por esses meios; hoje em dia, não mais.

É verdade que, graças às traduções feitas **[918]** em nossa língua de um grande número de autores, e ao grande número de obras publicadas em francês sobre toda espécie de assunto, uma pessoa que se limite exclusivamente ao conhecimento da língua francesa pode tornar-se muito sábia com a leitura dessas obras. Mas, além de nem tudo ter sido traduzido, a leitura de traduções, mesmo a título de pura erudição (sem considerar o gosto), jamais poderia suprir perfeitamente a dos originais, na língua em que foram escritos. Mil exemplos nos convencem, todos os dias, da infidelidade dos tradutores ordinários e da inadvertência dos mais exatos.

Por fim – pois não se deve esquecer essa vantagem –, o estudo das ciências é iluminado pela ciência dos antigos. Pode-se sem dúvida aprender a história dos pensamentos dos homens sem que para isso seja preciso pensar. Mas um filósofo pode extrair grande benefício da leitura detalhada de opiniões similares à sua, e amiúde encontrar germes de ideias preciosas a serem desenvolvidas, conjecturas a serem verificadas, fatos a serem esclarecidos, hipóteses a serem confirmadas. Quase não há na Física moderna enunciado que ao menos no fundo não se encontre entre os antigos, o que não surpreende, se considerarmos que, nessa matéria, as hipóteses mais verossímeis se apresentam naturalmente ao espírito, que as combinações de ideias gerais logo se esgotam, e, por uma espécie de revolução inevitável, são substituídas por outras. Talvez por essa razão, diga-se de passagem, a Filosofia moderna aproxima-se em muitos pontos do que foi pensado na primeira idade da Filosofia, pois, ao que parece, a primeira impressão da natureza é nos dar ideias justas, que depois abandonamos em troca da incerteza ou movidos pelo amor da novidade, e às quais, por fim, somos constrangidos a retornar.

Mas se recomendamos aos filósofos a leitura de seus predecessores, não é com a intenção, manifestada por alguns doutos, de deprimir os modernos sob o falso pretexto de que a Filosofia moderna nada teria descoberto que as antiga não soubessse. Que importa para a glória de Newton que Empédocles tenha formulado algumas ideias vagas e disformes do sistema da gravitação, quando tais ideias careciam das provas necessárias para sustentá-las? Que importa para a reputação de Copérnico que filósofos antigos tenham acreditado no movimento da Terra, se as provas que deram não foram suficientes para impedir que a maioria continuasse a crer no movimento do Sol? A esse respeito, a vantagem é toda dos modernos, não porque superem as luzes de seus predecessores, mas porque vieram depois. A maioria das opiniões dos antigos acerca do sistema do mundo e de quase todos os objetos da Física são tão vagas e tão carentes de prova que delas não se extrai, na realidade, esclarecimento algum. Não se encontram em nenhuma parte os detalhes precisos, exatos e profundos que são a pedra de toque da verdade de um sistema, que alguns autores tratam como ornamentos, embora sejam o corpo e a substância do sistema e respondam por sua dificuldade e por seu mérito. Em vão um ilustre douto, reivindicando nossas hipóteses e opiniões para a Filosofia antiga, acreditou ter revidado o injusto desprezo por elas, sentimento que os doutos e os bons espíritos na realidade nunca tiveram. A dissertação que redigiu a esse respeito (impressa no tomo XVIII das *Mémoires de l'Académie des Belles-Lettres*, p.97) não chega a ser uma ofensa aos modernos nem uma honra para os antigos, mostra apenas a erudição e as luzes de seu autor.

Reconheçamos, portanto, em prol da erudição, que a leitura dos antigos pode fornecer germes de descobertas aos modernos, e, em prol dos doutos modernos, que eles de fato foram muito além dos antigos ao provar e extrair consequências de venturosas opiniões que estes haviam se contentado em esboçar.

Um douto de nossos dias, conhecido por suas traduções medíocres e comentários eruditos, não tem os filósofos em alta conta, especialmente os que se dedicam à Física Experimental. Chama-os de vagabundos curiosos, prestidigitadores que usurparam o título dos sábios. Esse reproche é bastante singular, vindo de um autor cujo principal mérito é ter a cabeça cheia de passagens do grego e do latim e talvez mereça a censura feita à turba de comentadores por um autor célebre, que numa de suas obras põe em sua boca estas palavras: "Gosto não é nada; temos o hábito/ De longamente dissertar, ponto por ponto,/ Sobre o que pensamos, quando na verdade não sabemos pensar". Voltaire, "Templo do gosto".

O que concluir destas reflexões? Não menosprezemos nenhuma espécie de saber útil, nenhuma espécie de homem. Façamos fé que os conhecimentos de todo gênero se referem uns aos outros e se esclarecem reciprocamente, que os homens de todos os séculos são muito similares e, com os mesmos dados, produziriam sempre as mesmas coisas. Em qualquer gênero que seja, se há mérito em realizar os esforços iniciais, há também vantagem, pois, uma vez rompido o gelo, basta se entregar à corrente para percorrer um vasto espaço, quase sem enfrentar obstáculos. Mas, quando se encontra um, a dificuldade de superá-lo é maior para os que vêm depois.

(PPP)

Esclarecido, Clarividente (*Gramática*), Diderot [5, 269]

Os termos *esclarecido, clarividente,* são relativos às luzes do espírito. *Esclarecido* se diz de luzes adquiridas, *clarividente,* de luzes naturais. Essas qualidades estão uma para a outra tal como a ciência está para a penetração. Há ocasiões em que toda a penetração possível não é capaz de sugerir o partido a tomar. Portanto, não é suficiente ser clarividente, é preciso também ser esclarecido. Reciprocamente, há circunstâncias em que toda a ciência possível deixa na incerteza; então não é suficiente ser esclarecido, é preciso ser clarividente. É preciso ser esclarecido em relação a matérias de fato do passado, a leis prescritas e outras coisas que tais, que não podem ser deixadas a nossa conjectura; é preciso ser clarividente em todos os casos em que se trata de probabilidades e há lugar para conjectura. O homem esclarecido sabe o que foi feito, o homem clarividente adivinha o que será feito; um leu muitas coisas em livros, o outro sabe ler nas cabeças. O homem esclarecido decide com base em autoridades, o homem clarividente, em razões. O homem instruído é diferente do homem esclarecido, um conhece as coisas, o outro sabe aplicá-las convenientemente. Em comum, os conhecimentos adquiridos estão sempre na base de seu mérito, e sem a educação ambos seriam bastante ordinários. O mesmo não pode ser dito do clarividente. Há mil homens instruídos para um homem esclarecido; cem esclarecidos para um clarividente; e cem clarividentes para um genial. O homem de gênio cria as coisas; o clarividente deduz os princípios delas; o esclarecido aplica esses princípios; o instruído não ignora as coisas criadas, nem as leis deduzidas, tampouco as aplicações feitas: sabe tudo, mas não produz nada.

(PPP)

Escritor, Autor (*Gramática*), d'Alembert [5, 372]

As palavras *escritor, autor,* aplicam-se aos letrados que oferecem ao público obras de sua lavra. A primeira se diz apenas dos que oferecem obras de belas-letras, ou ao menos é usada em francês apenas em referência ao estilo. A segunda aplica-se indiferentemente a todo gênero da arte de escrever, refere-se mais ao fundo do que à forma de uma obra, e pode ainda ser acrescentada ao nome desta, por meio da partícula *de*. Assim, Racine, o Sr. Voltaire, são excelentes *escritores*, Corneille é um excelente *autor*; Descartes e Newton são *autores* célebres; o autor da *Recherche de la vérité* [Malebranche] é um *escritor* de primeira grandeza.

A propósito, eu não poderia deixar de observar um abuso de nossa língua. Num grande número de ocasiões, a palavra *escrever* passou a ser empregada exclusivamente para designar o estilo. Seu sentido próprio encontra-se assim proscrito.

Em francês, não se diz que uma carta é bem escrita para com isso dizer que o seu estilo é muito bom. Se o que se quer dizer é que o caráter da escritura é a nitidez, e que ela agrada à vista, diz-se que ela é uma boa pintura. Esse uso, por ridículo que pareça, prevaleceu. No entanto, é preciso lembrar que, ao menos no caso de que falamos, existe uma palavra para exprimir o sentido próprio. Há outros casos, porém, em que não existe mais uma palavra que exprima o sentido próprio, e o sentido figurado é o único empregado, por exemplo, as palavras *baixeza*, *cegueira*, entre outras. Advirto contra esse abuso a fim de que os letrados tratem de remediá-lo ou ao menos para que não se multiplique ainda mais.

(PPP)

Autor (Literatura), *Mallet* [1, 894]

Em literatura, *autor* é uma pessoa que compôs uma obra qualquer. Diz-se em francês indiferentemente das pessoas do belo sexo como dos homens. Madames Dacier e Deshouliers estão entre os autores de primeira linha.

Distinguem-se os autores em sagrados e profanos, antigos e modernos, conhecidos e anônimos, gregos e latinos, franceses, ingleses etc., e dividem-se ainda, relativamente aos gêneros de que trataram, em teólogos, filósofos, oradores, historiadores, poetas, gramáticos, filólogos etc. Acusa-se os autores latinos de terem pilhado os gregos; e muitos modernos, de não serem mais do que o eco dos antigos.

Autor original é aquele que, por ser o primeiro a tratar de um assunto, não teve modelo, seja na matéria, seja no método. Assim, o Sr. Fontenelle é um autor original em seus *Diálogos sobre a pluralidade dos mundos*, mas não em seus *Diálogos dos mortos*. Por pouco que se seja versado em literatura, percebe-se que dificilmente se encontram autores originais. Estes últimos deixam sempre escapar alguns traços que denunciam o que tomaram de seus predecessores.

(**PPP**)

Espírito (*Filosofia e Belas-Letras*), Voltaire [5, 973]

A palavra *espírito*, na medida em que significa uma *qualidade da alma*, é um desses termos vagos, aos quais todos os que o pronunciam quase sempre ligam sentidos diferentes. Exprime algo que não é bem juízo, gênio, gosto, talento, penetração, capacidade, graça, fineza; deve incluir cada um desses méritos. Poderia ser definido como *razão engenhosa*.

É uma palavra geral, que tem necessidade de outra que a determine. Quando alguém diz: "eis um homem cheio de espírito", "eis um homem dotado de espírito", há boas razões para perguntar, *de qual espírito?* O espírito sublime de Corneille não é como o espírito exato de Boileau, nem como o espírito ingênuo de La Fontaine; o espírito de La Bruyère, que é a arte de pintar singularmente, não é como o espírito de Malebranche, que é o da imaginação com profundidade.

Quando se diz que um homem tem *espírito judicioso*, entende-se menos que tenha isso que se chama espírito do que uma razão apurada. Um espírito firme, másculo, corajoso, grande; um espírito pequeno, frágil, superficial, doce etc. significam *o caráter e a têmpera da alma*, e não têm relação alguma com o que se entende em sociedade pela expressão *ter espírito*.

Espírito, na acepção ordinária da palavra, tem muito de *belo espírito*, e no entanto não significa precisamente a mesma coisa que este. Pois se a expressão **[974]** *homem de espírito* jamais poderia ser levada a mal, *belo espírito* é, às vezes, dita ironicamente. De onde vem essa diferença? É que *homem de espírito* não significa *espírito superior, talento destacado*, e *belo espírito*, sim. A expressão *homem de espírito* não anuncia pretensão alguma, *belo espírito* é como um chamariz; é uma arte que demanda cultura, é uma espécie de profissão, que por isso expõe à inveja e ao ridículo.

Nesse sentido, o padre Bouhours tem razão ao dizer, segundo o cardeal Perron, que os alemães não aspiram ao espírito, pois na época seus doutos só se ocupavam com obras laboriosas e pesquisas fatigantes, que não se deixam cobrir com flores, que não admitem o empenho para brilhar e tampouco que o belo espírito se misture ao douto.

Os que menosprezam o gênio de Aristóteles, em vez de se restringir a condenar sua Física, que não poderia ser boa, pois carece de experimentos, se surpreenderiam ao constatar que ele ensinou perfeitamente, em sua retórica, a maneira certa de dizer as coisas com espírito. Afirma que essa arte não consiste em se servir simplesmente da palavra apropriada, que não diz nada novo, mas requer o emprego de uma metáfora, de uma figura cujo sentido seja claro, e a expressão, enérgica. Oferece diversos exemplos, entre outros, o que Péricles disse numa batalha em que perecera a fina flor da juventude ateniense: "este ano foi privado de sua primavera". Aristóteles tem razão em dizer que *é preciso algo novo*. O primeiro que, para exprimir a ideia de que os prazeres são misturados a amarguras, os considerasse como rosas com espinhos, teria espírito. Os que o repetissem, não teriam nenhum.

A expressão plena de espírito nem sempre se dá por uma metáfora. Pode dar-se por um torneio inusitado. Pode dar-se quando se adivinha sem esforço uma parte do pensamento. Chama-se então *fineza*, *delicadeza*, maneira tão mais agradável por exercitar e valorizar o espírito alheio. As alusões, as alegorias, as comparações, são um vasto campo de pensamentos engenhosos. Os prodígios da natureza, a fábula, a história, presentes à memória, fornecem a uma imaginação alinhada os traços a serem empregados com esse propósito.

Pode ser útil dar exemplos desses diferentes gêneros. Eis um madrigal do Sr. de la Sablière, admirado por todas as pessoas de bom gosto: "Aglaia teme que um dia/ o Himeneu, mais poderoso do que o amor,/ lhe roube os tesouros sem que ela se queixe./ Ela não ouviu meus conselhos. Se a bela os tivesse seguido,/ não teria mais que temer".

O autor não poderia ter feito melhor para esconder e dar a entender o que pensou e o que quis exprimir.

O madrigal a seguir parece mais brilhante e mais agradável. É uma alusão à fábula: "És bela e tua irmã é bela./ Entre as duas, qualquer escolha é boa./ O amor era louro como tu,/ mas amava uma morena como ela".

Eis um terceiro, mais antigo, de autoria de Bertaud, bispo de Sées, superior aos anteriores, pois reúne espírito e sentimento: "Quando revi o que tanto amei,/ pouco faltou para que meu ardor, inflamado,/ fizesse renascer o encanto em minha alma,/ e que meu coração, outrora seu escravo/ não parecesse um fugitivo/ que por sorte reencontrou o seu senhor".

Traços como esses aprazem a todos e caracterizam o espírito delicado de uma nação engenhosa. A grande questão é saber até que ponto esse espírito pode ser admitido. É claro que nas grandes obras deve-se empregá-lo sobriamente, pelo fato mesmo de se tratar de um ornamento. A grande arte está no propósito da obra. Um pensamento fino, engenhoso, uma comparação justa e florida, é um defeito quando só a razão ou a paixão devem se pronunciar ou quando há grandes interesses a tratar. Então, não se trata de falso belo espírito, mas de espírito deslocado, e toda beleza deslocada deixa de ser beleza. É um defeito em que Virgílio nunca incorreu, e do qual se pode às vezes acusar Tasso, por admirável que seja a outros respeitos. Esse defeito encontra-se num autor cheio de ideias que quer se exibir, quando não deveria mostrar senão personagens. A melhor maneira para conhecer o uso a ser feito do espírito é ler o pequeno número de boas obras de gênio existentes nas línguas doutas e na nossa.

Falso espírito não é o mesmo que *espírito deslocado*. É não apenas um pensamento falso, pois poderia ser falso mas engenhoso, é um pensamento falso e forçado. Um homem cheio de espírito que traduziu, ou melhor, abreviou Homero em francês, acreditou que estaria embelezando esse poeta, cujo caráter está na simplicidade, emprestando-lhe ornamentos. A propósito da reconciliação de Aquiles, ele diz: "Todo o campo gritou, numa alegria extrema:/ Por que não vencerá? Ele venceu a si mesmo!". Em primeiro lugar, do fato de alguém ter domado a própria cólera não se segue, absolutamente, que não será abatido; em segundo lugar, como poderia um exército inteiro se pôr de acordo, por uma inspiração, e pronunciar em uníssono uma mesma tirada?

Se esse defeito é chocante para os juízes de gosto severo, quão revoltantes não lhes parecerão os traços forçados, os pensamentos afetados que se encontram numa série de escritos, de resto admiráveis? Como suportar que se diga, num livro de matemática: "Se Saturno desaparecesse, o derradeiro satélite ocuparia o seu lugar, pois os grandes senhores costumam manter à distância os que irão sucedê-los"? Como aceitar que se afirme que Hércules conhecia a Física e "seria impossível resistir a um filósofo tão forte"? O anseio de brilhar e surpreender com novidades conduz a tais excessos.

Essa pequena veleidade produz os jogos de palavras em todas as línguas, o que consiste na pior espécie de falso belo espírito.

O falso gosto é diferente, pois é sempre uma afetação, um empenho para fazer malfeito, ao passo que o falso belo espírito é muitas vezes um hábito de fazer malfeito sem empenho, e seguir por instinto um mau exemplo estabelecido. O destempero e a incoerência das fantasias orientais é um falso gosto, mas é antes uma falta de espírito do que um abuso de espírito. Estrelas que caem, montanhas que se fendem, rios que transbordam, o Sol e a Lua que se dissolvem, comparações falsas e gigantescas, a natureza em convulsão, tais são os recursos desses escritores, pois nesses países, em que nunca se falou em público, a verdadeira eloquência não pôde ser cultivada, e é muito mais fácil ser empolado do que ser justo, fino e delicado.

O falso espírito é precisamente o contrário dessas ideias triviais e empoladas, é uma pesquisa fatigante por traços muito delicados, uma afetação de dizer enigmaticamente o que outros disseram naturalmente, de aproximar ideias que parecem incompatíveis, **[975]** de dividir o que deve ser reunido, de apreender falsas relações, de violar a decência com gracejos misturados à seriedade, de confundir o pequeno e o grande.

Seria supérfluo apresentar aqui um elenco de citações em que se encontra a palavra *espírito*. Contentar-nos-emos com uma de Boileau, relatada no grande dicionário de Trévoux: "É próprio dos grandes espíritos, quando começam a envelhecer e decair, contentar-se com contos e fábulas". Essa reflexão não é verdadeira. Pode ser que um grande espírito caia nessa tolice, mas ela não é própria dos grandes espíritos. Nada é mais propício para extraviar a juventude do que citar os erros dos bons escritores a título de exemplos.

Não se devem esquecer aqui os diferentes sentidos em que a palavra *espírito* é empregada. Não se trata de um defeito da língua, ao contrário, é uma vantagem ter raízes que se ramificam em tantos galhos.

Espírito de um grupo, de uma sociedade, exprime os usos, a maneira de pensar, de se conduzir, os preconceitos de um grupo.

Espírito partidário, que está para o espírito de um corpo como as paixões estão para os sentimentos ordinários.

Espírito de uma lei, para distinguir a sua intenção; é nesse sentido que se diz: "a letra mata, o espírito vivifica".

Espírito de uma obra, para que se conceba o seu caráter e finalidade.

Espírito de vingança, para significar *desejo* e *intenção* de se vingar.

Espírito de discórdia, *espírito de revolta* etc.

Um dicionário cita *espírito de polidez*, segundo um autor, Bellegarde, cuja autoridade é nula. Devem-se escolher os autores e os exemplos com um cuidado escrupuloso. Não se diz *espírito de polidez* como se diz *espírito de vingança*, *de discórdia*, *de facção*, pois a polidez é uma paixão animada por um motivo poderoso que a conduz, que se chama espírito metaforicamente.

Espírito dos lares se diz em outro sentido, e refere-se a esses seres intermediários, esses gênios, esses demônios admitidos na Antiguidade, como *o espírito de Sócrates* etc.

Espírito significa às vezes a parte mais sutil da matéria. Diz-se *espíritos animais*, *espíritos vitais*, para significar algo que nunca foi visto e dá movimento e vida. Esses espíritos, que se acredita estarem localizados nos nervos, são provavelmente um fogo mais sutil. O dr. Méad parece ter sido o primeiro a prová-lo, no prefácio ao seu *Traité des poisons*.

Espírito, em Química, é um termo que recebe muitas outras acepções, mas que significa sempre a parte sutil da matéria.

Nesse sentido, espírito está bem longe de bom espírito e belo espírito. A mesma palavra, em todas as línguas, pode sempre dar ideias diferentes, pois tudo é metáfora, embora o vulgo não perceba. Ver *Eloquência*.

(PPP; MGS)

Etimologia[1] (*Literatura*), Turgot [6, 98]

Etimologia é a origem de uma palavra. A palavra de que vem uma outra se chama primitiva, a palavra que vem da palavra primitiva se chama derivada.

1 Tradução parcial. (N. T.)

Dá-se às vezes à primitiva o nome de *etimologia*. Diz-se, por exemplo, que *pater* é a etimologia de *pai*.

As palavras não têm uma relação necessária com aquilo que elas exprimem, é em virtude de uma convenção formal e fixada invariavelmente pelos homens que certos sons despertam certas ideias em nosso espírito. Essa ligação é efeito de um hábito, adquirido na infância, à força de se ouvirem repetidos os mesmos sons em circunstâncias praticamente similares, hábito que se estabelece no espírito dos povos sem que eles se deem conta e que pode ser abandonado por efeito de outro hábito, que se forme na surdina como esse e pelos mesmos meios. As circunstâncias cuja repetição determinou no espírito de cada indivíduo o sentido de uma palavra nunca são exatamente as mesmas em dois homens diferentes, e mudam ainda mais de uma geração para outra. Portanto, considerando-se uma língua independentemente de suas relações com outras línguas, ela tem em si mesma um princípio de variação. A pronunciação altera-se ao passar dos pais para os filhos, as acepções dos termos multiplicam-se, substituem-se umas às outras, ideias novas vêm aumentar as riquezas do espírito humano, é preciso afastar-se da significação primitiva das palavras mediante metáforas, fixá-la em certos pontos de vista particulares por meio de flexões gramaticais, recorrer a palavras antigas para exprimir novas combinações de ideias. Essa espécie de palavras nem sempre entra no uso ordinário, para compreendê-las é necessário analisá-las, remontar compostos ou derivados a palavras simples ou radicais, acepções metafóricas ao sentido primitivo. Os gregos, que não conheciam outra língua além da sua, e cuja língua, pela abundância de flexões gramaticais e pela facilidade na composição de palavras, prestava-se a todas as necessidades de seu gênio, entregavam-se com gosto a essa espécie de pesquisa, à qual deram o nome de *etimologia*, ou seja, conhecimento do sentido verdadeiro das palavras, pois ἔτυμον τῆς λεξέως significa verdadeiro sentido de uma palavra, de ἔτυμος, verdadeiro.

Quando os latinos estudaram sua própria língua, seguindo o exemplo dos gregos, logo se deram conta de que a deviam quase que inteiramente a estes. O trabalho não consistia mais em analisar as palavras de uma só língua, a remontar da derivada à raiz, aprendeu-se a buscar pelas origens da língua em línguas mais antigas, a decompor não mais as palavras, mas as línguas, vistas agora em sucessão, misturando-se umas às outras, como os povos que as falam. As pesquisas estenderam-se num campo imenso, e, embora muitas vezes sejam irrelevantes para o conhecimento do verdadeiro sentido das palavras, mantiveram o nome de etimologia. Atualmente, os doutos dão esse nome a toda pesquisa sobre a origem das palavras, e nesse sentido o empregaremos neste artigo.

A história transmitiu-nos algumas etimologias, como as dos nomes de cidades ou de localidades a que os fundadores ou navegadores deram o seu nome próprio ou um nome relativo às circunstâncias da fundação ou da descoberta. Exceto pelo reduzido número de etimologias desse gênero, que se podem considerar como certas e cuja certeza puramente testemunhal não depende das regras da arte etimológica, a origem de uma palavra é em geral um fato ignorado, a ser adivinhado, a que não se pode chegar senão por conjecturas a partir de fatos conhecidos. Dada a palavra, é preciso procurar, na imensa variedade das línguas, as diferentes palavras de que ela possa ter extraído sua origem. A semelhança do tom, a analogia do sentido, a história dos povos que sucessivamente ocuparam a mesma região ou mantiveram intensos contatos entre si são as primeiras luzes a serem seguidas, até que se encontre por fim uma palavra similar àquela cuja etimologia se procura. Não passa ainda de uma suposição, que pode ser verdadeira ou falsa. Para certificar-se da verdade, examina-se mais atentamente essa semelhança, acompanham-se as alterações graduais que conduziram sucessivamente do primitivo ao derivado, pesa-se a maior ou menor facilidade da modificação de certas letras em outras, discutem-se as relações entre os conceitos do espírito e as delicadas analogias que poderiam ter guiado os homens na aplicação de um mesmo som a ideias muito diferentes, compara-se a palavra a todas as circunstâncias envolvidas no enigma. Se a palavra não passar por esse teste, deve-se buscar por outra. Por vezes, todas as circunstâncias estão em perfeito acordo com a suposição feita (é a pedra de toque das etimologias, como de todas as verdades de fato); o acordo de cada uma em particular forma uma probabilidade; essa probabilidade aumenta numa rápida progressão, à medida que se aduzem novas circunstâncias verossímeis; e, com o apoio destas, não demora para que a suposição adquira a certeza de um fato. A força de cada uma das verossimilhanças em particular e a sua reunião em conjunto são, assim, o único princípio de certeza das etimologias, como de todo outro fato, e constituem o fundamento da distinção entre etimologias possíveis, prováveis e certas. Segue-se que a arte etimológica, como toda arte conjectural, é composta de duas partes, a arte de formar conjecturas ou suposições, e a arte de verificá-las; ou, em outros termos, a *invenção* e a *crítica*. As fontes da primeira, as regras da segunda, constituem a divisão natural deste artigo, que não incluirá as pesquisas que poderiam ser feitas sobre as causas primitivas da instituição das palavras, a origem e o progresso da linguagem, as relações das palavras e do órgão que as pronuncia com as ideias que elas exprimem. O conhecimento filosófico das línguas é uma ciência muito vasta, rica mina de verdades novas e interessantes. As etimologias são meros fatos particulares em que esse conhecimento porventura apoia seus princípios gerais; estes, por sua vez, tornam as pesquisas etimológicas mais fáceis e mais seguras. Se este artigo fosse incluir tudo o que possa fornecer aos etimologistas conjecturas ou meios de verificá-las, seria preciso que tratasse de todas as ciências. Remetemos assim, a respeito dessas matérias, aos artigos *Gramática*, *Interjeição*, [99] *Língua*, *Analogia*, *Mistura*, *Origem e Análise das Línguas*, *Metáfora*, *Onomatopeia*, *Ortografia*, *Signo* etc. Em prol das pesquisas etimológicas, acrescentaremos apenas algumas reflexões, que poderão livrar do menosprezo aqueles que se dedicam a esse gênero de estudo.

Fontes das conjecturas etimológicas. Em matéria de etimologia, a invenção não tem regras determinadas. Em pesquisas nas quais os objetos se apresentam a nós e não é preciso mais do que observar e ver, como também nas submetidas ao rigor das demonstrações, é possível prescrever ao espírito uma marcha invariável que o conduza inevitavelmente até a verdade. Mas, todas as vezes em que não se restringe a simplesmente observar ou deduzir consequências de princípios comuns, o espírito deve adivinhar, ou seja, ele deve, no imenso campo das suposições possíveis, apreender uma ao acaso, depois uma segunda, e muitas outras, sucessivamente, até que encontre a única de fato verdadeira. Isso seria possível se a gradação que se encontra na ligação entre todos os seres e a lei de continuidade em geral observada na natureza não estabelecessem entre certos fatos e uma certa ordem de outros fatos, próprios a lhes servirem como causa, uma espécie de vicinidade, que diminui consideravelmente o embaraço da escolha, ao apresentar ao espírito uma extensão menos vaga e levá-lo desde o início do possível ao verossímil. A analogia traça rotas que ele percorre com passo cada vez mais firme; causas já conhecidas indicam causas similares para efeitos similares. Assim, uma memória vasta, preenchida, na medida do possível, por todos os conhecimentos relativos ao objeto em questão; um espírito que se dedica a observar, em todas as alterações que o impressionam, o encadeamento de efeitos e causas, extraindo disso analogias; e, sobretudo, o hábito de entregar-se à meditação, ou melhor, ao devaneio negligente, quando a alma parece renunciar ao direito de convocar seus pensamentos e os vê passar diante de si para contemplar, nessa confusão aparente, uma série de quadros e de montagens inesperadas, produzidos pela flutuação rápida das ideias, que laços tão imperceptíveis quanto múltiplos dispõem umas após as outras – tais são, eu digo, não as regras da invenção, mas as disposições necessárias a qualquer um que queira inventar em qualquer gênero. Basta aplicá-las às pesquisas etimológicas, indicando as relações mais impressionantes e as principais analogias que possam servir de fundamento a conjecturas verossímeis.

* * *

[102] *Princípios da crítica para avaliar a certeza das etimologias.* A marcha da crítica é o inverso, sob certos aspectos, daquela da invenção. Esta, preocupada em criar, em multiplicar os sistemas e as hipóteses, dá curso livre ao espírito e abre-lhe a imensa esfera dos possíveis. Aquela, ao contrário, parece não ter outra preocupação além de destruir ou descartar, uma após a outra, a maioria das suposições e possibilidades, de refazer o caminho, fechar quase todas as rotas e reduzi-las, na medida do possível, ao ponto único da certeza e da verdade. Nem por isso essas operações devem ser separadas no curso de nossas pesquisas. Se as separamos aqui, é para dispor nossas ideias numa ordem mais fácil. Malgrado sua aparente oposição, devem sempre caminhar juntas no exercício da meditação. Não é porque modera incessantemente o curso livre do espírito que a crítica diminui a sua fecundidade. Ela o impede, ao contrário, de desperdiçar suas forças e perder tempo com quimeras; censura incessantemente as suposições de fatos;

analisa exemplos para reduzir as possibilidades e as analogias demasiado gerais a induções particulares limitadas a certas circunstâncias; balança propriedades e relações distantes entre si, por meio de probabilidades maiores e relações mais próximas. Quando não pode opô-las umas às outras, ela as aprecia; se não tem razão para negar, estabelece uma razão para duvidar. Por fim, dificilmente admite uma verdade, rejeita-a às vezes, para evitar o risco de admitir ao mesmo tempo o falso. O fundamento de toda crítica é um princípio muito simples, segundo o qual toda verdade está de acordo com o que é verdadeiro, e, reciprocamente, tudo o que está de acordo com a verdade é verdadeiro. Segue-se que uma hipótese imaginada para explicar um efeito é a verdadeira causa deste todas as vezes em que explique as circunstâncias do efeito em qualquer grau de detalhe em que se analisem as circunstâncias e desenvolvam-se os corolários da hipótese. Percebe-se facilmente que o espírito humano, por não poder conhecer senão uma parte muito pequena da cadeia que liga todos os seres, por não ver de cada efeito senão um pequeno número de circunstâncias mais impressionantes, e por não conseguir acompanhar uma hipótese a não ser nas consequências menos afastadas, não consegue dar ao princípio uma aplicação completa e universal que propicie uma certeza do mesmo gênero que a das matemáticas. Pode ser que o acaso tenha combinado de tal maneira um certo número [103] de circunstâncias de um efeito que elas correspondam perfeitamente à suposição de uma causa que, no entanto, não é verdadeira. Assim, o acordo entre certo número de circunstâncias produz uma probabilidade que é sempre contrabalançada pela possibilidade contrária numa certa relação. O objetivo da crítica é fixar essa relação. É verdade que o aumento do número de circunstâncias aumenta a probabilidade da causa suposta e diminui a probabilidade do acaso contrário, numa progressão tão rápida que não é preciso muitos termos para colocar o espírito num repouso tão perfeito quanto o da própria certeza matemática. Isso posto, vejamos o que faz o crítico diante de uma conjectura ou hipótese dada. Primeiro, ele a compara com o fato considerado, em todas as circunstâncias possíveis e em suas relações com outros fatos. Caso encontre uma única circunstância incompatível com a hipótese, como no mais das vezes acontece, o exame estará encerrado. Se, ao contrário, a suposição responder a todas as circunstâncias, é preciso pesar estas em particular, discutir a maior ou menor facilidade com que cada uma se presta à suposição de outras causas, avaliar cada uma das verossimilhanças resultantes e contá-las, obtendo assim a probabilidade total. A pesquisa das etimologias tem, como todas as outras pesquisas, suas regras críticas particulares, relativas ao objeto de que ela se ocupa e fundadas na natureza deste. Mais se estuda uma matéria, mais se vê que certas classes de efeitos se prestam em maior ou menor medida a certas classes de causas. Estabelecem-se observações gerais, a partir das quais suposições são excluídas e probabilidades adquirem um valor maior ou menor. Essas observações e regras podem sem dúvida se multiplicar ao infinito, mas há algumas que são particulares de cada língua ou cada palavra. Como seria impossível apresentá-las exaustivamente neste verbete, nos contentaremos com alguns princípios de aplicação geral: o bom senso, o conhecimento da história e das línguas serão suficientes para indicar as diferentes regras relativas a cada língua em particular.

* * *

[107] Uma vez conhecido o encadeamento geral que une todas as verdades, uma vez a filosofia ou antes a razão, por seus progressos, tenha feito nas ciências o que as conquistas dos romanos outrora fizeram nas nações, reunindo todas as partes do mundo literário e suprimindo as barreiras que dividiam os letrados em pequenas repúblicas, alheias umas às outras, com objetos de estudo diferentes, não me parece que nenhuma espécie de pesquisa tenha necessidade de grandes justificativas. Como quer que seja, o desenvolvimento dos principais usos do estudo etimológico há de ser útil e apropriado na conclusão de um artigo como este.

A aplicação mais imediata da arte etimológica é a pesquisa das origens de uma língua em particular. O resultado desse trabalho, quando levado o mais longe possível sem incorrer em conjecturas demasiadamente arbitrárias, é parte essencial da análise de uma língua, vale dizer, do conhecimento completo do sistema dessa língua, dos elementos radicais, da combinação de que estes são suscetíveis etc. O fruto dessa análise é a facilidade de comparar as línguas entre si numa referência gramatical, filosófica, histórica etc. Ver o verbete *Língua*. Percebe-se facilmente quão indispensáveis são esses preliminares, para que se apreenda como um todo e sob o verdadeiro ponto de vista a teoria geral da fala e a marcha do espírito humano na formação e nos progressos da linguagem, teoria que, como qualquer outra, tem necessidade, para não se tornar um romance, de ser continuamente aproximada dos fatos. Essa teoria é a fonte [108] da qual brotam as regras da gramática geral que governa todas as línguas e à qual todas as nações se submetem, mesmo quando acreditam estar seguindo os caprichos do uso, e da qual as gramáticas de nossas línguas são uma aplicação parcial e incompleta. A história filosófica do espírito humano em geral e das ideias dos homens, que são ao mesmo tempo expressadas e medidas pelas línguas, é um dos preciosos frutos dessa teoria. O artigo *Línguas*, ao qual remeto, trará os desdobramentos dessa verdade. Para não me antecipar, oferecerei um exemplo dos préstimos que o estudo das línguas e das palavras, consideradas desse ponto de vista, pode oferecer para tornar mais sadia a filosofia, ao destruir erros inveterados.

Sabe-se bem quantos sistemas foram fabricados a respeito da natureza e da origem de nossos conhecimentos; é conhecida a obstinação com que se defendeu que todas as nossas ideias seriam inatas; e pode-se ver a inumerável multidão de seres imaginários com que nossos escoliastas preencheram o universo, dando realidade a todas as abstrações de seu espírito, virtualidades, formalidades, graus metafísicos, entidades, quididades etc. etc. etc. Nada – e eu falo de acordo com Locke – é mais apropriado para esvaziar tudo isso do que um exame cuidadoso da maneira como os homens chegaram a dar nomes a essas espécies de ideias abstratas ou espirituais e mesmo a adquirir novas ideias por meio desses nomes. Vê-se que eles partem das imagens de objetos que impressionam os sentidos e se elevam gradualmente até as ideias dos seres invisíveis e as abstrações mais gerais; vê-se os degraus pelos quais eles sobem, as metáforas e analogias que os auxiliam, sobretudo as combinações entre signos já inventados e o artifício que é o cálculo de palavras pelo qual eles formaram, compuseram, analisaram toda sorte de abstração inacessível aos sentidos e à imaginação, precisamente como os números exprimidos por muitas cifras, com os quais os artesãos do cálculo lidam com facilidade. Qual não é a utilidade, em pesquisas tão delicadas, da arte etimológica, que acompanha as expressões em suas passagens de uma significação a outra e descobre a ligação secreta das ideias que facilitou essa passagem? Alguém diria que a metafísica sadia e a observação assídua das operações de nosso espírito seriam suficientes para convencer homens sem preconceito de que as ideias, mesmo de seres espirituais, são todas oriundas dos sentidos. Mas essa verdade poderia ser posta diante dos olhos de uma maneira ainda mais impressionante, adquirindo toda evidência de uma questão de fato, pela etimologia de palavras bem conhecidas, como *spiritus*, *animus*, πνεῦμα, *rouakh*, &c. pensamento, deliberação, inteligência etc. Desnecessário determo-nos aqui em etimologias do gênero, que poderiam ser multiplicadas; mas creio que é muito difícil não se ocupar, por pouco que seja, desse ponto de vista. Pois o espírito humano, dobrando-se sobre si mesmo para estudar sua própria marcha, não pode deixar de encontrar, nas singulares locuções imaginadas pelos primeiros homens para explicar ideias novas a partir de objetos comuns, muitas analogias bastante finas e justas entre diversas ideias, muitas relações de toda espécie, que a engenhosa necessidade apreendeu e a preguiça fez que depois fossem esquecidas, e de ver a graduação que ele mesmo seguiu na passagem de uma ideia a outra, na invenção de algumas das artes. Graças a isso, esse estudo torna-se um ramo interessante da metafísica experimental. Se tais detalhes acerca das línguas e das palavras de que a arte etimológica se ocupa são grãos de areia, tornam-se preciosos ao serem reunidos, pois são grãos de areia que o espírito humano deixou em seu próprio caminho e que podem assim indicar os vestígios de seus passos.

Independentemente dessas visões curiosas e filosóficas, o estudo de que falamos pode adquirir uma aplicação útil e ajudar a lógica a sustentar nossos raciocínios em fundamentos sólidos. Locke e, depois dele, o abade de Condillac, mostraram que a linguagem é na verdade uma espécie de cálculo, e que a gramática, e mesmo em grande parte a lógica, são as suas regras. Mas esse cálculo é bem mais complicado que o dos números, e está sujeito a muito mais erros e dificuldades. Uma das principais é a dificuldade que os homens têm para fixar exatamente o sentido de signos aos quais aprenderam a ligar ideias, exclusivamente por um hábito adquirido na infância, à força de ouvir repetidos os mesmos sons em circunstâncias similares, mas nunca inteiramente iguais, de sorte que nem dois homens nem talvez o mesmo homem em momentos diferentes ligam precisamente a mesma palavra à mesma ideia. As metáforas multiplicadas pela necessidade e por uma espécie de luxo da imaginação, que também nesse gênero cria falsas necessidades, tornaram cada vez mais complicados os desvios desse imenso labirinto em que o homem é introduzido, ouso dizer, com os olhos fechados, e do qual desconhece os meandros. E, no entanto, o artifício inteiro desse engenhoso cálculo de que Aristóteles nos deu as regras, a arte inteira do silogismo está fundada no uso de palavras tomadas num mesmo sentido. O emprego de uma mesma palavra em dois sentidos diferentes faz de todo raciocínio um sofisma, e esse gênero de sofisma, talvez o mais comum de todos, é uma das fontes mais comuns de nossos erros. O meio mais seguro, ou antes o único que temos para nos esclarecer, e quem sabe chegar um dia a não dizer nada de falso, é não empregar em nossas induções nenhum termo cujo sentido não seja conhecido e definido com exatidão. Não pretendo com isso que não se possa dar uma boa definição de uma palavra sem conhecer sua etimologia, mas pelo menos é certo que é preciso conhecer com precisão a marcha e a ramificação de suas diferentes acepções. Que me sejam permitidas algumas reflexões a respeito.

Dois defeitos parecem predominar na maioria das definições adotadas nas melhores obras de filosofia. Eu poderia citar exemplos extraídos de autores estimados e estimáveis, sem mesmo deixar a *Enciclopédia*. O primeiro consiste em dar como definição de uma palavra a enunciação de apenas uma de suas acepções particulares. O segundo é dar definições que, por quererem abarcar todas as acepções de uma palavra, não permitem compreender nenhum dos caracteres que distinguem uma coisa de outra, e assim não definem nada.

O primeiro desses defeitos é muito comum, sobretudo quando se trata de palavras que exprimem ideias abstratas mais familiares e cujas acepções se multiplicam tanto, com o uso frequente na conversação, que deixaram de responder a qualquer objeto físico e determinado que remeta o espírito constantemente a um sentido preciso. Não admira que seja preferida a acepção que mais impressiona no momento em que se escreve ou então a mais favorável ao sistema que se queira provar. Um homem acostumado a louvar a imaginação como a qualidade mais brilhante do gênio, que admira a novidade, a grandeza, a variedade e a correspondência dos recursos que compõem o maquinário de um belo poema, [109] dirá: *chamo de imaginação esse espírito de invenção que sabe criar, dispor, mover as partes e o conjunto de um grande todo.* Sem dúvida, se na sequência de seus raciocínios esse autor não empregar em nenhum momento a palavra imaginação noutro sentido, o que é raro, não haverá nada a lhe censurar, no que respeita à exatidão de suas conclusões. Mas nem por isso um filósofo está autorizado a definir arbitrariamente as palavras. Ele fala aos homens para instrui-los, e deve falar a eles na língua que utilizam, submetendo-se a convenções previamente estabelecidas, das quais ele não foi testemunha nem é juiz. Uma definição deverá fixar assim o sentido que os homens ligaram a uma expressão, não dar a ela um sentido novo. Outro poderia gozar igualmente do direito de limitar a definição da mesma palavra a acepções inteiramente diferentes das que o primeiro fixou, e, na intenção de remeter essa palavra a sua origem, acredita tê-la encontrado aplicando-se ao talento de apresentar todas as suas ideias em imagens sensíveis, numa enfiada de metáforas e comparações. Um terceiro poderia chamar a imaginação de memória viva das sensações, representação fiel de objetos ausentes, que os apresenta para nós com força, que nos dá noção de sua realidade, às vezes com vantagem, pois reúne, a partir de um mesmo ponto de vista, todos os encantos que a natureza nos apresenta sucessivamente. Este último poderá raciocinar muito corretamente, atendo-se ao sentido que escolheu. Mas é evidente que cada um desses homens utiliza um termo diferente, e nenhum dos três fixou todas as ideias excitadas pela palavra imaginação no espírito dos que a entendem, somente a ideia fugidia que aprouve a cada um deles ligar a ela.

O segundo defeito nasce do anseio de evitar o primeiro. Alguns autores perceberam bem que uma definição arbitrária não responde ao problema proposto e que seria preciso procurar pelo sentido que os homens ligam a uma palavra nas diferentes ocasiões em que a empregam. Para evitá-lo, costuma-se adotar o seguinte procedimento. Reúnem-se todas as frases em que foi vista a palavra que se quer definir; extraem-se os diferentes sentidos de que ela é suscetível, e tenta-se enumerá-los com exatidão. Procura-se em seguida exprimir, com o máximo de precisão possível, o que há de comum em todas essas diferentes acepções que o uso deu a uma mesma palavra.

É o que se chama de sentido mais geral de uma palavra; e, sem considerar que é possível que a palavra não tenha tido nem poderia ter esse pretenso sentido, acredita-se ter obtido assim a sua definição exata. Não citarei aqui as muitas definições em que encontrei esse defeito, pois seria obrigado a justificar pontualmente as minhas críticas, o que ocuparia espaço demais. Um homem de espírito, mesmo quando segue um método propício a enganá-lo, só se engana até certo ponto; a justeza, arraigada nele como hábito, o reconduz sempre a certas verdades capitais da matéria, o erro não é completo, o que dificulta o seu desenvolvimento. Os autores que eu teria para citar se encontram nesse caso. Mas parece-me melhor, para tornar mais sensível o defeito de seu método, levá-lo ao extremo, como farei a seguir.

Que se represente a série de acepções da palavra *espírito* a partir de seu sentido primitivo, *spiritus, haleine*, até o seu uso na química, na literatura, na jurisprudência, *espíritos ácidos, espírito montanhês, espírito das leis* etc. e tente-se extrair de todas essas acepções uma ideia que seja comum a todas, e ver-se-ão desaparecer todos os caracteres que distinguem *espírito* de qualquer outra coisa, não importa o sentido em que seja tomado. Não restará sequer a ideia vaga de *sutileza*, palavra que não tem sentido algum quando se trata de uma substância imaterial e apenas de maneira metafórica aplica-se a *espírito* no sentido de *talento*. Se pudesse ser dito que espírito no sentido mais geral é uma coisa sutil, a quantos seres essa qualificação não seria comum? Seria essa uma definição que convém ao definido e somente a ele? Estou ciente de que os disparates dessa multidão de acepções diferentes são um pouco maiores, tomando-se a palavra na extensão completa que lhe é dada nas línguas latina e francesa, e poder-se-ia objetar que se o latim tivesse permanecido uma língua viva, nada impediria que a palavra *spiritus* não recebesse todos os sentidos que damos hoje à palavra espírito. Ainda que nos restringíssemos à língua francesa, a multidão e a incompatibilidade de acepções da palavra espírito são tais que ninguém, creio eu, poderia querer compreender todas elas numa só definição e definir espírito em geral. O vício desse método não é menos real só porque não é suficientemente evidente para impedir que seja seguido. À medida que o número e a diversidade das acepções diminui, o absurdo também diminui; mas, mesmo que desapareça, o erro permanece. Ouso dizer que quase todas as definições em que se anuncia que as coisas serão definidas no sentido mais geral têm em esse defeito e, na verdade, não definem nada, pois seus autores, ao querer incluir todas as acepções da palavra, tentaram algo impossível, ou seja, reunir sob uma ideia geral ideias muito diferentes entre si, mas desse modo uma mesma palavra não pode designar senão sucessivamente, deixando, em alguma medida, de ser a mesma palavra.

Não é este o lugar para determinar os casos em que esse método é necessário e aqueles em que se pode abrir mão dele, nem de desenvolver o uso a que ele pode se prestar na comparação entre as palavras.

O estudo histórico da geração dos termos e de suas revoluções oferece meios para evitar esses defeitos. É preciso observar a maneira como os homens sucessivamente aumentaram, restringiram, modificaram, alteraram totalmente as ideias ligadas a cada palavra, o sentido próprio da raiz primitiva, na medida em que é possível recuperá-lo, as metáforas que se sucederam a ele, as novas metáforas, enxertadas muitas vezes sobre as primeiras, sem relação alguma com o sentido primitivo. Dir-se-á: "Tal palavra, em determinado momento, recebeu esta significação; a geração seguinte acrescentou este outro sentido; em seguida, os homens a empregaram para designar tal ideia, a que foram conduzidos por analogia; esta significação é o sentido próprio, esta outra é um sentido derivado, embora usual". Distinguir-se-iam nessa genealogia de ideias um certo número de épocas: *spiritus*, sopro, espírito, princípio da vida; espírito, substância pensante; espírito, talento de pensar etc. Cada uma dessas épocas ofereceria uma definição particular; haveria sempre ao menos uma ideia precisa do que se quer definir; não seriam adotados ao mesmo tempo todos os sentidos de uma palavra; nenhum sentido seria totalmente excluído; todos os sentidos aceitos seriam expostos; e, sem que fosse preciso assumir o papel de legislador da língua, dar-se-ia a eles toda a nitidez de que são suscetíveis e da qual precisamos para raciocinar justamente.

O método que tracei [110] é sem dúvida utilizado com frequência, principalmente quando a incompatibilidade de sentidos de uma mesma palavra é por demais evidente. Mas, para aplicá-lo a todos os casos e com toda a fineza de que é suscetível, é indispensável que se consultem as mesmas analogias que servem como guias nas pesquisas etimológicas. Seja como for, acredito que ele é geral e que o recurso à etimologia é sempre útil.

De resto, esse recurso torna-se uma necessidade absoluta quando é preciso conhecer exatamente não o sentido que uma palavra deveria ter, mas o que ela tem no espírito de tal autor, em tal momento, em tal século. Os que observam a marcha do espírito humano na história das opiniões antigas, e, melhor ainda, os que, como os teólogos, são obrigados a apoiar dogmas respeitáveis em expressões dos livros da revelação ou em textos de autores que transmitem doutrinas de séculos passados, devem trazer em mãos a tocha da etimologia, se não quiserem incorrer em mil erros. Se partirmos, por exemplo, de nossas ideias atuais a respeito da matéria e de suas três dimensões e esquecermos que a palavra correspondente a matéria, *materia*, ὕλη, significava propriamente *madeira*, e metaforicamente, em sentido filosófico, os *materiais* de que uma coisa é feita, esse fundo de existência que subsiste em meio às contínuas mudanças das formas, em suma, o que hoje chamamos de *substância*, seremos facilmente levados a acusar os antigos filósofos de terem negado a espiritualidade da alma, vale dizer, de terem respondido equivocadamente a uma questão que muitos deles nunca se colocaram. Quase todas as expressões filosóficas mudaram de significação; e sempre que é preciso estabelecer uma verdade sobre o testemunho de um autor, é indispensável começar pelo exame da força de suas expressões, não no espírito de nossos contemporâneos e no nosso, mas no seu e naquele dos homens de seu século. Esse exame, frequentemente fundado no conhecimento de etimologias, responde por uma das partes mais essenciais da crítica. Exortamos que se leia a respeito a *Art critique*, do célebre Leclerc. Nessa obra, o douto estudioso recolheu muitos exemplos de erros relevantes, ao mesmo tempo que ofereceu as regras para evitá-los.

Não mencionei ainda a utilização mais comum da arte etimológica pelos doutos que acreditam extrair dela muitas luzes para o esclarecimento da história antiga. O entusiasmo deles não me contagia. Convido os que se deixam levar mais por esse entusiasmo a ler a *Démonstration évangélique*, do Sr. Huet; a *Explication de la Mythologie*, de Lavaur; os longos *Commentaires* do bispo de Cumberland e do célebre Fourmont sobre o fragmento Sanchoniathon; a *Histoire du Ciel*, do Sr. Pluche, as obras do padre Peron sobre os celtas, a

Atlantique de Rudbeck &c. Seria curioso comparar as diferentes explicações oferecidas por esses autores a respeito da mitologia e da história dos heróis antigos. Onde um vê os patriarcas do Antigo Testamento e a sua história completa, outro não vê senão heróis suecos ou celtas, um terceiro encontra lições de astronomia, e assim por diante. Todos apresentam sistemas muito bem tecidos, igualmente verossímeis, e querem explicar o mesmo objeto. Feita essa leitura, provavelmente se perceberia como é frívolo querer estabelecer fatos sobre etimologias puramente arbitrárias, que faríamos muito em considerar como meras possibilidades. Ver-se-ia ao mesmo tempo que, se esses autores tivessem observado as regras aqui prescritas, teriam poupado muitos volumes.

Dito isso, posso agora mostrar a utilidade das etimologias para o esclarecimento da história e da fábula antigas. Em países bárbaros, antes da invenção da escrita, os traços das revoluções apagam-se em pouco tempo, e não restam outros vestígios além de nomes de montanhas, de rios etc., dados pelos antigos habitantes e que se conservam mesmo na língua de seus eventuais conquistadores. Misturas entre línguas indicam misturas entre povos, suas migrações, deslocamentos, expedições navais, as colônias que eles fundaram em climas distantes. Em matéria de conjecturas, não há aqui nenhum círculo vicioso, pois a força das probabilidades consiste na concordância entre elas: dão e recebem mutuamente, as etimologias confirmam as conjecturas históricas e as conjecturas históricas confirmam as etimologias. Pela mesma razão, ambas lançam uma luz sobre a origem e migração das artes, cujos termos foram adotados pelas nações juntamente com os procedimentos que exprimem. A decomposição das línguas modernas pode restituir-nos, até certo ponto, línguas perdidas, e guiar-nos na interpretação de documentos antigos que, por sua obscuridade, de outro modo se tornariam para nós absolutamente inúteis. Essas tênues luzes são preciosas, sobretudo quando não há outras. Mas é preciso cuidado. Se podem servir para indicar certos eventos de grandes dimensões, como as migrações de um povo ou sua mistura com outros, são vagas demais para estabelecer fatos circunstanciados. Conjecturas sobre nomes parecem-me, em geral, um fundamento insuficiente para assegurar uma asserção positiva qualquer, e se eu quiser utilizar a etimologia para esclarecer fábulas antigas ou o início da história das nações, será menos para erguer que para destruir. Longe de procurar identificar, à força de suposições, os deuses dos diferentes povos, para restituí-los ou à história corrompida ou a sistemas razoados de idolatria, seja astronômica, seja alegórica, a diversidade dos nomes de deuses em Virgílio e em Homero, embora os personagens sejam calcados uns nos outros, levar-me-ia a pensar que a grande maioria dos deuses latinos não tem origem comum com os deuses gregos; que todos os povos atribuem seres aos diferentes efeitos que mais impressionam os seus sentidos, para produzi-los e presidir sobre eles; que o império da natureza foi dividido arbitrariamente entre esses seres fantásticos, como se divide o ano em diferentes meses; que se deram a eles nomes relativos a suas funções, extraídos da língua local, pois não se conhecia outra; que por essa razão o deus que presidia a navegação se chamava Netuno, assim como a deusa dos frutos chamava-se Pomona; que cada povo fez seus deuses à parte e para uso próprio, assim como seu calendário; que posteriormente se traduziram os nomes desses deuses uns pelos outros, assim como os dos meses, identificando-se o Netuno dos latinos com o Posêidon dos gregos; que isso se devia ao fato de cada povo estar persuadido da realidade de seus próprios deuses, e da facilidade com que se prestavam a essa crença recíproca, por uma espécie de cortesia, que nesses tempos a superstição de um povo tinha pela do outro. Por fim, eu atribuiria em parte a essas traduções e confusões de deuses a acumulação de uma série de aventuras contraditórias a respeito de uma mesma divindade, o que complicou consideravelmente a mitologia, até que os poetas a fixassem em tempos posteriores. **[111]**

No que respeita à história antiga, eu examinaria os conhecimentos que as diferentes nações pretendem ter da origem do mundo; estudaria o sentido dos nomes que elas dão em seus relatos aos primeiros homens e aos das primeiras gerações; veria na tradição germânica que Theut foi pai de Mannus, o que significa apenas que Deus criou o homem; veria, no fragmento de Sanchoniathon, após as trevas e o caos, a produção do amor pelo espírito, e o sucessivo nascer dos seres inteligentes, dos astros, dos homens imortais e, por fim, de um vento noturno, Aeon e Protogonos, vale dizer, palavra por palavra, o tempo (representado como um homem) e o primeiro homem; veria em seguida sucessivas gerações, que designam as tantas épocas das invenções sucessivas das primeiras artes; veria que os nomes dados aos chefes dessas gerações costumam ser relativos a essas artes, o caçador, o pescador, o pedreiro, todos inventaram as artes de que trazem o nome; em meio a toda a confusão desse fragmento, eu veria bem que o pretenso Sanchoniathon não fez mais do que compilar tradições antigas que ele nem sempre compreendeu. Qualquer que tenha sido a sua fonte, como reconhecer em seu fragmento um relato histórico? Esses nomes, cujo sentido está sempre sujeito à ordem sistemática da invenção das artes ou é idêntico àquilo mesmo que se conta. Os nomes respondem aos caracteres nas comédias, não na sociedade. A tradição dos germânicos encontra-se nessa mesma situação. Pode-se julgar por aí o que pensar dos autores que preferiram essas tradições informes à narração simples e circunstanciada do Gênese.

Os autores antigos quase sempre explicam os nomes das cidades pelo nome de seu fundador. Mas teria sido esse método tão comum quanto creem? Teriam todas as cidades um fundador? Não poderia acontecer de o fundador e seu nome terem sido imaginados a partir do nome da cidade, para suprir o silêncio da história a respeito dos primeiros tempos de um povo? A etimologia pode, em certos casos, esclarecer essa dúvida. Os historiadores gregos atribuem a fundação de Niniva a Ninus, e a história desse príncipe, assim como a de sua mulher Semíramis, é bem circunstanciada, apesar de um tanto romanesca. No entanto, Niniva, em hebraico, termo quase que idêntico ao caldeu Nineveh, é o particípio passivo do verbo *navah*, habitar, e, segundo essa etimologia, esse nome significaria *habitação*, o que seria um nome natural para uma cidade, sobretudo em tempos primordiais, em que os povos, limitados ao seu território, só davam nome a uma cidade para distingui-la do campo. Se essa etimologia for verdadeira, não se deve procurar por outra origem do nome, e a história de Ninus deve ter sido imaginada posteriormente a essa época. Os historiadores gregos que nos transmitiram essa história escreveram, efetivamente, muito tempo depois, e a hipótese aqui formulada concorda com os livros sagrados, que apresentam Assur como o fundador de Niniva. Seja essa ideia verdadeira ou não, será sempre verdade em geral que o nome de uma cidade, na língua em que é utilizado, tem um sentido natural e verossímil. Mas tem-se o direito de suspeitar da existência do príncipe que lhe teria dado nome, sobretudo se essa existência só é afirmada por autores que nem sequer conhecem a língua em questão.

Vê-se assim como e quando utilizar etimologias para esclarecer as obscuridades da história.

Se, após o que dissemos em prol da utilidade deste estudo, alguém continuar a desprezá-lo, citaremos os nomes de Leclerc, Leibniz e do ilustre Freret, um dos doutos que melhor soube aplicar a filosofia à erudição. Exortamos ainda que se leiam as *Mémoires* do Sr. Falconet sobre a língua francesa (*Mémoires de l'Académie des Belles-Lettres*, tomo XX) e, sobretudo, as duas memórias do Sr. Presidente de Brosses sobre etimologias, lidas na mesma Academia, sob um título bastante modesto, visto que se trata principalmente de dois objetos grandiosos, a teoria geral das línguas e as razões suficientes da arte de falar. O autor houve por bem nos comunicá-las, e certamente suas observações profundas e filosóficas teriam sido mais bem aproveitadas aqui, se não tivéssemos a intenção de remeter aos verbetes *Língua*, *Letras*, *Onomatopéia*, *Metáfora* etc.

Concluiremos com Quintiliano: "Não desprezemos, pois, como pouco importantes, os elementos da gramática [...], porque quanto mais se penetra nos mistérios desta, mais descobrimos nela finezas, que não são menos próprias a aguçar o espírito das crianças do que a exercitar a erudição e a ciência mais profunda", *ne quis igitur tam parva fastidiat elementa ... quia interiora velut sacri hujus adeuntibus apparebit multa rerum subtilitas, quoe non modo acuere ingenia, sed exercere altissimam quoque eruditionem possit*, *Instituições oratórias*, I, 04, 06.

(PPP)

Experiência (*Termo abstrato*, *Filosofia*), Dumarsais [6, 297]

Termo abstrato de Filosofia que significa, em geral, o conhecimento adquirido por uma longa vivência, unido a reflexões feitas sobre o que se viu e sobre o que nos aconteceu de bom ou de mau. Nesse sentido, a leitura de livros de História é bastante útil para nos dar *experiência*, ensinar-nos os fatos e nos mostrar os eventos bons ou funestos que se seguiram a eles. Não chegamos ao mundo com o conhecimento das causas e dos efeitos, somente a experiência pode nos mostrar o que é causa e o que é efeito. Posteriormente, nossa própria experiência nos permitirá observar a ligação e o encadeamento entre a causa e o efeito.

Cada um tira maior ou menor proveito de sua própria experiência segundo as luzes de que foi dotado ao vir ao mundo.

Viagens também são muito úteis para se adquirir experiência. Mas, para que se extraia delas essa vantagem, deve-se viajar com espírito de observação.

No início da *Odisseia*, Homero, para nos dar uma ideia grandiosa de seu herói, diz que Ulisses conheceu muitas cidades e observou os costumes de diversos povos. Horácio traduziu esses versos da seguinte maneira: "Fala-me, musa, do varão que, após os tempos da conquista de Tróia, viu cidades e costumes de tantos homens", *Dic mihi, musa, virum, captoe post tempora Troja, Qui mores hominum multorum vidit & urbes. Ars poetica*, 141.

Assim, quando se diz que um homem *tem experiência, é experiente, é um expert*, isso quer dizer que, além dos conhecimentos que cada um adquire em sua vivência, ele observou em particular o que diz respeito à sua própria condição. Não se deve separar o fato da observação. Para ser um oficial experiente não basta ter participado de numerosas campanhas, é preciso ter participado delas com espírito de observação, sabendo tirar proveito de seus próprios erros e daqueles dos outros.

A razão de por que devemos nos fiar na experiência é que a natureza é uniforme na ordem moral bem como na ordem física. Todas as vezes que vemos as mesmas causas, devemos esperar pelos mesmos efeitos, dadas as mesmas circunstâncias.

É muito comum que duas pessoas com opiniões diferentes aleguem a experiência a seu favor. O observador mais exato, mais desinteressado e menos passional é o único que tem razão. Com frequência, as paixões são como lentes, que nos fazem ver o que não existe ou nos mostram os objetos diferentes do que eles são. É raro que os jovens que adentram o mundo não incorram no inconveniente da falta de experiência. Exceto pelos dons da natureza, a experiência responde pelo principal mérito dos homens.

Em Física, a palavra *experiência* se refere às provas produzidas para a descoberta das diferentes operações e mecanismos da natureza. Realizam-se experimentos sobre a gravidade, o fósforo, a agulha imantada, a eletricidade etc. Em anos recentes, a realização de experimentos se tornou bastante usual na Europa, contribuindo para multiplicar os conhecimentos filosóficos e torná-los mais difundidos. Essas provas, porém, devem ser realizadas com bastante precisão e exatidão, caso se queira colher todos os frutos que se podem esperar delas. Sem essa precaução, só servem para confundir. As especulações mais sutis e as meditações mais profundas são fantasias vãs, se não estiverem fundadas em experimentos exatos.

(PPP)

Experiência (Filosofia Natural), *d'Alembert* [6, 297]

Experiência é a verificação do efeito que resulta da aplicação de um corpo natural a outro ou da aplicação do movimento a um corpo natural, a fim de descobrir **[298]** certos fenômenos e suas causas. Ver *Experimental*.

(PPP)

Experiência (Medicina), *d'Aumont* [6, 298]

Experiência, μπειρία, conhecimento adquirido por observações assíduas e pelo uso prolongado de tudo o que possa contribuir para a conservação da saúde ou para a cura de doenças.

Experiência se diz também da aplicação ao corpo humano, ou ao de um animal qualquer, de um instrumento, de uma operação, de uma droga que, por boas razões, acredita-se que possa ser utilizada no tratamento de uma doença qualquer ou cujo efeito se busca determinar.

(PPP)

Experimental (*Filosofia Natural*), d'Alembert [6, 298]

Chama-se *experimental* a Filosofia que toma a via dos experimentos para descobrir leis da natureza. Ver *Experiência*.

Os antigos, em relação aos quais nos julgamos tão superiores em matéria de ciência (é mais fácil e mais conveniente do que lê-los), não negligenciaram, porém, a *Física experimental*, como se costuma imaginar. Compreenderam desde cedo que a observação e a experimentação são o único meio de conhecer a natureza. As obras de Hipócrates seriam suficientes para atestar o espírito que então conduzia os filósofos. No lugar dos sistemas, se não perigosos, ao menos ridículos, que a Medicina moderna concebe e em seguida prescreve, encontramos fatos bem observados e devidamente abordados; vemos um sistema de observações válido até hoje e que aparentemente servirá para sempre como base da arte da cura. Ora, creio poder julgar, pelo estado da Medicina entre os antigos, o estado em que a Física se encontrava entre eles, e isso por duas razões. Primeiro, porque as obras de Hipócrates são os monumentos mais consideráveis que nos restam da Física dos antigos; segundo, porque, sendo a Medicina a parte mais essencial e mais interessante da Física, pode-se sempre julgar com certeza a maneira como esta última é cultivada a partir do modo como a primeira é tratada. Tal a Física, tal a Medicina; e, reciprocamente, tal a Medicina, tal a Física. É uma verdade que a experiência nos assegura. Se contarmos a partir da renovação das letras, por mais longe que formos, encontraremos sempre numa dessas ciências as alterações que modificaram ou desnaturaram a outra.

Sabemos, de resto, que já na época de Hipócrates muitos grandes homens, à frente dos quais se deve colocar Demócrito, se aplicaram com êxito à observação da natureza. Conta-se que o médico enviado pelos habitantes de Abdera para tratar a pretensa loucura do filósofo o encontrou ocupado com a dissecção de animais; é fácil adivinhar quem foi julgado mais louco por Hipócrates, o homem de que ele fora tratar ou os que o haviam enviado. Demócrito louco! Logo ele, diga-se de passagem, que encontrara a maneira mais filosófica de desfrutar a natureza e os homens, estudando aquela, rindo destes.

Quando me refiro à aplicação dos antigos à Física experimental, não sei se se deve tomar essa palavra em sua completa extensão. A Física experimental gira em torno de dois pontos que não devem ser confundidos, a experimentação propriamente dita e a observação. Esta última, menos requintada e menos sutil, restringe-se aos fatos que se apresentam aos olhos, a ver atentamente e detalhar toda espécie de fenômeno oferecido pelo espetáculo da natureza. A primeira, ao contrário, busca penetrar mais a fundo, descobrir o que a natureza esconde, criar, de alguma maneira, pela diferente combinação dos corpos, novos fenômenos a serem estudados. Enfim, não se limita a escutar a natureza, a interroga e a pressiona. Pode-se chamar a primeira de Física dos fatos, ou melhor, Física vulgar e concreta, reservando-se à segunda o nome de Física oculta, desde que se ligue a essa palavra uma ideia mais filosófica e mais verdadeira do que a de certos físicos modernos, e que ela designe exclusivamente o conhecimento de fatos recônditos que se torna certo tão logo possamos vê-los, não o romance de fatos que se adivinha, bem ou mal, sem procurar por eles ou enxergá-los.

Os antigos não parecem ter se aplicado muito a esta última Física, contentaram-se em ler a natureza; mas leram-na assiduamente e com olhos mais apurados do que imaginamos. Muitos dos fatos que ofereceram, de início desmentidos pelos modernos, se mostraram verdadeiros num exame mais profundo. O método que os antigos seguiam ao cultivar antes a observação do que a experimentação era bastante filosófico, e o mais apropriado possível para promover na Física os maiores progressos de que ela teria sido capaz nessa primeira época do espírito humano. Antes de empregarmos e utilizarmos a nossa sagacidade para procurar por um fato em meio a combinações sutis, é bom nos assegurarmos de que ele não estaria próximo de nós, ao alcance de nossas mãos, assim como em Geometria se devem reservar os esforços para encontrar o que ainda não foi resolvido por outros. A natureza é tão variada e tão rica que uma simples coleção de fatos, desde que suficientemente completa, promove consideravelmente os nossos conhecimentos. Se fosse possível aprimorar essa coleção a ponto de nada faltar, seria esse talvez o único trabalho a que o físico deveria se limitar, ou seria ao menos aquele pelo qual ele deveria começar, como fizeram os antigos. Trataram a natureza como Hipócrates tratou o corpo humano, prova adicional da analogia e da semelhança entre a sua Física e a sua Medicina. Os mais sábios chegaram mesmo a compor uma tabela do que viam, e o fizeram com muita competência. Não conheceram da pedra-ímã senão a propriedade que mais salta aos olhos, atrair o ferro. Os maravilhosos fenômenos elétricos ao seu redor, dos quais encontramos algumas menções em suas obras, não os impressionaram, pois, para se sentir impressionado por tais maravilhas, seria preciso ver as relações entre elas e fatos recônditos, que apenas experimentos mais recentes puderam descobrir. A experimentação, entre outras vantagens, amplia o campo da observação. Um fenômeno que a experimentação descobre abre nossos olhos para uma infinidade de outros que, por assim dizer, precisam apenas ser percebidos. A observação, pela curiosidade que inspira e pelas lacunas que deixa, leva à experimentação, que, por sua vez, remete à observação, pela mesma curiosidade que busca preencher e cada vez mais suprimir essas lacunas. Assim, pode-se considerar que, de certa maneira, a experimentação e a observação são como a sequência e o complemento uma da outra.

Os antigos parecem ter cultivado a experimentação apenas em relação às artes, e não, como nós, para satisfazer uma curiosidade puramente filosófica. Decompunham e combinavam os corpos para extrair usos úteis ou agradáveis, sem procurar conhecer sua operação ou estrutura. Não se detinham nos detalhes, quando descreviam os corpos; e se fosse preciso justificar essa prática, é suficiente mencionar **[299]** a pouca utilidade que os modernos extraem da adoção do método contrário.

Talvez na *História dos animais*, de Aristóteles, se deva buscar pelo verdadeiro gosto dos antigos na Física, mais do que em suas outras obras de Física, em que há menos fatos e mais palavras, mais raciocínios e menos instrução. O espírito humano é a um só tempo tão sábio e tão tolo que não se contenta com menos que reunir e classificar materiais, quando colecioná-los é fácil e eles se encontram em abundância. Mas, a partir do momento em que faltam materiais, ele põe-se a discorrer e, mesmo que confinado a um pequeno número de objetos, não resiste à tentação de formar um corpo e delinear um sistema de ciência, ou algo de parecido, por imperfeitos e isolados que sejam os seus conhecimentos.

Se reconhecemos que esse espírito presidiu, até certo ponto, as obras de Aristóteles sobre a Física, que não se venha, porém, culpar o filósofo pelo abuso que os modernos fizeram dele ao longo de muitos séculos de ignorância ou pelas inépcias que os comentadores quiseram impor como opiniões desse grande homem.

Se menciono esses tempos tenebrosos, é apenas para citar rapidamente alguns gênios superiores que abandonaram esse método vago e obscuro de filosofar, trocaram as palavras pelas coisas e buscaram por conhecimento verdadeiros com sagacidade e estudando a natureza. Frade Bacon, pouco conhecido e pouco lido em nossos dias, merece destaque entre esses espíritos de primeira ordem. No seio da mais profunda ignorância, ele soube, com a força de seu gênio, elevar-se acima de seu século e deixá-lo para trás. Perseguido por seus confrades, foi considerado um feiticeiro pelo povo, um pouco como Gerbert, três séculos antes, com seus inventos mecânicos, com a diferença de que Gerbert se tornou papa, enquanto Bacon permaneceu frade e não teve sorte.

Os poucos grandes gênios que estudaram diretamente a natureza antes do renascimento propriamente dito da Filosofia não eram afeitos ao que se chama de *Física experimental*. Químicos mais do que físicos, aplicavam-se antes a decompor corpos e a detalhar o seu possível uso do que ao estudo geral da natureza. Munidos de uma infinidade de conhecimentos úteis e curiosos, porém fragmentados, ignoravam as leis do movimento e da Hidrostática, a gravidade do ar, cujos efeitos eles viam, e tantas outras coisas que hoje estão na base da Física moderna e são como que os seus elementos.

Lorde Bacon, inglês como o frade (esse nome e esse povo são bem-aventurados em Filosofia), foi o primeiro a dominar um campo mais vasto; entreviu os princípios gerais que devem servir de fundamento ao estudo da natureza, propôs reconhecê-los por via da experiência, anunciou um sem-número de descobertas que seriam posteriormente realizadas. Descartes, que se seguiu a ele e foi injustamente acusado de ter extraído suas luzes das obras de Bacon, abriu caminhos na Física experimental, porém recomendando-a mais do que praticando-a, o que foi provavelmente o que o conduziu a uma série de erros. Teve a coragem, por exemplo, de ser o primeiro a dar as leis do movimento, pelo que merece o reconhecimento dos filósofos, pois colocou no caminho das verdadeiras leis aqueles que o seguiram; mas a experimentação, ou, como diremos mais à frente, as reflexões sobre as observações mais comuns, teriam ensinado a ele que as leis que havia formulado eram insustentáveis. Descartes e o próprio Bacon, malgrado todos os favores que a Filosofia lhes deve, poderiam ter sido ainda mais úteis a ela se tivessem sido físicos mais na prática do que na teoria; mas o prazer ocioso da meditação e da conjetura encanta os grandes espíritos. Começam muitas coisas e terminam poucas; apontam caminhos, prescrevem o que deveria ser feito para confirmar sua justeza e vantagem, e deixam o trabalho mecânico para outros, que, esclarecidos por uma luz vinda de fora, não vão tão longe quanto poderiam ter ido os seus mestres. E, assim, enquanto uns pensam ou sonham, outros agem ou trabalham; e a infância das ciências é longa, ou melhor, é eterna.

O espírito da Física experimental introduzido por Bacon e Descartes se disseminou imperceptivelmente. A *Accademia del Cimento*, em Florença, Boyle e Mariott, e depois deles muitos outros, realizaram com êxito numerosos experimentos. Formaram-se academias, que logo adotaram essa maneira de filosofar. As universidades foram mais lentas e, já se encontrando formadas quando do nascimento da Física experimental, continuaram a seguir o antigo método. Pouco a pouco, a Física de Descartes substituiu nas escolas a de Aristóteles, ou melhor, a de seus comentadores. Se a verdade ainda não fora encontrada, estava-se pelo menos no caminho; realizaram-se experimentos; tentou-se explicá-los. Teria sido melhor realizá-los corretamente e extrair deles uma analogia mútua; mas não se deve esperar que o espírito se liberte de uma só vez de todos os seus preconceitos. Veio Newton, o primeiro a mostrar o que seus antecessores apenas haviam entrevisto, a arte de introduzir a Geometria na Física e de formar, reunindo a experimentação ao cálculo, uma ciência exata, profunda, luminosa e nova. Tão grande por seus experimentos em Ótica quanto por seu sistema do mundo, ele abriu por todos os lados uma estrada imensa e segura; a Inglaterra adotou a sua perspectiva; a sociedade real as considerou como suas, desde o momento em que surgiram. As academias da França convenceram-se mais lentamente e com reticência, pela mesma razão que as universidades haviam rejeitado, por anos a fio, a Física de Descartes. A luz enfim prevaleceu: a geração inimiga desses grandes homens desapareceu das academias e das universidades, às quais as academias parecem hoje dar o tom: uma geração nova se formou. Os fundamentos de uma revolução, uma vez lançados, quase sempre são realizados pela geração seguinte; raramente antes, pois os obstáculos perecem, mas não cedem, e raramente depois, porque, uma vez destruídas as barreiras, o espírito humano costuma ir mais rápido do que desejaria, até encontrar um novo obstáculo que o obrigue a se deter.

Quem observe a Universidade de Paris encontrará uma prova convincente disso que digo. O estudo da Geometria e da Física experimental começa a prevalecer. Jovens professores, cheios de saber, de espírito e de coragem (pois é preciso tê-la, mesmo para as inovações mais inocentes), ousam abandonar as trilhas conhecidas para desbravar novas, enquanto outras escolas, cujo nome não diremos para não vexá-las, continuam a respeitar as leis do movimento de Descartes e mesmo a Física peripatética. Os jovens professores de que falo formam estudantes de fato instruídos, iniciados nos verdadeiros princípios de todas **[300]** as ciências físico-matemáticas e que, longe de serem obrigados (como outrora) a esquecer o que aprenderam, encontram-se em condição de utilizá-lo na parte da Física que mais lhes aprouvesse. A utilidade a ser extraída desse método é tão grande que seria desejável que se prolongasse em um ano a duração do curso de Filosofia ou que se abreviasse muito a parte dedicada à Metafísica e à Lógica, ciências às quais o primeiro ano é quase que inteiramente dedicado. Não quero com isso recomendar que sejam proscritas duas ciências de cuja utilidade e necessidade estou ciente; creio, porém, que poderiam ser estudadas em muito menos tempo, se fossem reduzidas ao que contêm de verdadeiro e útil. Condensadas numas poucas páginas, só teriam a ganhar, assim como a Física, que a elas deve se seguir.

Nessas circunstâncias, o rei vem estabelecer na Universidade de Paris uma cátedra de Física experimental. O atual estado da Física entre nós, o gosto que mesmo os ignorantes mostram por ela, o exemplo dos estrangeiros, que há algum tempo desfrutam da vantagem de semelhante estabelecimento, tudo parece recomendar que fossem tomadas providências nesse sentido. O momento não poderia ser mais favorável para confirmar, num corpo tão prestimoso e estimável como a Universidade de Paris, o gosto pela Física sadia, que por tantos anos vem se expandindo. O reconhecido mérito do acadêmico que ocupa essa cátedra nos assegura de que terá êxito nessa função. Longe de mim traçar um plano que sua capacidade e experiência certamente já lhe mostraram há algum tempo. Peço apenas que me sejam permitidas algumas reflexões gerais sobre a verdadeira finalidade das experimentações. Tais reflexões talvez sejam úteis para jovens estudantes que estejam dispostos a se beneficiar do novo estabelecimento, tão vantajoso para o progresso da Física. Os limites e a natureza deste artigo me obrigam a abreviar consideravelmente essas reflexões, a apresentá-las, por assim dizer, em escorço, concentrando-me no seu espírito e na sua substância.

Os primeiros objetos que se oferecem na Física são as propriedades gerais dos corpos e os efeitos da ação que exercem uns sobre os outros. Essa ação é um fenômeno que não tem, para nós, nada de extraordinário; acostumamo-nos a ela desde a infância: conhecemos os efeitos do equilíbrio e da impulsão, ou os seus efeitos gerais. Quanto à mensuração e à lei precisa desses efeitos, os filósofos demoraram muito para pesquisá-las e ainda mais tempo para descobri-las. Não obstante, um pouco de reflexão sobre a natureza dos corpos, aliada à observação dos fenômenos que os rodeiam, teria sido suficiente, parece-me, para que essas leis tivessem descoberto muito mais rapidamente. É certo que, quando se tenta resolver esse problema metafisicamente, sem lançar um olhar sobre o universo, dificilmente se pode chegar a uma plena satisfação e a demonstrar com rigor que um corpo que encontra outro deve comunicar movimento a ele. Quando, porém, se dá a devida atenção ao fato de que as leis do movimento se reduzem às do equilíbrio, e que pela natureza mesma dos corpos existe na natureza, anteriormente a toda experiência e a toda observação, um caso de equilíbrio, determinam-se, sem dificuldade, as leis da impulsão resultantes dessa lei do equilíbrio. Resta apenas saber se essas leis são as que a natureza necessariamente observa. A questão não demoraria a ser respondida se se pudesse provar rigorosamente que a lei do equilíbrio é única, pois então se seguiria que as leis do movimento são invariáveis e necessárias. A Metafísica, auxiliada por raciocínios geométricos, fornece, se não me engano, grandes luzes acerca da unidade dessa lei do equilíbrio, e pode chegar a demonstrá-la. E caso se mostre impotente, a observação e a experiência poderiam auxiliá-la abundantemente. Na falta de luzes sobre a questão de direito, teríamos pelo menos um esclarecimento sobre a questão de fato e veríamos que no Universo, tal como ele existe, a lei do equilíbrio é única. Os fenômenos mais simples e mais ordinários nos asseguram dessa verdade. Essa observação comum, fenômeno corriqueiro, se podemos nos expressar assim, é suficiente para servir como base a uma teoria simples e luminosa das leis do movimento. Potanto, a Física experimental não é necessária para constatar essas leis; elas não são o seu objeto. Caso se ocupe delas, é a título de mera curiosidade, para despertar e manter a atenção dos iniciantes, um pouco como os introduzimos na Geometria, ensinando-lhes a desenhar as figuras corretamente para que tenham o prazer de se assegurar com os olhos do que a razão já demonstrou. Mas um físico consumado não precisa do auxílio da experiência para demonstrar as leis do movimento e da estática, assim como um bom geômetra não precisa de régua e compasso para ter certeza de que resolveu adequadamente um problema difícil.

A única verdadeira utilidade que podem ter, para o físico, pesquisas experimentais sobre as leis do equilíbrio, do movimento e em geral sobre as afecções primeiras dos corpos, é permitir o exame atento da diferença entre o resultado dado pela teoria e o fornecido pela experiência, e o hábil emprego dessa diferença pode determinar, por exemplo, nos efeitos da impulsão, a alteração causada pela resistência do ar, ou, nos efeitos de máquinas simples, a alteração ocasionada pelo atrito ou por outras causas. É o método seguido pelos maiores físicos como o mais apropriado aos progressos na ciência, pois nele a experimentação não serve simplesmente para confirmar a teoria, mas, divergindo da teoria sem desmenti-la, conduz a verdades novas, que a teoria sozinha não poderia alcançar.

O primeiro objeto real da Física experimental são as propriedades gerais dos corpos, que a observação nos dá a conhecer, por assim dizer, no geral, mas cujos efeitos só podem ser medidos e determinados pela experimentação, tal como nos fenômenos relativos à gravidade. Nenhuma teoria poderia nos fazer encontrar a lei que os corpos pesados seguem em sua queda vertical; mas, uma vez conhecida essa lei pela experiência, tudo o que pertence ao movimento dos corpos pesados, seja retilíneo ou curvilíneo, seja inclinado ou vertical, passa a ser da alçada da teoria. E se a experimentação puder se unir a ela, deve ser na mesma perspectiva e da mesma maneira que nas leis primeiras da impulsão.

A observação nos ensina a gravitação dos corpos, a experimentação nos esclarece com relação à quantidade absoluta do seu peso. Esse experimento encontra-se na base na Aerometria; o raciocínio faz o resto.

Sabe-se que os fluidos pressionam e oferecem resistência quando em repouso, empurram quando se movem; esse conhecimento vago, porém, não é de grande utilidade. É necessário, para torná-lo mais preciso e, por conseguinte, mais concreto e mais útil, recorrer à experimentação. Dando-nos a conhecer as leis da Hidrostática, ele oferece-nos, de certa maneira, muito mais do que lhe pedimos, pois nos ensina algo de que jamais suspeitaríamos, a saber, que a pressão exercida pelos fluidos [301] não é como a dos corpos sólidos ou como a de um agregado de corpúsculos contíguos. As leis da queda dos corpos, a quantidade da gravitação, são fatos que somente a experiência pode revelar, mas que em si mesmos nada têm de surpreendente. O mesmo não se passa com a pressão dos fluidos, que é a base do equilíbrio dos fluidos. É um fenômeno que parece extrapolar as leis gerais e no qual ainda se tem dificuldade em acreditar, por indubitável que seja. Mas, uma vez conhecido, a própria Hidrostática não precisa mais da experiência, torna-se uma ciência inteiramente ou quase que inteiramente matemática. Digo quase que inteiramente, pois, embora as leis do movimento dos fluidos deduzam-se das leis do seu equilíbrio, mesmo assim há casos em que só se podem reduzir umas às outras por meio de certas hipóteses, e a experimentação torna-se necessária para nos assegurar de que essas hipóteses são exatas e não arbitrárias.

Seria este o lugar para tecer observações sobre o abuso do cálculo e das hipóteses em Física, se esse objeto já não tivesse sido abordado por geômetras que não podem ser acusados, não quanto a isso, de parcialidade. No fundo, do que os homens não abusam? O método dos geômetras foi utilizado para embaralhar a Metafísica; figuras de Geometria foram postas em tratados sobre a alma; e depois que a ação de Deus foi reduzida a teoremas, não admira que se tenha tentado o mesmo com a ação dos corpos. Ver *Aplicação de uma ciência a outra*.

Quantas coisas não haveria a dizer sobre as ciências chamadas físico-matemáticas, sobre a Astronomia e a Física, sobre a Ótica e suas diferentes ramificações, sobre a maneira como a experiência e o cálculo devem se unir para tornar essas ciências o mais perfeitas possível! Mas, para que este artigo não se torne longo demais, consigno essas e outras reflexões ao verbete *Física*, que é inseparável deste. Restringir-me-ei aqui ao que deve ser o verdadeiro e como que único objeto da Física experimental, os fenômenos que se multiplicam ao infinito, cujas causas não podem ser mostradas pelo raciocínio, cujo encadeamento não percebemos ou cuja ligação percebemos muito imperfeitamente, muito raramente, e apenas após tê-los abordado sob diferentes aspectos, tais como os fenômenos da Química, da eletricidade, do magnetismo, e uma infinidade de outros. São esses os fatos que o físico deve procurar conhecer. Nunca é demais multiplicá-los, pois quanto maior o seu número, mais próximo se estará de ver a sua união. O objetivo do físico deve ser dispô-los na ordem de que são suscetíveis, explicá-los uns pelos outros, na medida do possível, e formar, por assim dizer, uma cadeia em que se encontre o mínimo possível de lacunas. Elas sempre existirão, mas a ordem da natureza é sábia. Que ele evite querer explicar tudo o que lhe escapa; que desconfie do furor de tudo explicar, introduzido na Física por Descartes, que acostumou a maioria de seus seguidores a se contentar com princípios e razões vagas, apropriadas para sustentar igualmente os prós e os contras. É impossível não rir quando se leem em certas obras de Física as explicações de variações barométricas, da neve, do granizo e de uma infinidade de outros fatos. Esses autores, munidos dos princípios e métodos de que se servem, se sentiriam tão ou mais à vontade do que Descartes para explicar fatos absolutamente contrários, para demonstrar, por exemplo, que em tempos de chuva o barômetro deve subir, que a neve deve cair no verão e o granizo no inverno, e assim por diante. As explicações num curso de Física devem ser como as reflexões na História, curtas, sábias, finas, sustentadas pelos fatos ou contidas neles, pela maneira como são apresentados.

De resto, quando proscrevo da Física a mania das explicações, não quero com isso proscrever o espírito de conjetura, que, a um só tempo cauteloso e esclarecido, conduz amiúde a descobertas, desde que seja tomado pelo que é, até que se possa chegar à verdadeira descoberta; ou tampouco o espírito de analogia, cujo sábio atrevimento penetra para além do que a natureza parece querer mostrar e prevê os fatos antes de tê-los visto. Esses dois talentos preciosos e tão raros dão a ilusão da verdade àquele que não os utiliza com a devida sobriedade; mas não enganam quem não quer ser enganado.

Encerro este artigo com uma observação breve, que não é meu objeto imediato, mas que eu não poderia deixar de fazer. Ao imitarmos o exemplo de nações estrangeiras no estabelecimento de uma cátedra de Física experimental, da qual carecíamos, por que não seguir esse mesmo exemplo no estabelecimento de três outras cátedras, todas elas muito úteis, de que também carecemos – de Moral, de Direito Público, de História? Esses três objetos pertencem, em certo sentido, à Filosofia experimental, tomada em sua extensão mais ampla. Longe de mim desprezar algum de nossos conhecimentos, de qualquer gênero que seja; mas me parece que, em vez de haver no Colégio Real duas cátedras de Árabe, língua que ninguém mais estuda, duas de Hebraico, que praticamente ninguém mais estuda, duas de Grego, que poucos estudam, e que deveria ser mais estudada, duas de Eloquência, que se aprende quase exclusivamente com a natureza, seria suficiente que houvesse somente uma cátedra para cada um desses objetos, enquanto faltam ao esplendor desse Colégio uma cátedra de Moral, cujos princípios, se corretamente desenvolvidos, interessariam a todas as nações, uma de Direito Público, cujos elementos são pouco conhecidos na França, e uma de História, que deveria ser ocupada por um homem a um só tempo douto e filosófico, vale dizer, por um homem bastante raro. Esse anseio não é meu apenas; é compartilhado por um grande número de cidadãos dignos, e se não se deve nutrir a esperança de que ele venha a se realizar, não há indiscrição alguma em manifestá-lo.

(**PPP**)

Filosofia da Escola, d'Alembert [5, 303]

Designa-se por *da Escola* [**304**] a espécie de Filosofia que de outro modo e mais comumente se chama escolástica, que substituiu as coisas pelas palavras, e os importantes objetos da verdadeira Filosofia por questões frívolas ou ridículas, que com termos bárbaros explica coisas ininteligíveis, que trouxe à luz ou cobriu de honra os universais, as categorias, as predicações, os graus metafísicos, as intenções secundárias, o horror ao vácuo etc. Essa filosofia nasceu da reunião entre espírito e ignorância. Pode-se situar sua origem, ou ao menos sua época mais brilhante, no século XII, época em que a Universidade de Paris começou a adquirir uma forma imponente e duradoura. Os poucos conhecimentos então espalhados pelo universo, a escassez de livros e de observações, a dificuldade de obtê-los, tudo isso voltou os espíritos para questões ociosas. Raciocinava-se sobre abstrações, em vezes de raciocinar-se sobre seres reais; criou-se para esse novo gênero de estudos uma língua nova, e julgava-se sábio quem a havia aprendido. É profundamente lamentável que a maioria dos autores escolásticos tenha feito um uso tão miserável da extrema sagacidade e sutileza que se observa em seus escritos. Tanto espírito, devidamente empregado, teria realizado, em outros tempos, grandes progressos nas ciências. Seria adequado que nas grandes bibliotecas fosse gravado, nas estantes em que se encontram as coleções dos escolásticos: "Para que este desperdício?", *ut quid perditio haec?* Mateus, 26:8.

Devemos agradecer principalmente a Descartes por ter sacudido o jugo dessa barbárie. Esse grande homem desiludiu-nos em relação à filosofia da escola (e talvez, a despeito de si mesmo, também em relação à sua própria filosofia; mas esse não é o nosso assunto). A Universidade de Paris, graças a alguns professores verdadeiramente esclarecidos, curou-se aos poucos dessa lepra. No entanto, ela não foi totalmente erradicada. As universidades da Espanha e de Portugal, graças à Inquisição que as tiraniza, avançaram bem menos que as nossas. A Filosofia encontra-se ali no mesmo estado em que estava entre nós nos séculos XII e XVII. Os professores acatam o juramento de jamais ensinar qualquer outra que seja, o que equivale a tomar todas as precauções possíveis contra as luzes. Numa edição do *Journal des Savants* do ano de 1752, pode-se ler, no item de novidades literárias, não sem espanto, o título de uma obra recém-impressa em Lisboa (e pleno século XVIII): *Systema aristotelicum de formis substantialibus, &c. cumt dissertatione de accidentibus absolutis*. Ulyssipone, 1750. Somos tentados a crer que houve um erro de impressão e que a data verdadeira é 1550.

Que nos seja permitido observar que a nomenclatura inútil e fatigante que continua a sobrecarregar tantas ciências é talvez um resquício funesto do antigo gosto pela filosofia da escola. Ver *Botânica*, *Método* etc.

(PPP)

Filósofo, Dumarsais (com Voltaire e Diderot) [12, 509]

Em nossos dias não há nada cuja aquisição custe tão pouco quanto o nome *filósofo*. Uma vida recatada e em retiro, alguns laivos de sabedoria, com um pouco de leitura, isso é o suficiente para atrair esse nome para pessoas honradas por ele, mas que não o merecem.

Outros, em que a liberdade faz as vezes de raciocínio, consideram-se como os únicos filósofos verdadeiros, pois ousam subverter os limites sagrados impostos pela religião e romper os entraves em que a fé continha a sua razão. Orgulhosos por terem derrotado os preconceitos da educação em matéria de religião, desprezam os demais como almas fracas, gênios servis, espíritos pusilânimes, que se deixam amedrontar pelas consequências a que conduz a irreligião e não se arriscam a abandonar, por um instante que seja, o círculo das verdades estabelecidas, nem percorrem rotas novas, mas deixam-se embalar pelo jugo da superstição.

É preciso ter uma ideia mais justa do filósofo. Eis o caráter que lhe atribuímos.

Outros homens são determinados a agir sem sentir e sem conhecer as causas que os levam a se mover, sequer sonham que elas existiriam. O filósofo, ao contrário, identifica causas, na medida em que isso esteja a seu alcance, muitas vezes as prevê, e submete-se a elas com conhecimento. É como um relógio, que, por assim dizer, às vezes se monta a si mesmo. Evita com isso objetos que possam lhe causar sentimentos que não convêm nem à criatura boa nem à racional, e busca pelos que possam excitar as afecções convenientes ao estado em que se encontra. A razão é para o filósofo o que a graça é para o cristão; a graça determina o cristão a agir, a razão determina o filósofo a ser o que ele é.

Outros homens são dominados por suas paixões, suas ações são irrefletidas; caminham nas trevas. O filósofo, em meio a suas paixões, só atua depois de refletir; caminha no escuro, mas uma tocha ilumina os seus passos.

O filósofo forma seus princípios com base numa infinidade de observações particulares. O povo adota um princípio sem pensar nas observações que o produziram, acredita que a máxima existiria como que por si mesma. Já o filósofo procura pela máxima junto à fonte, examina sua origem, conhece o seu valor, e só a utiliza na medida em que lhe convém.

A verdade não é para o filósofo uma senhora que corrompa a sua imaginação e que ele veja por toda parte. Contenta-se em poder identificá-la ou percebê-la. Não a confunde com o verossímil, toma por verdadeiro o que é verdadeiro, por falso o que é falso, por duvidoso o que é duvidoso, por verossímil o que não é senão verossímil. Faz mais. Uma de suas grandes perfeições é permanecer indeciso quando não encontra motivo apropriado para julgar.

O mundo está repleto de pessoas dotadas de espírito, [**510**] e de muito espírito, que julgam sempre. Estão sempre a advinhar, pois julgar sem sentir um motivo próprio para julgar é na verdade adivinhar. Ignoram o alcance do espírito humano, creem que ele pode conhecer tudo, e consideram uma vergonha não julgar, imaginando que o espírito consistiria em julgar. O filósofo acredita que o espírito consiste em julgar bem, sente-se mais satisfeito consigo mesmo quando suspende a faculdade de decidir do que se tivesse decidido sem ter sentido um motivo apropriado para tal. Assim, ele julga e fala menos, mas julga com mais certeza e fala melhor; não recusa os traços vivos que se apresentam naturalmente ao espírito, numa reunião espontânea de ideias, por surpreendente que seja encontrá-las juntas. Nessa pronta ligação consiste o que geralmente se chama de espírito. Ao mesmo tempo, é o que ele menos busca, prefere a esse brilho o cuidado de distinguir bem suas ideias, conhecer sua justa extensão e sua ligação precisa, e não deturpá-las ao levar longe demais uma relação particular que tenham entre si. Nesse discernimento consiste o que se chama de juízo ou de espírito justo, ao qual vêm se reunir ainda a sagacidade e a lucidez. O filósofo não se apega a um sistema a ponto de não sentir a força das objeções. A maioria dos homens se entrega de tal modo a suas próprias opiniões que não se dá ao trabalho de compreender as dos outros. O filósofo compreende o sentimento que ele rejeita com a mesma abrangência e a mesma nitidez que o sentimento que ele mesmo adota.

O espírito filosófico é assim um espírito de observação e de justeza que tudo refere a princípios verdadeiros. Mas o filósofo não se restringe a cultivar o espírito, leva mais longe sua atenção e seus cuidados.

O homem não é um monstro que viva nas profundezas do mar ou nas entranhas de uma floresta. As necessidades da vida são suficientes para lhe impor a convivência com os outros, e, em qualquer estado em que ele se encontre, suas carências e o seu bem estar o compelem a viver em sociedade. A razão exige que conheça, estude e trabalhe, para que possa adquirir as qualidades sociáveis.

Nosso filósofo não se enxerga a si mesmo como um exilado neste mundo, não se vê como se estivesse num país inimigo, quer desfrutar, em sábio ecônomo, as benesses que a natureza lhe oferece, quer ter prazer junto aos outros. Para tanto, ele também precisa propiciar prazer aos outros. Procura assim se adequar àqueles com os quais vive, por acaso ou por escolha, e encontra neles, ao mesmo tempo, o que mais lhe convém. É um homem de bem que quer agradar e ser útil.

A maioria dos grandes, que por dissipação não dispõe de tempo para meditar, é feroz em relação aos que não veem como seus iguais. Filósofos ordinários, que meditam demais ou antes meditam mal, também se portam assim em relação ao mundo, fogem dos homens e são evitados por eles. Nosso filósofo, que sabe se dividir entre o retiro e a convivência, é cheio de humanidade. É o Cremes de Terêncio, que sente que é homem e a quem somente a humanidade interessa, "Sou humano, nada do que é humano me é estranho", *Homo sum, humani a me nihil alienum puto.*

Desnecessário observar como o filósofo é zeloso em relação a tudo o que se chama de honra e probidade. A sociedade civil é para ele, por assim dizer, uma divindade sobre a terra; ele a incensa, ela a honra com probidade, com uma obediência exata a seus deveres e o desejo sincero de não ser um membro embaraçoso ou inútil. Os sentimentos de probidade são uma parte tão integral da constituição mecânica do filósofo quanto as luzes do espírito. Mais razão encontrais num homem, mais probidade haverá nele. Ao contrário, onde reinam o fanatismo e a superstição, reinam também as paixões e a exaltação. É do temperamento do filósofo agir por espírito de ordem ou por razão. Como ele ama a sociedade ao extremo, é muito mais importante para ele do que para o resto dos homens mobilizar todos os seus recursos para produzir efeitos conformes à ideia de homem de bem. Não acreditais que só porque ninguém tem os olhos sobre ele, entrega-se a uma ação contrária à probidade. Não. Uma ação como essa é simplesmente incompatível com a disposição mecânica do sábio. Ele é fertilizado, por assim dizer, pelo fermento da ordem e da regra, está cheio de ideias a respeito do bem da sociedade civil e conhece os princípios desta como ninguém. O crime tem nele um opositor firme, com muitas ideias, naturais ou adquiridas, a serem destruídas. Sua faculdade de agir é como uma corda ou um instrumento de música afinado em certo tom, incapaz de produzir um tom contrário. Ele teme a dissonância, receia discordar de si mesmo. Recordo aqui o que Veleio Patérculo disse de Catão, "Se fez boas ações, nunca foi com o intuito de parecer que as tinha feito, mas apenas porque não poderia fazê-las de outro modo".

Em todas as suas ações, os homens buscam apenas pela sua própria satisfação imediata; o que os impele à ação é um bem ou atrativo presente, segundo a disposição mecânica em que se encontrem num dado momento. O filósofo predispõe-se, por suas reflexões, a encontrar, acima de tudo, atrativos e prazeres em viver convosco, em desfrutar de vossa confiança e estima, em cumprir deveres de amizade e confiança para convosco. Esses sentimentos são nutridos, no fundo de seu coração, pela religião, a que foi conduzido pelas luzes naturais de sua razão. A ideia de homem desonesto é tão oposta à ideia de filósofo quanto a ideia de homem estúpido, e a experiência mostra todos os dias que quanto mais razão e luzes temos, mais preparados estamos para o convívio com outros. *Um parvo*, diz La Rochefoucauld, *não tem estofo suficiente para ser bom. Se pecamos, é porque as luzes são menos fortes que as paixões. Diz uma máxima teológica, em certo sentido verdadeiro, que todo pecador é ignorante.*

Esse amor pela sociedade, tão essencial ao filósofo, mostra bem como é verdadeira a observação do imperador Antonino, "Como serão felizes os povos, quando os reis forem filósofos ou os filósofos forem reis!".

O filósofo é assim um homem de bem que age em tudo por razão e reúne ao espírito de reflexão e justeza os costumes e as qualidades sociáveis. Moldai um soberano a um filósofo dessa têmpera, e tereis um soberano perfeito.

A partir dessa ideia, é fácil concluir quanto o sábio indiferente dos estoicos se afasta da perfeição de nosso filósofo. Pois este é homem, e o sábio estoico não passa de um fantasma. Enquanto um se queixa da humanidade, o outro é a sua glória; um suprimiria as paixões, se pudesse, e elevar-nos-ia acima de nossa natureza, até uma indiferença ilusória, o outro não aspira à quimérica honra de destruir as paixões, pois isso seria impossível, mas empenha-se para não ser tiranizado por elas, para colocá-las ao seu serviço, e para utilizá-las razoavelmente, pois isso é possível, e a razão ordena que o faça.

Por tudo o que dissemos, vê-se bem o quão longe não estão da ideia do filósofo esses desleixados que, entregues a uma meditação preguiçosa, negligenciam o cuidado de suas ocupações temporais e de tudo o que se chama de fortuna. O verdadeiro filósofo não se deixa atormentar pela ambição, quer desfrutar os [511] confortos da vida. É preciso que tenha, além do rigor necessário, honestidade em abundância, indispensável ao homem de bem, fundo de toda adequação e concórdia, graças à qual unicamente ele é feliz. Os falsos filósofos, com sua indolência e suas máximas brilhosas, é que disseminam o preconceito de que ter o mais estritamente necessário seria suficiente.

(**PPP**)

Geômetra (*Matemáticas*), d'Alembert [7, 627]

Geômetra é, propriamente dizendo, uma pessoa versada em Geometria; mas esse nome se aplica em geral a todo matemático. Pois, como a Geometria é uma parte essencial das Matemáticas que tem sobre quase todas as outras partes uma influência incontornável, dificilmente é possível ser versado com profundidade em qualquer parte das Matemáticas sem sê-lo, ao mesmo tempo, em Geometria. Assim, quando se diz que Newton foi um grande *geômetra*, quer-se dizer com isso que ele foi um grande *matemático*.

Um geômetra que não queira se restringir a compreender o que já foi encontrado por outros deve ser dotado de muitas qualidades bastante raras: justeza de espírito, para apreender os raciocínios e desfazer os paralogismos; concepção desenvolta, para compreender com prontidão; capacidade extensa, para abarcar de uma só vez as diferentes partes de uma demonstração complicada; memória, para reter as proposições principais, as suas demonstrações ou ao menos o seu espírito, e, em caso de necessidade, lembrar-se delas e utilizá-las. O geômetra, porém, que não se contente em saber o que foi feito por seus predecessores, deve reunir, a esses diferentes talentos do espírito, outras qualidades menos comuns: profundidade, invenção, força e sagacidade.

Tendo a pensar, como alguns autores modernos, que a Geometria poderia ser ensinada às crianças, que estaria ao seu alcance, desde que limitada aos elementos que, por serem pouco complicados, exigem uma concepção mais comum. Essas qualidades medíocres, porém, não são suficientes para o estudo das Matemáticas transcendentes. Para ser um *douto geômetra*, e para ser exclusivamente geômetra, é preciso um espírito em grau menos comum; e para ser um *grande geômetra* (e esse epíteto não cabe senão aos inventores) é preciso mais do que espírito, é preciso gênio, que se resume ao talento de inventar. É verdade que o espírito a que nos referimos é diferente do que é necessário a um epigrama, a um poema, a uma peça de eloquência, à história; mas não haveria outras espécies de espírito, além dessas? Ver *Espírito*. Um escritor medíocre, ou mesmo um bom escritor, teria mais espírito do que um Newton ou um Descartes?

Que nos seja permitido relatar aqui uma anedota do falecido La Motte. Um geômetra amigo seu referiu-se com desdém ao grande Newton (que ele faria melhor em estudar), aparentemente por ignorância ou má-fé. "Como geômetra, Newton não passava de um boi"; ao que respondeu La Motte: "mas foi o maior boi de seu século".

Põe-se a questão de saber se, para criar Cina, Héracles, Rodogune, Horácio e Poliêucta, teria sido necessário mais espírito do que para encontrar as leis da gravitação. Essa questão não tem resposta, porque esses dois gêneros de espírito são demasiado diferentes para serem comparados. Pode-se indagar, isso sim, se não haveria mérito numa coisa bem como na outra. Quem tivesse que decidir entre ser Newton ou Corneille estaria em apuros ou seria indigno da escolha. De resto, essa questão é decidida todos os dias por literatos obscuros, satiristas de segunda ordem, que desprezam o que ignoram e ignoram o que creem saber; incapazes de admirar Corneille e de ler Newton, só conseguem julgar um Campistron e compreender um Euclides.

Se o espírito necessário ao geômetra não é o mesmo requerido para ter êxito na literatura, eles não são excludentes. No entanto, quando se quer entre nós elogiar um geômetra, diz-se que é um grande geômetra *apesar* de ter espírito e gosto; acredita-se assim que se está a honrá-lo, como se a tirada fosse um achado. As conhecidas expressões *lento como um geômetra*, *ignorante como um poeta ou como um predicador*, tornaram-se espécies de provérbios consagrados na língua e legitimados pelo uso. Não são raros os exemplos que provam que são injustas. Para falarmos aqui somente dos matemáticos, Pascal, a quem a Geometria deve uma bela contribuição sobre a cicloide, e que talvez pudesse ter se tornado o maior geômetra do universo se uma devoção deveras equivocada não o tivesse levado a abandonar o seu talento, era, ao mesmo tempo, um belo espírito. Suas *Provinciais* são uma obra-prima de eloquência e de pilhéria, ou seja, um modelo nos dois gêneros da arte de escrever que parecem mais opostos. Dir-se-ia talvez que Pascal é apenas uma exceção; seria triste que a exceção desmentisse tão taxativamente a regra que se quer estabelecer; mas seria mesmo uma exceção única? Não citaremos aqui Fontenelle, que pode ser considerado um belo espírito que por acaso se tornou geômetra; recomendaremos aos detratores da Geometria as obras de Descartes, tão bem escritas para a época; as de Malebranche, obras-primas de estilo; os poemas de Manfredi, que Fontenelle teve razão de celebrar; os versos que Harley inseriu na abertura dos *Princípios*, de Newton, e tantos outros. Se esses geômetras não eram homens de espírito, gostaria de saber no que consiste o espírito e onde ele se encontra realizado.

É conhecida a ridícula questão do padre Bouhours: "poderia um alemão ter espírito?". Os alemães responderam, como cabia, com esta outra, não menos ridícula: "poderia um francês ter senso comum?". Os que prestam aos geômetras a mesma honra que o padre Bouhours prestou aos alemães mereceriam que lhes fossem perguntado: "é possível ignorar a Geometria e raciocinar com justeza?". Sem responder a essa injúria com outra, oponhamos a ela os fatos. Balzac era, sem dúvida, um belo espírito, no sentido em que de ordinário se toma essa palavra; que se leiam as cartas de Descartes a Balzac e as de Balzac a Descartes, e decida-se qual dos dois é o homem de espírito.

Muitos consideram que, em sua estadia na Suécia, Descartes compôs versos muito ruins, para distrair a rainha Cristina; mas isso foi em 1649, e, à exceção de Corneille, que, mesmo ele, nem sempre foi bem-sucedido, quem na Europa compunha bons versos? As primeiras óperas do abade Pérrin não valem muito mais do que as distrações de Descartes. Pascal, acrescentaria alguém, raciocinou muito mal sobre a poesia; é verdade, mas o que se segue disso? Que Pascal não conhecia bem versos, talvez por não ter leitura suficiente e por não ter refletido sobre o gênero; a poesia é uma arte de instituição que, para ser julgada adequadamente, requer exercício e hábito. Pascal, porém, só lera livros de Geometria e de piedade, e talvez um punhado de versos de devoção, que o predispuseram contra a poesia em geral; mas suas *Provinciais* provam que ele tinha, não obstante, uma sensibilidade muito fina e um gosto muito justo. Não se encontram ali um termo ignóbil, uma palavra que tenha envelhecido, uma pilhéria indiferente. **[628]**

Outros costumam dizer que a Geometria dá ao espírito uma certa secura. É verdade, mas desde que a natureza o tenha predisposto para tal. Nesse caso, não se poderia ser mais sensível às belezas das obras da imaginação, mesmo que nunca se tivesse estudado a Geometria. Aquele, porém, a quem a natureza deu, juntamente com o talento para as Matemáticas, um espírito flexível em relação a outros objetos, e que tenha o cuidado de cultivar em seu espírito essa venturosa disposição, voltando-o para todas as direções, não exclusivamente para linhas e cálculos, exercitando-o em matérias de gosto, de literatura e de Filosofia, alguém assim, eu digo, conservará intacta a sensibilidade por coisas agradáveis e o rigor necessário às demonstrações, saberá resolver um problema e ler um poeta, calcular os movimentos dos planetas e extrair prazer de uma peça de teatro.

Portanto, o estudo da Geometria e o talento para ela não são em si mesmos prejudiciais aos talentos e ocupações literárias. Pode-se mesmo dizer, em certo sentido, que são úteis para todo e qualquer gênero da arte de escrever. Uma obra de moral, de literatura, de crítica, será melhor, cumprindo-se os demais requisitos, se for feita por um geômetra, como bem observou Fontenelle. Encontrar-se-ão nela essa justeza e essa ligação de ideias a que o estudo da Geometria nos acostuma e que, imperceptivelmente, somos levados a aplicar em nossos escritos.

O estudo da Geometria não pode, isso é certo, tornar justo o espírito que já não o seja, mas um espírito desprovido de justeza não é feito para esse estudo e não poderia ter êxito nele. Por isso, se há razão para dizer que *a Geometria serve apenas aos espíritos retos*, poder-se-ia acrescentar, com igual razão, que *os espíritos retos são os únicos próprios para a Geometria*.

É impossível, assim, ter *espírito de geômetra*, vale dizer talento para a Geometria, sem ter ao mesmo tempo *espírito geométrico*, vale dizer espírito de método e justeza. Pois o espírito de geômetra nada mais é do que o espírito geométrico aplicado exclusivamente à Geometria, e é muito difícil, quando se sabe utilizá-lo em matéria de Geometria, que ele não possa, ao mesmo tempo, ser aplicado com êxito em outros objetos. É verdade que o espírito geométrico, para se desenvolver com toda sua força e vigor, exige algum exercício. Por isso, um homem que se concentra no estudo da Geometria parece não ter senão espírito de geômetra, pois não aplica a outras matérias o talento natural de raciocinar justamente. E se os geômetras se enganam ao aplicar sua lógica a outras ciências além da Geometria, seu erro está sobretudo nos princípios que adotam, não nas consequências que deles extraem. Esse erro pode vir ou de o geômetra não possuir conhecimentos preliminares suficientes para conduzi-lo aos princípios verdadeiros ou de os princípios da ciência de que trata não pertencerem à esfera da probabilidade. Acontece então de um espírito acostumado a demonstrações rigorosas não ter em grau suficiente a sensibilidade necessária para distinguir o mais provável do menos provável. Mesmo assim, ouso pensar que um geômetra treinado em evidência matemática distinguirá mais facilmente, nas outras ciências, o que é verdadeiramente evidente do que é apenas verossímil e conjectural; e que esse geômetra, com algum exercício e com o hábito, distinguirá com igual facilidade o mais provável do menos provável, pois a Geometria também tem o seu cálculo de probabilidades.

A respeito desse cálculo, creio que é meu dever fazer uma reflexão que contraria um pouco a opinião comum sobre o espírito de jogo. Costuma-se imaginar que um geômetra, por saber calcular, teria o espírito de jogo em grau superior. Parece-me que esses dois espíritos são bastante diferentes, se é que não são contrários. O espírito do geômetra é sem dúvida um espírito de cálculo e combinatória, porém escrupuloso e lento, que examina todas as partes do objeto, uma após a outra, e as compara sucessivamente, tendo a precaução de não omitir nenhuma e de aproximá-las em todos os aspectos. Ele dá um passo de cada vez e tem o cuidado de se assegurar antes de prosseguir.

O espírito de jogo é um espírito de combinatória rápida, que abarca com um golpe de vista e como que de maneira vaga um grande número de casos, alguns dos quais podem lhe escapar, pois não é tanto um espírito submetido a regras quanto uma espécie de instinto aperfeiçoado pelo hábito. O geômetra pode dispor de todo o tempo necessário para resolver seus problemas, faz um esforço, repousa e retorna com as forças renovadas. O jogador é obrigado a resolver seus problemas no calor da hora e a fazer, num tempo dado e curtíssimo, todo o uso que possa de seu espírito. Não surpreende, portanto, que um grande geômetra seja um jogador muito medíocre, e nada, com efeito, é mais comum do que isso.

A Geometria tem entre nós censores de todos os gêneros. Há os que contestam sua utilidade; recomendamos a estes o conhecido prefácio da *Histoire de l'Académie des Sciences*, em que os matemáticos são devidamente defendidos contra esse reproche. Mas, independentemente dos usos concretos e palpáveis da Geometria, abordaremos aqui as suas vantagens por um outro lado, ao qual talvez não se tenha dado a devida atenção. Referimo-nos à utilidade que essa ciência pode ter para preparar, como que insensivelmente, o caminho para o espírito filosófico, e dispor a nação como um todo a receber a luz que esse espírito pode dispensar. É talvez o único meio de sacudir, pouco a pouco, em certas regiões da Europa, o jugo da opressão e da profunda ignorância que os oprime. Os poucos homens esclarecidos que habitam certos países da Inquisição ressentem amargamente, ainda que em silêncio, os exíguos progressos realizados pelas ciências nesses tristes climas. As precauções tomadas para impedir que a luz ali penetrasse foram tão bem-sucedidas que a Filosofia regrediu aos poucos ao mesmo estado em que se encontrava entre nós no tempo de Luís, o Jovem. Não há dúvida de que os abusos mais intoleráveis perpetrados por um tribunal que sempre nos revoltou só poderiam ter sido produzidos e mantidos pela ignorância e pela superstição. Esclarecei a nação, e os ministros desses tribunais renunciarão por si mesmos aos excessos cuja injustiça e inconveniente eles foram os primeiros a reconhecer. É o que vimos acontecer nos países em que se preservaram o gosto pelas artes e ciências e as luzes da Filosofia. Estuda-se e raciocina-se na Itália, e a Inquisição abateu consideravelmente a tirania que exerce nessas regiões, em que se presta juramento de não ensinar filosofia diferente daquela de Aristóteles. Fazei nascer, se possível, geômetras entre esses povos; é uma semente que com o tempo produzirá filósofos, quase imperceptivelmente. A ortodoxia mais delicada e escrupulosa não tem nada a ganhar com a Geometria. Os que pensam ter interesse em manter os espíritos nas trevas, se fossem suficientemente lúcidos para entrever a sequência de progressos dessa ciência, teriam muitos pretextos para impedir a sua expansão. O estudo da Geometria não demoraria a conduzir ao da Mecânica **[629]**; este, por sua vez, levaria como que por si mesmo e sem obstáculo ao estudo da Física sadia; e esta última, por fim, levaria ao estudo da verdadeira Filosofia, que, pela luz geral e imediata que ela espalha, logo seria muito mais poderosa que todos os esforços da superstição, pois estes, por maiores que sejam, tornam-se inúteis uma vez a nação seja esclarecida.

Poderia alguém acreditar que falamos sério quando empregamos as derradeiras linhas deste verbete para defender os geômetras contra uma censura comum: não serem suficientemente submissos em matéria de fé? Teríamos vergonha de responder a essa imputação se infelizmente não fosse tão comum como injusta. Bayle, que duvidava e caçoava de tudo, contribuiu consideravelmente para disseminá-la, com reflexões maledicentes, espalhadas pelo verbete *Pascal*, contra a ortodoxia dos matemáticos, e lamentando a infelicidade dos geômetras, que não encontram seus nomes nos dias do calendário. Essas lamentações, porém, não são suficientemente sérias para serem mencionadas numa obra como esta. Sem responder a essa maliciosa pilhéria com outra oposta, é fácil se deixar convencer, pela leitura dos elogios dos acadêmicos a Fontenelle, pela vida de Descartes, de Pascal e de muitos matemáticos célebres, que é possível ser geômetra sem se tornar motivo de escândalo para seus pares. A Geometria, na verdade, não nos dispõe a aumentar nossa fé em raciocínios da Medicina sistemática, nas hipóteses dos físicos ignorantes, nas superstições e preconceitos populares; ela nos acostuma a não nos contentarmos facilmente em matéria de provas. As verdades da revelação são tão diferentes das que a razão nos permite apreender, a relação entre elas é tão tênue, que a evidência de umas não deve influenciar o respeito que temos pelas outras. A fé é uma graça dada por Deus aos escolhidos, e como o Evangelho não advoga o estudo da Geometria, é de acreditar que os geômetras sejam tão suscetíveis dessa graça quanto o restante do gênero humano.

(PPP)

Gosto (*Gramática, Literatura e Filosofia*), Voltaire, Montesquieu, d'Alembert [7, 761]

No verbete precedente viu-se em que consiste o *gosto* do ponto de vista físico. Esse sentido, esse dom de discernir nossos alimentos, produziu em todas as línguas conhecidas a metáfora que exprime, pela palavra *gosto*, o sentimento das belezas e dos defeitos em todas as artes: é um discernimento pronto como o da língua e do palato, e que se adianta, como ele, à reflexão; é, como ele, sensível e voluptuoso em relação ao bom; rejeita, como ele, o mau, com revolta. É, frequentemente, como o outro, incerto e desnorteado. Ignora se o que se lhe apresenta deve ou não agradá-lo, e às vezes precisa do hábito para se formar.

Para o gosto, não basta ver, conhecer a beleza de uma obra; ele deve senti-la, ser tocado por ela. Não basta sentir, ser tocado de uma maneira confusa; é necessário discernir as diferentes nuances. Nada deve escapar à prontidão do discernimento, e nisso consiste mais uma semelhança do gosto intelectual com o gosto sensual: pois se o gourmet sente e reconhece prontamente a mistura de dois licores, o homem de gosto, o conhecedor, verá de um pronto golpe de vista a mistura de dois estilos; verá um defeito ao lado de um atrativo; será tomado de entusiasmo por estes versos dos Horácios: *O que queríeis que ele fizesse contra três? Que ele morresse.* Sentirá um desgosto involuntário pelos versos seguintes: *Ou que um belo desespero então o socorresse.*

Assim como o mau gosto físico consiste em só ser atraído por temperos bem picantes e excessivamente raros, do mesmo modo o mau gosto nas Artes consiste em só ter prazer com os ornamentos afetados, e em não sentir a bela natureza.

O gosto depravado nos alimentos consiste em escolher os que causam repugnância em outros homens; é uma espécie de doença. O gosto depravado nas Artes é se deleitar com assuntos que revoltam os espíritos bem feitos, preferir o burlesco ao nobre, o precioso e afetado ao belo simples e natural: é uma doença do espírito. Forma-se mais o gosto nas Artes do que o gosto sensual. Pois, no gosto físico, embora acabemos algumas vezes por amar as coisas pelas quais antes tínhamos repugnância, entretanto, a natureza não quis que os homens aprendessem a sentir o que lhes é necessário. O gosto intelectual exige mais tempo para se formar. Um jovem sensível mas sem nenhum conhecimento não distingue de início as partes de um coro de música; seus olhos não distinguem de início, num quadro, as gradações, o claro obscuro, a perspectiva, o acordo das cores, a correção do desenho. Pouco a pouco, seus ouvidos aprendem a ouvir e seus olhos, a ver. Ele ficará emocionado quando vir pela primeira vez a representação de uma bela tragédia. Mas não distinguirá o mérito das unidades, nem a delicada arte pela qual nenhum personagem entra ou sai sem razão, tampouco a arte ainda maior, que concentra os interesses diversos num só, não distinguirá, enfim, outras dificuldades superadas. Apenas com o hábito e reflexões é que ele consegue sentir prontamente com prazer o que antes não discernia. O gosto forma-se insensivelmente numa nação que não o tinha antes, pois pouco a pouco nos deixamos tomar pelo espírito dos bons artistas. Acostumamo-nos a ver quadros com os olhos de Lebrun, de Poussin, de Le Sueur. Ouve-se a declamação anotada das cenas de Quinaut com os ouvidos de Lúlio, e as árias, as sinfonias, com os ouvidos de Rameau. Lê-se os livros com o espírito dos bons autores.

Se uma nação convergiu, nos primórdios das belas-artes, no amor por autores cheios de defeitos e desprezados pelo tempo, é porque esses autores tinham belezas naturais que todos sentiam, e não se estava ainda em condições de perceber suas imperfeições. Assim, Lucílio foi amado pelos romanos antes que Horácio o relegasse ao esquecimento. Regnier foi apreciado pelos franceses antes que Boileau surgisse, e se autores antigos que dão um mau passo a cada página conservaram grande reputação, é porque não se encontrou um escritor puro e polido entre essas nações que lhes tenha aberto os olhos, como um Horácio entre os romanos e um Boileau entre os franceses.

Diz-se que não se deve discutir os gostos e tem-se razão quando se trata apenas do gosto sensual, da repugnância por certo alimento, da preferência por outro. Não se discute isso porque não se pode corrigir um defeito dos órgãos. O mesmo não acontece nas artes. Como elas são belezas reais, há um bom gosto que as discerne e um mau gosto que as ignora. E costuma-se corrigir o defeito de espírito que propicia um gosto imperfeito. Existem também almas frias, falsos espíritos, que não se consegue acalorar nem corrigir. Com esses não se deve discutir sobre os gostos, porque eles não têm nenhum.

O gosto é arbitrário em várias coisas, como tecidos, vestimentas, equipagens, tudo o que não está na lista das belas-artes. Nesse caso, merece mais o nome de fantasia. É a fantasia, mais do que o gosto, que produz tantas modas novas.

O gosto pode degenerar-se numa nação. Esse infortúnio ocorre, normalmente, após séculos de perfeição. Os artistas, receando ser meros imitadores, procuram caminhos afastados; distanciam-se da bela natureza que seus predecessores captaram. Existe mérito em seus esforços; esse mérito encobre seus defeitos, o público, que gosta de novidades, corre atrás deles, mas logo se desgosta e aparecem outros, que se esforçam para agradar. Estes afastam-se da natureza mais ainda do que os primeiros. O gosto perde-se, tudo o que se vê são novidades que rapidamente são apagadas por outras, e assim por diante. O público não sabe mais o que pensar e lamenta em vão o século do bom gosto, que não pode mais voltar. É um acervo que alguns bons espíritos conservam longe da multidão.

Há países enormes em que o gosto nunca chegou a surgir: são aqueles em que a sociedade não se aperfeiçoou, em que os homens e as mulheres não se reúnem, em que certas artes, como a escultura, a pintura de seres animados, são proibidas pela religião. Quando há pouca sociedade, o espírito se estreita, sua ponta se enfraquece, ele não tem com o que formar o gosto. Se várias das belas artes faltam, as outras raramente têm com que se sustentar, porque todas se dão as mãos e dependem umas das outras. É uma das razões pelas quais os asiáticos nunca tiveram obras bem feitas em quase nenhum gênero e o gosto foi a partilha tão somente de alguns povos da Europa. (Voltaire)

Acrescentaremos a este excelente verbete o fragmento sobre o gosto *que o Sr. Presidente de Montesquieu destinava à* Enciclopédia, [762] *como dissemos no final de seu elogio no tomo V desta obra. Esse fragmento foi encontrado incompleto, entre seus papéis. O autor não teve tempo de dar a última mão. Mas, assim como os esboços dos grandes pintores, os primeiros pensamentos dos grandes mestres merecem ser conservados para a posteridade.*

Ensaio sobre o gosto nas coisas da natureza e da arte

Em nosso atual modo de ser, a alma experimenta três espécies de prazeres. Alguns ela extrai de sua própria existência, outros resultam de sua união com o corpo, outros, enfim, estão fundados em manias e preconceitos que certas instituições, usos e hábitos, fizeram que ela adquirisse.

Esses diferentes prazeres de nossa alma formam os objetos do gosto, como o belo, o bom, o agradável, o ingênuo, o delicado, o terno, o gracioso, o não-sei-que, o nobre, o grande, o sublime, o majestoso etc. Por exemplo. Quando sentimos prazer em ver uma coisa que tem uma utilidade para nós, dizemos que ela é *boa*; quando sentimos prazer em vê-la, sem que distingamos aí nenhuma utilidade presente, nós a chamamos *bela*.

Os antigos não perceberam isso muito bem. Consideravam positivas todas as qualidades relativas de nossa alma. Com isso, os diálogos em que Platão põe Sócrates a raciocinar, tão admirados pelos antigos, tornaram-se hoje insuportáveis, pois estão fundados numa falsa filosofia. Esses raciocínios, extraídos do bom, do belo, do perfeito, do sábio, do louco, do duro, do mole, do seco, do úmido, tratados como coisas positivas, perderam todo o seu significado.

As fontes do belo, do bom, do agradável etc. estão, pois, em nós mesmos; buscar por suas razões é buscar pelas causas dos prazeres de nossa alma.

Examinemos, pois, nossa alma, estudemo-la em suas ações e paixões, investiguemo-la em seus prazeres. É aí que ela mais se manifesta. A Poesia, a Pintura, a Escultura, a Arquitetura, a Música, a Dança, as diferentes espécies de jogos, enfim, as obra da natureza e da arte, podem lhe dar prazer. Vejamos por quem, como e quando elas fazem isso; expliquemos os seus sentimentos; isso poderá contribuir para formar nosso gosto, que não é outra coisa que a vantagem de descobrir com fineza e prontidão a medida do prazer que cada coisa pode oferecer aos homens.

Dos prazeres de nossa alma. A alma, independentemente dos prazeres que lhe vêm dos sentidos, tem outros prazeres independentemente deles, e que lhe são próprios. São os propiciados pela curiosidade, pelas ideias de grandeza, de suas perfeições, pela ideia de sua existência oposta ao sentimento das trevas, o prazer de abarcar inteiramente uma ideia geral, o de ver um grande número de coisas etc., o de comparar, juntar e separar ideias. Esses prazeres estão na natureza da alma, independentemente dos sentidos, porque pertencem a todo ser que pensa. É indiferente examinar aqui se nossa alma tem seus prazeres como substância unida ao corpo ou se separada dele, porque os tem sempre e são objetos do gosto. Assim, não distinguiremos aqui de modo algum os prazeres que vêm à alma por sua natureza daqueles que lhe vêm de sua união com o corpo. Chamaremos tudo isso de *prazeres naturais*, que distinguiremos dos prazeres adquiridos pela alma por meio de certas ligações com eles. Do mesmo modo e pela mesma razão, distinguiremos o gosto *natural* do gosto *adquirido*.

É preciso conhecer a fonte dos prazeres cuja medida é o gosto. O conhecimento dos prazeres naturais e adquiridos poderá nos servir para retificar nosso gosto natural e nosso gosto adquirido. Deve-se partir do estado em que está nossa alma e conhecer os seus prazeres, para poder medi-los e algumas vezes até mesmo senti-los.

Se nossa alma não estivesse unida ao corpo, ela teria conhecimento e é provável que amasse o que conhecesse. Amamos quase que apenas o que não conhecemos.

Nosso modo de ser é inteiramente arbitrário; podíamos ter sido feitos como somos ou de maneira diferente; mas, se tivéssemos sido feitos de outro modo, sentiríamos de outro modo. Um órgão a mais ou a menos em nossa máquina teria criado outra eloquência, outra poesia; uma contextura diferente dos mesmos órgãos teria criado outra poesia ainda. Por exemplo: se a constituição de nossos órgãos tivesse nos tornado capazes de uma atenção mais duradoura, as regras que proporcionam a disposição do assunto na medida de nossa atenção não existiriam mais. Se fôssemos tornados capazes de mais perspicácia, todas as regras que se fundam sobre a medida de nossa perspicácia também cairiam. Enfim, todas as leis estabelecidas sobre o fato de nossa máquina ser de certa maneira seriam diferentes se ela não fosse como é.

Se tivéssemos uma visão fosse mais fraca e mais confusa, seriam necessárias menos molduras e mais uniformidade nas partes da Arquitetura. Se nossa visão fosse mais distinta e nossa alma capaz de abarcar mais coisas de uma vez, seriam necessários mais ornamentos na Arquitetura. Se nossos ouvidos tivessem sido feitos como os de certos animais, seria preciso reformar nossos instrumentos musicais. Sei bem que as relações entre as coisas subsistiriam, mas como a relação entre elas e nós mudaria, as coisas que fazem efeito sobre nós no estado presente deixariam de fazê-lo. E como a perfeição das Artes consiste em nos apresentar coisas tais que nos deem mais prazer possível, seria preciso que houvesse uma mudança nas Artes, já que teria mudado a maneira mais própria para nos dar prazer.

De início, acredita-se que bastaria conhecer as diversas fontes de nosso prazer para ter gosto; que quando se leu o que a filosofia disse sobre isso, tem-se gosto e se pode julgar ousadamente obras. Mas o gosto natural não é um conhecimento de teoria; é uma aplicação pronta e refinada das próprias regras que não se conhece. Não é necessário saber que o prazer que nos dá uma coisa que nos parece bela vem da surpresa; basta que ela nos surpreenda e que nos surpreenda tanto quanto deve fazê-lo, nem mais nem menos.

Assim, o que poderíamos dizer aqui, todos os preceitos que poderíamos dar para formar o gosto, dizem respeito apenas ao gosto adquirido, ou só dizem respeito diretamente a ele, embora indiretamente digam respeito ao gosto natural. Pois o gosto adquirido afeta, altera, aumenta ou diminui o gosto natural, assim como o gosto natural afeta, altera, aumenta ou diminui o gosto adquirido.

Na definição mais geral, sem considerar se ele é bom ou mau, justo ou não, gosto é o que nos liga a uma coisa por meio de um sentimento. Isso não impede que se aplique às coisas intelectuais, cujo conhecimento dá tanto prazer à alma que essa é a única felicidade que certos filósofos compreendem. A alma conhece por meio de suas ideias e sentimentos; recebe prazeres por meio deles. Pois embora oponhamos a ideia ao sentimento, entretanto, quando a alma vê uma coisa, **[763]** ela a sente, e não há coisas tão intelectuais que ela não veja ou não creia ver, e, consequentemente, que ela não sinta.

Do espírito em geral. Espírito é um gênero que tem sob si diversas espécies, o gênio, o bom senso, o discernimento, a justeza, o talento, o gosto.

O espírito consiste em ter órgãos bem constituídos relativamente às coisas às quais se aplica. Se a coisa é extremamente particular, chama-se talento; se tem mais relação com um certo prazer delicado dos homens do mundo, chama-se gosto; se a coisa particular é única num povo, o talento se chama espírito, assim como a arte da guerra e a agricultura entre os romanos, a caça entre os selvagens etc.

Da curiosidade. Nossa alma é feita para pensar, ou seja, para perceber; ora, tal ser deve ter curiosidade, pois como todas as coisas estão numa cadeia na qual cada ideia precede e se segue a outra, não se pode gostar de ver uma coisa sem desejar ver outra. E se não tivéssemos desejo por uma, não sentiríamos nenhum prazer com a outra. Assim, quando nos mostram uma parte de um quadro, desejamos ver a parte que nos escondem, na proporção do prazer propiciado pela que vimos.

Portanto, o prazer que um objeto nos propicia é o que nos leva na direção de outro prazer. É por isso que a alma procura sempre coisas novas e nunca repousa.

Assim, estaremos sempre certos de agradar a alma quando lhe mostrarmos muitas coisas ou mais coisas do que ela esperava ver.

Explica-se assim a razão de porque sentimos prazer quando vemos um jardim regular, e mais prazer quando vemos um lugar bruto e campestre: é a mesma causa que produz esses efeitos.

Como gostamos de ver um grande número de objetos, gostaríamos de estender nossa visão, estar em vários lugares, percorrer espaços. Enfim, nossa alma foge dos limites e desejaria, por assim dizer, ampliar a esfera de sua presença; assim, para ela, é um grande prazer dirigir sua visão ao longe. Mas como fazê-lo? Nas cidades, nossa visão é limitada pelas casas; nos campos, por mil obstáculos; conseguimos ver apenas três ou quatro árvores. A arte vem em nosso auxílio e nos revela a natureza que se esconde. Amamos a arte e a amamos mais do que a natureza, ou seja, a natureza escondida aos nossos olhos. Mas quando encontramos belas situações, quando nossa vista, em liberdade, pode ver ao longe prados, riachos, colinas, e estas disposições que são, por assim dizer, criadas expressamente, ela fica encantada de um modo diferente do que quando vê os jardins de Le Nôtre, porque a natureza não se copia, ao passo que a arte sempre se parece. É por isso que na Pintura preferimos uma paisagem ao plano do mais belo jardim do mundo; é que a Pintura não toma a natureza a não ser onde ela é bela, onde a vista se pode dirigir-se ao longe em toda a sua extensão, onde ela é variada, onde pode ser vista com prazer.

Um pensamento grandioso em geral se produz quando dissemos alguma coisa que revela um grande número de outras e descobre para nós de modo imediato o que só podíamos esperar ver após uma longa leitura.

Florus nos representa em poucas palavras todos os defeitos de Aníbal; "quando pôde servir-se da vitória, preferiu usufruir dela". *Cùm victoria posset uti, maluit.*

Ele nos dá uma ideia completa da guerra da Macedônia, quando diz: "entrar lá foi vencer"; *introisse victoria fuit.*

Ele nos oferece o espetáculo completo da vida de Cipião, quando diz, sobre sua juventude, "é o Cipião que cresce para a destruição da África"; *hic erit Scipio, qui in exilium Africae crescit.* Acreditais ver uma criança que cresce e se eleva, como um gigante.

Enfim, ele nos mostra o grande caráter de Aníbal, a situação do universo e toda a grandeza do povo romano, quando diz: "Aníbal fugitivo procurava em todo o universo um inimigo do povo romano"; *qui profugus ex Africâ hostem populo romano toto orbe quaerebat.*

Dos prazeres da ordem. Não basta mostrar à alma muitas coisas; deve-se mostrá-las a ela com ordem, pois desse modo relembramos o que vimos e começamos a imaginar o que veremos. Nossa alma se felicita por sua extensão e sagacidade. Mas numa obra em que não há ordem, a alma sente a cada instante que a ordem que gostaria de ver nela introduzida é perturbada. A sequência que o autor fez para si e a que fazemos para nós se confundem; a alma não retém nada, não prevê nada; sente-se humilhada pela confusão de suas ideias, pela inanição em que se encontra. Fica cansada inutilmente e não pode usufruir de nenhum prazer. É por isso que quando o desígnio não é exprimir ou mostrar confusão, introduz-se ordem na própria confusão. Assim, os Pintores agrupam suas figuras; assim os que pintam batalhas põem na frente de seus quadros as coisas que o olho deve distinguir, e a confusão no fundo, bem longe.

Dos prazeres da variedade. Mas se é preciso ordem nas coisas, é preciso também variedade. Sem isso, a alma se entedia, pois as coisas semelhantes lhe parecem as mesmas, e se uma parte de um quadro que nos mostram se parecesse com uma outra que já tivéssemos visto, esse objeto seria novo sem parecer sê-lo e não propiciaria nenhum prazer. E como as belezas das obras de arte, semelhantes às da natureza, não consistem senão no prazer que nos propiciam, deve-se torná-las próprias, o mais que se puder, para variar nossos prazeres. Deve-se mostrar à alma coisas que ela não viu; é preciso que o sentimento que lhe propiciamos seja diferente do que ela acaba de ter.

Assim, histórias nos agradam pela variedade dos relatos, romances pela variedade dos prodígios, peãs de teatro pela variedade das paixões, e os que sabem como instruir modificam o mais que podem o tom uniforme da instrução.

Uma uniformidade prolongada torna tudo insuportável. A mesma ordem dos períodos num discurso, prolongada por muito tempo, nos oprime; os mesmos números e as mesmas cadências entediam num longo poema. Se é verdade que foi feita uma alameda ligando Moscou a São Petersburgo, o viajante deve morrer de tédio confinado entre as duas fileiras deste caminho, e aquele que tiver viajado muito tempo pelos Alpes descerá desgostoso com as situações mais felizes e vistas mais charmosas.

A alma ama a variedade, mas só a ama, como já dissemos, porque é feita para conhecer e ver. É preciso, pois, que ela possa ver e que a variedade lhe permita isso, ou seja, é preciso que uma coisa seja suficientemente simples para ser percebida e suficientemente variada para ser percebida com prazer.

Há coisas que parecem variadas e que não o são, outras que parecem uniformes e são muito variadas.

A arquitetura gótica parece muito variada, mas a confusão dos ornamentos cansa pela pequenez, o que faz com que não se possa distinguir um de outro, e seu número faz com que não haja nenhum sobre o qual o olho possa se deter, de modo que desagrada pelos próprios pontos que foram escolhidos para torná-la agradável.

Um edifício de ordem gótica é uma espécie de **[764]** enigma para o olho que o vê, e a alma fica embaraçada, como quando se lhe apresenta um poema obscuro.

A arquitetura grega, ao contrário, parece uniforme, mas como tem as divisões que deve haver, e tantas quanto deve haver para que a alma veja precisamente o que ela pode ver sem se cansar, mas que veja o bastante para se ocupar, ela tem essa variedade que faz com que seja vista com prazer.

As grandes coisas precisam ter grandes partes; os grandes homens têm braços grandes, as grandes árvores têm grandes galhos, e as grandes montanhas são compostas de outras montanhas que estão abaixo ou acima delas; é a natureza das coisas que faz isso.

A arquitetura grega, que tem poucas e grandes divisões, imita coisas grandiosas; a alma sente uma certa majestade, que ali reina por toda parte.

É assim que a Pintura divide em três ou quatro as figuras que representa num quadro; ela imita a natureza; uma tropa numerosa é dividida em pelotões; e é assim que a Pintura divide em grande massa seus claros e seus escuros.

Dos prazeres da simetria. Eu disse que a alma ama a variedade; entretanto, na maior parte das coisas, ela ama ver um espécie de simetria. Parece que isso encerra alguma contradição: eis como a explico.

Uma das principais causas dos prazeres de nossa alma, quando ela vê os objetos, é a facilidade que tem para percebê-los, e a razão que faz com que a simetria agrade a alma é que ela é poupada das dificuldades, ela alivia e corta, por assim dizer, a obra pela metade.

Daí se segue uma regra geral: sempre que a simetria for útil à alma e puder auxiliar nas suas funções, ela é agradável. Mas sempre que for inútil, será tediosa, pois priva de variedade. Ora, as coisas que vemos sucessivamente devem ter variedade; pois nossa alma não tem nenhuma dificuldade para vê-las; ao contrário, as que percebemos imediatamente devem ser simetria. Assim como percebemos imediatamente a fachada de um prédio, um canteiro de jardim, um templo, assim também colocamos aí uma simetria que agrada à alma pela facilidade que esta simetria lhe dá para abarcar de início o objeto inteiro.

É necessário que um objeto, para ser apreendido com um golpe de vista, seja único e que todas as parte remetam ao objeto principal. Por isso amamos a simetria, pois ela constitui um todo.

É da natureza que um todo seja acabado, e a alma que vê esse todo quer que não exista nenhuma parte imperfeita. Também por isso amamos a simetria; deve haver uma espécie de ponderação ou de equilíbrio. Um edifício que tenha uma só ala ou uma ala mais curta do que a outra é tão bem acabado como um corpo sem um braço ou com um braço muito curto.

Deve-se, pois, introduzir contrastes nas atitudes, sobretudo nas obras de Escultura, que, por ser naturalmente fria, só pode adquirir calor pela força do contraste e da situação.

Assim como a variedade que se buscou introduzir no gótico lhe deu uniformidade, acontece com frequência de a variedade que se busca estabelecer por meio de contrastes tornar-se simetria e uma viciosa uniformidade.

Percebe-se isso não somente em certas obras de Escultura e de Pintura, mas também no estilo de certos escritores, que em cada frase põem sempre o começo em contraste com o fim, por meio de contínuas antíteses, tais como Santo Agostinho e outros autores da baixa latinidade, e alguns de nossos modernos, como Saint-Evremond: o torneio de frase, sempre o mesmo e sempre uniforme, desagrada ao extremo. Esse contraste perpétuo torna-se simetria, essa oposição sempre afetada torna-se uniformidade.

O espírito encontra aí tão pouca variedade que, quando haveis visto uma parte da frase, adivinhais sempre a outra. Vedes palavras opostas, mas opostas da mesma maneira; vedes um torneio de frase, mas é sempre o mesmo.

Muitos pintores incorreram no defeito de introduzir contrastes por toda parte e descuidadamente, de modo que quando se vê uma figura, adivinha-se logo a disposição das que estão ao lado. Essa contínua diversidade transforma-se em algo de semelhante. Aliás, a natureza, que lança as coisas em desordem, não mostra a afetação de um contraste contínuo, sem contar que não põe todos os corpos em movimento, que dizer num movimento forçado. É mais variada do que isso, introduz uns em repouso, dá a outros diferentes espécies de movimento.

Se a parte da alma que conhece ama a variedade, a que sente não a procura menos, pois a alma não pode sustentar por muito tempo as mesmas situações, por estar ligada a um corpo que não poderia suportá-las. Para que nossa alma seja excitada, é preciso que os espíritos fluam pelos nervos. Ora, há duas coisas a considerar: uma lassidão nos nervos, uma cessação da parte dos espíritos não fluem mais, ou que se dissipam dos lugares por onde correram.

Assim, a longo prazo, tudo nos cansa, e sobretudo os grandes prazeres. Sempre os deixamos com a mesma satisfação com a qual os havíamos agarrado, pois as fibras que foram os seus órgãos precisam de repouso. Deve-se empregar outras mais próprias para nos servir e distribuir, por assim dizer, o trabalho.

Nossa alma se cansa de sentir; mas não sentir é cair num aniquilamento que a arrasa. Remediamos a tudo variando suas modificações; ela então sente e não se cansa mais.

Dos prazeres da surpresa. A disposição da alma que a leva sempre em direção a objetos diferentes faz com que ela experimente todos os prazeres oriundos da surpresa, sentimento que agrada à alma pelo espetáculo e pela prontidão da ação, pois ela percebe ou sente uma coisa que não espera, ou de uma maneira que não esperava.

Uma coisa pode nos surpreender como maravilhosa, mas também como nova, e ainda como inesperada. Nestes últimos casos, o sentimento principal se liga a um sentimento acessório, fundado no fato de a coisa ser nova ou inesperada.

Por isso os jogos de azar nos excitam, **[765]** mostram-nos uma série contínua de eventos inesperados. Por isso os jogos de sociedade nos agradam, também são uma sequência de acontecimentos imprevistos que tem por causa a habilidade associada ao acaso.

Também por isso as peças de teatro nos agradam, desenvolvem-se gradualmente, escondem os acontecimentos até que ocorram, preparam-nos novos objetos de surpresa e excitam-nos sempre, mostrando-os tais como deveríamos tê-los previsto.

Enfim, normalmente lêem-se obras de espírito porque nos proporcionam surpresas agradáveis e compensam a insipidez de conversas quase sempre lânguidas, que não provocam esse efeito.

A surpresa pode ser produzida pela coisa ou pela maneira de percebê-la. Pois nós vemos uma coisa maior ou menor do que ela é efetivamente, ou diferente do que ela é, ou então vemos a própria coisa, mas com uma ideia acessória que nos surpreende. Uma ideia acessória é a dificuldade de criar essa coisa, da pessoa que a criou, do tempo que levou para criá-la, da maneira em que foi criada, ou de alguma circunstância acrescentada a ela.

Suetônio descreve os crimes de Nero com um sangue-frio que nos surpreende e quase nos faz crer que não sente o horror do que descreve. De repente, muda de tom e diz: "o universo, tendo suportado este monstro por catorze anos, finalmente o deserdou": *tale monstrum per quatuordecim annos perpessus terrarum orbis tamdem destituit* (*Vidas de César*, VI, *Nero*). Isso produz no espírito diferentes espécies de surpresa. Surpreende-nos a mudança no estilo do autor, a descoberta de sua maneira diferente de pensar, sua maneira de apresentar, em tão poucas palavras, uma das grandes revoluções jamais ocorridas. Assim, a alma encontra um grande número de sentimentos diferentes que concorrem para abalá-la e para compor o seu prazer.

Das diversas causas que podem produzir um sentimento. Deve-se observar que um sentimento normalmente não tem uma causa única em nossa alma. É, se ouso me servir deste termo, uma certa dosagem que produz sua força e variedade. O espírito consiste em saber tocar vários órgãos ao mesmo tempo. E se examinarmos os diversos escritores, veremos talvez que os melhores, e os que mais agradaram, são os que excitaram na alma mais sensações ao mesmo tempo.

Vede, eu vos peço, a multiplicidade das causas; preferimos um jardim bem ordenado a uma multidão de árvores. E isso porque, 1º Nossa visão, que seria imobilizada, não o é; 2º Cada alameda é uma e forma um objeto grande, ao passo que na confusão, cada árvore é uma coisa, e uma coisa pequena; 3º Vemos um arranjo que não estamos acostumados a ver; 4º Reconhecemos a dificuldade que isso implica; 5º Admiramos o cuidado de combater sem cessar a natureza, que, por suas produções que não lhe pedimos, procura confundir tudo. Isso é tão verdadeiro que um jardim descuidado nos parece algo insuportável. Algumas vezes a dificuldade da obra nos agrada, algumas vezes a facilidade. Num jardim magnífico, admiramos a grandeza e o gasto do mestre, vemos algumas vezes com prazer que se teve a arte de nos agradar com pouca despesa e pouco trabalho.

O jogo nos agrada porque satisfaz nossa avareza, ou seja, a esperança de termos mais. Lisonjeia nossa vaidade pela ideia da preferência que a fortuna nos dá e pela atenção que os outros prestam na nossa felicidade. Satisfaz nossa curiosidade, oferecendo-nos um espetáculo. Enfim, nos proporciona os diferentes prazeres da surpresa.

A dança nos agrada pela leveza, por certa graça, pela beleza e variedade de posturas, pela ligação com a música, a pessoa que dança é como um instrumento secundário. Mas agrada sobretudo por uma disposição de nosso cérebro que em segredo reconduz a ideia de todos os movimentos a certos movimentos à maior parte das posturas.

Da sensibilidade. Quase sempre as coisas nos agradam ou desagradam sob diferentes aspectos. Por exemplo: os *virtuosi* da Itália provocam em nós pouco prazer. Em primeiro lugar, porque não admira que, preparados como são, cantem bem. São como instrumentos que o operário entalhou em madeira. Em segundo lugar, porque desconfia-se da sinceridade das paixões que eles encenam. Em terceiro lugar, porque não são nem do sexo que amamos, nem do sexo que estimamos. De outro lado, podem nos agradar porque conservam por muito tempo ares de juventude e, além disso, porque têm uma voz flexível que lhes é particular. Assim, cada coisa nos dá um sentimento que é composto de muitos outros, os quais por vezes se enfraquecem e se chocam.

Com frequência nossa alma compõe por si mesma suas razões de prazer, no que tem êxito sobretudo pelas ligações que estabelece entre as coisas. Assim, uma coisa que nos agradou nos agrada ainda pela única razão de que nos agradou antes, porque juntamos a antiga ideia à nova. Desse modo, o que nos agradou no teatro nos agrada ainda em nosso aposento; sua voz, sua declamação, a lembrança de tê-la visto com admiração, digo eu, a ideia da princesa associada a tudo isso, cria uma espécie de mistura que forma e produz prazer.

Estamos repletos de ideias acessórias. Uma mulher de grande reputação que tenha um pequeno defeito poderá fazer que o considerem uma graça. A maioria das mulheres que amamos só tem a seu favor a prevenção a respeito de seu nascimento ou seus bens, as honras ou a estima de certas pessoas.

Da delicadeza. Pessoas delicadas são as que, a cada ideia ou a cada gosto, acrescentam muitas outras ideias ou gostos acessórios. Pessoas grosseiras têm só uma sensação, sua alma não sabe compor nem decompor. Não acrescentam nem retiram nada ao que é dado pela natureza, ao passo que as pessoas de sentimento amoroso delicado compõem os prazeres do amor. Polixeno e Apicius levavam para a mesa muitas sensações desconhecidas para nós, comedores vulgares. E aqueles que julgam com gosto obras de espírito têm ou produziram para si uma infinidade de sensações que os outros homens não têm.

Do não sei quê. Encontra-se porventura nas pessoas ou nas coisas um charme invisível, que não se pode definir, e que por isso se chama *não sei quê*. Parece que se trata de um efeito fundado principalmente na surpresa. Somos tocados pelo fato de uma pessoa nos agradar mais do que antes e ficamos surpresos com o fato de que ela soube superar defeitos que nossos olhos nos mostram e nos quais o coração não crê mais. Eis porque as mulheres feias com frequência têm graças, e é raro que as belas as tenham. Pois uma bela pessoa faz normalmente o contrário do que havíamos esperado; chega a parecer menos amável; após nos ter surpreendido positivamente, ela nos surpreende negativamente. Mas a impressão do bem é antiga, e a do mal é nova. Por essa razão, pessoas belas raramente provocam grandes paixões, quase sempre reservadas para as que têm graças, ou seja, [766] atrativos que não esperávamos e que não tínhamos motivos para esperar. As grandes toaletes raramente têm graças, e com frequência as roupas das pastoras as têm. Admiramos a majestade dos tecidos de Paulo Veronese, mas somos tocados pela simplicidade de Rafael e a pureza de Corregio. Veronese promete muito e cumpre o que promete. Rafael e Corregio prometem pouco e cumprem muito, o que nos agrada muito mais.

As graças estão normalmente mais no espírito do que no rosto, pois um belo rosto aparece de início e não esconde quase nada. Mas o espírito só se mostra aos poucos, só quando o quer, e o quanto quiser. Pode se esconder, aparecendo um dia e provocando essa espécie de surpresa que constitui a graça.

As graças se encontram menos nos traços do rosto do que nos modos, pois os modos nascem a cada instante e podem em todos os momentos criar surpresas. Em suma, uma mulher pode não ser bela que de uma maneira, mas é bonita de mil outras.

A lei dos dois sexos estabeleceu entre as nações civilizadas e selvagens que os homens pediriam e as mulheres não fariam senão conceder. Daí que as graças estejam mais ligadas, em particular, às mulheres. Por terem tudo a defender, têm tudo a esconder; a menor palavra, o menor gesto, tudo o que, sem chocar o primeiro dever, se mostre nelas, tudo o que se liberte, torna-se uma graça; e a natureza é tão sábia, que o que não seria nada sem a lei do pudor adquire um preço infinito, em virtude dessa lei tão feliz para o universo.

Como o acanhamento e a afetação não poderiam nos surpreender, as graças não estão nem nos modos embaraçados, nem nos modos afetados, mas numa certa liberdade ou facilidade que está entre os dois extremos, e a alma fica agradavelmente surpresa ao ver que foram evitados os dois perigos.

Poderia parecer que os modos naturais seriam os mais fáceis; são eles que o são menos, pois a educação que nos constrange sempre nos faz perder a naturalidade. Ora, ficamos encantados ao vê-los voltar.

Nada nos agrada tanto numa vestimenta do que quando ela está nesta negligência ou mesmo nesta desordem que nos escondem todos os cuidados que a higiene não exigiu e que só a vaidade fez com que os tomássemos. E não se tem nunca graças no espírito senão quando o que se diz parece encontrado, e não buscado.

Quando dizeis coisas que foi custoso dizer, podeis mostrar que tendes espírito, e não graças no espírito. Para mostrá-lo, é preciso que vós mesmo não o vedes, e que os outros, para quem, aliás, alguma coisa ingênua e simples em vós não prometia nada, sejam docemente surpreendidos de aperceber disto.

Assim, não se adquirem as graças; para tê-las, deve-se ser ingênuo. Mas como podemos trabalhar para sermos ingênuos?

Uma das mais belas ficções de Homero é a do cinturão que dava a Vênus a arte de agradar. Nada é mais próprio para fazer sentir essa magia e esse poder das graças, que parecem ser dadas a uma pessoa por um poder invisível e que são distintas da própria beleza. Ora, este cinturão só poderia ser dado a Vênus; ele não poderia convir à majestosa beleza de Juno, pois a majestade pede uma certa gravidade, ou seja, uma restrição oposta à ingenuidade das graças. Ele não poderia convir à beleza altiva de Pallas, pois a altivez é oposta à doçura das graças, e aliás pode, com frequência, ser suspeita de afetação.

Progressão da surpresa. As grandes belezas se oferecem quando a surpresa é de início medíocre, se sustenta, alimenta e em seguida nos leva à admiração. As obras de Rafael impressionam pouco ao primeiro olhar; ele imita tão bem a natureza que no começo não ficamos mais espantados do que se estivéssemos vendo o próprio objeto, o qual não causaria surpresa de modo algum. Mas uma expressão extraordinária, um colorido mais forte, uma atitude bizarra de um pintor menos bom, nos prende ao primeiro olhar, pois não temos o costume de vê-la em outro lugar. Pode-se comparar Rafael a Virgílio, e os pintores de Veneza com suas atitudes forçadas, a Lucano. Virgílio, mais natural, surpreende menos, para, em seguida, nos tocar mais; Lucano toca mais de início, para em seguida nos tocar menos.

A exata proporção da famosa igreja de São Pedro faz que ela não pareça de início tão grande quanto é, pois não sabemos no começo em que nos basear para julgar a sua grandeza. Se ela fosse menos larga, seríamos tocados por seu comprimento. Mas, à medida que a examinamos, o olho a vê crescer, e o espanto aumenta. Pode-se compará-la aos Pirineus, onde o olho, que inicialmente acreditava medi-los, descobre montanhas atrás de montanhas, e se perde sempre mais.

Acontece frequentemente que nossa alma sinta prazer quando tem um sentimento que não consegue discernir e vê uma coisa absolutamente diferente do que ela sabe que é, o que lhe dá um sentimento de surpresa do qual não consegue escapar. Eis aqui um exemplo. A abóboda de São Pedro é imensa; sabe-se que Michelângelo, vendo o Panteão, que era o maior templo de Roma, disse que queria fazer um igual, mas que pretendia colocá-lo no ar. Fez pois, a partir desse modelo, a abóbada de São Pedro, mas fez os pilares tão maciços que essa abóbada, que é como uma montanha que se tem sobre a cabeça, parece leve ao olhar de quem a considera. A alma fica então incerta entre o que vê e o que sabe, e surpresa ao ver uma massa ao mesmo tempo tão enorme e tão leve.

Das belezas que resultam de um certo embaraço da alma. Com frequência a surpresa vem à alma pelo fato dela não poder conciliar o que vê e o que viu. Há na Itália um grande lago chamado *o lago maior*; é um pequeno mar cujas bordas mostram apenas algo de selvagem. A quinze milhas no lago estão duas ilhas de um quarto de milha de contorno, que são chamadas as *borromeas*, que na minha opinião são o lugar mais encantado do mundo. A alma fica espantada com este contraste romanesco ao lembrar as maravilhas dos romances, nos quais, depois de ter passado por rochedos e regiões áridas, encontramo-nos num lugar feito por fadas.

Todos os contrastes nos impressionam. Porque as coisas em oposição se alternam: assim, quando um homem baixo está ao lado de um homem alto, o grande faz o outro parecer menor ainda.

Estas espécies de surpresas provocam o prazer que experimentamos em todas as belezas em oposição, em todas as antíteses e figuras análogas. Quando Florus diz: "Sore e Álgida, quem acreditaria, nos foram formidáveis, Sátrica e Cornícula eram províncias: tínhamos vergonha dos Borilianos e dos Verulianos, mas triunfamos; enfim Tibur, nosso subúrbio, Preneste, onde estão nossas residências de férias, eram o objeto dos votos que íamos fazer no Capitólio" – [767] este autor, digo, nos mostra ao mesmo tempo a grandeza de Roma e a pequenez de seus começos, e o espanto incide sobre as duas coisas.

Observe-se quão grande é a diferença entre as antíteses de ideias e as antíteses de expressão. A antítese de expressão não é escondida, a de ideias o é: uma sempre tem a mesma aparência, a outra muda a aparência como se quiser; uma é variada, a outra não.

O mesmo Florus, falando dos sanitas, diz que suas cidades foram de tal modo destruídas que é difícil encontrar hoje o tema de vinte e quatro Triunfos: *ut non facile appareat materia quatuor & vinginti triumphorum*. E pelas mesmas palavras que marcam a destruição desse povo, ele mostra a grandeza de sua coragem e de sua determinação.

Quando queremos nos impedir de rir, nosso riso redobra, por causa do contraste que existe entre a situação em que estamos e aquela em que deveríamos estar. Do mesmo modo, quando vemos num rosto um grande defeito, como um nariz muito grande, rimos porque vemos que este contraste com os outros traços do rosto não deveria acontecer. Assim, os contrastes são causa de defeitos tanto quanto de belezas. Quando vemos que estes contrastes não têm razão de ser, que realçam ou destacam um outro defeito, eles são grandes instrumentos da feiura, a qual, quando nos impressiona subitamente, pode excitar uma certa alegria em nossa alma e nos fazer rir. Se nossa alma a considera como uma infelicidade na pessoa que a possui, ela pode excitar a piedade. Se a alma a considera junto com a ideia do que pode nos prejudicar e com a ideia de comparação com o que habitualmente nos comove e excita nossos desejos, ela considera esta feiura com um sentimento de aversão.

Do mesmo modo em nossos pensamentos, quando eles contêm uma oposição que é contra o bom senso, quando esta oposição é comum e fácil de encontrar, eles não agradam de modo algum e são um defeito, porque eles não causam surpresa. E se, ao contrário, eles são muito afetados, também não agradam. Numa obra, eles se façam sentir porque estão nela, e não porque se quis mostrá-los, pois deste modo a surpresa só cai sobre a tolice do autor.

Uma das coisas que mais nos agradam é o ingênuo, mas também é o estilo mais difícil de apreender. A razão disto é que ele está precisamente entre o nobre e o baixo, e tão perto do baixo que é muito difícil aproximar-se sem cair nele. Os Músicos reconheceram que a Música que é cantada mais facilmente é a mais difícil decompor. Isso é uma prova certa de que nossos prazeres e a arte que no-los estão entre certos limites.

Vendo os versos de Corneille tão pomposos, e os de Racine tão naturais, não se pensaria que Corneille trabalhava facilmente e Racine com dificuldade.

O baixo é o sublime do povo, que gosta de ver uma coisa feita para ele e que está ao seu alcance.

As ideias que se apresentam às pessoas que são bem-educadas e que têm um grande espírito são ou ingênuas, ou nobres, ou sublimes.

Quando uma coisa nos é mostrada com as circunstâncias ou acessórios que a engrandecem, isso nos parece nobre: isso se sente sobretudo nas comparações nas quais o espírito deve sempre ganhar e nunca perder, pois elas devem sempre acrescentar alguma coisa, ver a coisa maior, em que não se trata de grandeza, mais fina, mais delicada: mas deve-se evitar mostrar à alma uma relação pelo baixo, pois ela a teria escondido se a tivesse descoberto.

Como se trata de mostrar coisas finas, a alma prefere ver a comparação de uma maneira com outra, de uma ação com outra, do que uma coisa com outra, como a de um herói com um leão, uma mulher com um astro, e de um homem leve com um cervo.

Michelângelo é o mestre para dar nobreza a todos os seus temas. Em seu famoso Baco, ele não faz de modo algum como os outros pintores de Flandres, que nos mostram um figura caindo e que, por assim dizer, está no ar. Isto seria indigno da majestade de um deus. Ele o pinta firme em suas pernas, mas lhe dá tão bem a alegria da embriaguês e o prazer de ver escoar o licor que versa em sua taça, que não há nada de mais admirável.

Na paixão que está na galeria de Florença, ele pintou a Virgem de pé, olhando seu filho crucificado sem dor, sem piedade, sem remorso, sem lágrimas. Ele supõe que ela seja instruída sobre este grande mistério, e por isso a faz suportar com grandeza o espetáculo desta morte.

Não há absolutamente obra de Michelângelo em que ele não tenha colocado alguma coisa de nobre. Mesmos em seus esboços encontramos a grandeza, assim como nos versos que Virgílio não terminou.

Julio Romano, em sua gruta de gigantes em Mântua, onde ele representou Jupiter que os ataca, mostra todos os deuses aterrorizados; mas Juno está junto a Jupiter e lhe mostra, com um ar de segurança, um gigante sobre o qual ele deve lançar o raio. Com isso ele lhe dá um ar de grandeza que os outros deuses não têm. Quanto mais perto de Jupiter, mais estarão seguros. E isso é bem natural, pois numa batalha o medo cessa perto daquele que tem a vantagem ...... *Aqui termina o fragmento.*

A glória do Senhor de Montesquieu, fundada nas suas obras de gênio, não exigia, sem dúvida, que se publicassem os fragmentos que nos deixou. Mas serão um testemunho eterno do interesse que os grandes homens da nação tiveram por esta obra. Nos séculos que virão, dir-se-á: Voltaire e Montesquieu também fizeram parte da Enciclopédia.

Terminaremos este verbete com um texto que nos parece ter relação essencial com ele e que foi lido na Academia Francesa no dia 14 de março de 1757. O empenho com o qual ele nos foi pedido, e a dificuldade de encontrar algum outro verbete da Enciclopédia ao qual este texto pertencesse tão diretamente, desculparia talvez a liberdade que tomamos de colocá-lo aqui na sequência de dois homens tais como os senhores Voltaire e Montesquieu.

Reflexões sobre o uso e abuso da Filosofia em matéria de gosto.

O espírito filosófico, tão celebrado por uma parte de nossa nação e tão caluniado por outra, produziu nas ciências e nas belas-letras efeitos contrários. Nas ciências, impôs limites à mania de tudo explicar, que o amor pelos sistemas havia introduzido. Nas belas-letras, ele predispôs à análise de nossos prazeres e a submeter ao exame tudo o que é objeto do gosto. Se a sábia timidez da Física moderna encontrou contraditores, admira que a ousadia de novos literatos tenha tido a mesma sorte? Ela deve ter revoltado principalmente aqueles dentre nossos escritores que pensam que, em questão de gosto, assim como nas matérias mais sérias, toda nova opinião e todo paradoxo devem ser proscritos, pela única razão de que são novos. Parece-nos, ao contrário, que nos assuntos de especulação e de agrado nunca seria demais dar liberdade ao engenho, por mais que nem sempre seja feliz em seus esforços. É permitindo-se extravios que o gênio engendra as coisas sublimes. Permitamos do mesmo modo à razão levar ao acaso, e algumas vezes sem sucesso, seu archote sobre todos os objetos de nossos prazeres, se quisermos colocá-la em condições de revelar ao gênio algum caminho desconhecido. A separação entre as verdades e os sofismas [**768**] logo se fará por si mesma, e seremos por isso mais ricos ou mais esclarecidos.

Uma das vantagens da filosofia aplicada a matérias de gosto é a de curar-nos da superstição literária ou nos prevenir contra ela. Justifica nossa estima pelos antigos tornando-a razoável, impede-nos de incensar suas faltas, mostra-nos como seus pares vários dos escritores modernos, que, por terem sido formados por eles, acreditavam, por uma inconsequência modesta, ser muito inferiores aos seus mestres. Mas a análise metafísica do que é objeto do sentimento pode fazer procurar as razões para o que não tem razões, atenuar o prazer em nós, ao nos acostumar a discutir friamente o que devemos sentir calorosamente, impôr entraves ao gênio e torná-lo escravo e tímido. Tentemos responder a essas inquietações.

O gosto, embora pouco compartilhado, não é arbitrário. Essa verdade é igualmente reconhecida pelos que reduzem o gosto a sentir e pelos que querem constrangê-lo a raciocinar. Mas não estende sua força a todas as belezas de que uma obra de arte é suscetível. Existem belezas impressionantes e sublimes que se apossam igualmente de todos os espíritos, que a natureza produz sem esforço em todos os séculos e em todos os povos, e das quais, consequentemente, todos os séculos e todos os povos são juízes. Há outras que só tocam as almas sensíveis e que escapam às demais. As belezas desta espécie não são senão de segunda ordem, pois o grande é preferível ao que só é refinado. Contudo, são elas as que mais sagacidade exigem para serem produzidas, e mais delicadeza para serem sentidas. Por essa razão são mais frequentes em nações nas quais os encantos da sociedade aperfeiçoaram a arte de viver e de ter prazer. Esse gênero de belezas, o das feitas para o pequeno número, é propriamente o objeto do gosto, que se pode definir como *talento de discernir nas obras de arte o que deve agradar as almas sensíveis e o que só pode feri-las.*

Se não é arbitrário, o gosto deve estar fundado em princípios incontestáveis, e, o que é uma consequência necessária, não deve haver obra de arte que não se possa julgar aplicando os seus princípios. Com efeito, a fonte de nosso prazer e de nosso tédio reside única e inteiramente em nós mesmos. Encontraremos, pois, dentro de nós mesmos, se prestarmos atenção, regras gerais e invariáveis de gosto, que serão como a pedra de toque à qual poderão ser submetidas todas as produções do talento. Assim, o mesmo espírito filosófico que nos obriga, na falta de luzes suficientes, a suspender a cada instante nossos passos no estudo da natureza e dos objetos fora de nós, deve, ao contrário, em tudo o que é objeto do gosto, levar-nos à discussão. Mas esse espírito não ignora, ao mesmo tempo, que a discussão deve ter um termo. Em qualquer matéria que seja, nunca devemos esperar remontar aos primeiros princípios, que estão sempre, para nós, como que escondidos atrás de uma nuvem: querer encontrar a causa metafísica de nossos prazeres seria um projeto tão quimérico quanto explicar a atuação dos objetos sobre nossos sentidos. Mas, se o espírito filosófico soube reduzir a um pequeno número de sensações a origem de nossos conhecimentos, ele pode do mesmo modo reduzir os princípios de nossos prazeres em matéria de gosto a um pequeno número de observações incontestáveis sobre nossa maneira de sentir. Até aí o filósofo remonta; e nesse ponto ele para, e, por uma tendência natural, desce em seguida às consequências.

A justeza de espírito, já tão rara por si mesma, não basta para esta análise. Também não é suficiente uma alma delicada e sensível. É preciso mais, se for permitido que eu me expresse assim, é preciso que não falte nenhum dos sentidos que compõem o gosto. Numa obra de poesia, por exemplo, deve-se falar ora à imaginação, ora ao sentimento, ora à razão, mas sempre ao órgão. Os versos são uma espécie de canto, sobre o qual a orelha é tão inexorável que a razão mesmo algumas vezes é obrigada a lhe fazer sacrifícios leves. Assim, um filósofo destituído desse órgão, mesmo que tenha todo o resto, seria um mau juiz em matéria de poesia. Pretenderá que o prazer que ela nos proporciona é de opinião; que é preciso contentar-se, em qualquer obra que seja, em falar ao espírito e à alma. Lançará até mesmo um ridículo aparente sobre o cuidado de organizar as palavras para o prazer dos ouvidos. É assim que o físico que estivesse reduzido ao sentido do tato pretenderia que os objetos afastados não podem agir sobre nossos órgãos e provaria isso por meio de sofismas aos quais só se poderia responder devolvendo-lhe a audição e a visão. Nosso filósofo acreditará não ter extraído nada de uma obra de poesia, conservando todos os termos e transpondo-os para destruir a medida, e inadvertidamente atribuirá, a um preconceito do qual ele mesmo é escravo, a espécie de languidez que a obra lhe parece ter contraído por este novo estado. Ele não percebe que, ao romper a medida e ao inverter as palavras, destrói a harmonia que resultava de seu arranjo e de sua ligação. O que se diria de um músico que, para provar que o prazer de melodia é um prazer de opinião, desnaturasse uma ária muito agradável, transpondo ao acaso os sons de que é composta?

Não é assim que o verdadeiro filósofo julgará o prazer proporcionado pela poesia. Neste ponto, ele não atribuirá tudo à natureza nem à opinião. Reconhecerá que, como a música tem um efeito geral sobre todos os povos, embora a música de uns não agrade sempre os outros, do mesmo modo todos os povos são sensíveis à harmonia poética, embora sua poesia seja muito diferente. Examinando-se com atenção esta diferença é que se chegará a determinar até que ponto o hábito influi sobre o prazer proporcionado pela poesia e pela música, o que esse hábito acrescenta de real ao prazer, e o que a opinião pode acrescentar de ilusório. Pois não confundirá de modo algum o prazer do hábito com o prazer puramente arbitrário e de opinião, distinção que talvez não tenha sido suficientemente feita nesta matéria e que contudo a experiência diária torna incontestável. Há prazeres que desde o primeiro momento se apossam de nós; há outros que, não tendo de início experimentado de nossa parte a não ser distanciamento ou indiferença, esperam, para se fazer sentir, que a alma tenha sido suficientemente afetada por sua ação, e então são mais vivos. Quantas vezes não aconteceu de uma música que no começo nos havia desagradado em seguida nos encantar, quando o ouvido, de tanto ouvi-la, discerniu toda a sua expressividade e fineza? Os prazeres que o hábito nos faz experimentar podem pois não ser arbitrários, podem mesmo, de início, ter o preconceito contra eles.

É assim que um literato filósofo conservará todos os direitos do ouvido. Mas, ao mesmo tempo, e é isso sobretudo que o distingue, ele não acreditará que o cuidado em satisfazer o órgão o dispense da obrigação ainda mais importante de pensar. Como ele sabe que a primeira lei do estilo é estar em consonância com o assunto, nada lhe inspira mais desgosto do que ideias comuns expressas com afetação e adornadas com o colorido vão da versificação. Uma prosa medíocre e natural lhe parece preferível à poesia que, ao mérito da harmonia, não acrescente o mérito das coisas. Por ser sensível às belezas da imagem, ele quer [769] imagens novas e impressionantes. Prefere as belezas de sentimento e, sobretudo, as que têm a vantagem de exprimir de maneira nobre e tocante verdades úteis aos homens.

Não basta a um filósofo ter todos os sentidos que compõem o gosto; é preciso ainda que o exercício dos sentidos não tenha sido por demais concentrado em um só objeto. Malebranche não podia ler sem tédio os melhores versos, embora se observe em seu estilo as grandes qualidades do poeta, imaginação, sentimento e harmonia. Mas sua imaginação, aplicada exclusivamente ao que é objeto da razão ou, antes, do raciocínio, limitava-se a engendrar hipóteses filosóficas, e o grau de sentimento de que ele era dotado o levava a acatá-las com ardor, como se fossem verdades. Por mais harmoniosa que seja sua prosa, a harmonia poética era sem encantos para ele, seja que efetivamente a sensibilidade de seu ouvido fosse restrita à harmonia da prosa, seja que um só talento natural o fizesse produzir a prosa harmoniosa sem que ele se apercebesse disso, assim como sua imaginação o servia sem que ele desconfiasse, como um instrumento emite acordes sem saber que o faz.

Não é somente a algum defeito de sensibilidade na alma ou no órgão que se devem atribuir os falsos julgamentos em matéria de gosto. O prazer que uma obra de arte nos faz experimentar vem ou pode vir de várias fontes diferentes. A análise filosófica consiste, pois, em saber distinguir e separar todas, a fim de relacionar cada uma ao que lhe pertence, e em não atribuir nosso prazer a uma causa que de modo algum a produziu. É sem dúvida a partir das obras que obtiveram sucesso em cada gênero que as regras devem ser feitas, mas não segundo o resultado geral do prazer que elas nos deram, e sim a partir de uma discussão refletida, que nos faça distinguir os lugares pelos quais fomos realmente afetados dos destinados a servir unicamente de sombra ou de repouso, e mesmo dos que o autor negligenciou sem querer. Por falta de seguir esse método, a imaginação, aquecida por algumas belezas da primeira ordem numa obra, aliás monstruosa, logo fechará os olhos a respeito dos lugares fracos, transformará os próprios defeitos em belezas e nos conduzirá gradativamente a um entusiasmo frio e estúpido que não sente nada, de tanto admirar tudo, espécie de paralisia do espírito que nos torna indignos e incapazes de usufruir belezas reais. Assim, a partir de uma impressão confusa e maquinal, se estabelecerão falsos princípios de gosto, ou, o que não é menos perigoso, erigir-se-á como princípio o que em si é puramente arbitrário; estreitar-se-ão os limites da arte e prescrever-se-ão limites aos nosso prazeres, porque não se desejará senão os de uma única espécie e de um só gênero; traçar-se-á em torno do talento um círculo estreito do qual não se lhe será permitido sair.

Cabe à filosofia livrar-nos desses entraves. Mas nunca seria demais a escolha das armas das quais ela se serve para quebrá-los. O falecido senhor de la Motte alegou que os versos não eram essenciais para as peças de teatro. Para provar essa opinião, muito sustentável por si mesma, escreveu contra a poesia, e com isso só prejudicou sua causa. Não lhe restava senão escrever contra a música, para provar que o canto não é essencial à tragédia. Sem combater o preconceito por meio de paradoxos, parece-me que ele tinha um meio mais curto para atacá-lo: reescrever Inês de Castro em prosa. O extremo interesse do assunto permitia arriscar a inovação e talvez tivéssemos um gênero a mais. Mas o desejo de se distinguir ataca as opiniões na teoria, e o amor-próprio que teme fracassar as poupa na prática. Os filósofos fazem o contrário dos legisladores. Estes se dispensam das leis que impõem, aqueles se submetem em suas obras às leis que condenam em seus prefácios.

As duas causas de erro das quais falamos até aqui, a falta de sensibilidade de uma parte e a pouca atenção em discernir os princípios de nosso prazer, serão a eterna fonte da disputa, tantas vezes renovada, sobre o mérito dos antigos: seus partidários, por demais entusiastas, dispensam demais o conjunto em favor dos detalhes. Seus adversários, que raciocinam demais, não fazem suficiente justiça aos detalhes, por causa dos vícios que observam no conjunto.

Há uma outra espécie de erro contra o qual o filósofo deve ter mais cuidado de se precaver, porque lhe é mais fácil cair nele. Consiste em transpor para os objetos do gosto princípios verdadeiros em si mesmos, mas que não se aplicam a esses objetos. É conhecido o célebre *que ele morresse* do velho Horácio, e com razão se criticou o verso seguinte. Entretanto, não faltariam a uma metafísica comum sofismas para justificá-lo. Este segundo verso, dir-se-á, é necessário para exprimir tudo o que o velho Horácio sente. Sem dúvida, ele deve preferir a morte de seu filho à desonra de seu nome, mas deve desejar mais ainda que o valor de seu filho o faça escapar do perigo e que, animado por um *belo desespero*, defenda-se sozinho contra três. Poder-se-ia de início responder que o segundo verso, exprimindo um sentimento mais natural, deveria pelo menos preceder o primeiro e, consequentemente, o enfraquecer. Mas, quem não vê, aliás, que esse segundo verso seria ainda fraco e frio, mesmo após ter sido colocado em seu verdadeiro lugar? Não é claro que é inútil ao velho Horácio exprimir o sentimento que este verso encerra? Cada um suporá, sem dificuldade, que ele prefere ver seu filho vencedor do que vítima do combate: o único sentimento que ele deve mostrar e que convém ao estado violento em que ele se encontra é esta coragem heroica que o faz preferir a morte de seu filho à vergonha. A lógica fria e lenta dos espíritos tranquilos não é a mesma das almas vivamente agitadas: assim como as que desprezam deter-se nos sentimentos vulgares, elas subentendem mais do que exprimem, lançam-se repentinamente em sentimentos extremos, tais como um deus de Homero, que dá três passos e chega ao quarto passo.

Assim, nas matérias de gosto, um meio filósofo nos afasta do verdadeiro, e uma filosofia bem compreendida nos leva a ele. É, pois, fazer uma dupla injúria às belas-letras e à Filosofia acreditar que elas possam prejudicar-se ou excluir-se reciprocamente. Tudo o que pertence, não apenas à nossa maneira de conceber, mas também à nossa maneira de sentir, é o verdadeiro domínio da Filosofia. Seria tão insensato relegá-la aos céus e restringi-la ao sistema do mundo quanto querer limitar a Poesia a só falar dos deuses e do amor. E de que modo o verdadeiro espírito filosófico seria oposto ao bom gosto? Ao contrário, ele é o seu mais firme apoio, já que este espírito consiste em remontar em tudo aos verdadeiros princípios, em reconhecer que cada arte tem sua própria natureza, cada situação da alma tem seu caráter, cada coisa, seu colorido. Em suma, consiste em não confundir os limites de cada gênero; abusar do espírito filosófico significa não tê-lo.

Acrescentemos que não se deve recear que a discussão e a análise enfraqueçam o sentimento ou resfriem o gênio nos que possuam estes preciosos dons da natureza. O filósofo sabe que no momento da produção o gênio não aceita nenhuma coerção; que ele gosta de correr sem freio e [770] sem regra, para produzir o monstruoso ao lado do sublime, de gerar impetuosamente o ouro e o limo juntos. A razão dá, pois, ao gênio que cria, uma liberdade total; ela lhe permite esgotar-se até que tenha necessidade de repouso, assim como os cavalos corredores que só conseguimos domar exaurindo-os. Então, ela retoma com severidade as produções do gênio, conserva o que é efeito do verdadeiro entusiasmo, proscreve o que é obra do arrebatamento e é assim que ela faz eclodir as obras-primas. Que escritor, que não for inteiramente desprovido de talento e de gosto, não observou que, no calor da composição, uma parte de seu espírito mantém de algum modo uma certa distância, para observar a outra parte que compõe e para lhe deixar um livre curso, e assinala de antemão o que deve ser apagado?

O verdadeiro filósofo se conduz mais ou menos da mesma maneira para julgar e compor. Abandona-se de início ao prazer vivo e rápido da impressão; persuadido de que as verdadeiras belezas têm sempre a ganhar no exame, refaz seus próprios passos e remonta às causas de seu prazer, discerne-as, distingue o que o iludiu do que o tocou profundamente e se põe em condições, por meio dessa análise, de emitir um juízo sadio sobre a obra como um todo.

Parece-me possível, a partir destas reflexões, responder em duas palavras à questão, frequentemente debatida, se para julgar uma obra de gosto o sentimento é preferível à discussão. A impressão é o juiz natural do primeiro momento, a discussão do segundo. Nas pessoas que associam à fineza e à prontidão do tato, a clareza e a retidão do espírito, o segundo juiz ordinariamente só confirmará os decretos do primeiro. Mas, dir-se-á, como eles não estarão sempre de acordo, não seria melhor ficar em todos os casos com a primeira decisão pronunciada pelo sentimento? Que triste ocupação é a de chicanear assim com seu próprio prazer! E que obrigação teríamos nós para com a filosofia, se seu efeito fosse o de diminuí-lo? Responderemos, lamentavelmente, que esta é a infelicidade da condição humana: raramente adquirimos conhecimentos novos, a não ser para nos livrarmos de alguma ilusão, e nossas luzes quase sempre às custas de nossos prazeres. A simplicidade de nossos ancestrais talvez fosse mais fortemente afetada pelas peças monstruosas de nosso antigo teatro do que o somos hoje pela mais bela de nossas peças dramáticas. As nações menos esclarecidas do que a nossa não são menos felizes, porque, com menos desejos, têm também menos necessidades, e os prazeres grosseiros ou menos refinados lhes bastam. Entretanto, não gostaríamos de trocar nossas luzes pela ignorância dessas nações e ou pela de nossos ancestrais. Se estas luzes podem diminuir nossos prazeres, elas lisonjeiam ao mesmo tempo nossa vaidade. Aplaudimos a nós mesmos por termos nos tornado difíceis, cremos que haveria nisso algum mérito. O amor-próprio é o sentimento a que mais nos apegamos, o que satisfazemos com mais zelo. O prazer que ele nos faz experimentar não é, como outros, efeito de uma impressão súbita e violenta, é mais contínuo, uniforme e durável, e se deixa degustar em mais longos *tragos*.

Este pequeno número de reflexões parece suficiente para justificar o espírito filosófico das críticas que a ignorância e a inveja têm o costume de fazer. Observemos, para terminar, que mesmo que essas críticas fossem fundadas, talvez não fossem convenientes e não devessem ter peso a não ser na boca dos verdadeiros filósofos. A eles somente caberia fixar o uso e os limites do espírito filosófico, assim como cabe aos escritores que puseram muito espírito em suas obras falar contra o abuso que se pode fazer dele. Mas o contrário aconteceu, infelizmente: os que possuem e conhecem menos o espírito filosófico são entre nós os seus mais ardorosos detratores, assim como a poesia é criticada pelos que não têm talento, as altas ciências, pelos que ignoram seus primeiros princípios, e nosso século, pelos escritores que menos o honram.

(MGS)

Gramática (*Termo abstrato*), Beauzée [7, 841]

Gramática, R. Γράμμα, *littera*, letra; os latinos por vezes a denominavam *literatura*. É a ciência da fala, oral ou escrita. A fala é uma espécie de quadro, cujo original é o pensamento, e deve imitá-lo fielmente, na medida em que se possa encontrar fidelidade na representação sensível de algo puramente espiritual. A Lógica, com o auxílio da abstração, chega a analisar, de certa maneira, o pensamento, que é um todo indivisível, quando considera separadamente as diferentes ideias que são objeto deste e a relação que o espírito percebe entre elas. Esta análise é o objeto imediato da fala, e por isso a arte de analisar o pensamento é o fundamento primeiro da arte de falar, ou, se quisermos, uma Lógica sadia é o fundamento da Gramática.

Com efeito, quaisquer que sejam os termos utilizados pelos diferentes povos da Terra, como quer que os modifiquem, não importa a disposição que lhes deem, há sempre que se traduzir percepções, juízos e raciocínios; palavras são necessárias para exprimir os objetos das ideias, suas modificações, correlações; há que tornar sensíveis os diferentes pontos de vista a partir dos quais se pode abordar uma coisa; a necessidade compele a que se empreguem termos apelativos e gerais, mesmo para exprimir indivíduos, e, por conseguinte, palavras determinativas são imprescindíveis para restringir a significação demasiado vaga desses termos. Em todas as línguas se encontram proposições dotadas de sujeito e atributo, bem como termos cujo sentido incompleto exige um complemento, ou seja, todas as línguas inelutavelmente submetem a sua marcha às leis da análise lógica do pensamento. Essas leis são invariavelmente as mesmas, em toda parte e em todas as épocas, pois a natureza e a maneira de proceder do espírito humano são essencialmente imutáveis. Sem essa uniformidade e imutabilidade absolutas não poderia haver nenhuma comunicação entre homens de diferentes séculos e diferentes lugares, nem mesmo entre dois indivíduos quaisquer, pois não haveria uma regra comum que permitisse comparar os seus diferentes procedimentos.

Deve haver, portanto, princípios fundamentais comuns a todas as línguas, princípios cuja verdade indestrutível é anterior a todas as convenções arbitrárias ou fortuitas que deram à luz os diferentes idiomas que dividem o gênero humano.

Percebe-se bem, no entanto, que palavra alguma poderia ser o tipo essencial de uma ideia, da qual só se torna signo por uma convenção tácita, embora livre – poder-se-ia dar-lhe um sentido inteiramente contrário. Mesma liberdade encontra-se na escolha dos meios que podem ser empregados para exprimir a correlação entre as palavras na ordem da enunciação e as ideias na ordem analítica do pensamento. Uma vez adotadas as convenções, porém, torna-se uma obrigação indispensável segui-las em todos os casos similares, e só é permitido abandoná-las caso se adote alguma outra convenção, igualmente legítima, que transgrida as primeiras em um ponto particular ou mesmo as revogue por completo. Daí a possibilidade e a origem das diferentes línguas que foram, são e serão faladas sobre a Terra.

A Gramática admite, portanto, duas espécies de princípios. Uns são de verdade imutável e uso universal, pertencem à natureza do pensamento, seguem a sua análise e produzem sempre o mesmo resultado. Outros são verdadeiros hipoteticamente, [842] dependem de convenções flexíveis e alteráveis, e são utilizados por povos que os adotaram livremente, sem perder o direito de alterá-los ou abandoná-los, caso o uso decida modificá-los ou prescrevê-los. Os primeiros constituem a Gramática geral, os últimos são o objeto de diversas gramáticas particulares.

A Gramática geral é, assim, a ciência razoada dos princípios imutáveis e gerais da fala oral ou escrita, em todas as línguas.

Uma Gramática particular é a arte de aplicar aos princípios imutáveis e gerais da fala oral ou escrita as instituições arbitrárias e usuais de uma língua particular.

A Gramática geral é uma ciência, pois seu objeto se resume à especulação razoada dos princípios imutáveis e gerais da fala; uma Gramática particular é uma arte, pois considera a aplicação prática das instituições arbitrárias e usuais de uma língua particular aos princípios gerais da fala (ver *Arte*). A ciência gramatical é anterior a todas as línguas, pois seus princípios são eternamente verdadeiros e supõem apenas a possibilidade das línguas; a arte gramatical, ao contrário, é posterior às línguas, pois o uso destas deve existir antes de ser artificialmente referido a princípios gerais. Com essa distinção entre ciência gramatical e arte gramatical não queremos insinuar que se deva ou mesmo se possa separar o seu estudo. A arte não pode dar certeza alguma à prática se não for esclarecida e dirigida pelas luzes da especulação; a ciência não pode dar consistência alguma à teoria se não observar os usos estabelecidos e as diferentes práticas para se elevar, a partir delas, até a generalização de princípios. Nem por isso é menos razoável distinguir uma da outra, atribuir a cada uma o seu objeto, prescrever os seus respectivos limites e determinar as suas diferenças.

Por tê-las confundido, o padre Buffier (*Grammaire française*, p.9ss.) considera um abuso introduzido por diversos gramáticos a afirmação de que o uso se opõe nesse ponto à Gramática, "pois a Gramática", diz ele, "serve unicamente para fornecer regras ou reflexões que ensinam a falar como se fala. Se qualquer uma dessas regras ou reflexões não estiver de acordo com a maneira de falar como se fala, é evidente que são falsas e devem ser alteradas". É claro que nosso gramático só pode estar se referindo aqui à Gramática particular de uma língua, que ensina a falar como se fala, designada pelo termo *uso* na expressão censurada. Esse uso, porém, tem sempre uma relação necessária com as leis imutáveis da Gramática geral, como reconhece o próprio padre Buffier. "Encontram-se essencialmente em todas as línguas", diz ele, "o que a Filosofia nelas considera, ao examiná-las, como expressões naturais de nossos pensamentos. Assim como a natureza introduziu em nossos pensamentos uma ordem necessária, ela também introduziu em todas as línguas, como consequência infalível, uma ordem necessária." É por isso que em todas as línguas se encontram as mesmas espécies de palavras, que essas palavras são aos poucos submetidas a irregularidades de mesma espécie, que o discurso é condicionado à tríplice sintaxe, de concordância, regime e construção, e assim por diante. Não resultaria um corpo doutrinal independente das decisões arbitrárias dos usos, com princípios igualmente universais e imutáveis?

Ora, é às leis da Gramática geral que os usos particulares das línguas podem se conformar ou não quanto à letra, embora efetivamente sigam sempre e necessariamente o seu espírito. Caso se constate, portanto, que o uso de uma língua autoriza uma prática qualquer contrária a algum desses princípios fundamentais, deve-se dizê-lo com todas as letras, sem receio de causar ofensa; ou melhor, ofensa seria não dizê-lo com clareza, e nada é menos ofensivo que estas palavras de Cícero: "é permitido atribuir ao costume uma falha devida à suavidade". *Impetratum est à consuetudine ut peccare suavitatis causa liceret* (Cícero, 47). Ele atribui faltas ao uso, *impetratum est à consuetudine*, e por conseguinte reconhece uma regra independente do uso e superior a ele, a natureza mesma, cujas decisões relativas à arte da fala formam o corpo da ciência gramatical. Consultemos de boa-fé suas decisões e as comparemos, sem preconceito, com as práticas usuais, e logo teremos condições de avaliar a opinião do padre Buffier. Idiotismos são suficientes para minar os seus fundamentos, para retomarmos uma digressão feita em outra parte. Um único exemplo será suficiente para o nosso objetivo e o tomaremos da escrita. O que dizer das queixas que todos os dias ouvimos com relação às irregularidades de nosso alfabeto, como o emprego múltiplo de uma mesma letra para representar diferentes elementos da fala ou o abuso contrário, que consiste em dar a um mesmo elemento muitos caracteres diferentes, a reunião de muitos caracteres para representar um elemento simples etc.? O que dá ensejo a essas queixas é a comparação entre instituições universais e princípios naturais; percebe-se, embora não se tenha consciência disso, que o uso autoriza verdadeiras faltas contra os princípios imutáveis ditados pela natureza.

Como fazer, porém, que o uso das línguas concorde sempre com as visões gerais e simples da natureza? O uso é produto do concurso fortuito de muitas circunstâncias, amiúde muito discordantes entre si. A diversidade de climas, a constituição política dos Estados; as revoluções que modificam a sua face; a situação das ciências, das artes e do comércio; a religião e a fidelidade maior ou menor com que é observada; as pretensões opostas de nações, de províncias, de cidades, mesmo de famílias, tudo isso contribui para que as coisas sejam abordadas aqui de um ponto de vista, ali de outro, hoje de uma maneira, amanhã de outra inteiramente diferente. Tal é a origem da diversidade de gênio das línguas. Os diferentes resultados de combinações infinitas dessas circunstâncias produzem a prodigiosa diferença entre as palavras das diversas línguas que exprimem a mesma ideia, entre os meios que elas adotam para designar as relações de enunciação das palavras, entre as locuções que autorizam, entre as licenças que permitem. Essa influência do concurso das circunstâncias pode ser impressionante, se tomarmos termos de comparação muito distantes entre si no tempo ou no espaço, como Oriente e Ocidente, ou o reinado de Carlos Magno e o de Luís, o Bem-Amado; ou nem tanto, se os pontos forem mais próximos, como Itália e França ou o século de Francisco I e o de Luís XIV. Em suma, mais próximos os termos comparados, menores as diferenças entre eles. Estas, porém, jamais poderiam ser totalmente suprimidas, permanecem sensíveis, entre duas nações contíguas, entre duas províncias limítrofes, entre duas vilas vizinhas, entre dois bairros de uma mesma cidade, entre duas famílias que vivem num mesmo bairro. Não é tudo. O homem varia seu modo de falar de idade para idade, de um dia para o outro. Daí a diversidade dos dialetos de uma mesma língua, consequência natural da liberdade e da **[843]** localização dos povos e dos Estados que compõem uma mesma nação. Daí a mobilidade, a sucessão de nuances que perpetuamente modifica as línguas e insensivelmente as metamorfoseiam em outras, inteiramente diferentes. Essa é uma das principais causas das dificuldades que se encontram no estudo das gramáticas particulares.

Nada mais fácil do que se equivocar quanto ao verdadeiro uso de uma língua. Se ela morreu, resta-nos apenas conjecturar, reduzidos a uma porção limitada de testemunhos consignados em livros de seu melhor século. Se ela vive, a mobilidade perpétua do uso impede que possamos determiná-la de maneira fixa, a verdade de seus oráculos é apenas momentânea. Num caso como no outro, não há que negligenciar nenhuma das fontes que o acaso venha a oferecer ou que a arte de ensinar possa fornecer.

O meio mais útil e mais recomendado pela razão e pela experiência é dividir o objeto de que se está tratando em diferentes pontos capitais, aos quais possam ser referidos os diferentes princípios e as diversas observações que concernem ao objeto. Cada um desses pontos capitais deve ser subdividido em partes subordinadas, que servem para introduzir ordem nas matérias relativas aos primeiros pontos de distribuição. Os membros dessas divisões devem efetivamente apresentar as diferentes partes do objeto como um todo ou os diferentes pontos de vista dos quais ele será abordado; deve haver elementos suficientes para que se conheça o objeto como um todo, mas não muitos, para que não se sobrecarregue a memória e não se distraia a atenção. Eis a seguir a distribuição que nos pareceu mais conveniente à Gramática, geral ou particular.

A Gramática considera a fala em dois estados diferentes, oral ou escrita. A fala escrita é a imagem da fala oral, e esta é a imagem do pensamento. Esses dois pontos de vista podem, portanto, ser como que os dois principais pontos de reunião, aos quais se referem todas as observações gramaticais. A Gramática como um todo divide-se, assim, em duas partes gerais: a primeira, que trata da fala, pode ser chamada de Ortologia, e a segunda, que trata da escritura, é denominada Ortografia. A necessidade de caracterizar com precisão os pontos salientes de nosso sistema gramatical e a liberdade que o uso de nossa língua parece ter concedido na formação dos termos técnicos nos estimularam a arriscar outros tantos, que se encontram no quadro distributivo da Gramática, no final deste verbete. Procedemos de modo a serem análogos a termos didáticos já utilizados e a exprimirem exatamente toda a extensão do objeto que com eles pretendemos designar. À medida que se apresentem, explicaremos as suas raízes. Assim, a palavra *ortologia* tem por raízes ὀρθὸς, *rectus*, e λόγος, *sermo*, o que significa "maneira correta de falar".

Da Ortologia. Para tornar o pensamento sensível por meio da fala é preciso empregar numerosas palavras, às quais são ligados os sentidos parciais que a análise desenreda no pensamento como um todo. É das palavras que se trata, portanto, na primeira parte da Gramática, e pode-se considerá-las isoladas ou reunidas, vale dizer, fora da elocução ou no conjunto da elocução, o que divide naturalmente o tratado sobre a fala em duas partes, a Lexicologia e a Sintaxe. O termo *lexicologia* significa explicação das palavras, λέξις, *vocabulum*, e λόγος, *sermo*. Essa palavra já foi empregada pelo abade Girard, mas com um sentido diferente do que atribuímos a ela e do que suas raízes poderiam indicar. O Sr. Duclos parece dividir à nossa maneira o objeto do tratado da fala; começa assim suas observações sobre o último capítulo da *Grammaire générale et raisonnée*, de Port-Royal: "A Gramática de uma língua qualquer tem dois fundamentos, o vocabulário e a sintaxe". O vocabulário, porém, não é mais do que o catálogo das palavras de uma língua, e cada língua tem o seu, ao passo que o que chamamos aqui de Lexicologia contém sobre esse objeto princípios razoados comuns a todas as línguas.

I. A Lexicologia se ocupa de explicar tudo o que diz respeito ao conhecimento das palavras e, para proceder metodicamente, considera o método, o valor e a etimologia.

1. O material das palavras compreende seus elementos e sua prosódia.

Sons e articulações são as partes elementares das palavras, as sílabas resultantes de suas combinações são as partes integrantes e imediatas das palavras. Ver *Som*.

A Prosódia fixa as decisões do uso com relação ao acento e à quantidade. O acento é a medida da elevação, a quantidade é a medida da duração do som em cada sílaba.

As palavras nem sempre conservam a forma material que lhes foi de início consignada pelo uso vulgar, amiúde ocorrem modificações nas partes que as compõem, seja nas elementares, seja nas integrantes, sem que a admissão dessas licenças de uso altere a sua significação. É o caso de palavras como *relligio, amasti, amarier,* em lugar de *religio, amavisti, amari*. Dá-se comumente o nome de figuras às diversas modificações que ocorrem na forma material das palavras.

2. O valor das palavras consiste na totalidade das ideias que o uso ligou a cada palavra. As diferentes espécies de ideias que as palavras podem reunir em sua significação permitem à Lexicologia distinguir no valor das palavras três sentidos diferentes: o sentido fundamental, o sentido específico e o sentido acidental.

Sentido fundamental é o que resulta da ideia fundamental que o uso ligou originariamente à significação de cada palavra. Essa ideia pode ser comum a diversas palavras, que nem por isso têm o mesmo valor, pois o espírito aborda cada uma delas a partir desses diferentes pontos de vista. Em relação a essa ideia primitiva, as palavras podem ser tomadas em sentido próprio ou figurado. Uma palavra está em sentido próprio quando é empregada para despertar no espírito a ideia que se tem a intenção de significar primitivamente, em sentido figurado quando empregada para excitar no espírito uma outra ideia que é transmitida por analogia com a que é objeto do sentido próprio. Dá-se em geral o nome de tropos às diferentes modificações dessa espécie que possam ser realizadas no sentido fundamental das palavras.

O sentido específico resulta da diferença de pontos de vista a partir dos quais o espírito pode abordar a ideia fundamental relativamente à análise do pensamento; resultam daí as diferentes espécies de palavras, os nomes, os pronomes, os adjetivos etc. Encontram-se, amiúde, palavras da mesma espécie que parecem exprimir a mesma ideia fundamental e o mesmo ponto de vista analítico do espírito; recebem a qualificação de sinônimos, para dar a entender que têm precisamente a mesma significação. Chama-se sinonímia a propriedade que permite qualificá-los assim. **[844]**

Sentido acidental é o que resulta das diferentes relações entre as palavras e a ordem da enunciação. Essas diversas relações são comumente indicadas por formas diferentes, as que aprouve aos usos arbitrários da língua fixar; resultam daí os gêneros, os casos, os números, as pessoas, os tempos, os modos. As diferentes leis do uso a respeito da geração das formas que exprimem esses acidentes constituem as declinações e as conjugações.

3. A etimologia das palavras é a fonte de que elas são extraídas. O estudo da etimologia pode ter dois fins diferentes.

O primeiro é compreender a analogia de uma língua, o que permite introduzir novas palavras conforme a necessidade; isso se chama formação e ocorre por derivação ou por composição. Daí a existência de palavras primitivas ou derivadas, simples ou compostas.

O segundo objeto do estudo da etimologia é remontar efetivamente até a fonte de uma palavra para fixar o seu verdadeiro sentido, mediante o conhecimento de suas raízes geradoras ou elementares, naturais ou estrangeiras; é a arte da etimologia, cuja utilização pressupõe meios de invenção e as regras da crítica. Ver *Etimologia*.

Tais são os pontos de vista fundamentais aos quais podemos remeter os princípios da Lexicologia. Cabe aos dicionários de cada língua assinalar, para as palavras neles contidas, as decisões próprias ao uso, relativas a esses pontos de vista. Ver *Dicionário* e as observações do verbete *Enciclopédia*.

II. A Sintaxe se ocupa de explicar tudo o que é relativo ao concurso das palavras reunidas para exprimir um pensamento. Quando se quer transmitir o pensamento com o recurso da fala, a totalidade das palavras reunidas para esse fim constitui uma proposição, a Sintaxe examina a sua matéria e a sua forma.

1. A matéria da proposição é a totalidade das partes que entram em sua composição; essas partes são de duas espécies: lógicas ou gramaticais.

Partes lógicas são as expressões totais de cada uma das ideias que o espírito percebe necessariamente na análise do pensamento, a saber, sujeito, atributo e cópula. Sujeito é a parte da proposição que exprime o objeto em que o espírito percebe a existência ou inexistência de uma modificação; atributo é a parte que exprime a modificação cuja existência ou inexistência o espírito percebe no sujeito; cópula é a parte que exprime a existência ou inexistência do atributo no sujeito.

Partes gramaticais da proposição são as palavras que as necessidades da enunciação e da língua falada introduzem para constituir a totalidade das partes lógicas.

As diferentes maneiras como as partes gramaticais constituem as partes lógicas originam as diferentes espécies de proposição: simples ou compostas, não complexas ou complexas, principais ou incidentais etc.

2. A forma da proposição consiste nas flexões particulares e no arranjo respectivo das diferentes partes de que ela é composta. No que se refere a esse objeto, em cada língua a sintaxe é diferente nos detalhes, mas todas as suas regras, em qualquer língua que seja, remetem a três pontos gerais: concordância, regime, construção.

Concordância é a uniformidade dos acidentes comuns a muitas palavras, como os gêneros, os números, os casos etc. As regras que a sintaxe prescreve à concordância têm por fundamento uma relação de identidade entre as palavras que concordam entre si na expressão conjunta de um mesmo e único objeto. Assim, a concordância ocorre de ordinário entre uma palavra modificativa e uma palavra subjetiva, pois a modificação de um sujeito não é outra coisa que um sujeito modificado. A palavra modificativa refere-se à subjetiva por aposição ou atribuição; por aposição, quando são reunidas para exprimir uma só ideia precisa, como quando se diz *esses homens sábios*; por atribuição, quando a modificativa é o atributo de uma proposição cujo subjetivo é o sujeito, como quando se diz *esses homens são sábios*. Todas as línguas que admitem nas palavras modificativas acidentes similares às das subjetivas colocam-nas em concordância no caso da aposição, pois a identidade é real e necessária; a maior parte exige-as também no caso da atribuição, pois a identidade é real; algumas, porém, não as admitem e empregam o advérbio no lugar do adjetivo, pois, na análise da proposição, elas abordam o sujeito e o atributo como dois objetos diferentes e à parte. Assim, em alemão *esses homens sábios* se diz *diese gelehrten manner*, como em latim, *hi docti viri*; já *esses homens são sábios* se diz *diese manner sind gelehrt*, como em latim *hi viri sunt doctè*, ou *cum doctrinâ*, em vez de *sunt docti*. Pode ser que uma dessas práticas seja mais conforme do que a outra às leis da Gramática geral; mas querer, a partir desse princípio, reformar a que se acredita ser a menos exata seria pecar contra a mais essencial das leis da própria Gramática geral, que ordena que se delegue ao uso a escolha dos meios da fala. "O uso detém o poder, o direito e a norma do falar." *Quem penès arbitrium est & jus & norma loquendi*. Horácio, *Ars poetica*, 73. Ver *Uso*.

Regime é o signo que o uso estabeleceu em cada língua para indicar a relação de determinação entre uma palavra e outra. A palavra que se encontra sob regime serve para tornar menos vago o sentido geral de outra palavra à qual está subordinada, e esta, por sua vez, graças a essa aplicação particular, adquire um grau de precisão que não teria por si mesma. Cada língua tem práticas peculiares para caracterizar o regime e as suas diferentes espécies: numa pela colocação, em outra pela disposição, numa terceira por terminações; em todas, por meios que aprouve ao uso consagrar.

Construção é o arranjo das partes lógicas e gramaticais da proposição. Devem-se distinguir duas espécies de construção: a analítica e a usual.

Construção analítica é aquela em que as palavras são dispostas na mesma ordem em que as ideias se apresentam ao espírito na análise do pensamento. Pertence à Gramática geral e é a regra invariável e universal que deve servir de base à construção particular de qualquer língua que seja. Não tem senão uma maneira de proceder, pois não tem em vista senão um objetivo, a exposição clara e consequente do pensamento.

Construção usual é aquela em que as palavras são dispostas na ordem autorizada pelo uso de cada língua. Tem diferentes procedimentos, por causa da diversidade de visões que deve combinar e conciliar: não deve jamais abandonar por completo a sucessão analítica das ideias; deve prestar-se à sucessão patética dos objetos que interessam à alma; e não deve negligenciar a sucessão eufônica [845] das expressões mais apropriadas para agradar ao ouvido. Essa mistura de visões muitas vezes opostas não poderia ser feita sem o recurso a algumas licenças, sem que com isso se inverta a ordem analítica, que é, na verdade, a ordem fundamental. Mas a Gramática geral aprova tudo o que leve ao seu fim, a expressão fiel do pensamento. Assim, por verdadeiros e necessários que sejam os princípios da Gramática geral sobre a enunciação do pensamento, e por mais que os usos particulares de cada língua sejam conformes aos princípios dessa Gramática, encontram-se em todas as línguas locuções tão afastadas dos princípios metafísicos quanto das práticas mais ordinárias: são os desvios em relação ao uso, autorizados pela própria razão. A construção usual é então simples ou figurada: simples, quando segue sem desvios o procedimento ordinário da língua; figurada, quando admite um modo de falar qualquer que se afasta das leis ordinárias. Essas locuções particulares são denominadas figuras de construção, para distingui-las das figuras de que falamos antes e que são de palavras: as primeiras são relativas à matéria, às segundas ao sentido. Figuras de construção são diversas alterações que o uso das línguas autoriza a introduzir na forma da proposição. Ver *Figura*. Em geral, são sobre algumas dessas figuras que se fundam os idiotismos particulares de uma língua, e é submetendo-os à construção analítica que conseguimos enfim explicá-los. Somente a análise é capaz de preencher as lacunas da elipse, de justificar as redundâncias do pleonasmo, de esclarecer os rodeios da inversão. É ela, ousemos dizer, a maneira mais natural e mais segura para introduzir os jovens no aprendizado do grego e do latim. Ver *Método*.

Vemos por essa distribuição da Ortologia quais os limites precisos da Gramática em relação a esse objeto. Ela só examina o que diz respeito às palavras para, em seguida, empregá-las na expressão de um sentido completo numa proposição. É preciso reunir muitas proposições para compor um discurso? Cada proposição isolada pertencerá sempre ao domínio da Gramática, quanto à expressão do sentido que ela visa. No que concerne, porém, ao conjunto de todas essas proposições, adentramos um domínio diferente. Cabe à Lógica decidir a escolha e a força das razões que se devem empregar para esclarecer o espírito; cabe à Retórica regular as locuções, as figuras, o estilo a que se deve recorrer para comover o coração através do sentimento ou para conquistá-lo pela concordância. Assim, a Lógica ensina, de algum modo, o que se deve dizer; a Gramática, como se deve dizê-lo; e a Retórica, como é conveniente que se diga, para persuadir.

Da Ortografia. As artes não foram levadas à perfeição de um só golpe; chegaram a ela gradativamente, após sucessivas modificações. Assim, quando os homens pensaram em comunicar seus pensamentos aos ausentes ou em transmiti-los à posteridade, de início não divisaram os signos mais apropriados para produzir esses efeitos. Começaram empregando símbolos que representassem as coisas e só pensaram em pintar a própria fala após terem reconhecido, por uma longa experiência, a insuficiência de sua prática inicial e a inutilidade de seus esforços para aperfeiçoá-la conforme as suas necessidades. Ver *Escritura* e *Caracteres*.

A escritura simbólica foi substituída pela escritura ortográfica, que é a representação da fala. Apenas esta é objeto da Gramática, e para expô-la com método basta seguir o mesmo plano da Ortologia. Consideram-se à parte as palavras que são elementos da proposição, em seguida aborda-se a proposição em conjunto; assim, a Lexicologia e a Sintaxe são os dois ramos gerais do tratado da fala. O tratado da escritura pode ser dividido igualmente em duas partes correspondentes, que denominaremos Lexicografia e Logografia, λέξις, *vocabulum*; λόγος, *sermo*, & γραφία, *scriptio*, como se assim se dissesse *ortografia das palavras* e *ortografia do discurso*. O termo *logografia* é conhecido em outro sentido, que se afasta, porém, do sentido etimológico que reivindicamos aqui, por ser o único que traduz o que pensamos a respeito.

I. A Lexicografia ocupa-se da prescrição das regras convenientes para representar a matéria das palavras com os caracteres autorizados pelo uso de cada língua. Considera-se na matéria das palavras os elementos e a prosódia; daí as duas espécies de caracteres: os elementares e os prosódicos.

1. Caracteres elementares são os que o uso primeiro destinou à representação da palavra, a saber, os sons e as articulações. Os estabelecidos para representar os sons se denominam vogais, os forjados para introduzir articulações se chamam consoantes; ambas têm em comum o nome de letras. A lista de todas as letras autorizadas pelo uso de uma língua denomina-se alfabeto, e chama-se alfabética a ordem em que se costuma dispô-las. Ver *Alfabeto*. Os gregos davam às letras nomes análogos aos que damos a elas, chamavam-nas στοιχετα, elementos, ou γράμματα, letras. Os termos *elementos*, *sons* e *articulações* não convêm senão à fala pronunciada, os termos *letras*, *vogais* e *consoantes*, à fala escrita; no entanto, é muito comum que se confundam esses termos, e que eles sejam empregados uns no lugar dos outros. A esse uso, introduzido pela maneira em que os primeiros gramáticos abordaram a arte da fala, devemos a etimologia da palavra *grammaire*.

2. Caracteres prosódicos são os que o uso estabeleceu para dirigir a pronunciação das palavras escritas. Podem-se distinguir três espécies: os que regulam a expressão mesma das palavras ou de seus elementos, tais como a cedilha, o apóstrofo, o hífen; os que advertem o acento, quer dizer, a medida de elevação do som, como o acento agudo, o acento grave, o acento circunflexo; e os que fixam a quantidade ou medida da duração do som, chamados de acento longo, breve e incerto, assim como as sílabas cujos sons eles caracterizam.

II. A Logografia se ocupa de prescrever as regras convenientes para representar a relação entre as palavras e o conjunto de cada proposição, e a relação entre cada proposição e o conjunto do discurso.

1. Com relação às palavras consideradas na frase, a Logografia deve fixar em geral a escolha de letras maiúsculas ou minúsculas, indicar as ocasiões

em que convém variar a forma do caractere, em itálico ou romano, e prescrever as leis usuais sobre a maneira de representar as formas acidentais das palavras relativamente ao conjunto da proposição.

2. Quanto à relação entre cada proposição e o conjunto do discurso, a Logografia deve fornecer meios para distinguir a diferença de sentido e, de alguma maneira, os diferentes graus de sua mútua dependência. Essa parte se chama **[846]** pontuação. O uso não decide mais do que a forma dos caracteres que ela emprega: a arte de se servir dela se torna como que uma questão de gosto; mas o gosto também tem suas regras, por mais que dificilmente se encontrem ao alcance de muitos.

Tal é a ordem que adotamos na abordagem da Gramática. Outros seguiriam um plano totalmente diferente e sem dúvida têm boas razões para preferir o que adotaram. Mas essa escolha não é indiferente. De todas as rotas que conduzem ao mesmo fim, somente uma é a melhor. Não temos como garantir que a tomamos; essa asserção seria tão mais presunçosa por não terem sido exaustivamente determinados os princípios a partir dos quais devemos dar preferência aos diferentes métodos didáticos. Tudo o que podemos afirmar é que nos empenhamos ao máximo para apresentar as coisas do ponto de vista mais favorável e mais esclarecedor possível.

Que não se pense, porém, que cada uma das partes que consignamos à Gramática possa ser tratada sozinha de maneira completa; devem auxiliar umas às outras. O que diz respeito à escritura deve manter estreito paralelismo com o que pertence à fala. É difícil sentir adequadamente os caracteres que distinguem as diferentes espécies de palavras sem conhecer as perspectivas da análise na expressão do pensamento, e é impossível fixar com precisão a natureza dos acidentes das palavras se não se conhecem os diferentes empregos de que podem ser encarregadas na proposição. Não menos necessário é remeter aos pontos gerais todas as matérias gramaticais e traçar um plano que possa ser seguido na execução de uma obra elementar. Com esse conhecimento dos elementos, pode-se retomar o mesmo plano e aprofundá-lo sem dificuldade, pois as primeiras noções mostrarão como cada uma das partes auxilia a outra. Serão aproximadas aqui num quadro em escorço, que é como que a recapitulação da exposição detalhada que fizemos e se colocará diante dos olhos do leitor a ordem vivamente enciclopédica das observações gramaticais.

Sistema figurado das partes da Gramática

- **Gramática**
  - I. Ortologia
    - I. Lexicologia
      - Material das palavras
        - Elementos
          - Sons e articulações } *Figuras de dicção*
          - Sílabas
        - Prosódia
          - Acento
          - Quantidade
      - Valor das palavras
        - Sentido fundamental
          - Próprio
          - Figurado. . . . . *Tropos*
        - Sentido específico } *Sinonímia*
          - Nomes
          - Pronomes
          - etc.
        - Sentido acidental } *Declinações* / *Conjugações*
          - Gêneros
          - Números
          - etc.
      - Etimologia das palavras
        - Formação
          - Derivação
            - Palavras primitivas
            - Palavras derivadas
          - Composição
            - Palavras simples
            - Palavras compostas
        - Arte etimológica
          - Invenção
          - Crítica
    - II. Sintaxe
      - Matéria da proposição
        - Partes da proposição
          - Partes lógicas
            - Sujeito
            - Atributo
            - Cópula
          - Partes gramaticais
        - Espécies de proposição
          - Simples e compostas
          - Não-complexas e complexas
          - Principais e incidentais etc.
      - Forma da proposição
        - Concordância
        - Regime
        - Construção
          - Analítica
          - Usual
            - Simples
            - Figurada (*Figuras de construção*)
  - II. Ortografia
    - I. Lexicografia
      - Caracteres elementares, ou letras
        - Vogais } *Alfabetos*
        - Consoantes
      - Caracteres prosódicos
        - de expressão
          - Cedilha
          - Apóstrofe
          - Hífen
          - Diérese
        - de acento
          - Agudo
          - Grave
          - Circunflexo
        - de quantidade
          - Longa
          - Breve
          - Duvidosa
    - II. Logografia
      - Escolha das letras relativamente à frase
        - letras capitais ou cursivas
        - letras românicas ou itálicas
        - letras representantes de acidentes das palavras
      - Pontuação

[847] Talvez fosse necessário, para conferir a este verbete a perfeição desejável, dar notícia das diferentes gramáticas de línguas doutas e de línguas vulgares. É o que gostaríamos de ter feito, e é algo que chegamos a sugerir ao nosso ilustre predecessor. Mas o tempo não permitiu que ele realizasse essa intenção, e nosso respeito pelo público nos impede de pronunciar juízos superficiais ou derivados. Diremos simplesmente que poucas obras de Gramática não oferecem em geral ao público alguma vantagem, e poucas não deixam algo a desejar, para o público filosófico.

(PPP)

Gramático, Dumarsais [7, 847]

O adjetivo *gramático* é com frequência tomado substantivamente, diz-se de um homem que estudou em particular a Gramática.

Outrora, distinguia-se o *gramático* e o *gramatista*. Entendia-se por *gramático* o que entendemos por homem de letras, homem erudito, bom crítico. É nesse sentido que Suetônio toma a palavra, em seu livro sobre gramáticos célebres. Ver o verbete *Letrados*.

Quintiliano diz que um gramático deve ser filósofo, orador; ter um vasto conhecimento da História, ser excelente crítico, um intérprete judicioso dos autores antigos e dos poetas; espera mesmo de seu gramático que ele não ignore a música. Tudo isso pressupõe um discernimento justo e um espírito filosófico esclarecido por uma Lógica sadia e por uma Metafísica sólida. "Em tudo intervém o juízo", *mixtum in his omnibus judicium est*. Quintiliano, *Instituições oratórias*, I, 4.

Os que não tinham esses conhecimentos e se limitavam à prática dos elementos primeiros das letras eram chamados *gramatistas*.

Hoje, diz-se de um homem de letras que ele é bom *gramático* quando se aplica aos conhecimentos que dizem respeito à arte de falar e de escrever corretamente.

Mas, se não souber que a palavra é um mero signo do pensamento; que, por conseguinte, a arte de falar pressupõe a arte de pensar; em suma, se não for dotado desse espírito filosófico que é o instrumento universal sem o qual nenhuma obra pode ser conduzida à perfeição, dificilmente poderá ser considerado *gramatista*. O que confirma a verdade deste pensamento de

Quintiliano: a Gramática "tem no fundo mais do que a aparência", *plus habet in recessu quam in fronte promittit*. Quintiliano, *Instituições Oratórias*, I, 4, no início.

Muitos confundem os *gramáticos* com os *gramatistas*. Mas há sempre uma ordem superior de homens que, como Quintiliano, julgam as coisa grandes ou pequenas exclusivamente em relação aos benefícios reais que a sociedade possa delas colher. Com frequência, o que parece grande aos olhos do vulgo eles consideram pequeno, se a sociedade não puder extrair algum proveito; e com frequência o que o comum dos homens considera pequeno eles julgam grande, se os cidadãos puderem se tornar mais esclarecidos e mais instruídos, e como resultado puderem pensar com mais ordem e profundidade, exprimir-se com mais justeza, precisão e clareza, e predispor-se muito mais a serem úteis e virtuosos.

(PPP)

História, Voltaire [8, 220]

História é o relato dos fatos considerados verdadeiros, ao contrário da fábula, que é o relato dos fatos considerados falsos.

Há a história das opiniões, que é quase a coleção dos erros humanos; a história das artes, talvez a mais útil de todas, quando ela associa, ao conhecimento da invenção e do progresso das artes, a descrição de seu mecanismo; a História Natural, [**221**] impropriamente considerada história e que é uma parte essencial da Física.

A história dos acontecimentos se divide em sagrada e profana. A História sagrada é um efeito das operações divinas e miraculosas, pelas quais Deus quis conduzir outrora a nação judia e exercer hoje a nossa fé. Não tocarei nesta matéria respeitável.

Os primeiros fundamentos de toda história são os relatos dos pais para os filhos, transmitidos em seguida de uma geração a outra. Eles são prováveis apenas em sua origem e perdem um grau de probabilidade a cada geração. Com o tempo, a fábula se amplifica, e a verdade se perde. Daí resulta que todas as origens dos povos são absurdas. Assim, os egípcios tinham sido governados por deuses durante muitos séculos; em seguida, por semideuses; enfim, tiveram reis durante 11.340 anos: e o Sol, nesse espaço de tempo, tinha mudado quatro vezes de oriente e de poente.

Os fenícios pretendiam que tinham sido estabelecidos em seu país havia 30 mil anos, e esses 30 mil anos eram tão cheios de prodígios quanto a cronologia egípcia. Sabe-se que maravilhoso ridículo reina na antiga história dos gregos. Os romanos, por mais sérios que fossem, não envolveram menos com fábulas a história de seus primeiros séculos. Esse povo tão recente, em comparação com as nações asiáticas, durante quinhentos anos não teve historiadores. Assim, não é surpreendente que Rômulo tenha sido filho de Marte, que uma loba tenha sido sua ama de leite, que ele tenha marchado com 20 mil homens de sua aldeia de Roma, contra 25 mil combatentes da aldeia dos sabinos, e que em seguida tenha se tornado deus; que Tarquínio, o Antigo, tenha cortado uma pedra com uma lâmina de barbear e que uma vestal tenha puxado um navio para a terra com o seu cinto etc.

Os primeiros anais de todas as nações modernas não são menos fabulosos: as coisas prodigiosas e improváveis devem ser contadas, mas como provas da credulidade humana; elas entram na história das opiniões.

Para conhecer com certeza alguma coisa da história antiga, só há um meio, que é o de ver se restam alguns documentos incontestáveis. Possuímos apenas três por escrito: o primeiro é a coleção de observações astronômicas feitas durante 1.900 anos seguidos na Babilônia, enviadas por Alexandre para a Grécia e empregadas no *Almagesto*, de Ptolomeu. Essa série de observações, que remonta a 2.234 anos antes de nossa era vulgar, prova invencivelmente que os babilônios já existiam como povo vários séculos antes. Pois as artes são obra do tempo e a preguiça natural aos homens os deixa milhares de anos sem outros conhecimentos e sem outros talentos que não sejam os de se alimentar, defender-se das injúrias do ar e se estrangular uns aos outros. Que se julgue isso pelos germanos e pelos ingleses do tempo de César, pelos tártaros de hoje, pela metade da África e por todos os povos que encontramos na América, excetuando os reinos do Peru e do México, e a república de Tlascala.

O segundo documento é o eclipse central do Sol, calculado na China 2.150 anos antes de nossa era vulgar e reconhecido como verdadeiro por todos os nossos astrônomos. Deve-se dizer dos chineses a mesma coisa que dissemos dos povos da Babilônia. Eles já compunham sem dúvida um vasto império civilizado. Mas o que põe os chineses acima de todos os povos da Terra é que nem suas leis, nem seus costumes, nem a língua que os letrados falam entre si não mudaram há mais ou menos quatro mil anos. Entretanto, esta nação, a mais antiga de todos os povos que ainda subsistem hoje, que possuiu o mais vasto e o mais belo país, que inventou quase todas as artes antes que tivéssemos aprendido algumas, foi sempre omitida, até nossos dias, em nossas pretensas histórias universais. E quando um espanhol e um francês faziam a enumeração das nações, um e outro chamavam seu país de *a primeira monarquia do mundo.*

O terceiro monumento, muito inferior aos dois outros, subsiste nos mármores de Arondel: a crônica de Atenas está aí gravada há 263 anos antes de nossa era. Mas ela só remonta até Crecrops, a 1.319 anos antes do tempo em que foi gravada. Eis a história de toda a Antiguidade, os únicos conhecimentos incontestáveis que temos.

Não é de se espantar que não haja nenhuma história antiga profana para além de três mil anos atrás. As revoluções deste globo, a longa e universal ignorância dessa arte que transmite os fatos pela escrita são a causa disso: há ainda vários povos que não fazem nenhum uso da História. Esta arte foi comum somente entre um pequeno número de povos civilizados, e mesmo assim estava em muito poucas mãos. Nada mais raro, entre os franceses e os germanos, até os séculos XIII e XIV, do que saber escrever. Quase todos atos eram atestados somente por testemunhas. Na França, foi em 1514, sob Carlos VII, que se redigiu por escrito os costumes franceses. A arte de escrever era ainda mais rara entre os espanhóis, e disto vem o fato de que sua história seja tão seca e tão incerta, até o tempo de Fernando e Isabel. Vê-se assim o quanto os poucos que sabiam escrever podiam impressionar.

Há nações que subjugaram uma parte da Terra sem conhecer o uso dos caracteres. Sabemos que Gêngis Khan conquistou uma parte da Ásia no começo do século XIII. Mas não ficamos sabendo disso por ele, nem pelos tártaros. Sua história, escrita pelos chineses e traduzida pelo padre Gaubil, diz que esses tártaros não possuíam a arte da escrita.

Essa arte não deve ter sido mais conhecida pelo cita Ogus Khan, chamado Madies pelos persas e pelos gregos, que conquistou uma parte da Europa e da Ásia, tanto tempo antes do reino de Ciro.

É quase certo que, na ocasião, em cem nações havia apenas duas que utilizassem caracteres.

Restam monumentos de outra espécie, que servem para constatar somente a antiguidade longínqua de certos povos que precedem todas as épocas conhecidas e todos os livros. São os prodígios da arquitetura, como as pirâmides e os palácios do Egito, que resistiram ao tempo. Heródoto, que vivia há 2.200 anos, e que os havia visto, não conseguiu saber dos sacerdotes egípcios em que tempo eles foram construídos.

É difícil dar às mais antigas das pirâmides menos de quatro mil anos de antiguidade. Mas é preciso considerar que esses esforços da ostentação dos reis não puderam ter começado senão muito tempo depois do estabelecimento das cidades. Mas, para construir cidades num país inundado todos os anos, tinha sido necessário primeiro elevar o terreno, fundar as cidades sobre pilotis num terreno encharcado, e torná-las inacessíveis à inundação. Tinha sido preciso, antes de tomar essa decisão necessária, e antes de estar em condições de tentar fazer grandes obras, **[222]** que os povos tivessem construído abrigos durante a cheia do Nilo, no meio dos rochedos que formam as duas cadeias, à direita e à esquerda desse rio. Tinha sido necessário que esses povos reunidos tivessem os instrumentos do cultivo, os da arquitetura, um grande conhecimento da mensuração de terras, leis e uma polícia: tudo isso exige necessariamente um espaço de tempo prodigioso. Vemos, pelos longos detalhes que todos os dias atrasam nossos pequenos e mais necessários empreendimentos, o quanto é difícil fazer grandes coisas, e que é preciso não somente uma tenacidade infatigável, mas várias gerações animadas por essa tenacidade.

Entretanto, que seja Menés ou Thot, ou Quéops, ou Ramsés, que tenham construído uma ou duas dessas prodigiosas massas, não seremos instruídos por isso sobre a história do Egito antigo: a língua desse povo se perdeu. Não sabemos, pois, qualquer coisa a não ser que, antes dos mais antigos historiadores, havia material para fazer uma História antiga.

A História que denominamos *antiga* e que é, com efeito, recente, quase não remonta a três mil anos. Para antes desse tempo, só temos probabilidades. Só dois livros profanos conservaram essas probabilidades: a crônica chinesa e a *Histórias*, de Heródoto. As antigas crônicas chinesas somente tratam desse império separado do resto do mundo. Heródoto, mais interessante para nós, fala da terra conhecida na época; ele encantou os gregos recitando para eles os nove livros de sua história, pela novidade desse empreendimento e pelo encanto de sua dicção, e sobretudo pelas fábulas. Tudo o que conta baseando-se nos estrangeiros é fabuloso, mas tudo o que ele viu é verdadeiro. Por ele se fica sabendo, por exemplo, que extrema opulência e que esplendor reinavam na Ásia Menor, hoje pobre e despovoada. Viu em Delfos os prodigiosos presentes de ouro que os reis da Lídia haviam enviado para lá e fala a ouvintes que conheciam Delfos tanto como ele. Ora, quanto tempo deve ter transcorrido antes que os reis da Lídia tivessem podido reunir tantos tesouros supérfluos para oferecer presentes tão consideráveis a um templo estrangeiro!

Mas quando Heródoto narra os contos que ouviu, seu livro não é mais do que um romance que reúne fábulas milésias. Candaulo mostra sua mulher nua a seu amigo Giges; essa mulher, por modéstia, não deixa a Giges outra escolha senão a de matar seu marido e se casar com a viúva ou perecer. Um oráculo de Delfos que adivinha que, ao mesmo tempo em que fala, Creso, que está a cem léguas de lá, cozinha uma tartaruga num prato de bronze. Rollin, que repete todos os contos dessa espécie, admira a ciência do oráculo e a veracidade de Apolo, assim como o pudor da mulher do rei Candaulo, e, sobre esse assunto, propõe à polícia que impeça os jovens de tomar banho no rio. O tempo é tão caro, e a história tão imensa, que é preciso poupar os leitores de tais fábulas e tais moralidades.

A história de Ciro é inteiramente desfigurada por tradições fabulosas. É muito provável que Kiro, chamado Ciro, à frente dos povos guerreiros de Elam, tenha conquistado com efeito a Babilônia, enfraquecida pelas tentações. Mas não se sabe nem qual era o rei que reinava então na Babilônia; uns dizem que era Baltazar, outros, que era Anabot. Heródoto diz que Ciro foi morto numa expedição contra os massagetes. Xenofonte, em seu romance moral e político, diz que ele morreu em sua cama.

Não se sabe outra coisa nessas trevas da história, a não ser que havia, há muito tempo, vastos impérios e tiranos cujo poder era fundado na miséria pública; que a tirania tinha chegado até a tirar dos homens a sua virilidade, para se servir deles ao saírem da infância em infames prazeres e para empregá-los em sua velhice para a guarda das mulheres; que a superstição governava os homens; que um sonho era considerado um aviso do céu e decidia sobre a paz e a guerra etc.

À medida que Heródoto, em sua história, se aproxima de seu tempo, ele é mais bem informado e mais verdadeiro. Deve-se confessar que a história só começa para nós nas investidas dos persas contra os gregos. Antes desses acontecimentos, encontramos somente alguns relatos vagos, envolvidos em contos pueris. Heródoto se torna o modelo dos historiadores quando descreve esses prodigiosos preparativos de Xerxes para ir subjugar a Grécia e, em seguida, a Europa. Ele o acompanha, seguido de perto por dois milhões de soldados, desde Suza até Atenas. Ele nos ensina como eram as armas de povos diferentes que esse monarca arrastava atrás de si. Nenhum povo é esquecido, do fundo da Arábia e do Egito, até para além da Bactriana e da extremidade setentrional do mar Cáspio, país então habitado por povos poderosos e hoje, pelos tártaros vagabundos. Todas as nações, desde o Bósforo da Trácia até o Ganges, estão sob seus estandartes. Vê-se, com espanto, que esse príncipe possuía tantos territórios quanto o Império Romano; possuía tudo o que pertence hoje ao Grande Mogol deste lado do Ganges; toda a Pérsia, todo o país dos uzbeques, todo o império dos turcos, se excetuarmos a Romênia, mas em recompensa possuía a Arábia. Vê-se, pela extensão de seus estados, qual é o erro dos declamadores em verso e em prosa ao tratarem do louco Alexandre, o vingador da Grécia, por ter subjugado o império do inimigo dos gregos. Ele não foi ao Egito, a Tiro e à Índia, a não ser porque o devia, e Tiro, o Egito e a Índia pertenciam ao domínio que havia devastado a Grécia.

Heródoto teve o mesmo mérito de Homero. Foi o primeiro historiador e Homero foi o primeiro poeta épico; e ambos captaram as belezas próprias de uma arte desconhecida antes deles. É um espetáculo admirável ver em Heródoto esse imperador da Ásia e da África que faz um exército imenso passar, a bordo de um barco, da Ásia para a Europa, que toma a Trácia, a Macedônia, a Tessália, a Achaia superior, e que entra na Atenas abandonada e deserta. Não se espera de modo algum que os atenienses, sem cidade, sem território, refugiados em seus navios com alguns outros gregos, possam afugentar a numerosa frota do grande rei, que voltem para casa vencedores, que forcem Xerxes a recuar ignominiosamente os destroços de seu exército e que, em seguida, os gregos o proíbam, por um tratado, de navegar em seus mares. Essa superioridade de um pequeno povo, generoso e livre, sobre toda a Ásia escrava, talvez seja o que há de mais glorioso entre os homens. Sabe-se também, por esse acontecimento, que os povos do Ocidente sempre foram melhores marinheiros do que os povos asiáticos. Quando se lê a história moderna, a vitória de Lepanto faz lembrar a de Salamina, e se compara d. João da Áustria e Colônia a Temístocles e Euribíades. Eis, talvez, o único fruto que se pode tirar do conhecimento dos tempos longínquos.

Tucídides, sucessor de Heródoto, limita-se a detalhar para nós a história da guerra do Peloponeso, região que não é maior do que uma província da França ou da Alemanha, mas que produz homens em todo gênero dignos de uma reputação imortal. E, como se a guerra civil, o mais horrível dos flagelos, pusesse um fogo novo e desse mais energia ao espírito humano, foi nesse tempo que todas as artes floresceram na Grécia. É assim que elas começam a se aperfeiçoar em seguida em Roma, [223] em outras guerras civis do tempo de César, e que renascem ainda no nosso século XV e XVI, séculos da era vulgar, no meio das perturbações da Itália.

Depois dessa guerra do Peloponeso, descrita por Tucídides, vem o tempo célebre de Alexandre, príncipe digno de ser educado por Aristóteles, que funda muito mais cidades do que os outros destroem, e que transforma as relações no Universo. Em seu tempo, e naquele de seus sucessores, Cartago florescia e a república romana começava a atrair os olhos das nações. Todo o resto está enterrado na barbárie: os celtas, os germanos, todos os povos do Norte são desconhecidos.

A história do Império Romano é a que merece mais a nossa atenção, porque os romanos foram nossos mestres e nossos legisladores. Suas leis estão ainda em vigor na maioria de nossas províncias; sua língua ainda é falada, e, muito tempo após sua queda, foi a única língua na qual eram redigidos os atos públicos na Itália, Alemanha, Espanha, França, Inglaterra e Polônia.

Com o desmembramento do Império Romano do Ocidente, começa uma nova ordem de coisas, e é o que se denomina história *da Idade Média*; história bárbara de povos bárbaros, que, ao se tornarem cristãos, não se tornam melhores.

Enquanto a Europa é assim perturbada, vemos aparecer, no século VII, os árabes, até então confinados em seus desertos. Eles estendem seu poder e seu domínio na alta Ásia, na África, e invadem a Espanha; os turcos os sucedem e estabelecem a sede de seu império em Constantinopla, em meados do século XV.

É pelos fins desse século que um novo mundo é descoberto, e logo depois a política da Europa e as artes tomam uma nova forma. A arte da imprensa e a restauração das ciências, fazem, enfim, com que se tenham histórias bastante fiéis, em vez de crônicas ridículas encerradas nos claustros desde Gregório de Tours. Cada nação na Europa logo teve seus historiadores. A antiga indigência se transforma em supérfluo: não há nenhuma cidade que não queira ter sua história particular. Fica-se esmagado sob o peso de minúcias. Um homem que quer se instruir é obrigado a se limitar ao fio dos grandes acontecimentos e afastar todos os pequenos fatos particulares que criam obstáculos. Ele apreende, na multidão de revoluções, o espírito do tempo e os costumes dos povos. Devemos sobretudo dedicarmo-nos à história de nossa pátria, estudá-la, possuí-la, reservar para ela os detalhes e lançar um olhar mais geral sobre as outras nações. Sua história só é interessante por causa das relações que tem conosco, ou pelas grandes coisas que elas fizeram. As primeiras épocas desde a queda do Império Romano, como já se assinalou antes, são dominadas por aventuras bárbaras, sob nomes bárbaros, exceto no tempo de Carlos Magno. A Inglaterra permanece isolada até o reino de Eduardo III. O Norte é selvagem até o século XVI; a Alemanha, durante muito tempo, é uma anarquia. As querelas dos imperadores e dos papas desolam a Itália por seiscentos anos, e é difícil perceber a verdade através das paixões de escritores pouco instruídos, que fizeram crônicas sobre esses tempos infelizes. A monarquia da Espanha só teve um acontecimento sob os reis visigodos, e esse acontecimento foi a sua destruição. Tudo é confusão até o reino de Isabel e Fernando. A França, até Luís XI, está entregue a males obscuros sob um governo sem regra. Por mais que Daniel pretendesse que os primeiros tempos da França fossem mais interessantes que os de Roma, ele não percebe que os começos de tão vasto império são tanto mais interessantes quanto são fracos, e que se gosta de ver a pequena fonte de uma torrente que inundou a metade da Terra.

Para penetrar no labirinto tenebroso da Idade Média, é preciso recorrer aos arquivos, e estes quase não existem; alguns antigos conventos conservaram títulos, diplomas, que contêm doações, cuja autoridade algumas vezes é contestada. Não são uma coleção na qual possamos nos esclarecer sobre a história política e sobre o direito público na Europa. A Inglaterra é, de todos os países, o que tem, sem dúvida, os arquivos mais antigos e mais regulares.

Esses atos, recolhidos por Rimer, sob os auspícios da rainha Ana, começam no século XII e são continuados sem interrupção até nossos dias. Eles difundem uma grande luz sobre a história da França. Mostram, por exemplo, que a Guiana pertencia aos ingleses com soberania absoluta, quando o rei da França Carlos V a confiscou por um decreto e se apropriou dela pelas armas. Aí se descobre que somas consideráveis e que espécie de tributo Luís XI pagou ao rei Eduardo IV, que ele podia combater, e quanto dinheiro a rainha Elisabeth emprestou a Henrique, o Grande, para ajudá-lo a subir ao trono etc.

Da utilidade da História. Essa vantagem trazida pela História consiste na comparação que um homem de Estado, um cidadão, podem fazer entre as leis e os costumes estrangeiros e os de seu país. É isto que excita as nações modernas a ultrapassar umas às outras nas artes, no comércio, na agricultura. As grandes faltas passadas servem muito, em todo gênero. Nunca seria demais colocar sob os olhos os crimes e os males causados por querelas absurdas. É certo que, de tanto renovar a memória dessas querelas, impedimo-las de renascer.

Por ter lido os detalhes das batalhas de Creci, Poitiers, Azincourt, Saint-Quentin, Gravelines etc., o célebre marechal de Saxe decidiu procurar, tanto quanto pudesse, o que ele chamava de questões relativas a posto de tropa.

Os exemplos fazem um grande efeito sobre o espírito de um príncipe que lê com atenção. Ele verá que Henrique IV empreendeu sua grande guerra, que devia mudar o sistema da Europa só depois de se assegurar a respeito do nervo da guerra, para poder sustentá-la por vários anos sem nenhum auxílio das finanças.

Verá que a rainha Elisabeth, somente com os recursos do comércio e com uma sábia economia, resistiu ao poderoso Filipe II, e que, de cada cem barcos que ela colocou no mar contra a Armada Invencível, três quartos eram fornecidos pelas cidades comerciantes da Inglaterra.

A França, que não foi invadida sob Luís XIV, após nove anos da guerra mais infeliz, mostrou evidentemente a utilidade das fortalezas fronteiriças que construiu. Em vão o autor das causas da queda do Império Romano critica Justiniano por ele ter tido a mesma política de Luís XIV. Ele não devia censurar senão os imperadores que negligenciaram as fortalezas de fronteiras, que abriram as portas do império aos bárbaros.

Enfim, a grande utilidade da história moderna, e a vantagem que ela tem sobre a antiga, é a de ensinar a todos os potentados que, desde o século XV, sempre nos reunimos contra uma potência excessivamente preponderante. Esse sistema de equilíbrio foi sempre ignorado pelos antigos e é esta a razão dos sucessos do povo romano, que, tendo formado uma milícia superior à dos outros povos, subjugou-os um após o outro, do Tibre até o Eufrates.

Da certeza na História. Toda certeza que não for demonstração matemática é apenas uma probabilidade. Não há outra certeza histórica a não ser esta.

Quando Marco Polo falou primeiro, e sozinho, da grandeza [224] e da população da China, não acreditaram, e ele não pôde exigir que acreditassem. Os portugueses que entraram nesse vasto império vários séculos depois começaram a tornar a coisa provável. Hoje, é uma certeza, mas que nasce da deposição unânime de mil testemunhas oculares de diferentes nações, sem que ninguém tenha reclamado contra seu testemunho.

Se somente dois ou três historiadores tivessem escrito a aventura do rei Carlos XII, que, obstinando-se a ficar nos estados do sultão seu benfeitor, contra a sua vontade combateu, com seus empregados, um exército de janízaros e tártaros, eu teria suspendido o meu juízo. Mas, tendo falado com diversas testemunhas oculares, e nunca tendo ouvido alguém pôr em dúvida essa ação, foi bem necessário crer nela, porque, no final das contas, se ela não foi uma ação sábia, nem ordinária, ela não é, ao contrário, contra a natureza nem contra o caráter do herói.

A história do homem da máscara de ferro teria passado, em meu espírito, por um romance, se eu a tivesse ouvido apenas do cirurgião que cuidou desse homem em sua última doença. Mas, como o oficial que o vigiava na ocasião me atestou o fato, e todos aqueles que deviam estar instruídos sobre o caso o confirmaram, e os filhos dos ministros de Estado, depositários desse segredo, que ainda estão vivos, estavam também informados, dei a essa história um alto grau de probabilidade, grau contudo inferior ao que leva a acreditar no caso Bender, porque a aventura de Bender teve mais testemunhas oculares do que o do homem de ferro.

O que repugna ao curso ordinário da natureza não deve merecer crença, a menos que seja atestado por homens animados pelo espírito divino. Eis por que, no verbete *Certeza* deste dicionário, é um grande paradoxo dizer que se deveria crer em Paris inteira se ela afirmasse ter visto um morto ressuscitar quanto se acreditaria quando diz que se ganhou a batalha de Fontenoy. Parece evidente que o testemunho de Paris inteira sobre uma coisa improvável não poderia ser igual ao testemunho de Paris inteira sobre uma coisa provável. Trata-se das primeiras noções da sã Metafísica. Este dicionário é consagrado à verdade; um verbete deve corrigir outro. E se houver aqui algum erro, ele deve ser corrigido por um homem mais esclarecido.

Incerteza da História. Distinguiram-se os tempos fabulosos dos históricos. Mas os tempos históricos eles mesmos deveriam ter sido distinguidos em verdades e em fábulas. Não falo aqui das fábulas hoje reconhecidas como tais. Não é o caso, por exemplo, dos prodígios com os quais Tito Lívio embelezou ou estragou sua história. Mas nos fatos mais aceitos, quantas razões não há para duvidar? Que se preste atenção no fato de que a república romana ficou quinhentos anos sem historiadores, e que Tito Lívio mesmo deplora a perda dos anais dos pontífices e outros documentos que pereceram quase todos no incêndio de Roma, ou foram "em sua maioria destruídos", *pleraque interiere*. Que se pense que nos trezentos primeiros anos a arte de escrever era muito rara, "pela raridade das letras da época", *rarae per eadem tempora litterae*. Lívio, *História de Roma*, VI, 1. Será, então, permitido duvidar de todos os acontecimentos que não estão na ordem comum das coisas humanas? Será bem provável que Rômulo, o neto do rei dos sabinos, terá sido forçado a raptar as sabinas para ter mulheres? A história de Lucrécio será verossímil? Crer-se-á, confiando em Tito Lívio, que o rei Porsena fugiu cheio de admiração pelos romanos, porque um fanático quis assassiná-lo? Não seremos antes inclinados a crer, ao contrário, em Políbio, anterior em cem anos a Tito Lívio, que diz que Porsena subjugou os romanos? A aventura de Régulo, preso pelos cartagineses num barril com pontas de ferro, merece que acreditemos nela? Políbio, que é contemporâneo dele, não teria falado disso, se o fato fosse verdadeiro? Ele não diz uma palavra. Não é uma grande suposição que esse conto fosse inventado somente muito tempo depois para tornar odiosos os cartagineses? Abri o dicionário de Moréri no verbete *Régulo*; ele vos assegura que o suplício desse romano é contado por Tito Lívio. Entretanto, a Década de Tito Lívio em que ele teria podido falar disso se perdeu. Só temos o suplemento de Freinshemius e ocorre que esse dicionário só citou um alemão do século XVII, crendo citar um romano do tempo de Augusto. Far-se-iam volumes imensos de todos os fatos célebres e aceitos dos quais é preciso duvidar. Mas os limites deste verbete não permitem que eu me estenda mais.

Os monumentos, as cerimônias anuais, as próprias medalhas, são provas históricas? Somos naturalmente inclinados a crer que um monumento erigido por uma nação para celebrar um acontecimento atesta a sua certeza. Todavia, se esses monumentos não foram erigidos pelos contemporâneos, se eles celebram alguns fatos pouco verossímeis, eles provam algo além de que se quis consagrar uma opinião popular?

A coluna rostral erigida em Roma pelos contemporâneos de Duílio é, sem dúvida, uma prova da vitória naval de Duílio. Mas a estátua do augúrio Navoi, que cortava uma pedra com uma navalha, prova que Navoi tinha operado esse prodígio? As estátuas de Ceres e de Triptolemo, em Atenas, eram testemunhos incontestáveis de que Ceres tinha ensinado a agricultura aos atenienses? O famoso Laocoonte, que subsiste hoje tão inteiro, atesta bem a verdade da história do cavalo de Troia?

As cerimônias, as festas anuais estabelecidas por toda uma nação, não constatam melhor a origem à qual são atribuídas. A festa de Arion levado por um delfim era celebrada pelos romanos, assim como pelos gregos. A do Fauno lembrava sua aventura com Hércules e Onfale, quando esse deus amoroso de Onfale pensou que o leito de Hércules era o de sua amante.

A famosa festa das Lupercálias era estabelecida em honra da loba que aleitou Rômulo e Remo.

Sobre o que era fundada a festa de Orion, celebrada no dia 5 dos idos de maio? Eis aqui. Hireu recebeu Júpiter, Netuno e Mercúrio em sua casa; quando esses hóspedes se despediram, esse bom homem, que não tinha mulher e que queria ter um filho, mostrou sua dor aos três deuses. Não se ousa dizer o que esses deuses fizeram sobre o couro do boi que Hireu lhes havia servido para comer; em seguida cobriram esse couro com um pouco de terra, e dele nasceu Orion, ao final de nove meses.

Quase todas as festas romanas, sírias, gregas, egípcias, eram fundadas em contos semelhantes, assim como os templos e as estátuas dos antigos heróis. Eram monumentos que a credulidade consagrava ao erro.

Uma medalha, mesmo contemporânea, algumas vezes não é uma prova. O quanto a bajulação não cunhou moedas sobre batalhas muito indecisas, qualificadas como vitórias, e sobre empreendimentos malogrados, que só foram concluídos nas lendas? Em último lugar, durante a guerra de 1740, dos ingleses contra o rei da Espanha, não se cunhou uma medalha que atestava a tomada de Cartagena pelo almirante Vernon, enquanto esse almirante suspendia o cerco?

As medalhas só são testemunhos irrepreensíveis quando o acontecimento é atestado por autores contemporâneos; então, essas provas, sustentando-se uma pela outra, [**225**] constatam a verdade.

Deve-se, na História, inserir os discursos e fazer retratos? Se, numa ocasião importante, um general do Exército, um homem de Estado, falou de uma maneira singular e forte que caracteriza seu gênio e o gênio de seu século, deve-se, sem dúvida, apresentar seu discurso palavra por palavra. Tais discursos talvez sejam a parte mais útil da história. Mas por que fazer um homem dizer o que ele não disse? Seria quase o mesmo que lhe atribuir o que ele não fez; é uma ficção imitada de Homero. Mas o que é ficção num poema torna-se, a rigor, mentira num historiador. Muitos antigos usaram esse método; isso não prova outra coisa a não ser que vários antigos quiseram ostentar sua eloquência à custa da verdade.

Os retratos mostram ainda, com frequência, mais a vontade de brilhar do que de instruir. Contemporâneos têm o direito de fazer o retrato dos homens de Estado com os quais negociaram, generais sob os quais fizeram a guerra. Mas como se deve temer que o pincel seja guiado pela paixão! Parece que os retratos que vemos em Clarendon são feitos com mais imparcialidade, gravidade e sabedoria do que aqueles que se lê com prazer no cardeal de Retz.

Mas querer pintar os antigos, esforçar-se para desenvolver suas almas, olhar os acontecimentos como caracteres com os quais se pode ler com segurança no fundo dos corações é um empreendimento bem delicado; em vários casos, é uma puerilidade.

Da máxima de Cícero que concerne à História, segundo a qual o historiador não deve dizer nenhuma falsidade nem esconder a verdade. A primeira parte desse preceito é incontestável. É preciso examinar a outra. Se uma verdade pode ser de alguma utilidade para o Estado, vosso silêncio será condenável. Mas supondo que escreveis a história de um príncipe que vos terá confiado um segredo, deveis revelá-lo? Deveis dizer para a posteridade aquilo que vos tornaria culpado se o dissésseis em segredo a um só homem? O dever do historiador seria mais importante do que um dever maior?

Suponho ainda que tereis sido testemunha de uma fraqueza que não influenciou de modo algum os negócios públicos. Deveis revelar essa fraqueza? Nesse caso, a história seria uma sátira.

Deve-se confessar que a maioria dos escritores de anedotas são mais indiscretos do que úteis. Mas o que dizer desses compiladores insolentes que, acreditando que há mérito na maledicência, imprimem e vendem escândalos, como Lecausto vendia venenos?

Da história satírica. Se Plutarco repreendeu Heródoto por ele não ter ressaltado suficientemente a glória de algumas cidades gregas e de ter omitido diversos fatos conhecidos dignos de memória, o quanto são mais repreensíveis hoje aqueles que, sem ter nenhum dos méritos de Heródoto, imputam aos príncipes, às nações, ações odiosas, sem a mais leve aparência de prova! A guerra de 1741 foi escrita na Inglaterra. Encontramos nesta história que, na Batalha de Fontenoy, "os franceses atiraram nos ingleses com balas envenenadas e pedaços de vidro venenoso, e que o duque de Cumberland enviou ao rei da França uma caixa cheia desses pretensos venenos encontrados nos corpos dos ingleses feridos". O mesmo autor acrescenta que, tendo os franceses perdido quarenta mil homens nessa batalha, o Parlamento de Paris promulgou um decreto que proibia falar nesse assunto, sob pena de castigos corporais.

Memórias fraudulentas, impressas há pouco, estão cheias de tais absurdos insolentes. Nelas lemos que, no cerco de Lille, os aliados jogavam bilhetes na cidade concebidos nestes termos: "Franceses, consolai-vos, a Maintenon não será vossa rainha".

Quase cada página é cheia de imposturas e de termos ofensivos contra a família real e contra as principais famílias do reino, sem alegar a mais ligeira verossimilhança que possa dar a menor cor a essas mentiras. Isto não é escrever a história, é escrever ao acaso das calúnias.

Imprimiu-se na Holanda, sob o nome de história, uma multidão de libelos cujo estilo é tão grosseiro quanto as injúrias, e os fatos tão falsos quanto mal escritos. Diz-se que se trata de um mau fruto da excelente árvore da liberdade. Mas se os infelizes autores dessas inépcias tiveram a liberdade de enganar os seus leitores, é preciso usar aqui da liberdade para desenganá-los.

Do método, da maneira de escrever a História, e do estilo. Já se disse tanta coisa sobre essa matéria, que aqui se deve dizer muito pouco. É sabido que o método e o estilo de Tito Lívio, sua gravidade, sua eloquência sábia, convêm à majestade da república romana; que Tácito é melhor para retratar os tiranos, Políbio para dar lições sobre a guerra, Dionísio de Halicarnasso para mostrar as antiguidades.

Mas, ao tomar como modelos esses grandes mestres, temos hoje em dia um fardo mais pesado para sustentar do que o deles. Exige-se dos historiadores modernos mais detalhes, fatos mais constatados, datas mais precisas, autoridades, mais atenção aos usos, às leis, aos costumes, ao comércio e às finanças, à agricultura, à população. Ocorre com a História o mesmo que ocorre com as Matemáticas e a Física. A carreira se estendeu prodigiosamente. Tanto é fácil fazer uma coleção de gazetas quanto é difícil hoje escrever a História.

Exige-se que a história de um país estrangeiro não seja jogada no mesmo molde que o de nossa pátria.

Se fazeis a história da França, não sois obrigado a descrever o curso do Sena e do Loire. Mas, se entregais ao público as conquistas dos portugueses na Ásia, exige-se uma topografia dos países descobertos. Quer-se que leveis vosso leitor pela mão ao longo da África, ou das costas da Pérsia e da Índia. Esperam-se de vós instruções sobre os costumes, as leis, os usos dessas nações novas para a Europa.

Temos vinte histórias do estabelecimento dos portugueses nas Índias, mas nenhuma nos mostrou os diversos governos desse país, suas religiões, suas antiguidades, os brâmanes, os discípulos de João, os guebros, os baneanes. Essa reflexão pode aplicar-se a quase todas as histórias dos países estrangeiros.

Se não tendes outra coisa a nos dizer senão que um bárbaro sucedeu a outro bárbaro nas margens do Oxus e do Iaxarte, em que sois úteis ao público?

O método conveniente à história de vosso país não é próprio para escrever as descobertas do novo mundo. Não escrevereis absolutamente sobre uma cidade como se ela fosse um grande império. Não escrevereis a vida de um particular como se fosse a história da Espanha ou da Inglaterra. Essas regras são bem conhecidas. Mas a arte de bem escrever a História será sempre muito rara; sabe-se bem que é necessário um estilo grave, puro, variado, agradável. Acontece com as leis da História o mesmo que acontece com as de todas as artes do espírito: muitos preceitos, poucos grandes artistas.

(MGS)

Homem, Diderot [8, 256]

Homem, ser que sente, reflete, pensa, que perambula livremente sobre a superfície da Terra, que parece estar à frente de todos os outros animais, os quais ele domina, que vive em sociedade, que inventou as ciências e as artes, que tem uma bondade e uma maldade que lhe são únicas, que se deu senhores para si mesmo, que fez leis etc.

O homem assemelha-se aos animais pelo que tem de material, e quando nos propomos a inseri-lo na enumeração de todos os seres naturais, somos forçados a colocá-lo na classe dos animais. Melhor e mais perverso que os outros, ele merece, a duplo título, estar à frente deles.

O homem comunica seu pensamento através da fala, e essse signo é comum à espécie como um todo. Se os animais não falam, não é porque lhes falta o órgão da fala, mas sim pela impossibilidade de ligarem ideias. Ver *Língua*.

Pode-se considerar o homem sob diferentes aspectos; os principais formam os artigos seguintes.

É composto por duas substâncias, uma chamada alma, outra conhecida pelo nome de corpo.

O corpo, ou a parte material do homem, foi muito estudado. Deu-se o nome de anatomistas [**257**] aos que se ocupam desse trabalho importante e penoso.

Acompanhou-se o homem desde o momento de sua formação ou do início de sua vida até o instante de sua morte. É o que forma a história natural do homem.

Considerou-se o homem como capaz de diferentes operações intelectuais que o tornam bom ou mau, útil ou nocivo, benfeitor ou malfeitor.

Desse estado solitário ou individual passou-se ao estado de sociedade, e foram propostos alguns princípios gerais, a partir dos quais o poder soberano que o governa pudesse extrair do homem o maior número possível de vantagens. Deu-se a esse verbete o nome de *Homem Político*.

Poder-se-iam multiplicar ao infinito os diferentes olhares sob os quais o homem é considerado. Por sua curiosidade, por seus trabalhos e por suas necessidades, ele se liga a todas as partes da natureza. Não se encontra algo que não possa ser referido a ele, como poderá verificar quem percorrer os diferentes verbetes desta obra, na qual irá encontrá-lo aplicado ao conhecimento dos seres ao seu redor ou trabalhando para voltá-los para o seu próprio uso.

(**PPP**)

Humanidades (*Literatura*), Mallet [8, 348]

O termo *humanidades* significa as letras humanas, vale dizer, o estudo da Gramática, do grego e do latim, da poesia, da retórica e dos poetas, oradores e historiadores antigos, numa palavra, tudo o que se costuma ensinar nos colégios, nas seis séries bem como no curso de Filosofia propriamente dito. Diz-se de um jovem que se destacou em todas as séries que ele fez um belo curso de Humanidades. Calvino teria feito suas Humanidades no colégio de La Marche, em Paris.

Chama-se em particular de humanidades a segunda série, *secunda rhetorices*, e de professores de Humanidades, *humanitatis professores*, os que ocupam essa cátedra. As demais séries, como a terceira, a quarta etc., se ocupam mais diretamente da Gramática. Acredita-se que as belas-letras foram denominadas humanidades porque o seu fim é infundir as graças no espírito e a doçura nos costumes, humanizando assim os que as cultivam.

(**PPP**)

Inato (*Gramática, Filosofia*), Diderot [8, 754]

Inato, que nasce conosco. Só é inata a faculdade de sentir e de pensar; todo o resto é adquirido. Suprimis o olho, suprimireis ao mesmo tempo todas as ideias que pertencem à vista. Suprimi o nariz, suprimireis ao mesmo tempo todas as ideias que pertencem ao olfato; e assim para o gosto, a audição e o tato. Suprimidos todas as ideias e todos os sentidos, não restará nenhuma noção abstrata, pois é através do sensível que somos conduzidos ao abstrato. Tendo procedido por via de supressão, sigamos agora o método contrário. Suponhamos uma massa informe, mas sensível; terá todas as ideias que podem ser obtidas pelo tato. Aperfeiçoemos sua organização, desenvolvamos essa massa, e abriremos a porta, ao mesmo tempo, às sensações e aos conhecimentos. Por meio de um ou outro desses métodos, pode-se reduzir o homem à condição da ostra e elevar a ostra à condição do homem.

(**PPP**)

Intelecto (*Gramática e Filosofia*), Diderot [8, 806]

Intelecto é a alma enquanto concebe, assim como a vontade é a alma enquanto tem desejo ou aversão. Se uma substância é capaz de sensação, ela compreende, tem ideias. A experiência a ensinará em seguida a ligar essas ideias, a raciocinar, a amar, a odiar, a querer. O intelecto é comum ao homem e à fera; a vontade também. O intelecto da fera é limitado, o do homem não. A fera não quer livremente, o homem quer livremente. O homem é mais razoável, o animal é mais sensível. Enquanto não sente, o homem pode refletir; quando a fera não sente, ela não pode refletir, ela dorme.

(**PPP**)

Intelectual (Gramática), *Diderot* [8, 806]

Intelectual, que pertence ao intelecto, ao entendimento. Objetos são intelectuais ou sensíveis. Compreende-se sob a classe dos intelectuais tudo o que se passa dentro de nós, e sob a classe dos sensíveis tudo o que se passa fora de nós. Há entre os objetos sensíveis e os intelectuais uma diferença de causa e efeito.

Mesmo assim, utiliza-se intelectual em sentido oposto a material. Assim, os anjos são substâncias intelectuais, a alma é um ser intelectual. No sono, no êxtase, no transporte das paixões, as potências intelectuais são suspensas; exaltam-se no entusiasmo. Na contemplação de verdades puramente abstratas, as potências intelectuais são as únicas em ação; atuam em concorrência com as potências sensíveis, na contemplação de coisas morais. Concebe-se no primeiro caso; ama-se ou detesta-se, ao mesmo tempo em que se concebe, no segundo. Por essa razão é mais agradável ocupar-se de certos objetos do que de outros; e quando se diz que certas verdades são mais interessantes de pesquisar ou de ponderar do que outras, é porque o coração ou os órgãos internos do desejo e da aversão são agitados, ao mesmo tempo em que o espírito se ocupa dela. Reflete-se, e goza-se. A situação mais agradável é a que resulta da ação combinada do entendimento, do coração e dos órgãos destinados à satisfação dos desejos, e nada além do amor é capaz de produzir esse encantamento, em que tantas causas atuam com inteligência.

(**PPP**)

Invenção (*Artes e Ciências*), Jaucourt [8, 848]

O termo geral *invenção* aplica-se a tudo o que de útil e curioso se encontre, invente-se ou se descubra, nas artes, nas ciências ou nos ofícios. Esse termo é praticamente sinônimo de *descoberta*, embora seja menos brilhante. Permita-se que eu os utilize aqui indistintamente; tampouco repetirei as interessantes observações que o leitor pode ler no verbete *Descoberta*.

Devemos as invenções ao tempo, ao puro acaso, a conjecturas felizes e imprevistas, a um instinto mecânico, ao trabalho paciente e aos talentos dos homens.

Não é ao que o mundo chama de *espirituosos*, não é, em absoluto, aos filósofos especulativos, que devemos as invenções úteis realizadas nos séculos XIII e XIV. Elas foram fruto desse pendor para o mecânico que a natureza dá a certos homens e independe da filosofia. A invenção que veio em socorro da vista fraca dos mais velhos com lentes de bolso data de fins do século XIII; costuma ser atribuída a Alexandre Spina. Os venezianos tomaram posse, no mesmo século, do segredo dos espelhos de cristal. A faiança, que ocupou na Europa o lugar da porcelana, foi encontrada em Faenza. Os moinhos movidos pela força do vento são desse mesmo período. A invenção do papel é do começo do século XIV. Cortusius fala de um certo Pax, que estabeleceu em Padova a primeira manufatura mais de um século antes da invenção da imprensa. E assim as premissas das artes foram descobertas, muitas vezes por homens depois ignorados.

Se digo as premissas, é porque é preciso observar que tudo o que temos de mais curioso e de mais útil nas artes não foi encontrado no estado em que vemos no presente. Todas essas coisas foram descobertas de maneira grosseira ou parcial, e foram levadas a uma perfeição maior imperceptivelmente. É o que sugerem algumas das invenções que mencionamos, e é o que pode ser provado a respeito de invenções como a bússola, a imprensa, o relógio, o moinho, o telescópio e tantas mais.

Não mencionarei as descobertas das ciências preparadas pelos trabalhos dos séculos precedentes, pois esse é um assunto que exigiria uma pesquisa mais longa. Tampouco mencionarei as pretensas descobertas modernas, que na verdade não passam de opiniões antigas, reapresentadas sob aspectos mais luminosos. Tais discussões seriam de resto pouco suscetíveis a demonstrações. Contentar-me-ei em observar, para não deixarmos as artes, que foi necessária uma sequência de tempo mais ou menos longa para aperfeiçoar invenções que, em séculos grosseiros, foram originariamente produzidas pelo acaso ou pelo gênio mecânico.

Gutenberg imaginou apenas letras destacadas, esculpidas em relevo sobre a madeira ou o metal. Foi Schoëffer que, retificando essa invenção, encontrou o segredo de como moldar caracteres em fonte. Sabe-se o quanto essa arte se aperfeiçoou depois de Schoëffer.

Pouco importa se quem estabeleceu o uso da bússola no século XII foi um marinheiro chamado Goya, nativo de Melfi, ou os ingleses, franceses ou portugueses. O caso da imprensa é o mesmo. No começo, não se fez mais do que dispor uma agulha imantada sobre uma cortiça na superfície da água; em seguida, ela foi disposta sobre um pivô, numa tigela suspensa; por fim, foi fixada sobre uma rosa de papelão, sobre a qual foi traçado um círculo dividido em 32 partes iguais para marcar os 32 *airs*, e outro círculo concêntrico, dividido em 360 graus, para medir os ângulos e oscilações da bússola.

A invenção dos moinhos veio logo depois (provavelmente na Ásia), mas só teve fortuna brilhante quando a geometria aperfeiçoou essa máquina, que depende inteiramente da teoria dos movimentos compostos.

Quantos séculos não foram necessários para aperfeiçoar os relógios, desde Ctesibius, que floresceu em Roma por volta de 613 e foi provavelmente o primeiro a fabricar um relógio à corda, até o pêndulo mais recentemente fabricado na Inglaterra por Graham ou na França por Julien le Roi? Não intervieram um Huyghens, um Leibniz? [**849**]

Eu poderia dizer o mesmo das lentes de bolso, desde Métius a Dom Noel, o beneditino.

E quem poderia questionar a diferença entre o talhe bruto do diamante, encontrado por acaso por Luís de Berquen, e a beleza das formas lapidadas em rosa ou em brilhante, executadas por nossos joalheiros? Os usos e a prática os instruíram a respeito dos diferentes talhes possíveis, seus olhos e suas mãos lhes serviram como compasso. A partir da proposição 47 do segundo livro de Euclides, chegaram à bela proporção e com o bisel talharam essa pedra preciosa em losangos, triângulos, em lápides, tornaram-na ainda mais brilhante, tão mais atraente quanto mais variada.

E assim homens com dotes privilegiados, que possuem um perfeito conhecimento da mecânica, tomaram os esboços grosseiros das primeiras invenções e, graças a sua sagacidade, as levaram ao grau de perfeição em que hoje as encontramos.

Quantos séculos não transcorreram, durante os quais os homens caminharam sobre a seda, sem saber utilizá-la, sem tecer com ela as próprias vestimentas? A natureza guarda sem dúvida outros tesouros igualmente valiosos, reservados para quando menos esperamos; basta estarmos prontos para extraí-los.

Muitas vezes uma invenção lança grandes luzes sobre a que a precedeu e mesmo alguns raios sobre a que deverá sucedê-la. Não digo que a invenção seja em si mesma sempre fecunda. Os grandes rios nem sempre se formam a partir de outros. Mas invenções que não tenham uma analogia geral nem por isso são estéreis: multiplicam os recursos e são produzidas por mil meios que facilitam os trabalhos do homem.

Nada é tão lisonjeiro quanto a invenção ou o aperfeiçoamento das artes. Elas trazem o bem do gênero humano, e têm sobre as empreitadas políticas a vantagem de promover o bem comum sem prejudicar a ninguém. As mais belas conquistas surgem sempre do suor, das lágrimas e do sangue. O inventor de um dispositivo de utilidade para a vida, como a dissolução das pedras na bexiga, não tem que recear o remorso inseparável de uma glória maculada por crimes e maldades. Com a invenção da bússola e da imprensa, o mundo tornou-se mais amplo, mais belo, mais esclarecido. Que se percorra a história: as primeiras apoteoses foram de inventores; a terra os adorou como seus deuses visíveis.

Não admira assim que tenham se tornado sensíveis à reputação trazida pelas descobertas. É a última coisa de que um homem conseguiria se despojar. Tales, após ter encontrado a razão entre o diâmetro do Sol e o círculo descrito por esse astro em torno da Terra, mostrou-a a um particular, que lhe disse que poderia ter como recompensa o que quisesse. Mas Tales pediu apenas que pudesse conservar para si a autoria de sua descoberta. Esse sábio grego, pobre, curvado pelos anos, permaneceu insensível ao dinheiro, aos dividendos, a toda espécie de benesse, mas não da injustiça que poderia se apossar da sua glória.

De resto, todos aqueles que, por sua penetração, por seus trabalhos, por seus talentos e estudos, souberem aliar pesquisas a observações, teoria profunda a experiências, enriquecerão sem cessar as invenções e as descobertas já realizadas, sem mencionar a glória de preparar o terreno para novas.

A *Enciclopédia*, se me é permitido repetir aqui as palavras dos editores desta obra (advertência do tomo III), "fará a história das riquezas de nosso século nesse gênero, ela o fará, e a este século, que a ignora, e aos séculos por vir, indicará o caminho a se seguir para ir mais longe. Não haverá mais o receio de que as descobertas nas artes caiam no esquecimento, os fatos serão desvendados ao filósofo, a reflexão poderá simplificar e esclarecer uma prática cega".

Mas, para que essa empreitada tenha êxito, é necessário que o governo esclarecido se digne a conceder a ela uma proteção efetiva e contínua, contra as injustiças, a perseguição e as calúnias de seus inimigos.

(PPP)

Letrados (*Filosofia e Literatura*), Voltaire [7, 599]

O termo *letrados* corresponde precisamente a *gramáticos*, para gregos e romanos. Entendia-se por *gramático* um homem não apenas versado na Gramática propriamente dita, que é a base de todos os conhecimentos, mas um homem que não desconhecia a Geometria, a Filosofia, a História geral e particular; e que, acima de tudo, fazia da poesia e da eloquência o seu estudo, a exemplo dos *letrados* de nossos dias. Não se atribui essa denominação a um homem que com poucos conhecimentos cultiva somente um gênero. Aquele que não leu senão romances não fará senão romances; aquele que realizou por acaso, sem instrução literária, umas poucas peças de teatro, ou que, sem nenhuma ciência, compôs um punhado de sermões, não contará entre os *letrados*. Este título tem, hoje em dia, uma extensão ainda maior que a do termo *gramático* entre os gregos e os latinos. Os gregos se contentavam com a sua língua; os romanos não aprendiam outra além do grego: o atual *homem de letras* acrescenta amiúde, ao estudo do grego e do latim, o do italiano, o do espanhol e, sobretudo, o do inglês. A via da História é cem vez mais longa do que era para os antigos; e a História Natural cresceu proporcionalmente à dos povos. Não se exige de um *homem de letras* que se aprofunde em todas essas matérias; a ciência universal não se encontra mais ao alcance do homem. Os verdadeiros *letrados*, porém, se colocam em condição de dar passos nesses diferentes terrenos, ainda que não possa cultivar todos eles.

Outrora, no século XVI, e mais recentemente no XVII, os literatos ocupavam-se muito do estudo crítico da gramática dos autores gregos e latinos; aos seus trabalhos devemos os dicionários, as edições corretas, os comentários das obras-primas da Antiguidade. Hoje, essa crítica tornou-se menos necessária, e o espírito filosófico sucedeu a ela. Esse espírito filosófico parece constituir o caráter dos *letrados*; e, quando se alia ao bom gosto, forma um literato completo.

Uma das grandes vantagens de nosso século é ter numerosos homens instruídos que transitam dos espinhos da Matemática às flores da poesia, que julgam igualmente bem um livro de Metafísica e uma peça de teatro. O espírito do século tornou-os, em sua maioria, tão apropriados para o mundo quanto para o gabinete, e é isso que os faz superiores aos dos séculos precedentes. Mantiveram-se alheios à sociedade, até o tempo de Balzac e de Voiture; tornaram-se depois uma de suas partes necessárias. A razão **[600]** profunda e apurada que muitos mostram em seus escritos e em sua conversação contribuiu muito para instruir e polir a nação; sua crítica não é mais consumida com palavras dos gregos e dos latinos. Apoiada numa filosofia sadia, destruiu todos os preconceitos que infectavam a sociedade, predições de astrólogos, adivinhações de magos, sortilégios de toda espécie, falsos prodígios e falsas maravilhas, usos supersticiosos; relegou à escola mil disputas pueris, outrora tão perigosas, que se tornaram desprezíveis; prestou com isso um serviço efetivo ao Estado. Às vezes parece espantoso que o que antes perturbava o mundo não o incomode mais; é aos verdadeiros *letrados* que o devemos.

Têm em geral mais independência de espírito do que os outros homens; e os que nascem sem fortuna encontram facilmente nas fundações de Luís XIV a garantia de sua independência: não se veem mais, como outrora, as epístolas dedicatórias que o interesse e a baixeza ofereciam à vaidade.

O *letrado* não se confunde com o chamado *belo espírito*. Este último, em si mesmo, pressupõe menos cultura, menos estudo, e não exige nenhuma filosofia; consiste principalmente na imaginação brilhante, na conversação agradável, auxiliadas por leituras comuns. Um belo espírito pode facilmente não merecer o título de *letrado*; e o *homem de letras* pode muito bem não aspirar ao brilho do belo espírito.

Muitos *letrados* não são autores. Provavelmente são esses os mais afortunados; encontram-se ao abrigo dos desgostos que eventualmente acarreta a profissão de autor, das querelas geradas pela rivalidade, das animosidades de partido e dos juízos falsos; são mais solidários entre si; podem desfrutar mais da sociedade; são juízes, enquanto os outros são julgados.

(PPP)

Letras (*Enciclopédia*), Jaucourt [9, 409]

A palavra *letras* designa, em geral, as luzes propiciadas pelo estudo, em particular o das belas-letras, ou da literatura. Nesse último sentido, distinguem-se os letrados que cultivam somente a erudição variada e repleta de amenidades dos letrados que se dedicam às ciências abstratas e às ciências de utilidade mais sensível. Mas como as ciências não podem ser adquiridas sem o conhecimento das letras, resulta que as letras e as ciências propriamente ditas têm entre si um encadeamento, uma ligação, uma relação das mais estreitas. Cabe à *Enciclopédia* demonstrá-lo, e não é preciso outra prova além do exemplo dos séculos de Atenas e de Roma.

Se recorrermos à nossa memória, veremos que, para os gregos, o estudo das letras tornava mais belo o das ciências, e que o estudo das ciências renovava o brilho das letras. A Grécia deve o seu lustre inteiramente a essa feliz reunião; foi por esse meio que ela conjugou ao mérito mais sólido a mais brilhante reputação. As letras e as ciências marchavam no mesmo passo e apoiavam-se mutuamente. Embora as Musas presidissem umas a poesia e a História, outras a Dialética, a Geometria e a Astronomia, eram consideradas primas inseparáveis, que não formavam senão um mesmo coro. Homero e Hesíodo invocam a todas em seus poemas, e Pitágoras dedica a elas em sacrifício, sem separá-las, uma hecatombe filosófica em reconhecimento da descoberta por ele realizada da igualdade entre o quadrado da hipotenusa do triângulo retângulo e os quadrados dos dois outros lados.

Sob Augusto, as letras floresceram juntamente com as ciências, e Roma, senhora de Atenas por força de suas armas, veio a rivalizar com ela por uma posição mais lisonjeira, a de líder de uma erudição agradável e de uma ciência profunda.

No século passado, a esse respeito tão glorioso para a França, o conhecimento das línguas doutas e o estudo da nossa foram os primeiros frutos do cultivo do espírito. Enquanto a eloquência do púlpito e do tribunal brilhavam radiantes, [**410**] a poesia ostentava todos os seus charmes, a História era avidamente lida, em suas fontes e em traduções elegantes, a Antiguidade parecia nos desvelar seus tesouros, um exame judicioso levava a toda parte a tocha da crítica: a Filosofia reformava as ideias, a Física desbravava novas rotas cheias de luz, as Matemáticas se elevavam à perfeição, enfim, as letras e as ciências se enriqueciam mutuamente, graças ao íntimo contato entre elas.

Esses exemplos dos séculos brilhantes provam que as ciências não poderiam subsistir num país em que as letras não fossem cultivadas. Sem elas, uma nação não teria condições de saborear as ciências e de trabalhar para adquiri-las. Nenhum indivíduo pode se beneficiar das luzes dos outros e se entreter com escritores de todos os países e de todos os tempos se não for douto nas letras ou ao menos não puder contar com letrados como intérpretes. Na falta de tal recurso, o véu que recobre as ciências se torna impenetrável.

Digamos ainda que os princípios das ciências seriam simplesmente repulsivos se as letras não lhes emprestassem algum encanto. Elas embelezam tudo o que tocam, as verdades tornam-se mais sensíveis em suas mãos, graças aos engenhosos torneamentos, às imagens joviais e às ficções com que as oferecem ao espírito. Cobrem com flores as matérias mais abstratas e sabem como torná-las interessantes. Ninguém ignora o êxito com que os sábios da Grécia e de Roma empregaram os ornamentos da eloquência em seus escritos filosóficos.

Os escolásticos, em lugar de marchar sobre os passos desses grandes mestres, não conduziram ninguém à ciência da sabedoria ou ao conhecimento da natureza. Suas obras são feitas de um jargão ininteligível e universalmente desprezado.

Mas, se as letras são como uma chave para as ciências, estas, por seu turno, contribuem para perfeição das letras. As letras não fariam mais do que balbuciar numa nação sem acesso a conhecimentos sublimes. Para torná-las florescentes, é preciso que o espírito filosófico, e por conseguinte as ciências que o produzem, encontre-se no homem de letras ou ao menos no corpo da nação. Ver *Letrados*.

A Gramática, a eloquência, a poesia, a História, a crítica, numa palavra, todas as partes da literatura, seriam extremamente defeituosas se as ciências não as reformassem e as aperfeiçoassem. São necessárias sobretudo às obras didáticas, em matéria de Retórica, de Poética e de História. Para ter êxito nelas, é preciso ser ao mesmo tempo filósofo e letrado. Assim, na antiga Grécia, a erudição polida e o saber profundo eram compartilhados pelos gênios de primeira ordem. Empédocles, Epicarmo, Parmênides, Arquelau, eram tão célebres entre os poetas quanto entre os filósofos. Sócrates cultivou igualmente a Filosofia, a eloquência e a poesia. Seu discípulo Xenofonte soube aliar em sua pessoa o orador, o historiador e o douto ao estadista, ao guerreiro e ao mundano. À menção do nome de Platão, a elevação das ciências e a amenidade das letras se apresentam completas ao espírito. Aristóteles, esse gênio universal, trouxe a luz para todos os gêneros de literatura e todas as partes das ciências. Plínio, Luciano e os outros escritores elogiam Eratóstenes e se referem a ele como um homem que, da maneira mais gloriosa, soube reunir as letras e as ciências.

Lucrécio, entre os romanos, empregou as musas latinas para cantar matérias filosóficas. Varrão, o mais douto de seu país, dividia suas horas vagas entre a Filosofia, a História, o estudo das antiguidades, as pesquisas da Gramática e as distrações da poesia. Bruto era filósofo, orador, e tinha conhecimentos profundos de Jurisprudência. Cícero, que promoveu uma prodigiosa união entre eloquência e Filosofia, chegou a declarar que, se ocupava um lugar de destaque entre os oradores de seu século, devia-o antes às perambulações da academia do que às escolas de retores. A tal ponto a reunião dos talentos e a união entre as letras e as ciências são necessárias à perfeição de cada talento em particular.

Por fim, se o homem dedicado às ciências e o homem de letras têm ligações íntimas, por interesses comuns e necessidades mútuas, também têm em comum a similaridade de suas ocupações, a superioridade de suas luzes, a nobreza de suas perspectivas e o seu gênero de vida, honesto, tranquilo e retirado.

Ouso portanto dizer, sem preconceito em favor das letras e ciências, que são elas as principais responsáveis pelo florescimento de uma nação e disseminam pelo coração dos homens as regras da reta razão e as sementes da doçura, da virtude e da humanidade, tão necessárias ao bem da sociedade.

Concluo com Raoul de Presles, citando-o em sua linguagem arcaica, do século XIV, que "a ociosidade, sem letras e sem ciências, é a sepultura do homem vivo". No entanto, o *gosto* pelas letras, longe de mim dizer a *paixão* pelas letras, está em acentuado declínio neste país, infortúnio cujas causas tentaremos desvendar no verbete *Literatura*.

(PPP)

Língua[1] (*Gramática*), Beauzée [9, 249]

Após ter censurado a definição da palavra *língua* oferecida por Furetière, Frain de Tremblay (*Traité des langues*, cap. 02) diz que "o que se chama de língua é uma sequência ou acúmulo de certos sons articulados, apropriados para serem reunidos em conjunto, de que um povo se serve para significar as coisas e para comunicar seus pensamentos, mas em si mesmos indiferentes para significar uma coisa ou pensamento e não outra". Malgrado a longa explicação que em seguida oferece das diversas partes que entram nessa definição, mais do que da definição mesma e do conjunto de suas partes, pode-se dizer que esse autor não teve mais êxito do que Furetière em nos oferecer uma noção precisa e completa do que é uma língua. Sua definição carece de brevidade, clareza e verdade.

Peca contra a brevidade, pois se propõe a desenvolver, nos mínimos detalhes, a essência dos sons articulados, que não devem ser abordados diretamente numa definição cujos sons não podem ser o objeto imediato.

Peca contra a clareza, ao deixar no espírito, em relação à natureza do que se chama de língua, uma incerteza que o próprio autor experimentou e quis dissipar, com um capítulo inteiro de explicações.

Peca enfim contra a verdade, pois apresenta antes a ideia de um vocabulário que de uma língua. Um vocabulário é de fato uma sequência ou um acúmulo de palavras de que um povo se serve para significar as coisas e comunicar seus pensamentos. Mas não seria preciso mais do que palavras para constituir uma língua? E para sabê-la, seria suficiente aprender o seu vocabulário? Não seria preciso conhecer o sentido principal e os sentidos acessórios que constituem o sentido próprio do uso ligado a cada palavra? Os diversos sentidos figurados de que o uso as torna suscetível? A maneira como ele os modifica, combina e distribui, para que possam concorrer para a expressão dos pensamentos? E como, em quais ocorrências e com que fim ele as liberta da servidão a essa construção? Tudo nas línguas é uso, o material, a significação das palavras, a analogia e a anomalia das terminações, a servidão ou a liberdade das construções, o purismo ou o barbarismo

1 Tradução parcial. (N. T.)

dos conjuntos. Os que falam do uso se dão conta dessa verdade, mas ela é tratada inadequadamente, quando se diz que o uso é o tirano das línguas. A ideia de tirania implica para nós uma usurpação injusta e um governo insensato, quando não há nada mais justo do que o império do uso sobre um idioma, qualquer que este seja, pois só ele pode conferir, à comunicação dos pensamentos, que é o objeto da fala, a universalidade necessária. Nada mais razoável que obedecer a suas decisões, pois do contrário não poderíamos ser compreendidos, o que contraria por completo a destinação das palavras.

O uso não é o tirano das línguas, é o seu legislador natural, necessário e exclusivo. Suas decisões fazem a essência de uma língua; e eu diria que uma língua é a totalidade dos usos próprios a uma nação para exprimir os pensamentos pela voz.

Se uma língua é falada por uma nação composta por muitos povos iguais e independentes entre si, como os gregos antigos ou os italianos e alemães modernos, cada povo pode ter usos próprios sobre a pronunciação ou as terminações das mesmas palavras e utilizar em geral as mesmas palavras e a mesma sintaxe. Esses usos subalternos, igualmente legítimos, constituem os dialetos da língua nacional. Mas se, como os romanos de outrora e os franceses de hoje, a nação inteira se reúne sob um mesmo governo, não pode haver em sua maneira de falar senão um único uso legítimo. Tudo o que se afaste dele na pronunciação, nas terminações, na sintaxe, de qualquer modo que seja, não constitui nem uma língua à parte nem um dialeto da língua nacional, é um sotaque, abandonado ao populacho das províncias, e cada província tem o seu.

Se na totalidade dos usos da voz próprios de uma nação não se consideram senão a expressão e a comunicação dos pensamentos, de acordo com as visões mais universais e mais comuns a todos os homens, o nome *língua* exprime perfeitamente essa ideia geral. Mas, caso se queira ainda abordar as visões peculiares a essa nação e os singulares torneamentos de frase que elas necessariamente ocasionam em sua elocução, o termo *idioma* é o mais conveniente à expressão dessa ideia menos geral e mais restrita.

A diferença que propomos entre língua e idioma não é tão considerável como a que existe entre língua e linguagem, por mais que essas duas palavras pareçam próximas e tenham origem comum. O que determina uma língua é o material das palavras e o seu conjunto, sua relação é com as ideias, as concepções, a inteligência dos que a falam. A linguagem parece estar mais relacionada com o carátar do que fala, com suas visões, com seus interesses. É o objeto do discurso que determina a linguagem, cada um tem a sua segundo suas paixões, diz o abade Condillac, *Essai sur les origines des connaissances humaines*, II, 01, 15. Assim, a mesma nação, com uma mesma língua, pode, em tempos diferentes, adotar linguagens diferentes, se mudarem os seus costumes, as suas visões, os seus interesses. E duas nações com línguas diferentes podem adotar uma mesma linguagem, se tiverem as mesmas visões, os mesmos interesses, os mesmos costumes. É que os costumes nacionais pertencem às paixões nacionais e permanecem estáveis ou se alteram dependendo delas. Com os homens passa-se o mesmo que com as nações. Diz-se que os olhos e os gestos têm uma linguagem, pois foram destinados pela natureza a acompanhar os movimentos que as paixões imprimem e, consequentemente, a exprimi-los com tão mais energia quanto maior a correspondência entre o signo e a coisa significada que o produz.

* * *

[257] Todas as línguas têm um mesmo fim, a enunciação dos pensamentos. Para alcançá-lo, empregam sempre o mesmo instrumento, a voz, que é como que o espírito e o corpo da linguagem. Até certo ponto, passa-se com as línguas, assim consideradas, o mesmo que com os homens que as falam. Distingamos nas línguas o espírito e o corpo, o objeto comum a que se propõem e o instrumento universal de que se servem para exprimi-lo, ou seja, os pensamentos e os sons articulados da voz. Separaremos o que há de necessariamente comum entre elas do que elas têm de próprio sob cada um desses dois pontos de vista, colocando-nos assim em condição de estabelecer princípios gerais razoáveis acerca da geração das línguas, de sua mistura, de sua afinidade e de seu mérito respectivo.

O espírito humano, como eu já disse em outra parte (ver *Gramática*) distingue o pensamento, indivísvel como ele é, em partes, separando, mediante abstração, as diferentes ideias que constituem o seu objeto e as diversas relações que elas têm entre si por referência à sua relação com o pensamento indivisível em que as encontramos. Essa análise, cujos princípios pertencem à natureza do espírito humano, que é a mesma por toda parte, deve mostrar resultados idênticos ou similares, permite abordar as ideias da mesma maneira e estabelecer entre elas a mesma classificação.

Em todas as línguas bem formadas existem palavras destinadas a exprimir seres reais ou abstratos, cujas ideias podem ser objeto de nossos pensamentos, e palavras destinadas a designar as relações entre os seres de que se fala. As palavras do primeiro gênero são declináveis, ou seja, suscetíveis de flexões relativas às perspectivas da análise, que pode abordar os mesmos seres sob diversos aspectos e em diversas circunstâncias. As palavras do segundo gênero são indeclináveis, pois apresentam sempre a mesma ideia sob o mesmo aspecto.

Palavras declináveis têm significação definida ou indefinida. As da primeira classe apresentam ao espírito seres determinados e são de duas espécies, nomes, que determinam os seres pela ideia da natureza, e pronomes, que os determinam pela ideia de uma relação pessoal. As da segunda classe apresentam ao espírito seres indeterminados e subdividem-se em duas espécies, os adjetivos, que os designam pela ideia precisa de uma qualidade ou de uma relação particular, comunicável a muitas naturezas, da qual ela é uma parte, seja essencial, seja acidental, e os verbos, que os designam pela ideia precisa da existência intelectual sob um atributo igualmente comunicável a muitas naturezas.

As palavras indeclináveis dividem-se universalmente em três espécies, preposições, advérbios e conjunções. Preposições designam relações gerais mediante termos abstratos, advérbios designam relações particulares mediante termos determinados, conjunções designam a ligação entre as diversas partes do discurso.

Não falo aqui das interjeições, pois palavras dessa espécie não servem à enunciação dos pensamentos do espírito, apenas à indicação dos sentimentos da alma, não são instrumentos arbitrários da arte de falar, mas signos naturais da sensibilidade, anteriores a tudo o que é arbitrário, e dependem tão pouco da arte da falar e das línguas que não faltam sequer aos mudos de nascença.

Quanto a relações entre ideias particulares, a partir da relação geral entre elas e um mesmo pensamento indivisível, observo que essas relações supõem uma ordem fixa entre os termos. A prioridade é própria do termo antecedente, a posteridade é essencial ao termo consequente. Do que se segue que entre as ideias parciais de um mesmo pensamento há uma sucessão, fundada sobre a relação resultante da referência de cada uma delas a esse pensamento. Dou a essa sucessão o nome de *ordem analítica*, por ser ao mesmo tempo resultado da análise do pensamento e fundamento da análise do discurso, em qualquer língua que ele seja enunciado.

A fala deve, com efeito, ser a imagem sensível do pensamento, como todos hão de concordar. Toda imagem sensível pressupõe, porém, em seu original, partes determinadas, e uma ordem e proporção entre essas partes. Assim, somente a análise do pensamento pode ser objeto natural e imediato da imagem sensível produzida pela fala em todas as línguas, e somente a ordem analítica pode regular a ordem e a proporção dessa imagem sucessiva e fugidia. Essa regra é certa, pois é imutável, a exemplo da natureza mesma do espírito humano, que constitui sua fonte e princípio. Sua influência em todas as línguas é tão necessária quanto universal. Sem esse protótipo original e invariável não poderia haver nenhuma comunicação entre os homens das diferentes épocas do mundo, entre os povos de diversas regiões da terra, nem mesmo entre dois indivíduos quaisquer, pois não haveria um termo imutável de comparação ao qual referir seus respectivos procedimentos.

A partir desse termo comum de comparação, a comunicação é estabelecida em geral por toda parte, com as dificuldades que nascem das diferentes maneiras de se pintar o mesmo objeto. Homens que falam uma mesma língua se entendem entre si, pois pintam o mesmo original sob o mesmo aspecto e com as mesmas cores. Dois povos vizinhos, por exemplo os franceses e os italianos, que com palavras diferentes adotam quase que a mesma construção, chegam facilmente a compreender um a língua do outro, pois na verdade cada um deles pinta o mesmo original, quase que na mesma posição, ainda que com cores diferentes. Dois povos mais afastados, que adotam palavras e construções inteiramente diferentes, por exemplo, os franceses e os latinos, poderiam mesmo assim compreender um ao outro, embora talvez com um pouco mais de dificuldade, e pela mesma razão: um e outro pintam o mesmo objeto original, mas o desenho e o colorido são diferentes.

A ordem analítica é assim o meio universal de comunicabilidade entre todas as línguas e do comércio de pensamentos, que constitui a alma da sociedade; é o termo a que se devem reduzir todas as frases de uma língua estrangeira que se queira aprender [258] de modo certo, razoado e profundo. Todo o resto não é, por assim dizer, senão uma questão de memória, que garante o domínio das decisões tomadas pelo bom uso. Essa consequência, que as reflexões a seguir não farão mais do que confirmar e desenvolver, é o verdadeiro fundamento do método prático de aprendizado da língua latina que proponho no verbete *Método*, e que é o primeiro objeto dos cursos de estudo, públicos ou privados, na Europa de nossos dias. Por causa da universalidade de seu princípio, esse método pode ser aplicado com igual êxito a qualquer língua estrangeira, morta ou viva, que se queira aprender ou ensinar.

Em suma, o que se encontra universalmente no espírito de todas as línguas é a sucessão analítica das ideias parciais que constituem um mesmo pensamento e o uso das mesmas espécies de palavras para representar as ideias parciais abordadas sob os mesmos aspectos. Todas as línguas admitem, porém, diferenças a esse respeito, derivadas do gênio dos povos que as falam e que constituem ao mesmo tempo os principais caracteres do gênio das línguas e a principal fonte da dificuldade de traduzir exatamente uma na outra. [259]

Com relação à ordem analítica, há dois meios pelos quais ela pode se tornar sensível na enunciação vocal do pensamento. O primeiro é dispor as palavras na elocução conforme a mesma ordem que resulta da sucessão analítica das ideias parciais. O segundo é dar às palavras declináveis flexões ou terminações relativas à ordem analítica e, em seguida, regular o arranjo da elocução por outros princípios, capazes de aperfeiçoar de algum modo a arte de falar. Daí a divisão mais universal das línguas em duas espécies gerais, que o abade Girard (tomo I, p.23) chama de *analógicas* e *transpositivas*, nomes que conservarei, pois parecem-me caracterizar muito bem o espírito da distinção.

Línguas analógicas são aquelas cuja sintaxe está submetida à ordem analítica, ou onde a sucessão de palavras no discurso segue a gradação analítica das ideias. A marcha dessas línguas é efetivamente análoga, de algum modo paralela à do próprio espírito, cujas operações ela segue passo a passo.

Línguas transpositivas são aquelas cuja elocução dá às palavras terminações relativas à ordem analítica e que adquirem assim o direito de fazer que no discurso elas sigam uma marcha livre, inteiramente independente da sucessão natural das ideias. O francês, o italiano, o espanhol etc. são línguas analógicas, o grego, o latim, o alemão etc. são línguas transpositivas.

Essa distinção não é excludente, indica apenas a maneira de proceder mais comum. Línguas analógicas não deixam de admitir leves inversões, facilmente reconduzíveis à ordem natural, assim como as transpositivas regulam por vezes sua marcha com base na sucessão analítica ou aproximando-se dela em algum grau. É muito comum que a necessidade de clareza, que é a qualidade mais essencial a toda enunciação, imponha-se ao gênio das línguas analógicas e as afaste da via analítica, quando esta deixa de ser a mais luminosa. Por uma razão contrária, as línguas transpositivas às vezes conduzem seus procedimentos na via analítica, ou podem ainda seguir as impressões do gosto ou as leis da harmonia. Em ambas as espécies de língua, as palavras trazem o selo de um gênio característico. Os nomes, os pronomes e os adjetivos, declináveis por natureza, declinam-se com efeito em todas as línguas transpositivas, a fim de se prestar às inversões usuais sem que desapareçam os traços fundamentais da sucessão analítica. Nas línguas analógicas, essa mesma espécie de palavras não é declinada, pois deve sempre se suceder na ordem analítica, ou afastar-se dela tão pouco que permaneça identificável.

No que concerne a diferentes espécies de palavra, uma mesma ideia específica as caracteriza em todas as línguas, pois essa ideia é o resultado necessário da análise do pensamento, que é necessariamente a mesma em toda parte. Em diferentes indivíduos, porém, há diferenças, como consequência necessária das circunstâncias em que se encontram os povos que falam essas línguas. Essas diferenças constituem um segundo caractere distintivo do gênio das línguas.

Uma primeira diferença é que certas ideias que não são expressas por nenhum termo numa língua qualquer podem ter em outra signos próprios, e bastante enérgicos. É que a nação que fala uma dessas línguas não atinou com conjecturas apropriadas para que nascessem ideias que outra nação teve oportunidade de adquirir. Quantos termos, por exemplo, da tática dos antigos gregos ou romanos, não são impossíveis de traduzir na nossa língua, por ignorarmos o seu uso? O melhor que podemos fazer é oferecer descrições imperfeitas; e se quisermos enunciar essas ideias por termos, os encontramos na língua antiga em questão, ao qual ligamos noções imperfeitas buscadas na nossa. Quantos termos, ao contrário, não temos em nossa língua, que seriam impossíveis de traduzir em grego ou em latim, por serem então desconhecidas algumas de nossas ideias modernas? Os prodigiosos progressos que realizamos nas ciências do raciocínio, no cálculo, na geometria, na mecânica, na astronomia, na metafísica, na física experimental, na história natural etc. introduziram em nossos idiomas uma riqueza de expressões de que não há sombra nos idiomas antigos. Acrescentemos nossos termos de vidraçaria, de marinha, de comércio, de guerra, de modos, de religião etc. e teremos uma fonte prodigiosa de diferenças entre as línguas modernas e as antigas.

Uma segunda diferença entre as línguas com relação às diversas espécies de palavras vem do feitio **[260]** próprio do espírito nacional de cada uma delas, que faz que as mesmas ideias sejam abordadas diferentemente. É preciso observar, na significação das palavras, duas espécies de ideia constitutiva, a ideia específica e a ideia individual. Por ideia específica da significação das palavras entendo o ponto de vista geral que caracteriza cada espécie de palavras, que faz que uma palavra seja antes de uma espécie que de outra, e que, por conseguinte, convém a cada uma das palavras da mesma espécie, e não convém senão a palavras dessa espécie. A diferença entre esses pontos de vista gerais, entre essas ideias específicas, fundamenta as diferenças entre o que os gramáticos chamam de partes da oração, o nome, o pronome, o adjetivo, o verbo, a preposição, o advérbio, a conjunção, a interjeição. A diferença entre os pontos de vista acessórios de que cada ideia específica é suscetível fundamenta a subdivisão da oração em espécies subalternas, por exemplo os nomes em substantivos e abstrativos, em próprios e apelativos etc. Por ideia individual da significação das palavras entendo a ideia singular que caracteriza o sentido próprio de cada palavra e que a distingue de todas as outras palavras da mesma espécie, pois não convém senão a uma única palavra da mesma espécie. Da diferença entre essas ideias singulares derivam as diferenças entre os indivíduos de cada parte da oração, ou de cada espécie subalterna de cada uma das partes da oração; e da diferença entre as ideias acessórias de que cada ideia individual é suscetível depende a diferença entre as palavras da mesma espécie que chamamos de sinônimo. Por exemplo, em francês os nomes *pauvreté*, *indigence*, *disette*, *besoin*, *nécessité*; os adjetivos *malin*, *mauvais*, *mechant*, *malicieux*; os verbos *secourir*, *aider*, *assister* &c. Consulte sobre essas palavras os *Synonymes français* do abade Girard, e, sobre a teoria geral dos sinônimos, o verbete *Sinônimo*.

Percebe-se bem que em cada ideia individual é preciso distinguir a ideia principal da ideia acessória. A ideia principal pode ser comum a muitas palavras de mesma espécie, que então diferem pelas ideias acessórias. Encontra-se aqui uma segunda fonte de diferenças entre as palavras de diversas línguas. Essa ideia principal entra na ideia individual de duas palavras de mesma espécie pertencentes a duas línguas diferentes, sem que essas duas palavras sejam exatamente sinônimas. Numa dessas línguas, a ideia principal pode constituir sozinha a ideia individual e receber na outra alguma ideia acessória, ou então se aliar de um lado com uma ideia acessória e de outro com uma ideia totalmente diferente. O adjetivo *vacuus*, por exemplo, tem no latim uma significação geral, determinada pelas diferentes aplicações. O francês não tem nenhum adjetivo que corresponda exatamente a ela, os diversos adjetivos de que nos servimos para traduzir o *vacuus* dos latinos acrescentam à ideia geral que constitui o seu sentido individual algumas ideias acessórias que supõem na língua latina aplicações particulares e complementos: *Gladius vagini vacuus*, uma espada nua; *vagina ense vacua*, uma bainha vazia; *vacuus animus*, um espírito vazio etc.

Essa segunda diferença entre línguas é um dos grandes obstáculos à tradução, e dos mais difíceis de superar sem que se altere o texto original. É também a causa que até aqui se interpôs à realização de bons dicionários, seja de línguas mortas, seja de línguas vivas. As diferentes ideias parciais, sejam principais ou acessórias, em todo caso ligadas pelo uso à significação de cada palavra, ainda não foram suficientemente analisadas. E não admira. Uma análise como essa supõe não somente uma lógica firme e uma sagacidade considerável, como também uma leitura imensa, uma quantidade prodigiosa de comparações entre textos, e, por conseguinte, uma coragem e uma confiança extraordinárias; e ainda, com relação à glória do êxito, um desinteresse tão raro quanto difícil de encontrar entre os letrados, mesmo entre os mais moderados. Ver *Dicionário*.

(PPP)

Literatura (*Ciências, Belas-Letras, Antiguidade*), Jaucourt, Marmontel [9, 594]

O termo geral *literatura* designa a erudição, o conhecimento das belas-letras e das matérias a elas relacionadas. Ver o verbete *Letras*, onde, fazendo o seu elogio, demonstrou-se sua íntima união com as ciências propriamente ditas.

Trata-se aqui de indicar as causas da decadência da literatura, cujo prestígio diminui a cada dia, ao menos em nossa nação; mas não nos vangloriamos de oferecer um remédio para essa situação.

Vivemos um tempo, neste país, em que o douto não desfruta de nenhuma consideração, ele que, para esclarecer ou corrigir passagens difíceis dos autores da Antiguidade, um detalhe de cronologia ou uma questão interessante de Geografia ou de Gramática, mobiliza toda a sua erudição. É tratado como um pedante, excelente meio para rechaçar os jovens que teriam zelo e talentos para ser bem-sucedidos no estudo das humanidades. E como não há ofensa pior do que ser acusado de pedante, evita-se a todo custo se tornar literato, para fugir da pecha do ridículo.

Não resta dúvida de que uma das principais razões da queda das belas-letras é o costume, introduzido por muitos belos espíritos, [595] verdadeiros ou pretensos, de condenar, como uma ciência escolar, citações de passagens do grego e do latim e outras marcas de erudição. Sua desonestidade é tamanha que voltam sua zombaria contra os escritores mais polidos e sapientes que temos. Quem ousaria, depois disso, aspirar à glória de se tornar douto, orgulhando-se de suas leituras, de sua crítica e de sua erudição?

Se tivessem se contentado em condenar um Hérille, ou os que, para provar um pensamento comum a todas as seitas e a todos os povos civilizados, citam um Platão e um Aristóteles, um Hipócrates e um Varrão, não teriam desencorajado tantas pessoas estimáveis. Mas, com seus ares de desdém, expulsaram do belo convívio e relegaram à ignomínia todo aquele que ousasse confessar ter feito anotações e se nutrido da leitura de autores gregos e romanos.

O efeito dessa censura aviltante foi tão mais nocivo por ela ter sido disfarçada pelo especioso pretexto de alegar que é preciso trabalhar para polir o espírito e para formar o juízo, não para amontoar na memória o que outros disseram ou pensaram.

Quanto mais verdadeira parecia essa máxima, mais atraente se mostrava aos espíritos preguiçosos, autorizando-os a ridicularizar a literatura e o saber. Digamos claramente: a principal motivação dessa gente é aviltar o bem alheio, a fim de aumentar o preço do seu próprio. Incapazes de estudar e de se instruir, culpam ou desprezam os doutos que eles não podem imitar, e por esse meio disseminam, na república das letras, um gosto frívolo, cuja única tendência é de nos mergulhar na ignorância e na barbárie.

Apesar da ácida crítica dos bufões ignorantes, ousamos afirmar que só as letras podem polir o espírito, aperfeiçoar o gosto e emprestar graça às ciências. É preciso mesmo, para ser profundo na literatura, abandonar os autores que não fizeram senão florear, e mergulhar nas fontes da Antiguidade, no conhecimento da religião, da política, do governo, das leis, das maneiras, dos costumes, das cerimônias, dos jogos, das festas, dos sacrifícios e dos espetáculos da Grécia e de Roma. Podemos aplicar aos curiosos por essa vasta e agradável erudição as divertidas palavras de Plauto no prólogo de *Os Menecmos*: "A cena é em Epidamne, cidade da Macedônia; vinde, senhores, e permanecei pelo tempo que dure a peça". (Jaucourt)

Entre a erudição e a literatura há uma diferença que não é observada no artigo correspondente a esta última.

A literatura é o conhecimento das belas-letras; a erudição é o conhecimento dos fatos, lugares e tempos, dos monumentos antigos e dos trabalhos dos eruditos, para esclarecer os acontecimentos, fixar as épocas, explicar os monumentos e os escritos dos antigos.

O homem que cultiva as letras desfruta dos trabalhos do erudito; e quando, auxiliado pelas luzes deste, adquire o conhecimento dos grandes modelos, em poesia, em eloquência, em história, em filosofia moral e política, seja de séculos passados, seja de tempos mais modernos, torna-se um literato profundo. Ele não sabe o que os escoliastas disseram de Homero, mas sabe o que Homero disse. Ele não confrontou as lições de Juvenal e de Aristófanes, mas conhece Aristófanes e Juvenal. O erudito pode ou não ser um bom literato, pois um discernimento requintado, uma memória privilegiada e corretamente aparelhada pressupõem mais do que estudo. Igualmente, pode ser que o literato careça de erudição. Quando essas duas qualidades se reúnem, resulta disso um douto, e um homem excepcionalmente culto. Contudo, um e outro não perfazem um letrado. O dom de produzir é o que caracteriza este; e com espírito, talento e gosto, ele pode produzir obras engenhosas, sem qualquer erudição e com pouca literatura. Freret foi um erudito profundo, Malesieux, um grande literato, Marivaux, um letrado. (Marmontel)[1]

(PPP)

Lógica (*Filosofia*), Jaucourt [9, 637]

A *Lógica* é a arte de pensar com justeza, ou de fazer um uso adequado de nossas faculdades racionais, na definição, na divisão e no raciocínio. Essa palavra deriva de λόγος, termo grego que traduzido em latim é o mesmo que *sermo*, ou discurso, pois o pensamento não é mais do que uma espécie de discurso interior e mental, em que o espírito conversa consigo mesmo.

A Lógica é muitas vezes denominada *dialética*, ou também *arte canônica*, por ser um cânon ou regra de direção em nossos raciocínios.

Como para pensar justo é necessário perceber bem, julgar bem, discorrer bem e ligar metodicamente as ideias, segue-se que a apreensão ou percepção, o juízo, o discurso e o método são os quatro artigos fundamentais dessa arte. A Lógica é formada por nossas reflexões sobre essas quatro operações do espírito.

Lorde Bacon deriva a divisão da Lógica em quatro partes a partir dos quatro fins aos quais o homem pode se propor. Pois, se um homem raciocina, é ou para encontrar algo que busca, ou para pensar a partir do que encontrou, ou para reter o que julgou, ou ensinar aos outros o que ele reteve. Nascem

1 O trecho de Marmontel foi publicado no suplemento de 1776, sem a supervisão de Diderot. (N. T.)

daí os tantos ramos da arte de raciocinar, a saber, a arte da pesquisa, ou da invenção, a arte do exame, ou do juízo, a arte de reter, ou da memória, a arte da elocução, ou de enunciar.

Por causa dos abusos que costuma sofrer, a Lógica caiu numa espécie de descrédito. As escolas a sobrecarregaram de tal maneira com termos e frases bárbaras, misturaram-na a tantas sutilezas inúteis e vãs que ela se parece com uma arte cujo fim principal é exercitar o espírito em querelas e disputas, e não ajudar a pensar com justeza. É verdade que em suas origens ela foi mais uma arte de pontear do que de raciocinar. Os gregos, junto aos quais ela surgiu, eram uma nação que se orgulhava do talento de falar no calor da hora e de saber sustentar as duas faces de um mesmo sentimento; daí que seus dialéticos, por terem sempre armas à disposição, tenham inventado não sei quais conjuntos de palavras e termos, convenientes a contendas e disputas, mas não a regras e razões realmente úteis.

A Lógica era então mera arte de palavras, desprovidas de sentido, porém maravilhosamente calculadas para esconder a ignorância em vez de aperfeiçoar o juízo, para jogar com razão em vez de fortificá-la e para desfigurar a verdade em vez de esclarecê-la. Diz-se que os seus fundamentos teriam sido lançados por Zenão de Eleia, que floresceu em torno do ano 400 a.C. Os peripatéticos e os estoicos ergueram prodigiosos batimentos sobre essas fundações, mas seus edifícios enormes não eram muito sólidos. Diógenes Laércio oferece na vida de Zenão um compêndio abreviado da dialética estoica, no qual se encontram muitas quimeras e sutilezas inúteis ao aprimoramento do raciocínio. Sabe-se que os antigos sofistas tinham o propósito de jamais ser breves, e de sustentar sempre os prós e os contras, com igual facilidade, a respeito de qualquer assunto. Encontraram na dialética numerosos recursos para esse belo talento, **[638]** e apropriaram-se dela para seu uso. Essa herança não permaneceu estéril quando foi recebida pelos escolásticos, que acrescentaram o ridículo às noções estabelecidas. *Universais*, *categorias* e outras bagatelas compunham a essência de sua Lógica, e tornaram-se objeto de todas as meditações e disputas. Tal foi o estado da Lógica, de suas origens até o século passado; e tal foi a razão para que ela tenha caído em descrédito, a ponto de ainda hoje muitos não se darem ao trabalho de estudá-la. E, na verdade, é preciso reconhecer que a maneira como se costuma tratar a Lógica nas escolas contribui consideravelmente para reforçar o desprezo que muitas pessoas têm por essa ciência.

Com efeito, seja por causa de uma voz, já desgastada, de deferência pelos antigos, seja por alguma outra quimera do gênero, certo é que os ponteios da antiga escola continuam a reinar nas nossas, em que tudo se passa como se a tarefa fosse tornar a filosofia ridícula e irremediavelmente repulsiva. Que se abram os cadernos de ditados dos universitários: encontrar-se-ão ali questões totalmente irrelevantes, como estas: saber se a filosofia, tomada de modo coletivo e/ou de modo distributivo, está alojada no entendimento ou na vontade; se o ser é unívoco em relação à substância e acidente; se Adão tinha a filosofia como a conhecemos; se a Lógica especial, que é ensinada, distingue-se ou não da Lógica prática, habitual; se os graus metafísicos distinguem-se no indivíduo realmente ou virtualmente; se a relação entre o pai e seu filho termina nesse filho considerado absolutamente ou relativamente; se é possível provar que os corpos ao nosso redor realmente existem; se a matéria secundária, ou elemento sensível, encontra-se em estado misto, e se nesse estado a matéria pode ser solvida em matéria primordial; se toda virtude encontra-se ou não de modo causal ou formal no meio-termo entre um ato mau por excesso e outro mau por carência; se o número dos vícios é paralelo ao das virtudes; se, falando sincategoricamente, o concreto e o abstrato...

Pouparei o leitor de uma infinidade de outras questões não menos ridículas, que se oferecem como exercício ao espírito dos jovens. Pretende-se justificá-las, alegando-se que esse exercício é muito útil e torna o espírito sutil. Reconheço que é assim. Mas se todas essas questões, que estão bem distantes de nossas necessidades, dão alguma penetração e extensão ao espírito que as cultiva, não é por lhe fornecer regras de raciocínio, mas unicamente por lhe propiciar exercício. Ora, exercício por exercício, a vida é tão curta que valeria mais a pena exercitar o espírito, a precisão e todos os demais talentos, a propósito de questões de utilidade e de matérias de experiência. Não há quem não perceba que essas matérias convêm a todos os estados, e que os espíritos jovens se apoderariam delas com ardor, pois são inteligíveis; mas seria tarde demais querer ensiná-las, quando necessidades de outra ordem já solicitaram as suas capacidades.

O jargão inteligível e o amontoado de questões frívolas e pueris com que a escola entretém os estudantes é algo imperdoável, sobretudo depois que homens inspirados, amparados por um gênio vivo e penetrante, trabalharam para aperfeiçoá-la e apurá-la, e ensinaram-na a falar uma língua mais verdadeira e mais interessante.

Descartes, que restaurou as verdadeiras prerrogativas do raciocínio, foi o primeiro a obter um novo método de raciocínio, bem mais respeitável que a sua própria filosofia, em boa parte falsa ou incerta, de acordo com as próprias regras que ele ensina. Devemos a ele essa precisão e essa justeza que reinam não somente em nossas boas obras de física e metafísica, como também nas de religião, moral e crítica. Em geral, os princípios e métodos de Descartes tiveram grande utilidade, pois nos acostumaram a realizar com maior exatidão a análise das palavras e das ideias, a fim de entrarmos com mais segurança na rota da verdade.

O método de Descartes deu à luz a Lógica dita *arte de pensar*. A obra que traz esse título continua a gozar de boa reputação [Arnauld e Nicole, *Logique, ou art de penser*, ou *Lógica de Port-Royal*]. O tempo, que tudo destrói, confirma e reitera a admiração por ela. É uma obra louvável, sobretudo pelo cuidado com que evita muitas das questões mais frívolas. As matérias consideradas relevantes pelos lógicos da época em que foi redigida são tratadas numa linguagem mais inteligível que a de qualquer outra obra escrita em francês. A exposição de tais matérias também é mais útil, graças à aplicação das regras a diversas coisas que se apresentam com frequência, seja nas ciências, seja no comércio da vida civil, contrariamente ao costume dos lógicos vulgares, que mal aplicam suas regras a usos que interessem às gentes de bem. Muitos dos exemplos que oferece são bem escolhidos, o que ajuda o espírito a prestar atenção e a recordar-se das regras. Adota muitos dos pensamentos de Descartes, mas põe de lado outros, que não se encontram bem resolvidos nessa filosofia.

Após a *Arte de pensar*, surgiram numerosas obras excelentes no gênero, das quais destacam-se duas, o *Ensaio sobre o entendimento humano*, do Sr. Locke, e a *Recherche de la vérité*, do padre Malebranche; ambas contribuíram muito para o aperfeiçoamento da Lógica.

O Sr. Locke foi o primeiro que tentou identificar as operações do espírito humano de modo imediato, a partir da natureza, sem se deixar levar por opiniões escoradas antes em sistemas do que na realidade, e nisso a sua filosofia parece estar para as de Descartes e de Malebranche como a história está para os romances. Ele examina cada tópico a partir das ideias mais simples, e assim obtém, pouco a pouco, verdades de interesse. Ele mostra que os princípios de Descartes são falsos, através de uma análise das ideias que estão por trás deles. Distingue engenhosamente a ideia de *espírito* daquela de *juízo*: o espírito reúne prontamente ideias que têm alguma relação entre si, para compor pinturas aprazíveis; o juízo encontra a menor das diferenças entre ideias que de resto são muito semelhantes – e conclui que é mais fácil ter muito espírito do que juízo suficiente. No que se refere a ideias simples, o Sr. Locke judiciosamente observa que os homens diferem menos quanto aos sentimentos do que quanto às palavras com que os expressam. Desse autor, pode-se dizer, em geral, que ele mostra uma inclinação pela verdade que o faz amar o caminho que leva a ela.

Quanto ao padre Malebranche, sua reputação no mundo filosófico é tão alta que parece **[639]** inútil observar no quê ele foi o mais distinto dos filósofos. De início, não era mais do que um cartesiano puro; mas deu um revestimento tão brilhante à doutrina de Descartes que o discípulo contribuiu mais para divulgá-la, com sua imaginação e o charme de suas expressões, do que fizera o mestre com o encadeamento de seus raciocínios e a invenção de seus diversos sistemas. O grande talento do padre Malebranche consiste em extrair de uma opinião todas as consequências importantes que se possa imaginar, e mostrar os seus princípios perfilados de tal maneira que, sob a luz em que são mostrados, é impossível não se render a eles.

Os que não seguem esse filósofo às cegas dizem que basta detê-lo em seu primeiro passo, que essa é a melhor e mais breve maneira de refutá-lo e ter clareza quanto à ideia que se deve fazer de seus princípios. Reduzir-se-iam a cinco ou seis, que merecem toda a atenção, pois se os ignorarmos teremos que acompanhá-lo por um caminho tortuoso. Esse filósofo mostra, sob todas as luzes, as dificuldades da opinião que refuta e, com a ajuda do desprezo que inspira por elas, propõe a sua, através do meio mais plausível;

logo em seguida, sem mais, supõe que ela seria incontestável, e não vê, ou finge não ver, o que se opõe ou poderia ser oposto a ela.

Além dessas obras, temos ainda um bom número de lógicas bem desenvolvidas. As mais importantes são as seguintes.

A Lógica do Sr. Leclerc tem uma vantagem considerável sobre outras, pois contém muitas coisas úteis ao mesmo tempo em que é muito mais curta que as demais. O autor mostra ali a inutilidade de um bom número de regras ordinárias de Lógica, que ele relaciona e explica com clareza. Tendo formado o plano de seu livro a partir do *De intelecto humano* [*On the conduct of the understanding*], de Locke, a quem ele dedica a obra, discute a natureza e a formação das ideias de maneira mais justa e mais plausível do que as lógicas precedentes. Aproveitou o que há de melhor na *Lógica, ou arte de pensar*, da qual extrai exemplos interessantes. O principal mérito de sua obra são os empréstimos que toma de outras; mas ele faria bem em esclarecer as obscuridades de Locke e em evitar certas reflexões deste, tão distantes do senso comum como dos princípios da moral.

O objetivo que o Sr. Crouzas se propõe em seu livro é considerável. Pretende reunir ali os princípios, as máximas, as observações que possam contribuir para dar ao espírito mais extensão, mais força, mais desenvoltura, para que assim possa compreender a verdade, descobri-la, comunicá-la etc. A partir desse plano, um tanto vasto para uma simples Lógica, aborda os objetos mais importantes da Metafísica. Quis coligir as opiniões dos filósofos de nossa época a respeito das diversas operações do espírito, quando bastaria citar o livro do Sr. Locke, ao qual, aliás, o Sr. Crouzas não dá a merecida atenção. Em mais de um lugar há ocasião para reflexões sutis e judiciosas, mas muitas delas não são suficientemente desenvolvidas. Os objetos parecem não ser preparados pelo que os precede, nem justificados pelo que se segue a eles. A elocução por vezes negligente prejudica muito a clareza, especialmente exigida por matérias abstratas. A obra adquiriu diversas formas, e cresceu muito ao longo dos anos. Porém, todos os elogios do Sr. Fontenelle, de resto justificados, não contribuem para embelezá-la ou aumentar a sua verdade. A melhor edição para os estudantes é a de 1712, em dois volumes *in-12*, pois é a mais despojada; quanto às outras, estão como que submersas em ornamentos.

Tais são os juízos do padre Bussier sobre as diferentes obras de Lógica. Sua grande contribuição é ter distinguido perfeitamente a verdade própria da Lógica daquela das outras ciências. Há algo de novo e de original em todos os escritos desse padre, que propôs uma espécie de enciclopédia, numa obra *in-fólio* intitulada *Cours des sciences*. O estilo correto torna agradável a leitura desse livro, que versa sobre as ciências mais espinhosas. O autor encontrou um meio de transformar os espinhos em flores, e o que as ciências têm de fatigante em algo capaz de distrair a imaginação. Não haveria o que acrescentar à precisão e ao encadeamento dos raciocínios e das objeções com que ele abarca cada um dos assuntos de que trata. A maneira fácil, e mesmo jovial, com que ele expõe as coisas lança uma clareza considerável sobre as matérias mais abstratas.

O Sr. Wolff conduziu os princípios e as regras da Lógica à demonstração. Não existe nada mais exato sobre essa ciência do que a grande lógica latina desse filósofo, cujo título por extenso é o seguinte: *Philosophia rationalis, sive logica methodo scientificâ pertractata, & ad usum scientiarum atque vitoe aptata. Proemittitur discursus proeliminaris de philosophia in genere.*

Mais recentemente, surgiu um livro intitulado *Essai sur l'origine des connaissances humaines*. Seu autor é o abade de Condillac. É o sistema do Sr. Locke, mas aperfeiçoado ao extremo. Não podemos acusá-lo, como ao Sr. Leclerc, de ser um copista servil do filósofo inglês. A precisão francesa corrigiu todas as digressões, repetições e desordens que reinam da obra do inglês, e a clareza, companheira habitual da precisão, lançou uma viva luz sobre todas as obscuridades e dificuldades do original. O autor propõe-se, a exemplo do Sr. Locke, estudar o espírito humano, não para descobrir a sua natureza, mas para conhecer as suas operações. Ele observa a arte com que elas se combinam, e como devemos conduzi-las a fim de adquirir toda a inteligência de que somos capazes. Remontando até a origem das ideias, desenvolve a sua geração, segue-as até o limite que lhes foi prescrito pela natureza e fixa, assim, a extensão e as fronteiras de nossos conhecimentos. A ligação de ideias, seja com signos, seja entre elas, é a base e o fundamento de seu sistema. Em prol desse princípio, em si mesmo tão simples, e tão fecundo em suas consequências, ele mostra qual é a fonte de nossos conhecimentos, quais são os seus materiais, como eles são trabalhados, quais os instrumentos empregados e a maneira de se servir deles. Esse princípio não é nem uma proposição vaga nem uma máxima abstrata, e tampouco é uma suposição gratuita; é uma experiência constante, cujas consequências são confirmadas, sem exceção, por novos experimentos. Para executar seu desígnio, ele toma as coisas tão do alto quanto possível. De um lado, ele remonta à percepção, pois é a primeira operação que se pode observar na alma, e mostra como, e em qual ordem ela produz todas as operações cujo exercício podemos adquirir; de outro, ele começa pela linguagem de ação, explica como ela produziu todas as artes que são próprias à expressão do pensamento, a arte do gesto, a dança, a fala, a declamação; a arte da notação, as pantomimas, a música, a poesia, a eloquência, a escrita, e os diferentes caracteres das línguas. [**640**]

Essa história da linguagem serve para mostrar as circunstâncias em que os signos foram imaginados, dá a conhecer o seu verdadeiro sentido, ensina a prevenir contra o seu abuso, e não deixa nenhuma dúvida acerca da origem das ideias. Por fim, após ter desenvolvido os progressos das operações da alma e da linguagem, ele indica os meios através dos quais o erro pode ser evitado e mostra as rotas que devem ser seguidas, seja para realizar descobertas, seja para instruir os outros a respeito das já realizadas. De acordo com esse autor, as sensações e as operações de nossa alma são os materiais de todos os nossos conhecimentos, mas é a reflexão que os põe à obra, ao buscar, através de combinações, as relações que elas contêm. Gestos, sons, cifras, letras, tais são os instrumentos de que ela se serve, por estranhos que sejam a nossas ideias, para elevar-nos aos conhecimentos mais sublimes. Essa ligação necessária dos signos com nossas ideias, cuja existência Bacon suspeitava e Locke entreviu, foi aprofundada por Condillac com perfeição. O Sr. Locke imaginara que tão logo a alma tenha recebido ideias através dos sentidos, ela pode, voluntariamente, compô-las, reuni-las em conjunto com variedade infinita e fazer assim toda sorte de noções complexas. Mas sabe-se que na infância experimentamos sensações muito antes de saber como extrair delas qualquer ideia. Portanto, como a alma não tem o exercício de todas as suas operações desde o início, é essencial, para melhor desenvolver os recursos do entendimento humano, mostrar como ela adquire esse exercício e como progride nessa aquisição. O Sr. Locke, como eu disse, não fizera mais do que entrever tudo isso, e ao que parece ninguém antes de Condillac o censurara ou tentara suprir essa parte de sua obra. Para concluir o que tenho a dizer sobre esse livro, acrescento que seu principal mérito é ser bem composto, permeado por esse espírito de análise, por essa ligação de ideias, proposta como o princípio mais simples, mais luminoso e mais fecundo a que o espírito humano deve todos os seus progressos, ainda que não se dê conta de sua influência.

Quaisquer que sejam as formas que a Lógica adquiriu nas tantas mãos diferentes pelas quais ela passou, todos concordam, no entanto, que ela é um método que nos permite descobrir o verdadeiro e evitar o falso, não importa o objeto a que seja aplicada. Por isso, a Lógica é chamada de órgão da verdade, *chave das ciências*, e *guia dos conhecimentos humanos*. Ao que parece, ela pode muito bem cumprir essas funções, desde que dirija bem nossos juízos; e tal é, em minha opinião, o seu único fim.

Pois, se eu dominar a arte de julgar de maneira sadia todos os objetos sobre os quais minha razão pode ser exercida, certamente terei, como decorrência, a Lógica universal. Quando disso eu concluir que não há no mundo outra regra para dirigir a primeira e a terceira operação do espírito, vale dizer, a simples representação dos objetos e a conclusão dos silogismos, minha lógica estará completa. Vê-se por aí que a primeira e a terceira operação são essencialmente juízo, seja em sua totalidade, seja em suas partes, ou pelo menos a primeira e a terceira operação por si mesmas tendem ao juízo como seu fim último. Estou assim autorizado a concluir que o fim último da Lógica é dirigir nossos juízos e nos ensinar a julgar bem, de tal sorte que tudo o mais que se relacione a ela deve referir-se inteiramente a esse fim. O juízo é, portanto, o único fim da Lógica. Muitos filósofos ergueram-se contra essa opinião, alegando que a Lógica tem por fim as quatro operações do espírito; mas, para ver o quanto eles se enganam, basta apontar para o equívoco produzido pela palavra *fim*.

Há quem veja na Lógica uma espécie de inteligência absoluta, ou de divindade que prescreve leis às quais o universo deve se dobrar; mas essa pretensa divindade é uma quimera. Mas o que é a Lógica? Nada mais do que uma série de reflexões, escritas ou não, chamadas *regras*, para facilitar e dirigir o espírito em suas operações da melhor maneira possível; eis aí, a bem da verdade, o que é a Lógica. E qual é o seu fim? É a meta que um ser inteligente se propõe para si mesmo.

Dito isso, perguntar-se se a Lógica tem como fim tais ou tais operações da alma é perguntar se uma série de reflexões, escritas ou não, têm como fim tal ou tal coisa. Que sentido poderia ter uma proposição dessa natureza? Não são as reflexões mesmas ou a série delas que podem ter um fim, mas unicamente aqueles que fazem ou fizeram tais reflexões, vale dizer, não é a Lógica que tem ou pode ter um fim, mas unicamente os lógicos. A palavra fim, *finis*, não tem nenhum sentido determinado, quando atribuída a coisas inanimadas e não a pessoas, que unicamente são capazes de ter e de propor um fim.

Qual é então o verdadeiro sentido destas palavras, *finis operis*? É o fim que se propõem os que se dedicam a obras dessa espécie, e o fim do artesão, *finis operantis*, é o fim particular que se proporia alguém que se dedicasse à mesma espécie de obra. Pode-se dizer que o fim da pintura é representar os objetos corpóreos através de lineamentos e cores, pois costuma ser esse o fim dos que trabalham com a pintura. Mas o fim do pintor é um fim particular, diferente desse fim comum, a saber, ganhar dinheiro, adquirir reputação ou simplesmente se distrair. Qualquer que seja o sentido em que se tome a palavra, o fim da arte é sempre aquilo a que ela se propõe; mas não é a arte mesma que os propõe, pois a arte não é mais do que uma série de reflexões, e sim aqueles que ensinam ou estudam essa arte.

Vistas as coisas sob essa luz, o que resta da questão *qual é o fim da Lógica?* Resolve-se por si mesma: qual o fim que se propuseram os que deram regras e reuniram essa série de reflexões que se chama *arte* ou *ciência da Lógica*? Ora, tal questão é uma mera questão de fato, pois os fins da Lógica serão tantos quanto forem os diferentes lógicos.

Como a maior parte deles deu regras e dirigiu suas reflexões para a forma e a prática do silogismo, o fim da Lógica, nesse sentido, é a maneira de fazer silogismos em todas as espécies de modos e figuras, e esse artifício é ensinado nas escolas. Mas uma Lógica em que os autores tenham considerado pouco importante o emaranhado de regras e reflexões necessárias para fazer silogismos em toda espécie de modos e figuras, uma Lógica com esse caráter não teria, eu afirmo, o fim da Lógica comum, uma vez que o lógico não se propôs esse fim. **[641]**

Todavia, há um fim comum a todos os lógicos: chegar à *verdade interna*, vale dizer, a uma justa ligação de ideias, para formar juízos verdadeiros, dotados de *verdade interna* e não de *verdade externa*, que alguns lógicos confundem com a primeira, o que os impede de ver qual seria o fim da Lógica em especial.

Pergunta-se ainda se a Lógica é uma ciência; é fácil de responder a essa questão. Merece esse título, se se chama de *ciência* todo conhecimento infalível adquirido com recurso a certas reflexões e regras, e quem tenha o conhecimento da Lógica saberá separar infalivelmente uma consequência verdadeira de uma falsa.

Mas é ela uma arte? Questão tão fácil de responder quanto a precedente. É uma *ciência* ou uma *arte*, dependendo do sentido que se ligue a essas palavras. Pode-se chamar de *arte* o que tenha por objeto alguma coisa material ou então toda disposição adquirida que nos leva a realizar certas operações espirituais ou corpóreas através de certas regras ou reflexões. Agrada aos lógicos discutir se a Lógica é ou não uma arte, mas nem sempre os agrada reconhecer para seus discípulos que tal questão é pueril, e meramente nominal.

Põe-se ainda nas escolas outra questão, saber se a Lógica artificial é necessária para adquirir todas as Ciências em sua perfeição. Para responder a essa questão, é preciso apenas examinar o que é a Lógica artificial. Pois essa Lógica é uma série de observações e regras feitas para dirigir as operações de nosso espírito, do que se segue que ela não é absolutamente necessária. Pois, para que o nosso espírito opere bem, não é necessário estudar como chega a fazê-lo. É um instrumento que Deus fez, e que é muito bem feito. É inteiramente inútil discutir, em termos de metafísica, o que é o nosso entendimento e de que peças ele é composto; é como se as pernas do homem tivessem que ser dissecadas para que ele aprendesse a andar. Nossa razão e nossas pernas realizam perfeitamente bem as suas funções sem tantas anatomias e preâmbulos, basta exercitá-las, sem pedir delas mais do que podem dar. De resto, se o espírito humano não pudesse realizar bem as suas operações sem o recurso da Lógica artificial ele não poderia ter certeza de que as regras que estabelece são bem feitas. Está provado, no verbete *Silogismos*, que estes tampouco são necessários para a descoberta da verdade.

A Lógica divide-se em *docente* e *utente*, a douta é o conhecimento das regras e dos preceitos da Lógica, a hábil é a aplicação dessas mesmas regras. Pode-

-se chamar a primeira de *teórica*, a segunda de *prática*; elas precisam uma da outra. Regras aprendidas e compreendidas não tardarão a ser esquecidas se não houver o exercício de sua aplicação, assim como a dança ou a equitação serão facilmente esquecidos se o seu exercício for interrompido. Alguém se vê como um lógico porque fez um curso de Lógica; mas quando se trata do fato e da aplicação, sua lógica é defeituosa. Ele plantou uma boa semente, mas não soube cultivá-la.

É preciso dizer que o êxito da Lógica artificial depende muito da Lógica natural; e esta varia, encontra-se nos homens em diferentes graus. Assim como um é naturalmente mais forte ou mais ágil do que seu camarada, também há os que são melhores lógicos, vale dizer, que têm o espírito mais aberto e o juízo mais sólido.

A experiência prova que entre doze discípulos que estudaram a mesma ciência sob o mesmo mestre há sempre uma gradação, que deriva em parte do talento, em parte da educação. Pois a Lógica natural, adquirida, também tem os seus graus. Um mesmo talento pode ser cultivado com maior ou menor atenção, ou em circunstâncias mais ou menos favoráveis. E, assim, essa diversidade de disposições, naturais ou adquiridas, trazidas para o estudo da Lógica artificial, determina o progresso que nela se realiza.

(**PPP**)

Metafísica, Diderot [10, 440]

Ciência das razões das coisas. Tudo tem a sua metafísica e a sua prática. A prática sem uma razão e a razão sem um exercício formam apenas uma ciência imperfeita. Interrogai um pintor, um poeta, um músico, um geômetra, e o obrigareis a explicar as operações de sua arte, ou seja, a chegar até a metafísica dessa arte. Quando o objetivo da Metafísica é restringido a considerações vazias e abstratas sobre o tempo, o espaço, a matéria, o espírito, ela é uma ciência desprezível; mas, considerada a partir do verdadeiro ponto de vista, é outra coisa. Somente a difamam os que não têm penetração suficiente.

(**PPP**)

Signo (*Metafísica*), Autor desconhecido [15, 188]

Signo é tudo o que é destinado a representar uma coisa. O signo contém duas ideias, uma da coisa que representa, outra da coisa representada; sua natureza consiste em excitar a segunda mediante a primeira.

Podem-se fazer diversas divisões de signos, mas nos contentaremos aqui com três, as mais úteis.

Distingo três espécies de signos, 1º Signos acidentais, ou objetos que circunstâncias particulares ligaram a algumas de nossas ideias, de sorte que são apropriados para despertá-las; 2º Signos naturais, ou gritos que a natureza estabeleceu para sentimentos de alegria, medo, dor etc.; 3º Signos de instituição, que nós mesmos escolhemos e que não têm com nossas ideias senão uma relação arbitrária. Estes últimos são necessários para que o homem controle o exercício de sua imaginação.

(PPP)

Signo (Álgebra), *d'Alembert* [15, 188]

Em álgebra, *signo* se diz dos caracteres + e –, mais e menos, colocados à frente das quantidades algébricas. Ver *Caractere*, *Álgebra* etc.

Para signos de igualdade, ver *Igualdade*.

Signo radical é o signo √, que se coloca antes de uma quantidade radical.

(PPP)

Signo (Astronomia), *d'Alembert* [15, 188]

Em astronomia, signo é a duodécima parte da eclíptica ou do zodíaco, ou uma porção desse círculo que contém trinta graus.

Os antigos dividiram o zodíaco em doze segmentos, denominados *signis*. A começar pelo ponto de intersecção da eclíptica com a equinocial, esses signos foram designados a partir das doze constelações que desde o tempo de Hiparco ocupam esses segmentos. Mas essas constelações mudaram tanto de lugar, como efeito da precessão do equinócio, que Áries se encontra atualmente em Touro, Touro em Gêmeos etc.

Os nomes dos doze signos, em ordem, são os seguintes: Áries ou Carneiro, Touro, Gêmeos, Câncer ou Caranguejo, Leão, Virgem, Libra ou Balança, Escorpião, Sagitário ou Centauro, Capricórnio, Aquário, Peixes. Pode-se vê-los com suas respectivas estrelas nas pranchas correspondentes aos seus artigos.

Distinguem-se os signos em relação à estação do ano, em que o Sol se instala neles, em signos de primavera, de verão, de outono e de inverno.

Os signos da primavera são Áries, Touro, Gêmeos; os do verão são Câncer, Leão, Virgem; os do outono são Libra, Escorpião, Sagitário; os de inverno são Capricórnio, Aquário, Peixes.

Os signos da primavera e os do verão são ditos setentrionais, os de outono e de invernos são ditos meridionais, pois durante a primavera e o verão o Sol está sobre o hemisfério setentrional da Terra, por nós ocupado, e durante o outono e o inverno está sobre o hemisfério meridional.

(PPP)

Signo (Medicina Semiótica), *Autor desconhecido* [15, 188]

Chama-se *signo* todo efeito aparente por meio do qual chega-se ao conhecimento de um efeito mais escondido, que se furta ao testemunho dos sentidos. Assim, o fenômeno ou sintoma pode tornar-se um signo quando se deixa de considerá-lo abstratamente e nos servimos como que de uma tocha para penetrar no interior do homem são ou doente. O pulso, por exemplo, é um fenômeno que se destaca na economia animal. Farei dele um signo, se por meio dele remontar ao conhecimento do movimento do sangue e da vida, se, quando o encontro regular, concluo que o sujeito é saudável, ou quando, instruído por suas diversas irregularidades, descubro diferentes doenças. Todas essas diferentes modificações podem ser tantos signos que me esclarecem quanto ao conhecimento da saúde ou das doenças. Não há ação, não há efeito sensível do corpo humano que não possa fornecer um signo qualquer. Todos os efeitos são signos de suas causas, mas devem estar sempre fundados sobre a observação reiterada, a fim de que a correspondência, a relação entre o signo e a coisa significada sejam solidamente estabelecidos. A dificuldade de conhecer e fixar essa relação é o obstáculo que se impôs aos primeiros semiólogos e que deve lhes ter custado um trabalho e um tempo infinitos. Ver *Semiótica*. Quantas observações não foram necessárias para decidir e constatar o valor dos diversos signos ou mesmo de um único signo em diferentes sujeitos, das diferentes doenças e das diversas circunstâncias? É a Hipócrates que a ciência dos signos deve principalmente agradecer. O primeiro semiótico foi o maior que jamais existiu. Nenhum médico depois dele, embora enriquecido pelos tesouros desse ilustre legislador da medicina, pôde ir além. Poucos se igualaram a ele, poucos souberam pôr em prática todos os signos que ele estabeleceu.

Por intermédio dos signos podem-se adquirir três espécies de conhecimento: remontar aos tempos passados e instruir-se, pelos efeitos presentes, dos efeitos que os precederam; dissipar a obscuridade que recobre objetos presentes; lançar um olhar penetrante sobre eventos futuros. Chamam-se *anamnésicos* todos os signos que nos recordam o estado em que o corpo se encontrou por um período de tempo, mais longo ou mais curto. Entre estes, contam marcas em diferentes partes do corpo, que dão a conhecer a varíola que as precedeu; cicatrizes, sinais de ferimentos passados etc. Os que nos esclarecem sobre o estado presente de saúde ou doença, chamados *diagnósticos*, variam muito na doença e podem ter por objetivo determinar o gênero, a espécie, o caráter particular, a sede etc. da afecção presente. Por fim, deu-se o nome de *prognósticos* a todos os signos que permitem ao médico ler no futuro um estado de saúde ou de doença, são signos extremamente vagos, difíceis de apreender e de avaliar corretamente, que requerem o hábito da observação, muito trabalho e penetração. Os benefícios que trazem compensam amplamente essas dificuldades.

Há signos comuns a diferentes doenças, chamados *equívocos*. Eles indicam coisas diferentes de acordo com as circunstâncias em que se encontrem. Tal é, por exemplo, a urina transparente, que em febres agudas anuncia o delírio, nas cólicas de nefrite o paroxismo iminente, assim como nas pessoas com gases e em febres intermitentes, e que outras vezes é consequência e signo da ingestão abundante de líquidos.

Outros signos são mais distintivos. Deu-se a eles o nome de *patognomônicos*, pois têm sempre a mesma significação e não podem existir a não ser que exista a coisa significada. [189] Tais são a aceleração do pulso na febre, a excreção de esperma na gonorreia etc. É raro encontrar doenças caracterizadas por um único signo patognomônico. A maior parte delas se distingue pelo conjunto de muitos signos que só se tornam patognomônicos quando reunidos em conjunto. Tal é a pleurisia, marcada pelo concurso da dificuldade de respirar, da tosse, de febre aguda etc.; a falta de um desses signos tornaria incerto o diagnóstico.

(PPP)

Signos (Literatura), *Jaucourt* [15, 189]

Escritura por signos, por caracteres, por notas ou por abreviações é uma e a mesma coisa. Ver *Caractere*.

Nos contentaremos em observar aqui que Plutarco, na *Vida de Catão*, atribui a Cícero a invenção da maneira de escrever com signos, por ocasião da conspiração de Catilina. Uma carta do livro XIII a Ático sugere que ele teria se servido dessa maneira de escrever, pois menciona o que havia escrito "por meio de sinais", διὰ σημείων, ou por meio de signos, expressão que mostra que essa arte foi tomada de empréstimo aos gregos. Dião Cássio, no livro LV de sua história, mostra-nos que Mecenas o comunicou ao público por Áquila, seu liberto. Também Suetônio sugere que o próprio César escrevia com signos, *per notas*. Na *Vida de Galba*, ele diz assim: "Porque era sumo foi designado em figuras e não foi escrito [em palavras], nem nunca recebeu aquela importância", *Quia notata, non perscripta, erat summa, ne hoec quidem accepit*. Encontra-se ainda a esse respeito uma passagem notável nas *Digeste*, livro XXIX: "Lúcio Tício, soldado, quando um secretário/alfabetizado estava escrevendo seu testamento, ditava notas, e, antes da carta ter sido [totalmente] escrita, morreu", *Luoius Titius miles, notario suo testamentum scribendum notis dictavit, & antequam litteris perscriberetur, vitâ defunctus est*. Eis o retrato que Manílio pinta de um notário em suas *Astronômicas*: "Aqui está o veloz escritor e a quem a carta é endereçada,/ que é conhecido por superar a linguagem, passando o orador/ subtrai novas para abreviadas longas vozes", *Hic & scriptor erit velox, cui littera verbum est, Quique notis linguam superet, cursimque loquentis Excipiat longas nova per compendia voces.* Baxter tende a crer que essa maneira de escrever era generalizada, antes que um músico inventasse o alfabeto. Pois Aristóxenes, contemporâneo de Aristóteles, em seu tratado sobre a música faz da arte de escrever, γραμματικὴ, uma parte da música. O mesmo Baxter acreditava que as notas musicais e os caracteres de que se servem os médicos são remanescentes dos antigos caracteres ou *notoe*, sem mencionar os *sigloe* romanos, assim denominados a partir de *singuloe*, que não eram outra coisa além de uma ou duas letras utilizadas para exprimir uma palavra inteira, e que, por conseguinte, eram antes abreviações do que signos ou cifras. Os ἱερὰ γράμματα dos egípcios eram signos sagrados, *notoe sacroe*, forjados por intérpretes de sonhos. Artemidoro chama esses símbolos sagrados de σημεῖα, termo que na escritura sagrada assinala prodígios. "Que tais sinais quão habilmente se fazem conhecidos por Júpiter", *Quam scitè per notas nos certiores facit Jupiter*, diz Cícero em seu tratado *De divinatione*. Pode-se fazer algumas conjecturas sobre a figura desses signos, a partir dos nomes que Apuleio lhes dá. Chama-os "Letras incógnitas, enigmas, sinais condensados", *ignorabiles litteras, nodos, apices condensos*; e a partir deste epigrama de Nicéarco: Ὄντως μυρμήκων τρυπήματα λοξὰ καὶ ὀρθὰ, Γράμματα τῶν λυρικῶν, Λύδια καὶ Φρύγια.

Pode-se concluir que essa maneira de escrever era considerada como a geralmente utilizada pelos bárbaros, como hoje em dia o é pelos chineses.

(PPP)

Signos Musicais (Música), Rousseau [15, 188]

Signos musicais são em geral todos os caracteres utilizados para anotar a música. Mais comum, porém, é que se entenda por essa palavra sustenido, bemóis, bequadro, pontos, reprises, pausas, obeliscos, e em geral todos esses pequenos caracteres soltos, que não são tanto verdadeiras notas quanto modificações das notas e da maneira de cantá-las.

(PPP)

Sistema (*Metafísica*), Autor desconhecido [15, 777]

Sistema é a disposição das diferentes partes de uma arte ou ciência num estado em que elas se sustentam mutuamente e no qual as últimas explicam-se pelas primeiras. As que dão a razão de outras se chamam *princípios*, e o sistema é mais perfeito quanto menor o número de princípios; é desejável mesmo que se reduza a um único. Pois, assim como num relógio, há um mecanismo principal, do qual todos os outros dependem; há também, em todos os sistemas, um princípio primeiro a que estão subordinadas as diferentes partes que o compõem.

Observam-se nas obras dos filósofos três espécies de princípio, a partir dos quais se formam três espécies de sistemas. Os primeiros são as máximas gerais ou abstratas; exige-se que elas sejam evidentes ou bem demonstradas, para que não possam ser colocadas em dúvida. A virtude que os filósofos atribuem a elas é tão grande, que é natural que tenham se empenhado para multiplicá-las. Os metafísicos destacaram-se nessa tarefa. Descartes, Malebranche, Leibniz etc., cada um por seu turno, ofereceu-nos uma abundância delas, e se não penetramos nas coisas mais escondidas, isso se deveria apenas a nós mesmos. A segunda espécie de princípios são suposições, imaginadas para explicar coisas cuja razão não poderíamos dar de outra maneira. Se as suposições não parecem impossíveis, e fornecem alguma explicação de fenômenos conhecidos, os filósofos não duvidam de que teriam descoberto os verdadeiros mecanismos da natureza. Aos seus olhos, uma suposição cujo desfecho é acertado simplesmente não pode ser falsa. Daí a opinião segundo a qual a explicação dos fenômenos prova a verdade de uma suposição, e que não devemos julgar um sistema tanto por seus princípios quanto pela maneira como ele explica as coisas. A insuficiência das máximas abstratas obrigou a que se recorresse a essa espécie de suposição. Os metafísicos foram tão inventivos nessa segunda espécie de princípios quanto na primeira. A terceira espécie de princípios são fatos que a experimentação recolheu, consultou e averiguou. Em princípios desta última espécie estão fundados os verdadeiros *sistemas*, únicos que merecem esse nome. Por conseguinte, chamarei de *sistemas abstratos* os que dependem de máximas abstratas, de *hipóteses* os que têm por fundamento meras suposições e de *verdadeiros sistemas* os que se apoiam unicamente em fatos comprovados.

O Sr. abade de Condillac dedicou-se, no *Tratado dos sistemas*, a descrever os sistemas abstratos. De acordo com ele, há três espécies de princípios abstratos em uso. Os primeiros são proposições gerais exatamente verdadeiras em todos os casos. Os segundos são proposições verdadeiras quando tomadas pelos lados mais impressionantes, e que, por isso mesmo, é-se levado a supor verdadeiras em todos os casos. Os últimos são relações vagas, que se imagina entre coisas de diferente natureza. Os primeiros não conduzem a nada. Que um geômetra, por exemplo, medite tanto quanto queira sobre estas máximas, "o todo é igual a todas as partes que o compõem; acrescentai grandezas iguais a grandezas iguais, todas serão iguais; acrescentai grandezas desiguais a grandezas desiguais, todas serão desiguais"; tornar-se-ia ele por isso um geômetra mais profundo? Se não é dado a ninguém tornar-se, após algumas horas de meditação, um Condé, um Turenne, um Richelieu, um Colbert, por mais que a arte militar, a política e as finanças tenham, como todas as outras ciências, os seus princípios gerais, cujas consequências em pouco tempo deixam-se conhecer, por que haveria um filósofo de se tornar um douto, um homem para qual a natureza não tem segredos, em virtude do encanto de duas ou três proposições? Esse paralelo é suficiente para mostrar o abuso dos filósofos especulativos que veem uma grande fecundidade nos princípios gerais. Os dois outros apenas levam a erros. É isso o que o autor do *Tratado dos sistemas* quer provar, com os diferentes sistemas que ele percorre. Bayle, Descartes, Malebranche, Leibniz, Espinosa, fornecem-lhe exemplos do que ele afirma. Em geral, o grande defeito dos sistemas abstratos é girar em torno de noções vagas e mal determinadas, de palavras desprovidas de sentido, de equívocos perpétuos. O Sr. Locke engenhosamente compara esses fazedores de sistemas a homens que, sem dinheiro e sem conhecimento da moeda corrente, contam grandes somas em [778] cupons, a que dão nomes como luíses, libras, escudos; eles podem calcular à vontade, mas suas somas serão sempre cupons. Do mesmo modo, filósofos com sistemas abstratos podem raciocinar à vontade, suas conclusões serão sempre palavras. Ora, tais sistemas, longe de dissiparem o caos da metafísica, ofuscam a imaginação com a audácia das consequências a que conduzem, seduzem o espírito com falsos clarões de evidência, alimentam a obstinação com os erros mais monstruosos e perpetuam as disputas com a acrimônia e a exaltação com que são defendidos. Não é que alguns deles não mereçam os elogios que lhes são feitos; há obras como essas que nos forçam a admirá-las. São como um palácio, em que o gosto, as comodidades, a grandeza, a magnificência concorrem para realizar uma obra de arte, mas cujas fundações são tão frágeis, que somente o encanto parece sustentá-las. Sem dúvida, o arquiteto deveria ser elogiado; mas seriam elogios contrabalançados pela crítica à sua imprudência. Passaria pela mais insigne tolice ter erguido um edifício tão soberbo sobre fundações tão débeis; e ainda que fosse obra de um espírito superior, e suas partes fossem dispostas em ordem admirável, ninguém seria tão tolo a ponto que querer morar ali.

Dada a ideia correta que se deve ter do que é um sistema, é evidente que é inapropriado chamar de *sistemas* obras em que se pretende explicar a natureza através de alguns princípios abstratos. São mais merecedoras desse nome as hipóteses feitas de acordo com as regras que lhes demos. Suas vantagens são mostradas no verbete *Hipótese*.

Verdadeiros sistemas são os que se fundam em fatos. Para que nos permitam apreender o encadeamento dos fenômenos, tais sistemas exigem um bom número de observações. Há uma diferença entre as hipóteses e os fatos que sobrevêm a princípios: enquanto uma hipótese torna-se mais incerta, à medida que se descobrem mais efeitos para os quais ela não dá uma razão, um fato é sempre igualmente certo, e não pode deixar de ser o princípio de fenômenos dos quais uma vez deu a razão. Se há efeitos que ele não explica, nem por isso se deve rejeitá-lo; deve-se antes trabalhar para descobrir os fenômenos que o ligam a eles, e que no todo formam um sistema.

Na ciência como na arte é possível fazer sistemas. Mas enquanto aquelas se propõem a dar a razão dos efeitos, estas nos preparam e os trazem à luz. O primeiro desses objetivos é o da Física, o segundo é o da Política. Há ciências que têm ambos, como a Química e a Medicina.

(PPP)

Sistema (Filosofia), *Autor desconhecido* [15, 778]

Sistema significa em geral uma reunião ou encadeamento de princípios e conclusões, ou bem ainda o todo e o conjunto de uma teoria cujas diferentes partes estão ligadas entre si, seguem-se umas às outras e dependem umas das outras.

Essa palavra é formada a partir de uma palavra grega que significa *composição* ou *reunião*.

Nesse sentido dizemos um sistema de Filosofia, um sistema de Astronomia etc., o sistema de Decartes, o de Newton etc. Os teólogos formaram boa quantidade de sistemas sobre a graça.

Gassendi renovou o antigo sistema dos átomos, que era o de Demócrito e foi depois o de Epicuro, Lucrécio etc. Ver *Corpuscular*, Átomo e *Matéria*.

Experimentos e observações constituem os materiais dos sistemas. Nada é mais perigoso, ou tão propício a conduzir ao erro, na Física, do que se pôr a fazer sistemas sem dispor dos materiais necessários para construí-los. Apenas depois de um número considerável de experimentos é que se chega a entrever a causa determinada de um efeito qualquer, e mesmo assim muitas delas ainda não puderam ser esclarecidas, apesar de experimentos repetidos e variados ao infinito. O cartesianismo, que sucedeu à escola peripatética, tornou moda o gosto pelos sistemas. Hoje em dia, parece que, graças a Newton, esse preconceito foi abandonado, e só se reconhece como verdadeira a Física que se apoia sobre experimentos e os esclarece através de raciocínios exatos e precisos, e não por explicações vagas. Ver *Experiência* e *Experimental*.

(PPP)

Uso (*Gramática*), Beauzée [17, 516]

A prodigiosa diferença entre as palavras de que os diferentes povos da terra se servem para exprimir as mesmas ideias, a diversidade de construções, dos idiotismos das frases que eles empregam em casos semelhantes, muitas vezes para pintar os mesmos pensamentos, a mobilidade de todas as coisas, que faz com que uma expressão aceita numa época seja rejeitada em outra, na mesma língua, ou com que duas construções diferentes das mesmas palavras apresentem sentidos que às vezes não têm entre si nenhuma analogia, como *grande mulher* e *mulher grande*, tudo isso demonstra suficientemente que a significação das palavras e frases é puramente acidental, que a razão é insuficiente para determiná-las, e que para se instruir a respeito é preciso recorrer a algum outro meio. Esse meio único de se colocar a par das locuções que constituem a língua é o *uso*. "Tudo nas línguas é uso, a matéria e a significação das palavras, a analogia e a anomalia das terminações; a submissão ou liberdade das construções, o purismo ou o barbarismo das composições" (verbete *Língua*, início). Por essa razão, creio que se define uma língua como a totalidade dos usos próprios que uma nação utiliza para exprimir pensamentos por meio da voz.

"Não há objeto", diz o padre Buffier (*Grammaire Française*, 26), "a respeito do qual seja mais fácil e mais trivial formar uma ideia do que o uso em geral; e não há objeto a respeito do qual seja mais difícil e mais raro formar uma ideia exata do que o uso em relação às línguas." Mais precisamente, não é do uso das línguas que é difícil e raro formar uma ideia exata, mas sim dos caracteres do bom uso e da extensão dos seus direitos sobre a língua. As pesquisas do padre Buffier são prova disso. Após ter anunciado essa dificuldade, ele adentra a matéria começando por distinguir o bom do mau uso, e ocupa-se em seguida apenas dos caracteres do bom uso e de sua influência sobre a escolha das expressões.

"Imaginam alguns", diz o Sr. Vaugelas ao se referir ao uso das línguas (*Remarques sur la langue française*, prefácio, II, 1), "que o uso não é outra coisa que o modo ordinário de falar de uma nação, na sede de seu reino; os que nascem e crescem ali precisariam apenas falar a língua de suas amas e de suas criadas para falar a língua do país... Essa opinião, porém, se choca de tal maneira com a experiência em geral, que ela se refuta a si mesma... Há sem dúvida duas espécies de uso, um *bom* e um *mau*. O mau é formado pelas vozes do maior número de pessoas, que em quase todos os respeitos não é o melhor; o bom, ao contrário, é composto não pela pluralidade, mas pela elite das vozes, e é este, na verdade, o que se chama de *senhor das línguas*, que se deve seguir para falar e escrever bem."

Essas reflexões do Sr. Vaugelas são muito sólidas e muito sábias, porém são demasiadamente gerais para servir de fundamento à definição de bom uso, que é, segundo ele, "o modo de falar da parcela mais sadia da corte, em conformidade com o modo de escrever com a parcela mais sadia dos autores do tempo".

"Por judiciosa que seja essa definição", comenta o padre Buffier (p.32), "ela pode se tornar a origem de um sem-número de dificuldades; pois, acerca da linguagem, como saber *qual a parcela mais sadia da corte e dos escritores do tempo*? Certamente, ponha-se a questão na corte ou entre os escritores, cada um dos partidos não deixará de se considerar como *a parcela mais sadia*. Talvez fosse melhor (acrescenta o mesmo autor) substituir, na definição do Sr. Vaugelas, *a parcela mais sadia* por *a parcela mais numerosa*. Pois, afinal, sempre que o maior número de pessoas concorde em falar como o maior número de escritores de reputação poder-se-á facilmente discernir o bom uso. *A parcela mais numerosa* é algo palpável e fixo, ao passo que *a parcela mais sadia* pode ser algo imensurável e arbitrário."

Essa observação do douto crítico jesuíta tem fundamento, mas corrige a definição do Sr. Vaugelas pela metade. *A parcela mais numerosa* dos escritores entra em geral na classe designada pelo Sr. Vaugelas como não sendo a melhor; e para julgar com certeza a respeito do bom uso é preciso, efetivamente, indicar a porção mais sadia dos autores, dando-lhes caracteres sensíveis, a fim de não entregar essa fixação ao capricho de quem poderia ter dúvidas a respeito da língua. Ora, consta [517] que é a voz pública que nos dá a conhecer os melhores autores, que se tornaram célebres por sua exatidão na linguagem. Feitas essas observações, direi que o *bom uso é o modo de falar da parcela mais numerosa da corte, em conformidade com o modo de escrever da parcela mais numerosa dos autores mais estimados da época*.

Não é por um orgulho vão que a multidão é privada do direito de concorrer para o estabelecimento do bom uso, nem é por uma vil lisonja que este é remetido à parcela mais numerosa da corte; é pela natureza mesma da linguagem.

A corte submete-se em sociedade ao mesmo governo que o coração no corpo animal, é o princípio do movimento e da vida. Assim como o sangue parte do coração e é distribuído pelos canais até a extremidade do corpo animal, de onde retorna novamente ao coração, para dar a este um vigor renovado e vivificar as partes por onde passa e às quais retorna continuamente, também a justiça e a proteção partem da corte, sua fonte primeira, para serem distribuídas, pelo canal das leis, dos tribunais, dos magistrados e de todos os ofícios criados com esse propósito, até chegar às partes do corpo político mais afastadas, que por sua vez encaminham à corte solicitações para que esta tome ciência de suas necessidades e renove a circulação de proteção e de justiça que a submissão prestada e os tributos pagos dão o direito de esperar.

Ora, a linguagem é o elo necessário e fundamental da sociedade, que, sem esse admirável meio de comunicação, não teria nenhuma consistência durável nem qualquer benefício real. De resto, é da equidade que o mais fraco empregue, para dar ao conhecimento suas necessidades, os signos mais bem conhecidos para se dirigir a um protetor, se não quiser correr o risco de não ser compreendido e tampouco socorrido. É razoável, portanto, que a corte, protetora da nação, tenha sobre a língua nacional uma autoridade preponderante, com a condição, igualmente razoável, de que a parte mais numerosa da corte prevaleça sobre a parte menos numerosa, em caso de controvérsia sobre a maneira de falar mais legítima.

"Contudo", diz o Sr. Vaugelas, "apesar do privilégio que concedemos à corte, ela não é suficiente, por si mesma, para servir como regra; é preciso que a corte e os bons autores concorram para tanto; a partir dessa conformidade entre ambos é que o uso se estabelece." Isso porque, como observei acima, o comércio entre a corte e as partes do corpo político submetidas ao seu governo é essencialmente recíproco. Se as gentes devem se colocar a par da linguagem da corte para comunicar a ela as suas necessidades e dela obter justiça e proteção, a corte deve compreender a linguagem das gentes, a fim de distribuir de modo inteligível a proteção e a justiça que lhes deve e as leis que tem direito, por conseguinte, de impor a elas.

"Não é que a corte", continua Vaugelas, "não contribua incomparavelmente mais para o uso do que os autores, ou que entre ela e eles não exista termo de comparação..., mas o consentimento dos bons autores é como o selo ou chancela que autoriza ou reconhece a linguagem da corte, que assinala o bom uso e decide o duvidoso."

"Numa nação" (Buffier, p.30, 31) "em que uma mesma língua é falada e existem, entretanto, diversos estados, como no caso da Itália e da Alemanha, cada Estado pode aspirar, tanto quanto qualquer outro, à regra do bom uso. Contudo, há alguns aos quais um consentimento, que seja tácito, parece dar preferência, e estes em geral têm algo de superior aos outros. Assim, o italiano falado na corte do papa parece ser de uso superior ao falado no restante da Itália", por causa da preeminência da autoridade espiritual, que faz de Roma como que a capital da república cristã, o que reforça ainda mais a autoridade do papa. "No entanto, a corte do grão-duque da Toscana parece ameaçar, nesse ponto, a do papa, pois os toscanos, por terem realizado diversas reflexões e redigido diversas obras sobre a língua italiana, em particular um dicionário que se tornou bastante conhecido [o da academia Crusca], adquiriram uma reputação que outras regiões da Itália reconheceram ter fundamento, exceto talvez sobre a pronunciação; pois a moda italiana não autoriza tanto a pronunciação toscana quanto a pronunciação romana."

Isso prova quão grande é a autoridade dos letrados mais distintos sobre o uso das línguas. É menos por causa da soberania da Toscana do que por causa da reconhecida habilidade dos toscanos que seu dialeto chegou a ameaçar o dialeto romano e o superou no que concerne à escolha e à propriedade dos termos, às construções, aos idiotismos, aos tropos, a tudo o que possa ser aperfeiçoado pela razão esclarecida, ao passo que a corte romana permanece soberana quanto à pronunciação, que é sobretudo uma questão de consenso, sendo que é indispensável, na corte, ser agradável para ser bem-sucedido.

Segue-se daí outra consequência muito importante. Os letrados mais autorizados pelo sucesso de suas obras devem se resguardar, acima de tudo, contra as surpresas do neologismo e do neografismo, que são os inimigos mais poderosos do bom uso da língua nacional. Cabe aos escritores mais hábeis preservar a pureza da linguagem, que foi o instrumento de sua glória e cuja alteração poderia, inadvertidamente, lançá-los no esquecimento.

No que se refere às línguas mortas, o uso não pode mais ser fixado, a não ser pelos livros que nos restam do século ao qual os referimos. Para decidir que século é o do melhor uso deve-se preferir aquele em que nasceram os autores mais reconhecidos, tanto por seus compatriotas quanto pelo sufrágio unânime da posteridade. É por causa disso que se considera o mais belo século da língua latina o século de Augusto, ilustrado por um Cícero, um César, um Salústio, um Nepos, um Lívio, um Lucrécio, um Horácio, um Virgílio etc.

Nas línguas vivas, o bom uso é ou duvidoso ou declarado.

O uso é duvidoso quando se ignora qual é ou deveria ser a prática daqueles cuja autoridade nesse caso seria preponderante.

O uso é declarado quando se conhece com certeza a prática daqueles cuja autoridade nesse caso deve ser preponderante.

I. Pelo fato de o uso ter e dever ter uma mesma influência sobre a maneira de falar e de escrever, há muitas causas que podem torná-lo duvidoso.

1º) "Quando a pronunciação de uma palavra é duvidosa e não se sabe como pronunciá-la, necessariamente duvidoso há de ser também como escrevê-la." Vaugelas, *Remarques*, prefácio.

2º) "A segunda causa de dúvida no uso é a raridade. Por exemplo, há certas palavras raramente utilizadas sobre as quais paira uma dúvida [518] sobre qual seria o seu gênero, masculino ou feminino, de sorte que, por não se saber ao certo como lê-las, não se sabe ao certo como escrevê-las. É o caso de nomes como *epigrammme*, *epithaphe*, *epithete*, *epithalamme*, *annagrame* e outros da mesma natureza, principalmente os que começam com uma vogal, pois a vogal do artigo que os precede é suprimida, o que impede que se conheça o gênero, como acontece quando se pronuncia ou se escreve *l'épigramme* ou *une épigramme* [que se pronuncia como *un épigramme*], e o ouvido não sabe como julgar o gênero." Vaugelas, *Remarques*, prefácio.

Se a dúvida sobre o uso procede da pronunciação equívoca, é preciso consultar a ortografia dos bons autores, que, pela maneira como escrevem, indicam a maneira de pronunciar.

Na falta desse meio de consulta, por escassez de testemunhos ou mesmo de uso, é preciso recorrer à analogia para decidir os casos duvidosos por meio de comparação, pois a analogia é a extensão do uso a todos os casos similares aos já decididos pelo fato. Diz-se, por exemplo, *Je vous prends tous a partie* e não *à parties*, e assim, por analogia, deve-se dizer *je vous prends a témoin* e não *à témoins*, pois *témoin*, nesse segundo exemplo, é um nome abstrativo, como *partie* no primeiro, e a prova de que ele é abstrativo em certos casos e equivalente a *témoigne* é que se diz *en témoin de quoi j'ai signé etc.*, ou seja, *en témoignane de quoi*, ou ainda *en foi de quoi etc.*

A mesma analogia que esclarece o uso em casos duvidosos deve mantê-lo contra as investidas do neografismo. Escreve-se, por exemplo, *temporel*, *temporiser*, palavras em que a letra *p* é necessária; boa razão para conservá-la na palavra *temps*, em vez de escrever *tems*, ao menos enquanto o uso desta última grafia não se torne usual. Os que tentaram suprimir no plural o *t* de nomes e adjetivos terminados em *nt*, como *garant*, *élément*, *savant*, *prudent* etc. não consideraram a analogia, que reclama essa letra no plural, pois ela é necessária no singular e mesmo nos demais derivados, como *garantie*, *garantir*, *élémentaire*, *savante*, *savantesse*, *prudent*. Enquanto o uso contrário não se tornar geral, os escritores prudentes manterão *garants*, *éléments*, *savants*, *prudents*.

II. O uso declarado é geral ou compartilhado. *Geral*, quando todos aqueles cuja autoridade tem peso falam ou escrevem unanimemente da mesma maneira; *compartilhado*, quando há duas maneiras de falar ou de escrever igualmente autorizadas pelas pessoas da corte e pelos autores mais distintos do tempo.

1º) Quanto ao uso geral, não se deve imaginar que se chegue a ponto de cada um dos que falam ou escrevem, falarem ou escreverem em tudo tal como os que falam e escrevem melhor. "Se alguém se afasta de todos os outros", diz o padre Buffier (p.35), "em pontos particulares ou em todos ou quase todos, deve-se considerar que não fala bem, precisamente nesse ponto. De resto, não há homem, por mais versado numa língua, a quem isso não aconteça." Jamais devemos, porém, permitir deliberadamente que se fale ou se escreva de maneira contrária ao uso declarado; a ignorância suscita pena, e o neologismo, a censura e o ridículo.

"Os testemunhos mais seguros do uso declarado", continua o padre Buffier, "são os livros que comumente passam por bem escritos, e em particular aqueles em que se realizam investigações sobre a língua, como as observações, as gramáticas e os dicionários, que são os mais conhecidos, sobretudo pelos homens de letras. Quanto mais investigativos, mais certo que o público adotará e aprovará o seu testemunho."

2º) "O uso compartilhado é objeto de contendas de pouca importância. Deve-se dizer *je puis* ou *je peux*, *je vais* ou *je vas* etc. Se uma ou outra dessas expressões é pronunciada por diversas pessoas da corte e por autores competentes, cada um pode, de acordo com o seu gosto, empregar uma ou outra delas. Com efeito, como não há regra que indique a preferência por uma ou outra, querer se impor, em casos como esse, aos que têm uma opinião ou um gosto contrário, é como dizer *eu pertenço à parte mais sadia da corte* ou *à parte mais sadia dos escritores*, o que não passa de uma presunção pueril. Pois, afinal, os outros creem ter um gosto igualmente são e a mesma competência para decidir e defender essa decisão. Se estamos convencidos de que as palavras não são em si preferíveis umas às outras, desde que deem a entender o que se quer dizer e não contradigam o uso manifestamente mais universal, por que questioná-las?"

O padre Buffier consente, no entanto, que cada um se refere ao próprio gosto para decidir entre dois usos equivalentes. Mas o que é o gosto, senão um juízo determinado por uma razão preponderante? E onde buscar por razões preponderantes quando a autoridade do uso se encontra dividida? A analogia é quase sempre um meio seguro para decidir a preferência em tais casos, mas é preciso estar certo de identificá-la bem, e não se iludir. É prudente comparar os raciocínios contrários dos gramáticos para concluir a respeito da verdadeira analogia e adotá-la como guia.

Para escolher, por exemplo, entre *je vais* e *je vas*, o padre Bouhours reconhece (*Remarques nouvelles*, tomo I, p.580) que há diferentes opiniões de peso. Ménage prefere *je vais*, pela razão de que os verbos *faire* e *taire* fazem *je fais* e *je tais*. Mas é evidente que temos aqui uma falsa analogia, e que, como observa Thomas Corneille (*nota à observação 26 de Vaugelas*), "*faire* e *taire* não extraem consequência alguma do verbo *aller*", pois não têm a mesma conjugação e não pertencem à mesma classe analógica.

O abade Girard (*Vrais principes de la langue française*, tomo II, p.80) pende por *je vas*, por outra razão analógica. "A analogia geral da conjugação requer", diz ele, "que a primeira pessoa do presente de todos os verbos seja similar à terceira, quando a terminação for feminina, e similar à segunda tuteante, quando a terminação for masculina: *je crie, il crie; j'adore, il adore; (je souffre, il souffre); je pousse, il pousse; ... je sors, tu sors; je vois, tu vois etc.*" É evidente que o raciocínio do acadêmico tem mais fundamento. A analogia que ele consulta é verdadeiramente comum a todos os verbos de nossa língua; em caso de divisão entre autoridades, é mais razoável preferir a expressão analógica em detrimento da anômala, pois a analogia facilita a linguagem, e nunca é demais facilitar o comércio exigido pela sociabilidade.

A mesma analogia poderia ainda favorecer *je peux* em detrimento de *je puis*, pois na segunda pessoa diz-se sempre *tu peux* e não *tu puis*, e mesmo a terceira, [519] *il peut*, só difere das duas primeiras pelo *t*, que é o seu caractere distintivo.

Atente-se, porém, que não pretendo autorizar raciocínios analógicos, exceto em duas circunstâncias, a saber, quando o uso é duvidoso e quando é compartilhado. Com essa exceção, creio que é pecar contra o fundamento das línguas opor ao uso geral mesmo os raciocínios mais verossímeis e plausíveis, pois uma língua é com efeito a totalidade dos usos próprios de uma nação para exprimir o pensamento por meio da fala e não o resultado de convenções refletidas e simétricas dos filósofos ou homens de raciocínio da nação. Ver *Língua*.

Assim, o abade Girard, que com tanto êxito consultou a analogia em prol de *je vas*, violou-a na letra *x*, em palavras com terminação em *x*, *je veux*, *je peux*, *tu veux*, *tu peux*. "Reconheço o uso", diz ele à p.91, "e ao mesmo tempo a indiferença da questão para o essencial das regras... Se por vezes me distancio das ideias de alguns gramáticos, é porque tenho o cuidado de distinguir o que a língua tem de real daquilo que a imaginação nela supõe, devido ao modo como a trata, bem como o mau uso do bom, na medida em que *consigo* discerni-los... Quanto à preferência pelo *s* no lugar do *x*, escolhi esse partido porque é uma regra invariável que as segundas pessoas tuteantes terminem em *s* em todos os verbos, assim como as primeiras pessoas, quando não terminam em *e* mudo." Esse hábil gramático não levou em consideração que, ao reconhecer a universalidade do uso que ele mesmo condena, desmente de antemão que terminar com *s* as segundas pessoas tuteantes e as primeiras que não terminam com *e* mudo seria em nossa língua uma regra invariável; o uso, em sua opinião, teria variado em relação a *je peux* e *je veux*. Alega que esse uso é ruim e o distingue do bom. É um verdadeiro paralogismo: o uso ruim jamais poderia ser ruim, pela simples razão de que o que é muito bom não é ruim, e que o sumo grau da excelência do uso é a universalidade.

Esse uso, porém, cuja autoridade sobre as línguas é tão absoluta que não permite contestação, e cuja excelência é louvada, sobretudo quando é universal, tem a seu favor sempre uma universalidade momentânea. Sujeito a alterações contínuas, não é mais como no tempo de nossos pais, que haviam alterado o de nossos avós, como nossos filhos alterarão o que transmitirmos a eles, para substituí-lo por um outro, que passará pelas mesmas revoluções. "Assim como as florestas mudam ao declinar dos anos, e as folhas caem, assim também acontece com as palavras da velha geração [...] Do mesmo modo o valor e a graça das palavras nem sempre serão vivazes. Muitas já desaparecidas, voltarão à vida e outras, agora em moda, desaparecem, se o uso assim quiser, pois só a ele pertencem o arbítrio, o direito e a norma da língua." *Ut sylvoe foliis pronos mutantur in annos, Prima cadunt; ita veroorum vetus interit oetas, Et juvenum ritu florent modo nata vigentque [...] Nedum sermonum stet honor & gratia vivax, Multa renascentur quoe jam cecidêre, cadentque Quoe nunc sunt in honore vocabula, si volet usus, Quem penes arbitrium est, & jus, & norma loquendi.* Horácio, *Ars poetica*, v.60ss.

Qual uso, dentre os que se sucedem sem fim, como a água num rio, haverá de predominar na linguagem nacional?

A resposta a essa questão é muito simples. Se falamos, é porque queremos ser compreendidos, principalmente por aqueles com quem convivemos. Não temos necessidade alguma de nos explicar para a nossa posteridade; cabe a ela estudar nossa linguagem, se quiser penetrar em nossos pensamentos para deles extrair luzes, como estudamos a linguagem dos antigos para tirar proveito, para nossa experiência, de suas descobertas e pensamentos, que o véu da linguagem antiga esconde de nossos olhos. O uso do tempo em que vivemos nos deve servir como regra, precisamente como pensou Vaugelas, e eu mesmo tentei mostrar, pois ambos incluímos na noção de bom uso a autoridade dos autores estimados pela época.

De resto, em meio a todos os usos sucessivos, é possível encontrar um que venha a se tornar a regra universal para todas as épocas, ao menos em muitos aspectos. "Quando uma língua", diz Vaugelas (prefácio, artigo X, item 2), "tem número e cadência em seus períodos, como a língua francesa atualmente, ela se encontra em sua perfeição; e, tendo chegado a esse ponto, pode-se dar a elas regras certas que durarão para sempre... As regras observadas por Cícero, todas as dicções e frases de que ele se serviu, continuavam tão boas e eram tão estimadas na época de Sêneca quanto cem ou 120 anos antes, ainda que no tempo de Sêneca não se falasse mais como no tempo de Cícero, e a língua tivesse decaído ao extremo."

Acrescento que há duas fontes perenes e imponderáveis de alteração das línguas, que não modificam com efeito senão a superfície do bom uso, quando este é reconhecido, sem atingir os seus princípios fundamentais e analógicos: refiro-me à curiosidade e à cupidez. A curiosidade engendra ou descobre, infindavelmente, novas ideias, que correspondem inevitavelmente a novas palavras; a cupidez combina de mil maneiras diferentes as paixões e as ideias dos objetos que a atiçam, o que dá ensejo, perpetuamente, a novas combinações de palavras, a novas frases. Mas a criação dessas palavras e frases encontra-se igualmente sujeita às leis da analogia, que, como eu disse, são uma extensão do uso a todos os casos similares aos que se encontram decididos. Pode-se ver alhures (verbetes *Neologismo* e *Frase*) o que a analogia exige em tais ocorrências.

Uma palavra nova ou uma frase inusitada que se apresentem sem a marca da analogia, ou, por assim dizer, sem o "selo do uso vigente", *signatum praesente nota* (Horácio, *Arte poética*), serão rejeitadas com desdém. Se, não obstante essa ausência de analogia, por acaso uma frase ou palavra tiver a fortuna de ser admitida na língua, afirmo sem hesitar que ela tomará imperceptivelmente uma forma analógica, ou então sua forma atual a levará, gradualmente, a adquirir um sentido inteiramente diferente daquele de sua primeira instituição, ainda que a forma permaneça análoga; do contrário, sua fortuna terá sido momentânea, e ela não tardará a retornar ao nada, do qual nunca deveria ter saído.

(PPP)

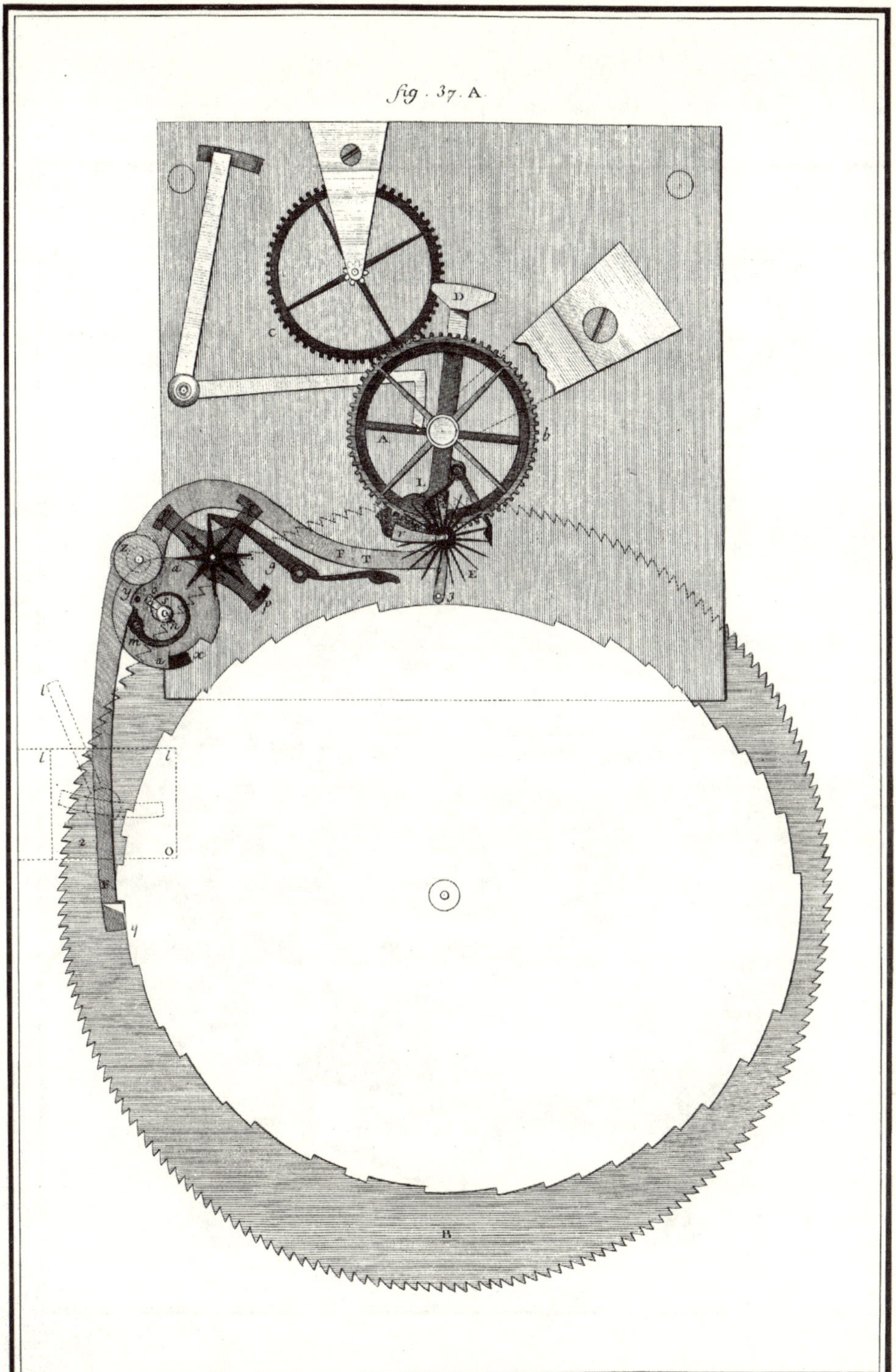

Gaussier Del.

Defehrt Fecit

Horlogerie,

Pendule à Equation par le Sieur Berthoud

Relojoaria. Pêndulo à equação do Sr. Berthoud.

Lucotte del.

Benard direxit.

Mêtier à Marly.

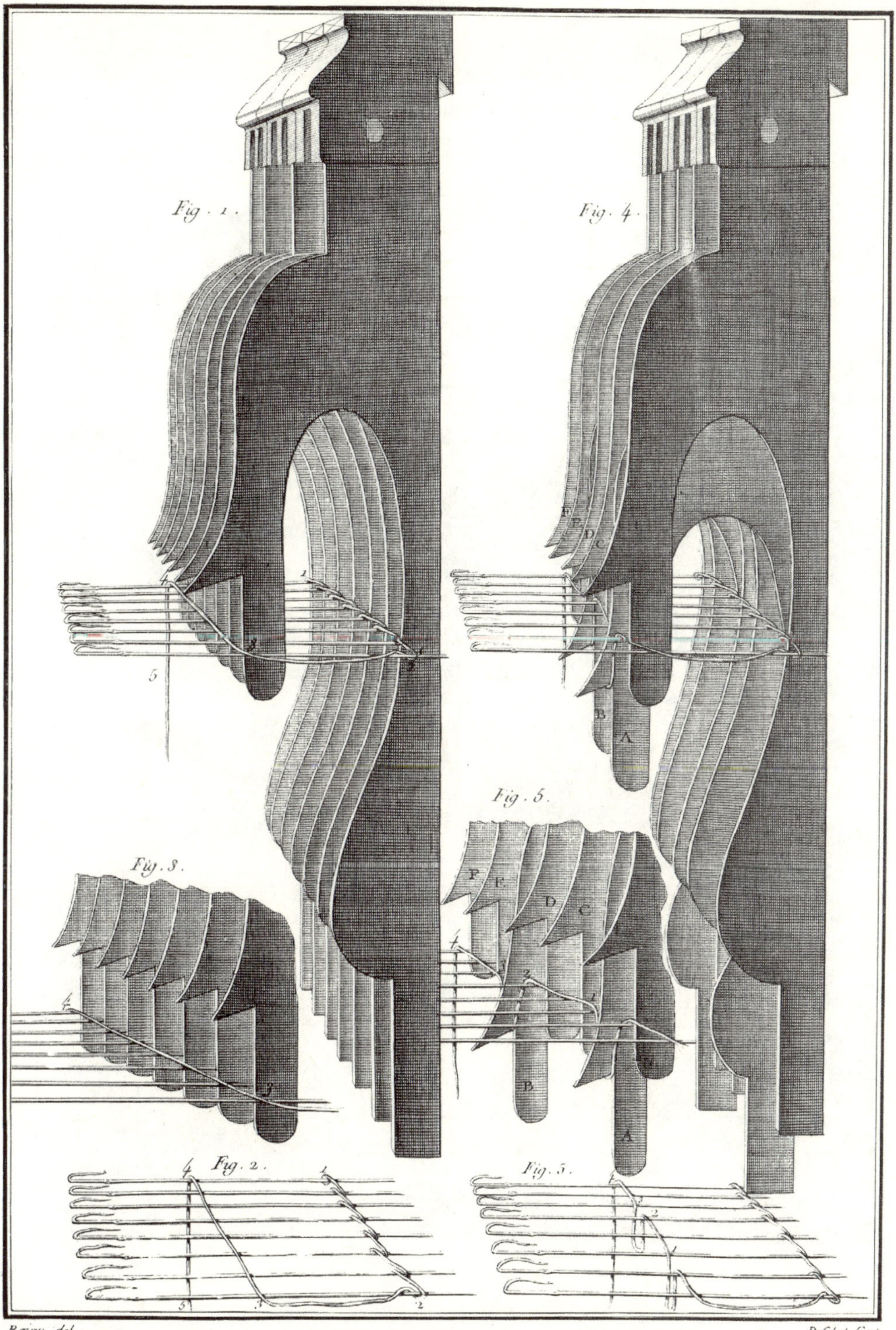

Rojau del. Defehrt fecit.

Travail du Bas au Métier

Fabricação de meias no tear.

Goussier Del. Benard Fecit

Soierie, Calandre; Calandre Vue en Perspective, et l'Opération de Calandrer

PPPP

Fabricação de seda. Calandra vista da perspectiva do calandrista.

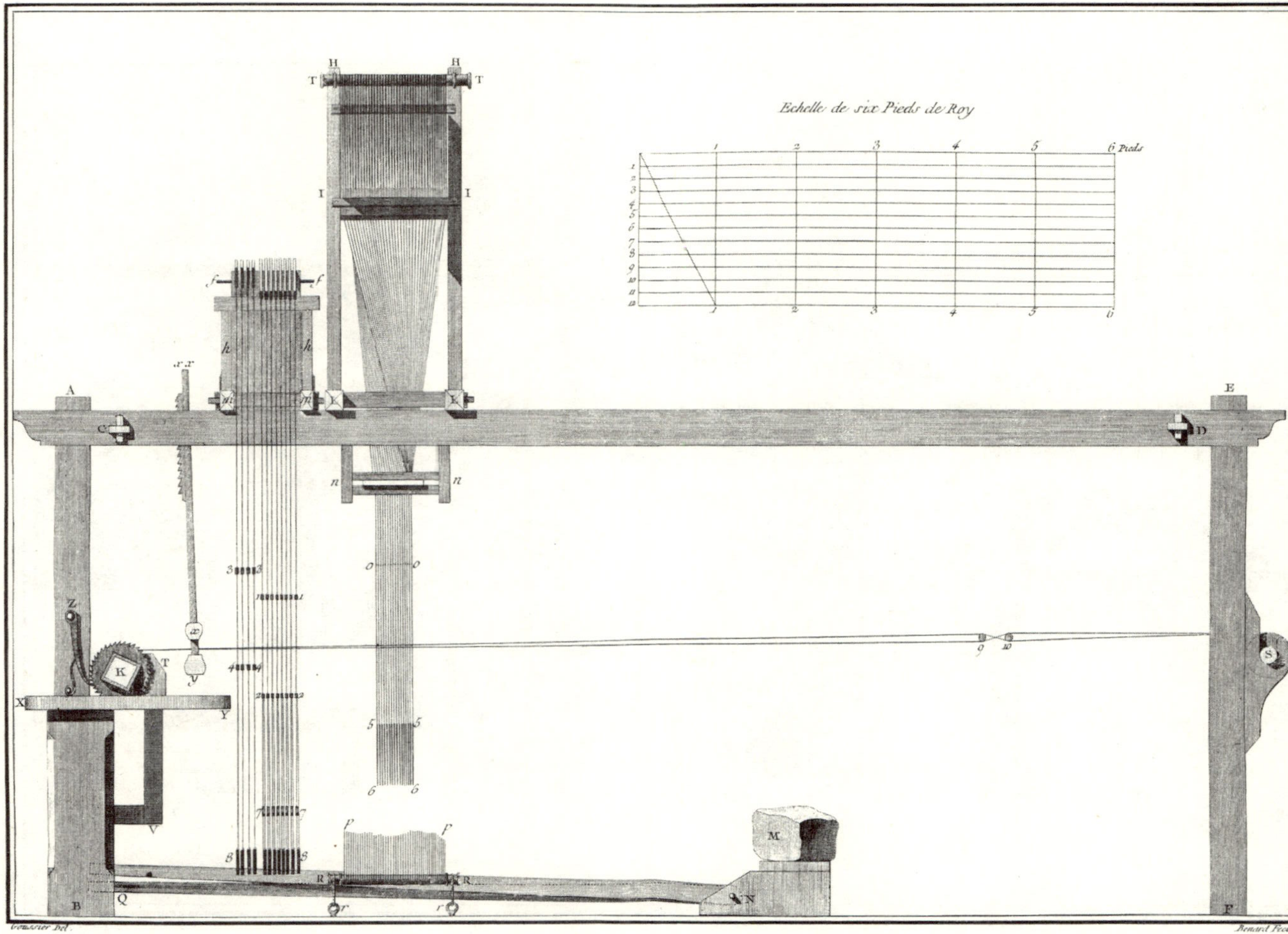

Soierie, *Étoffes Brochées Élévation Latéralle du Métier pour fabriquer les Étoffes Brochées.*

Fabricação de seda. Tecidcs brocados. Elevação la:eral do tear para fabricar tecidos brocados.

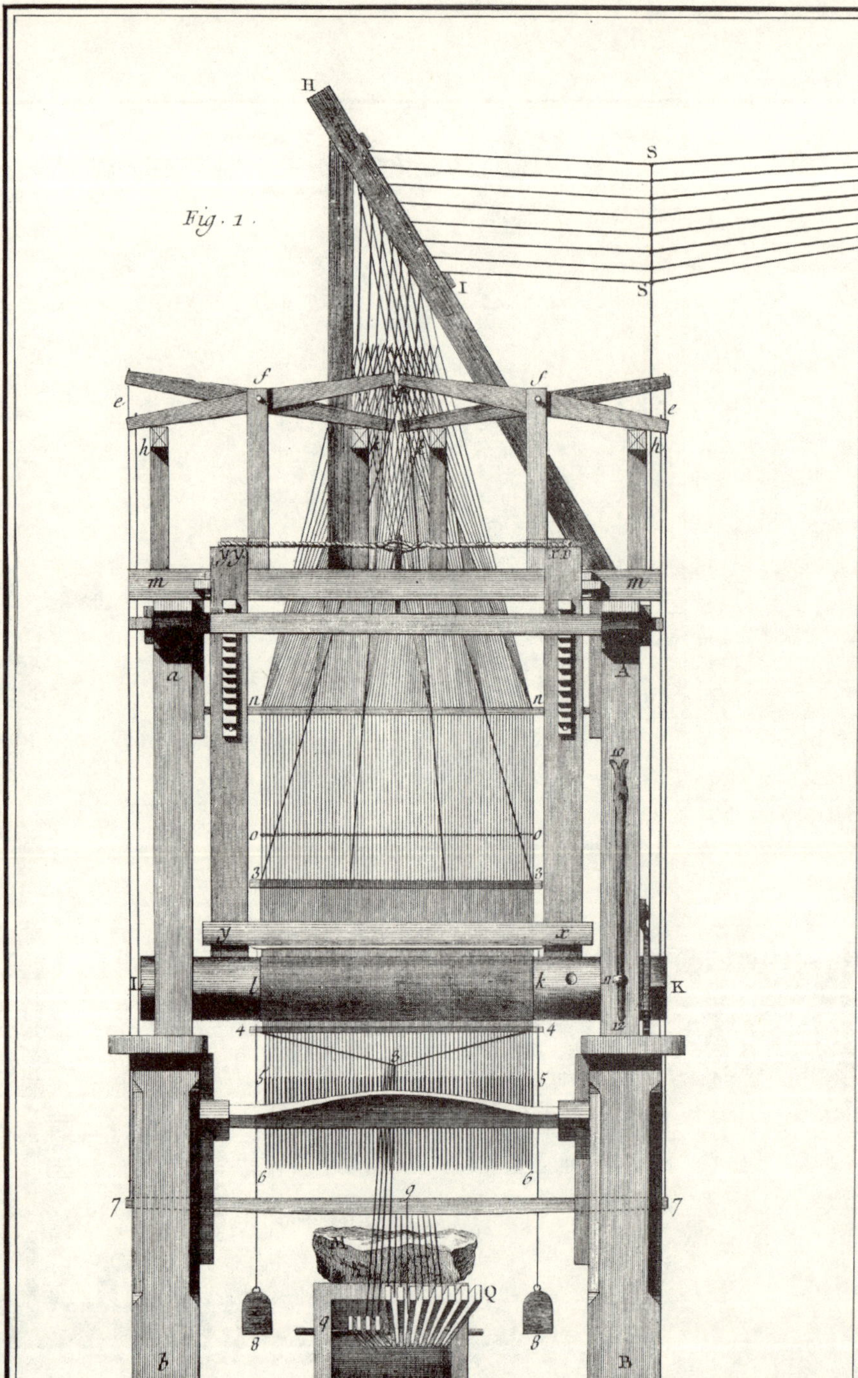

Goussier Del. Benard Fecit

Soierie, Étoffes Brochées, Élévation Géométralle du devant du Métier pour fabriquer les Étoffes Brochées.

Fabricação de seda. Tecidos brocados. Elevação geometral da frente do tear para fabricar tecidos brocados.

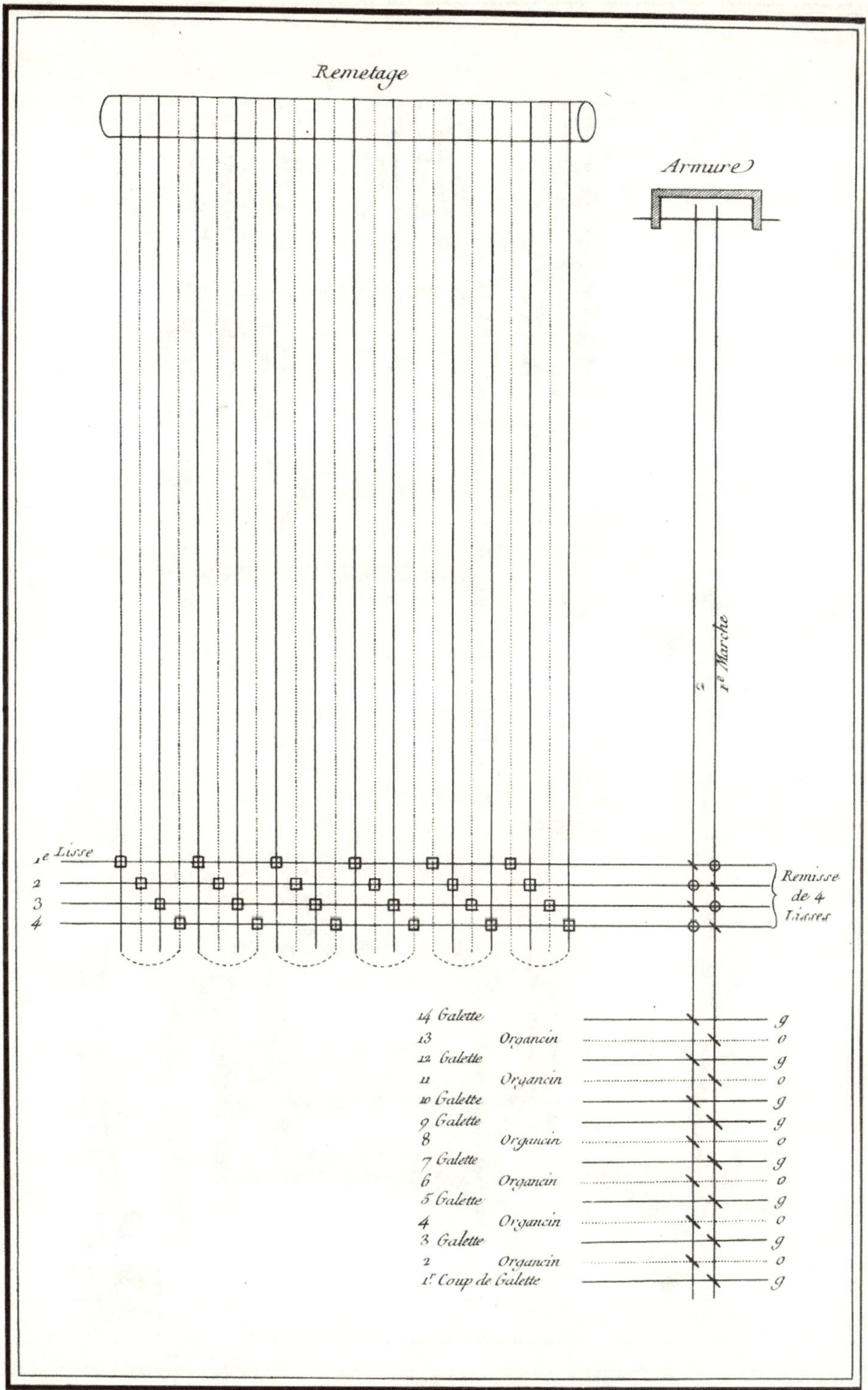

Goussier Del.

Benard Fecit

Soierie, Carele en deux Couleurs

Fabricação de seda. Mosaico em duas cores.

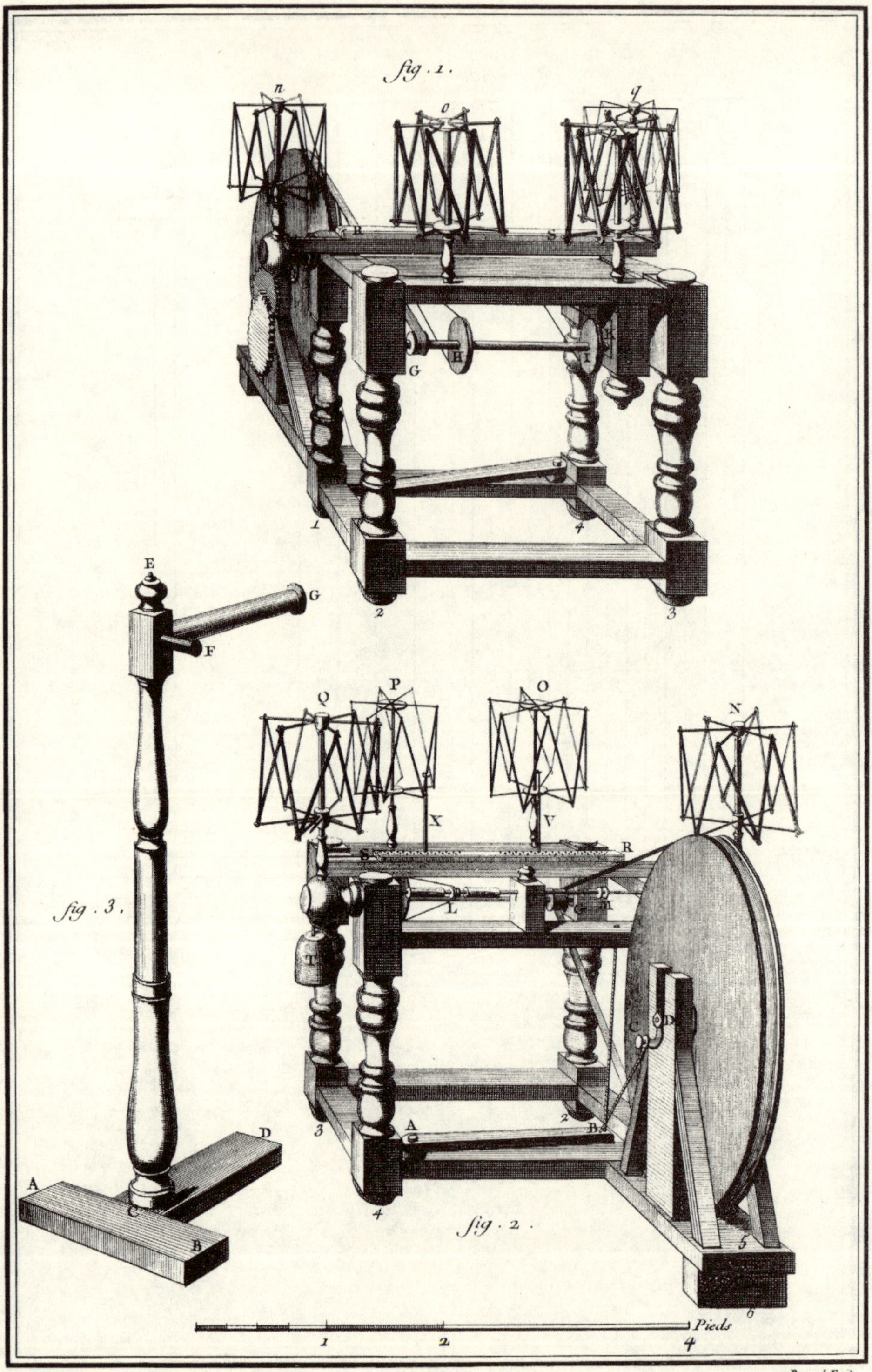

Gaussier del. Benard Fecit.

Soierie, Rouet de Lion en Perspective vu des deux côtés.

Fabricação de seda. Roca de Lion em perspectiva, vista dos dois lados.

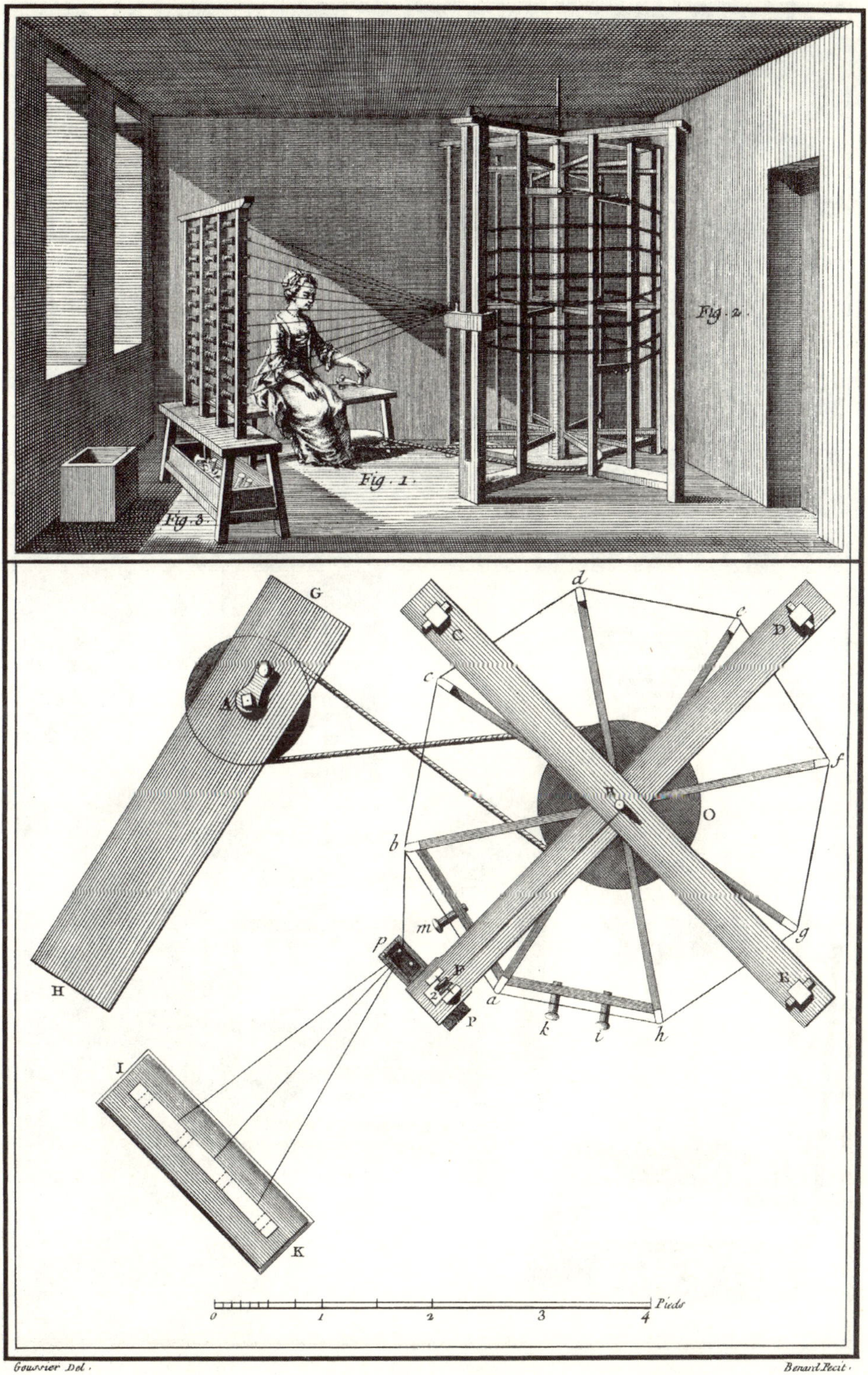

Goussier Del. Benard Fecit.

Soierie, l'Opération d'Ourdir la Chaine des Étoffes.

Fabricação de seda. Operação de urdir a trama de tecidos.

Goußier Del.   Benard Fecit.

Imprimerie en Taille Douce.

Impressão em talho-doce.

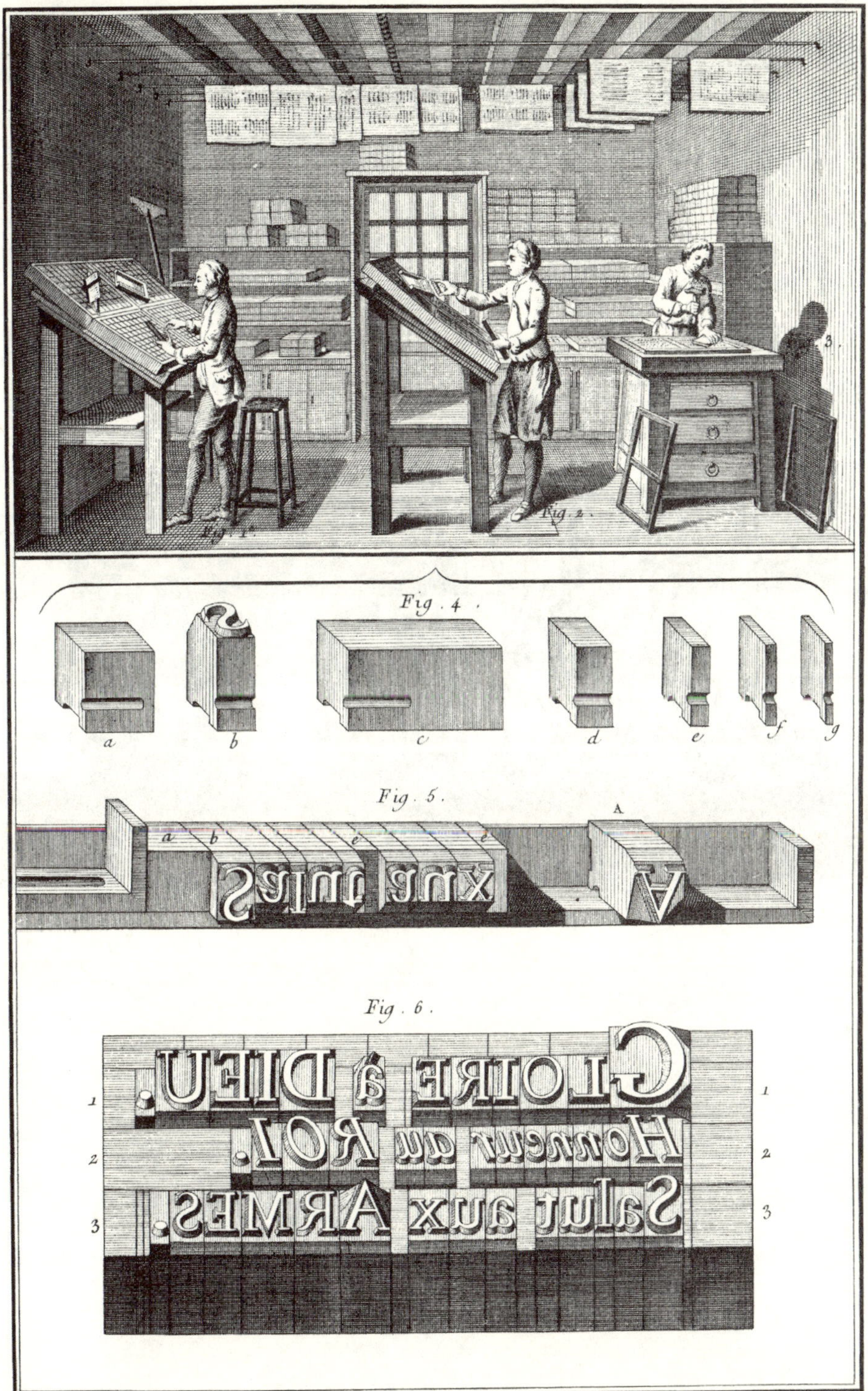

Goussier Del. Benard Fecit.

Imprimerie en Lettres, L'Opération de la casse.

Impressão de letras. Operação da caixa.

1 GLOIRE à DIEU 1
2 Honneur au ROI. 2
3 Salut aux ARMES. 3

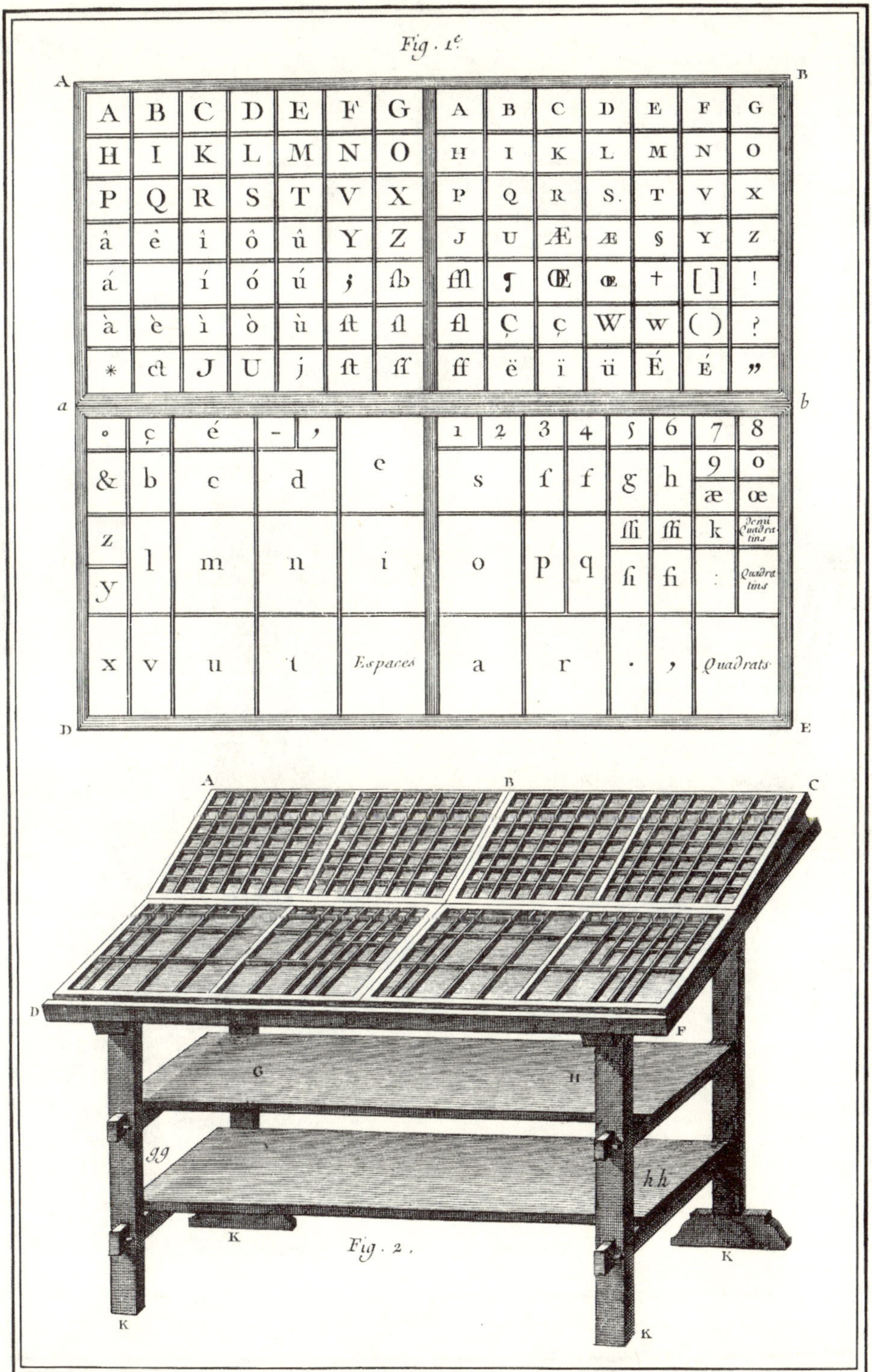

Goußier Del — Benard Fecit

Imprimerie, Casse

Impressão. Caixa.

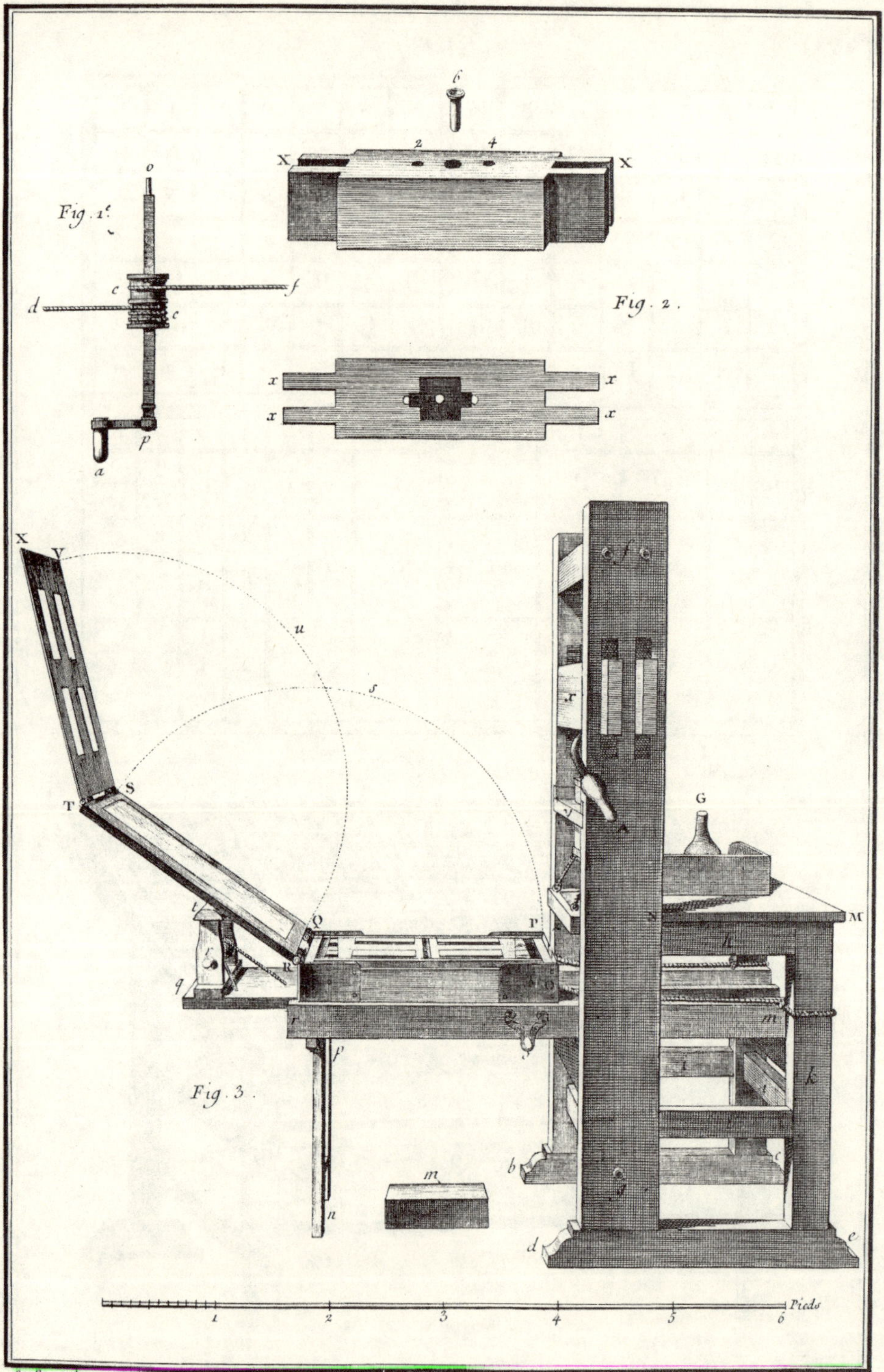

Goussier Del. Benard Fecit.

Imprimerie, Presse vue par le côté du dehors.

Impressão. Prensa vista pelo lado de fora.

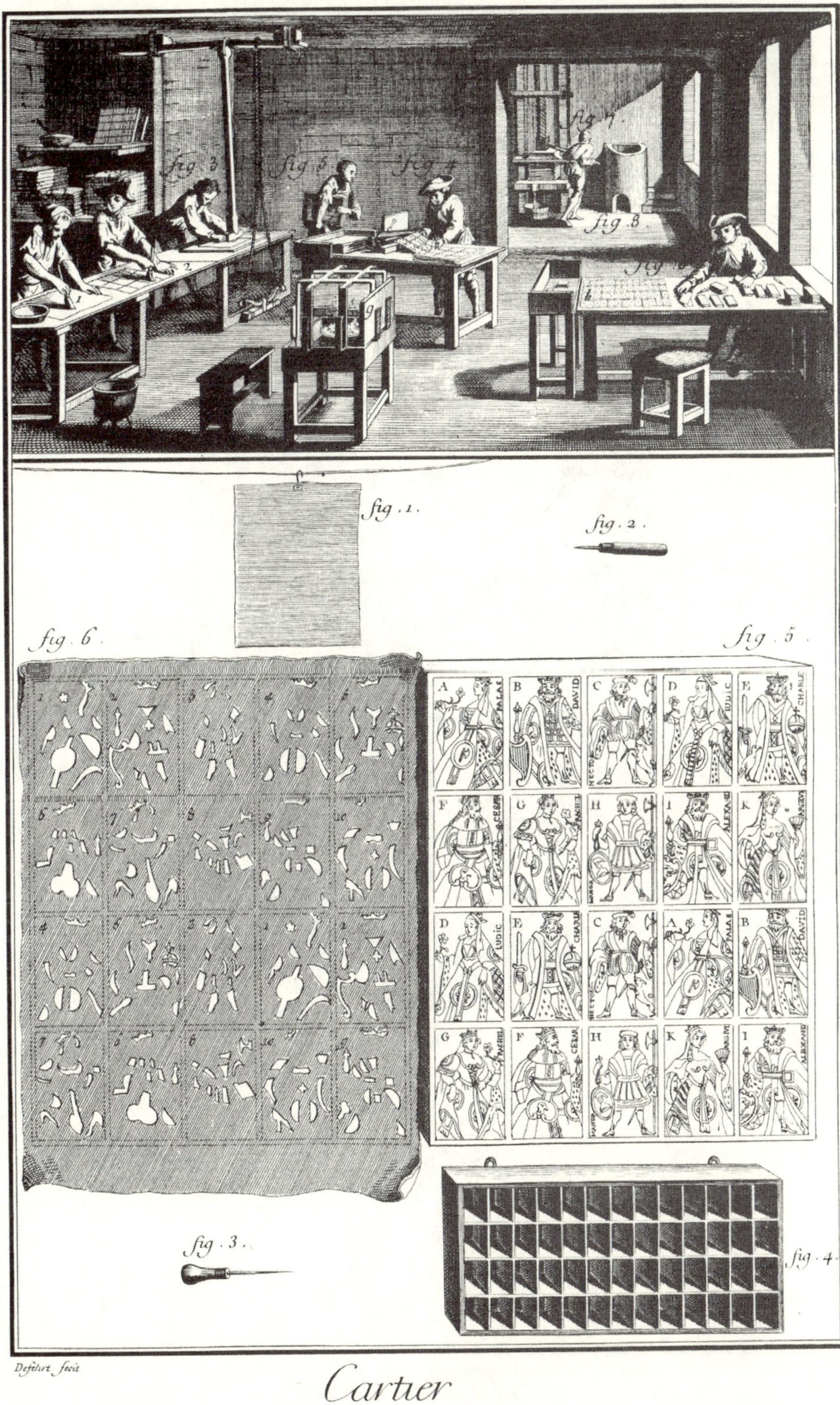

Defehrt fecit

Cartier

Fabricante de baralhos.

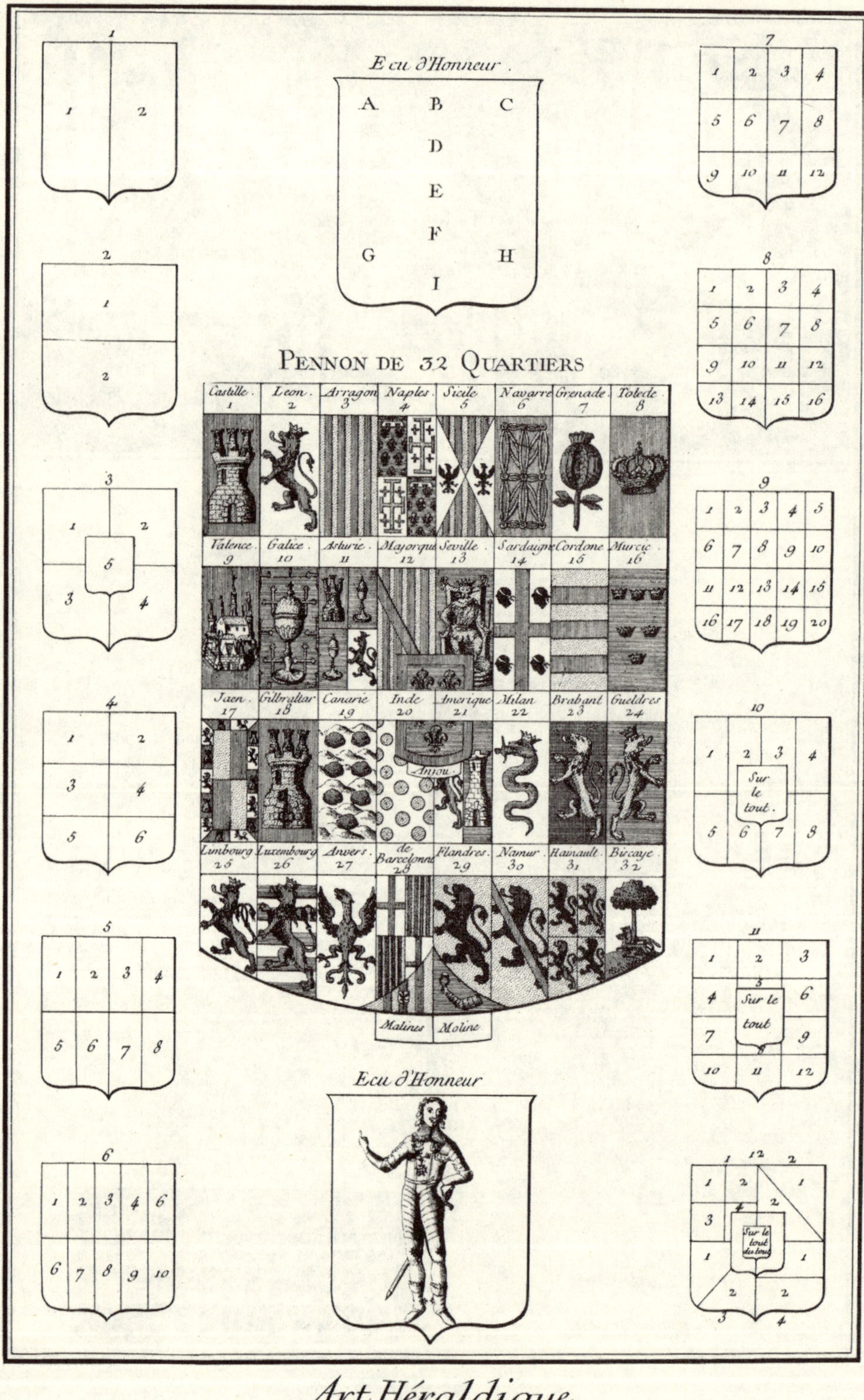

Art Héraldique.

Arte heráldica.

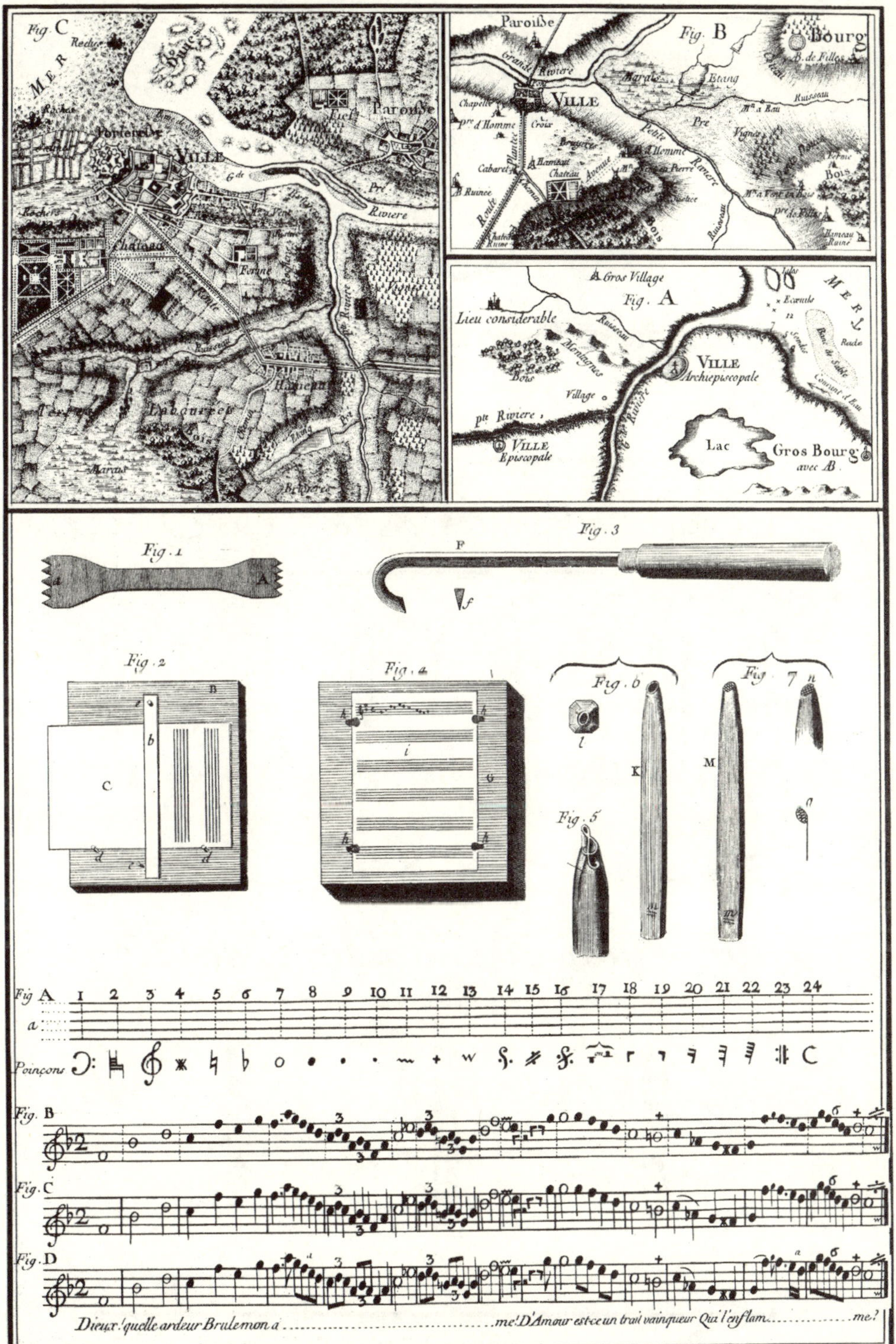

Defehrt Fecit

Musiq. Grav. par. Mad. De Lusse

Gravure

en Topographie, Semi-topographie, Géographie et Musique

Gravura em topografia, semitopografia, geografia e música.

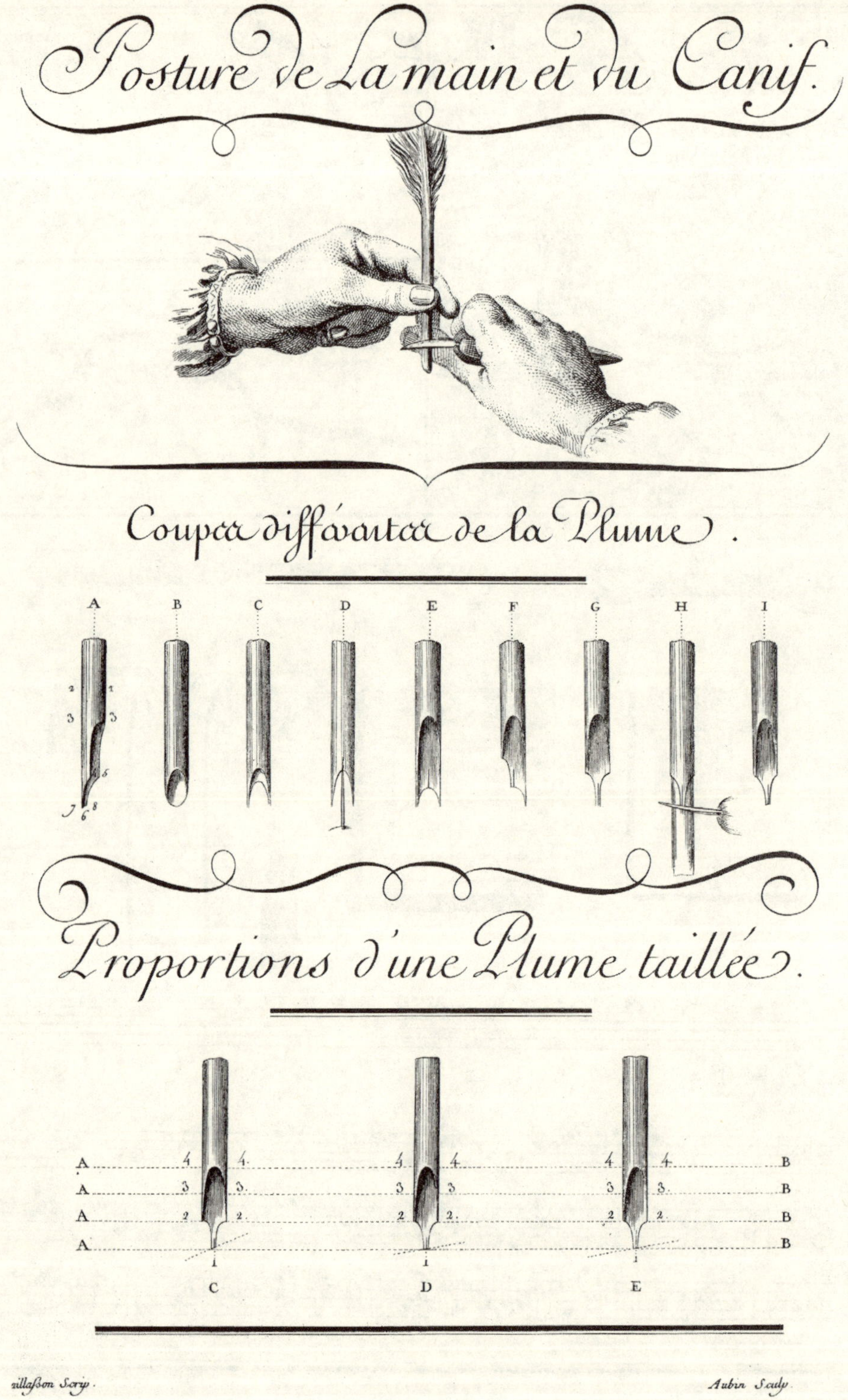

Postura da mão e do canivete. Diferentes tipos de corte da pluma. Proporções de uma pluma apontada.

Des Hautesrayes del.

Niodot Sculp.

Alphabets,

Anciens et Modernes.

Símbolos chineses. Alfabetos antigos e modernos.

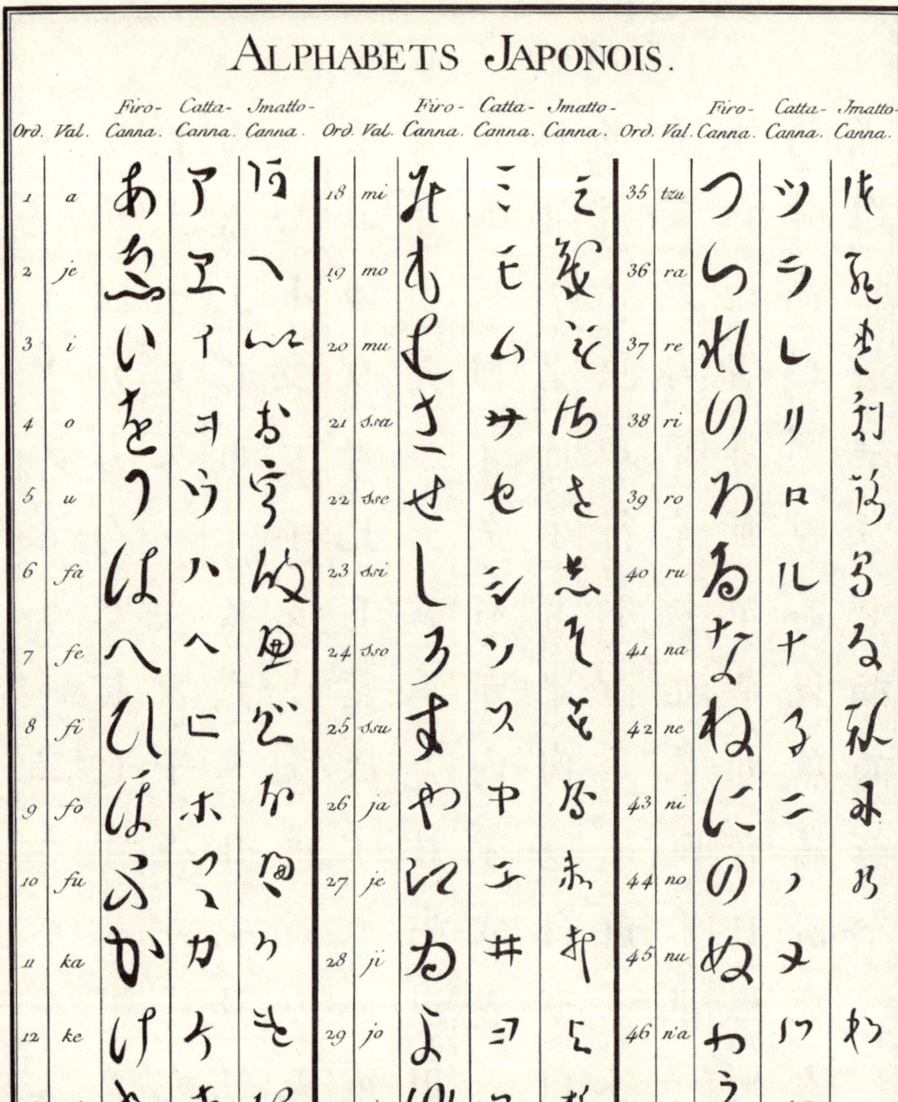

Des Hautesrayes del. Nicolet Sculp.

Alphabets,

Anciens et Modernes.

Alfabetos japoneses. Alfabetos antigos e modernos.

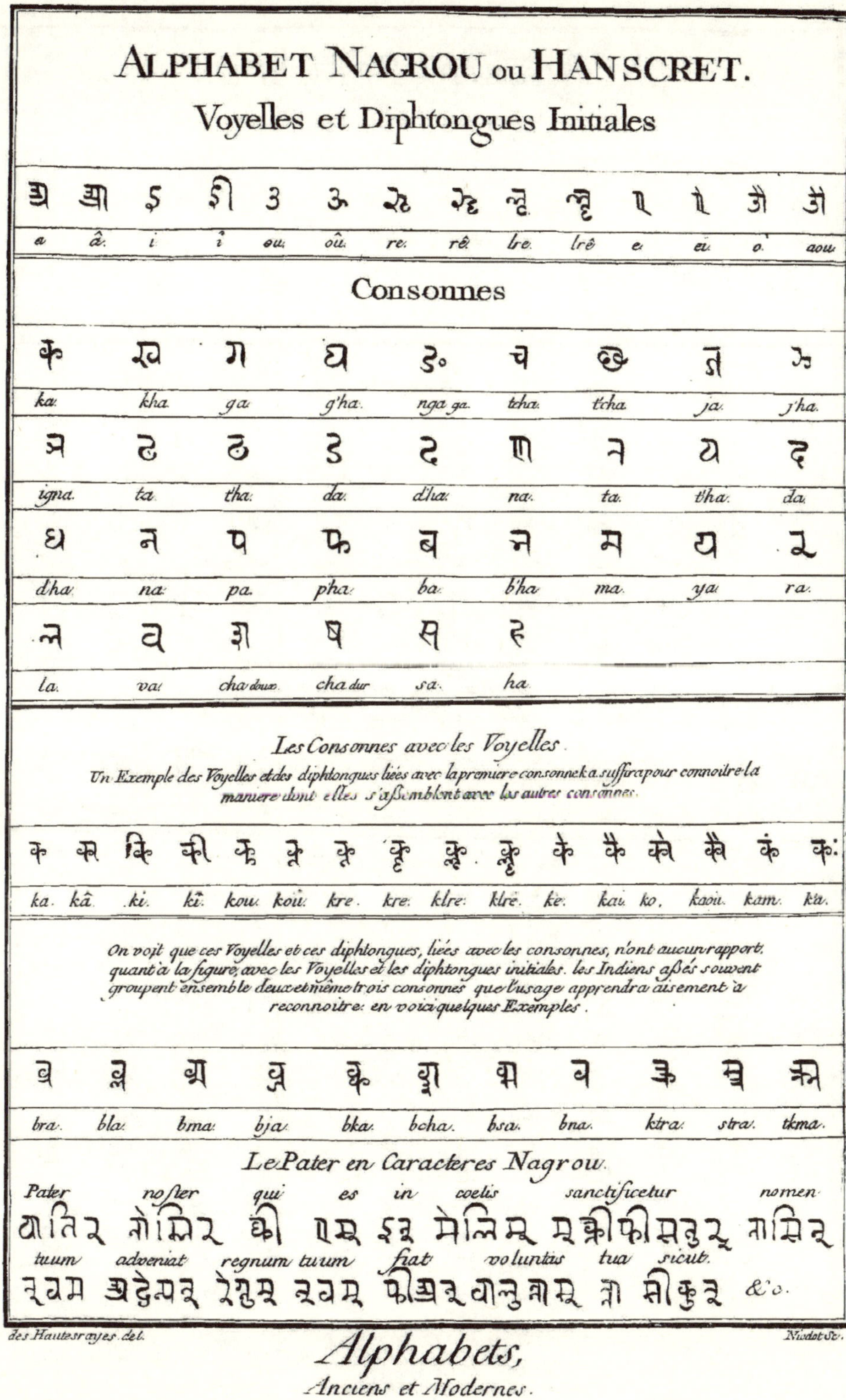

Alfabeto *nāgarī* ou sânscrito. Alfabetos antigos e modernos.

Pl. XVIII.

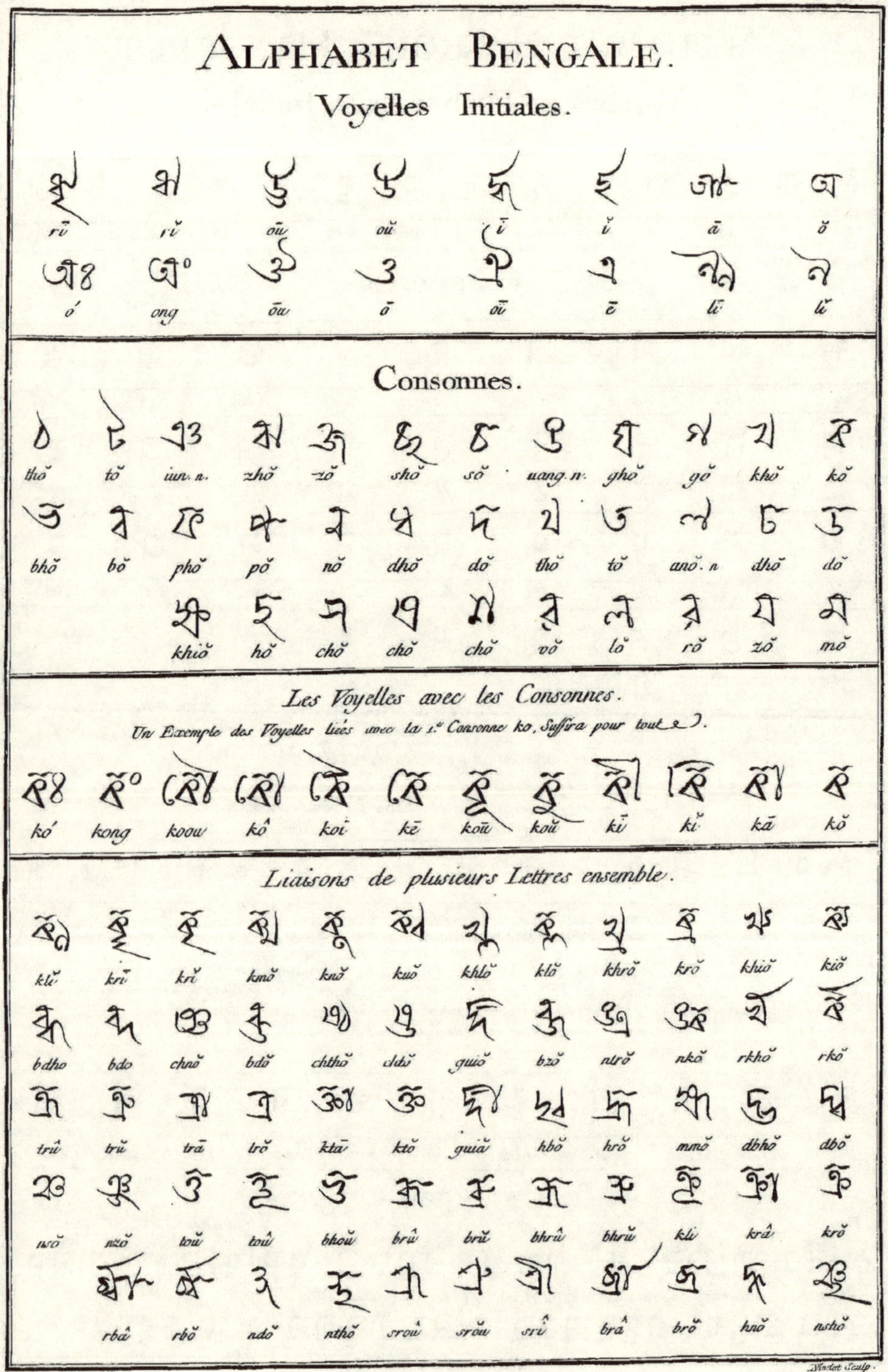

Des Hauterayes del. Mallet Sculp.

Alphabets,

Anciens et Modernes.

Alfabeto bengali. Alfabetos antigos e modernos.

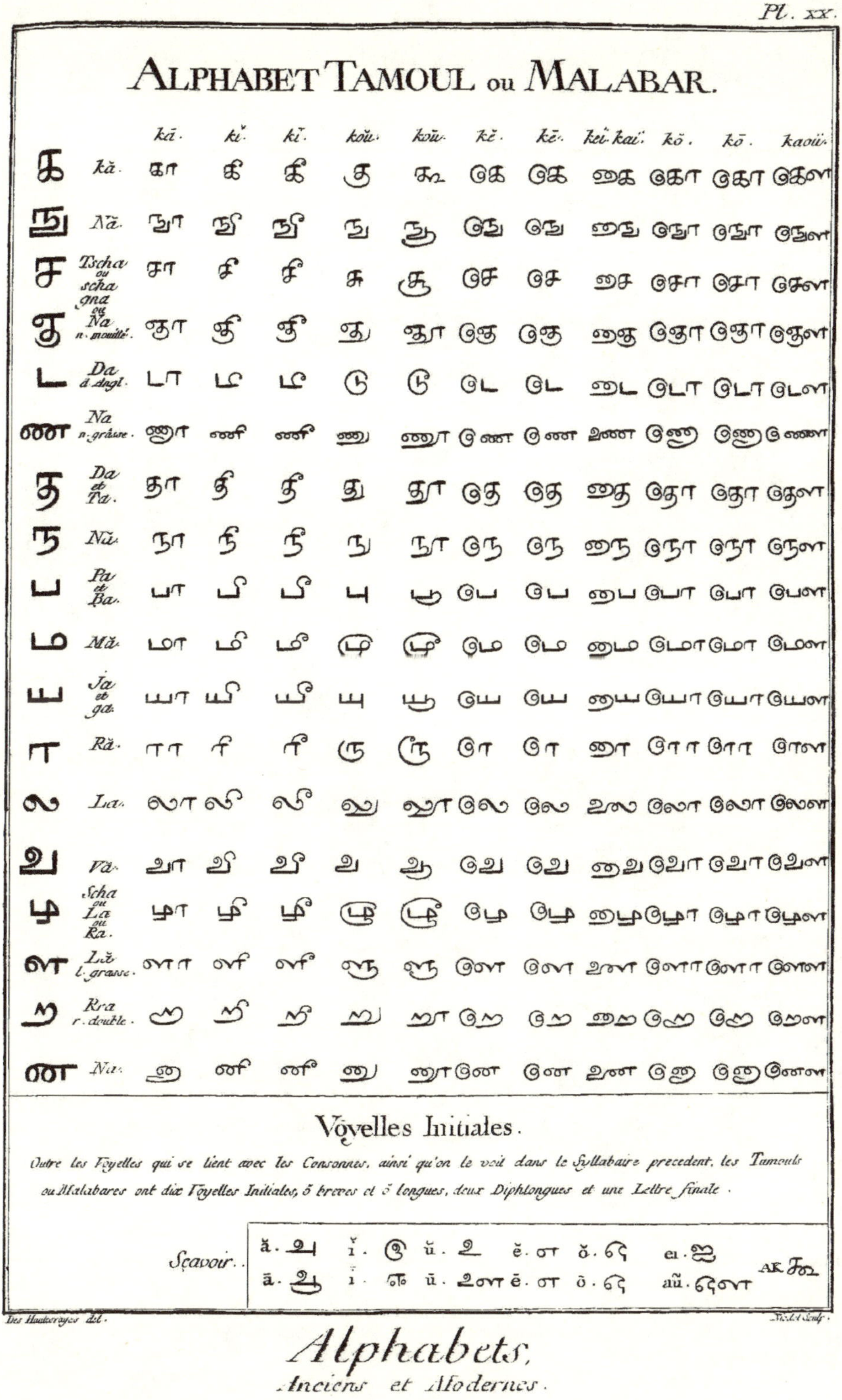

Alfabeto tâmil ou malabar. Alfabetos antigos e modernos.

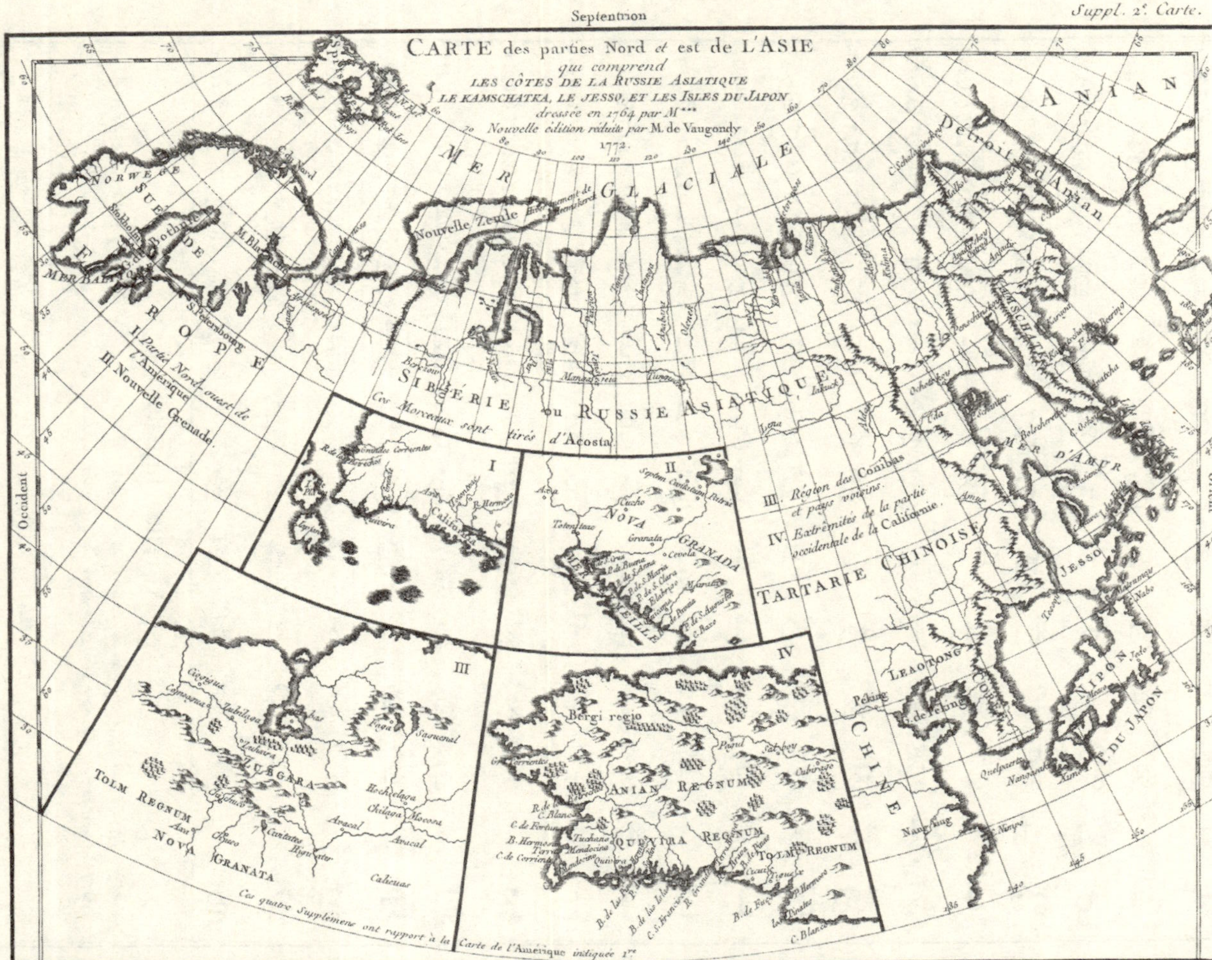

Mapa das partes Norte e Leste da Ásia.

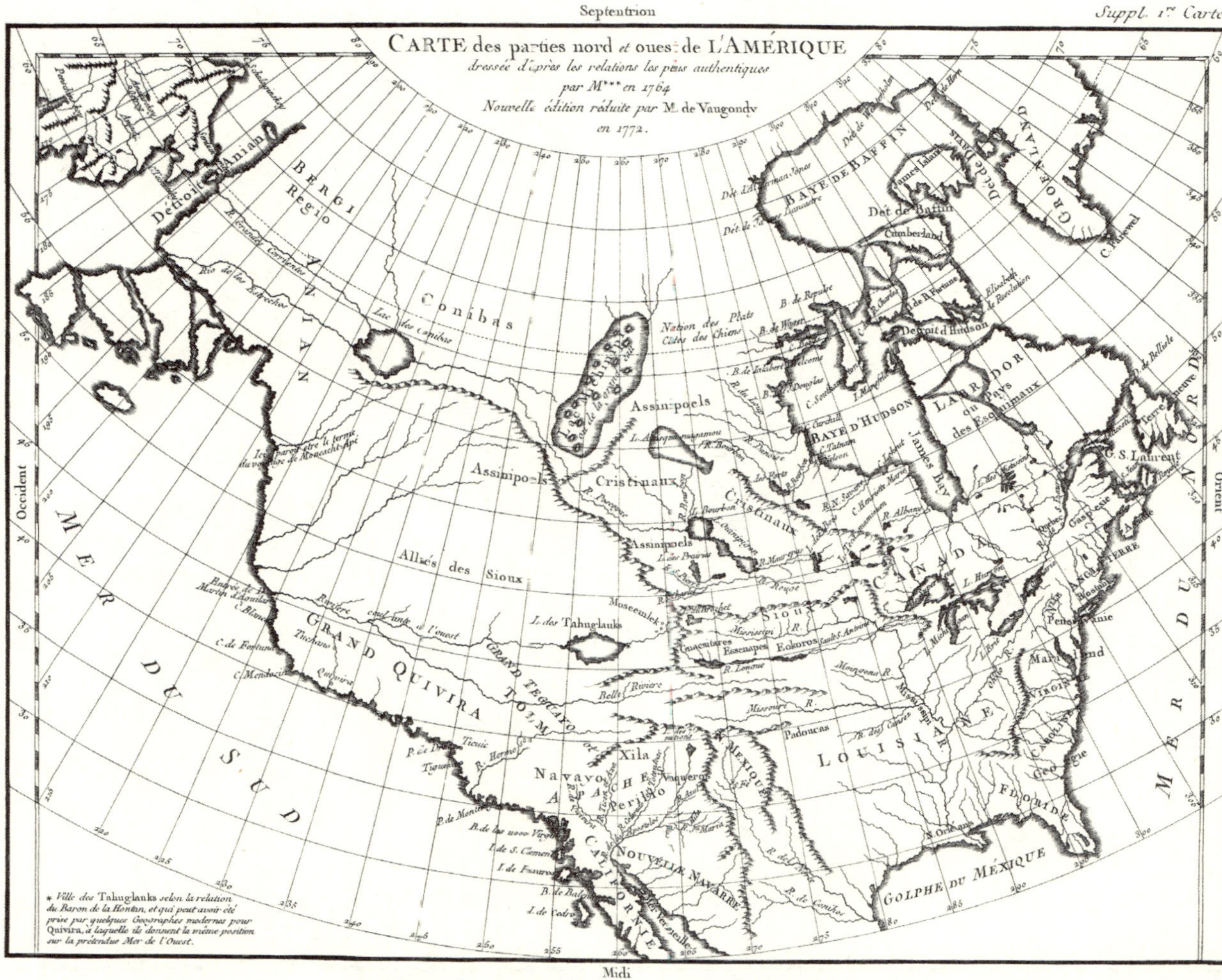

Mapa das partes Norte e Oeste da América.

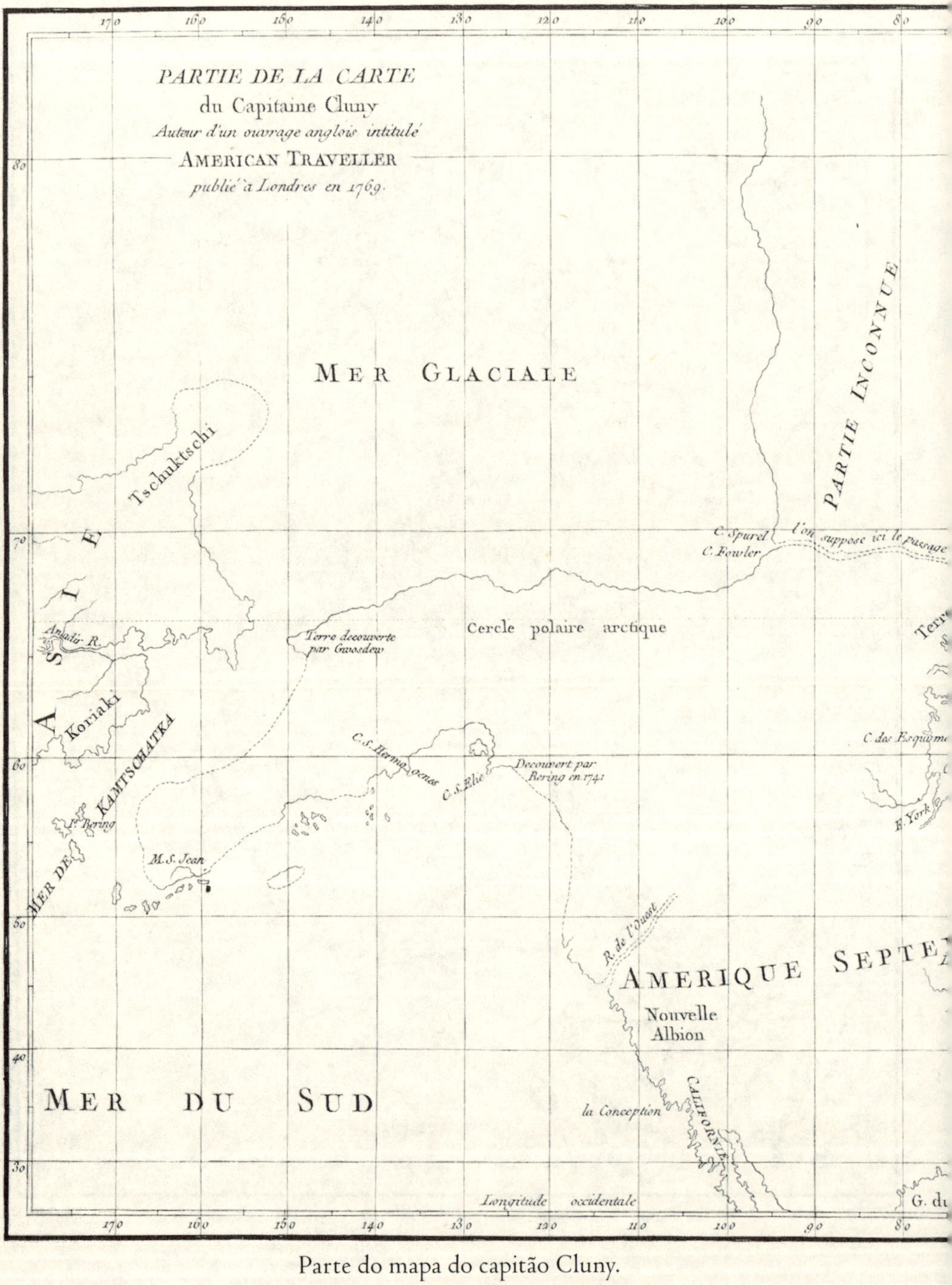

Parte do mapa do capitão Cluny.

Ici l'on n'a point trouvé de glace
les 7 isles
Ici l'on a fait naufrage en 1746
C. Noir
Spits-berg
I. du S. Est
Est Spitsberg ou Maloy Brown
C. du Sud
Smith's Sound
PARTIE INCONNUE
DE BAFFIN
Gael Hamkes B.
James I.
DÉTROIT DE BAFFIN
DÉTROIT DE DAVIS
I. Trinité
Nort C
I. Cumberland
GROENLAND
Nort C.
Long Ness
ISLANDE
I. de Gr. Fortune
D. d'Hudson
C. Desolation
I. Resolution
C. Chidley
C. Farewell
Is. Fero
Shetland
NORWEGE
SUEDE
Bergen
Stokholm
G. de Bothnie
Levis I.
Orcades
Rock Hill
S. Kilda
LABRADOR
B. S. Pierre
B. des Esquimaux
C. Charles
IRLANDE
BRETAGNE
Londres
Hambourg
Dantzic
C. Clear
Lands End
Quebec
Terre Neuve
C. Raz
Nlle Ecosse
C. Breton
I. de Sable
Halifax
C. de Sable
Boston
C. Cod
OCEAN ATLANTIQUE
Meridien de l'isle de Fer
B. de Biscaye
Paris
FRANCE
Genes
EUROPE
C. Finisterre
ESPAGNE
PORTUGAL
Corse
Is. Açores
Lisbonne
MER MEDITERRANÉE
Sicile
C. Charles
C. Henri
Charlestown
C. S. Vincent
Gibraltar
Alger
Tunis
I. Madere
C. Cantin
Is. Canaries
I. de Fer
AFRIQUE
Longitude orientale

J. Dreppe Del. Benard Direxit.

Antiquités, Ruines d'Athenes.

Antiguidades. Ruínas de Atenas.

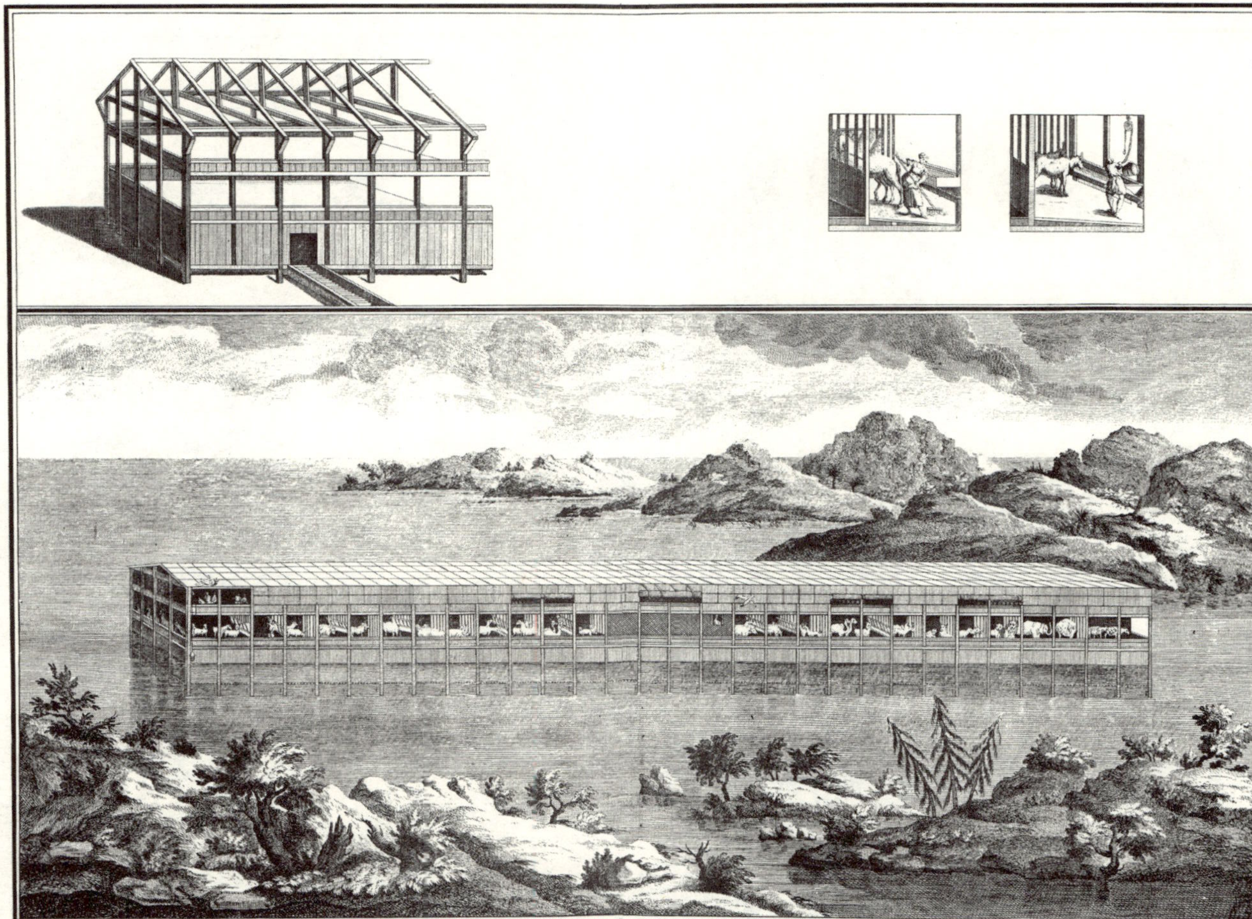

Benard Direx.

Antiquités Judaïques.

Antiguidades judaicas.

Antiquités.

Antiguidades.

Benard Direx.

Antiquités, *Catacombes de Naples*

Antiguidades. Catacumbas de Nápoles.

SOBRE O LIVRO

Formato: 16 x 23 cm

Mancha: 27,8 x 48 paicas

Tipologia: Venetian 301 BT 12,5/16

Papel: Off-white 80 g/m² (miolo)

Couché fosco encartonado 120 g/m² (capa)

1ª edição: 2015

EQUIPE DE REALIZAÇÃO

Capa

Andrea Yanaguita

Edição de texto

Alberto Bononi (Copidesque)

Tomoe Moroizumi (Revisão)

Editoração eletrônica

Eduardo Seiji Seki (Diagramação)

Assistência editorial

Jennifer Rangel de França

Impressão e Acabamento:
Geográfica
editora